教学关键问题解析丛书

指向核心素养的初中英语

教学关键问题解析

主编 赵尚华

中国教育出版传媒集团
高等教育出版社·北京

内容提要

本书依据《义务教育英语课程标准（2022 年版）》，紧密围绕学生核心素养培养编写。全书共分 5 章，梳理了 25 个初中英语教学关键问题，并对这些问题进行了分析，提出了可操作性的解决途径和教学案例。本书配有丰富的数字资源，读者可以扫描二维码观看。本书及配套的数字资源全方位地呈现了指向核心素养的初中英语教学关键问题的课堂实践和教学指导，有助于教师提升教学能力，发展专业素养，从而促进学生核心素养的提升。

本书为初中英语教师的培训教材，可供初中英语教学研修使用，可作为初中英语教师资格考试的参考书，也可作为高等院校相关专业师范生的教学参考书，还可供中学英语教育研究者参考使用。

图书在版编目（CIP）数据

指向核心素养的初中英语教学关键问题解析 / 赵尚华主编 . -- 北京：高等教育出版社，2024.6

ISBN 978-7-04-061705-4

Ⅰ . ①指… Ⅱ . ①赵… Ⅲ . ①英语课 – 教学研究 – 初中 Ⅳ . ① G633.412

中国国家版本馆 CIP 数据核字（2024）第 039056 号

Zhixiang Hexin Suyang de Chuzhong Yingyu Jiaoxue Guanjian Wenti Jiexi

策划编辑 王文颖　责任编辑 王文颖　封面设计 赵 阳　版式设计 李彩丽
责任绘图 易斯翔　责任校对 张 然　责任印制 耿 轩

出版发行 高等教育出版社
社　　址 北京市西城区德外大街 4 号
邮政编码 100120
印　　刷 山东百润本色印刷有限公司
开　　本 787mm × 1092mm 1/16
印　　张 22
字　　数 460 千字
购书热线 010-58581118
咨询电话 400-810-0598
网　　址 http://www.hep.edu.cn
　　　　 http://www.hep.com.cn
网上订购 http://www.hepmall.com.cn
　　　　 http://www.hepmall.com
　　　　 http://www.hepmall.cn
版　　次 2024 年 6 月第 1 版
印　　次 2024 年 7 月第 2 次印刷
定　　价 49.00 元

本书如有缺页、倒页、脱页等质量问题，请到所购图书销售部门联系调换

物 料 号 61705-00

编委会

前言

2022年4月，教育部印发《义务教育英语课程标准（2022年版）》（以下简称新版课程标准）。相比《义务教育英语课程标准（2011年版）》，新版课程标准在课程目标层面突出核心素养，在课程内容层面强调六要素，在教学层面强调单元整体教学设计，在活动设计层面倡导英语学习活动观，在评价层面提出“教—学—评”一体化设计和学业质量标准，在课程实施层面提出信息技术利用和课程资源开发。整体而言，新版课程标准凸显英语课程的育人价值，突出英语课程要着重培养学生的正确价值观、必备品格和关键能力。

如何理解新版课程标准？如何落实新版课程标准的内容与要求？这两个问题成为各级教研部门以及基层学校的教研和教学关键问题。在新版课程标准的解读与落实过程中，教研员和一线教师贡献了大量的智慧，也提出了诸多问题和困惑。根据一份212位教师参与的问卷调查数据发现，教师们对新版课程标准的困惑多集中在“教—学—评”一体化设计、英语学习活动观、单元整体设计、核心素养培养等方面，分别占比61.3%、57.6%、44.8%和42.3%。

为了更清晰地了解基层教师对新版课程标准在理解与落实过程中存在的困惑和问题，本书主编带领上海的教研团队以上述问卷数据为基础，开展了“自上而下”和“自下而上”相结合的研究，旨在确定若干教学关键问题，通过对这些关键问题的分析与解决，帮助基层教师更高效、更准确地理解新版课程标准，并为落实新版课程标准提供思路与方法。

2022年10月起，我们在上海部分学校征集围绕新版课程标准解读与落实的问题，共征得问题140余个。教研团队对这些问题进行分类、合并与筛选，梳理出47个问题，再请专家和教研员对这些问题进行赋分，最终确定了五大类别、25个关键问题。解读与落实新版课程标准的核心问题是目标的设计，无论是单元教学目标，还是课时教学目标，都要呼应新版课程标准中的学段目标，目标的结构要体现核心素养的各个维度，即语言能力、学习能力、文化意识和思维品质。教学目标设计要基于教学内容与学情分析，教学内容确定的重要依据是语篇研读，语篇研读的结果以课程六要素的形式来呈现。落实目标的载体是课堂活动，活动设计须践行英语学习活动观，依据教学目标设计三类活动，即学习理解类活动、应用实践类活动和迁移创新类活动。为引导学生合作学习、进一步落实核心素养培养要求，我们把合作类活动与综合实践类活动也纳入关键问题行列。此外，我们还把评价、技术运用与资源选择分别作为关键问题的大类。以上五个类别自成一章，每章包含五个具体的关键问题，每个关键问题的解析包含问题提出、问题分析、问题解决和教学建议四个板块。

“问题提出”回答“为什么这是一个关键问题”，主要从新版课程标准的要求和教学现状的需求两个方面进行分析。以关键问题 2-1“如何将学段目标分解为单元目标与课时目标”为例，新版课程标准整体描述了义务教育阶段英语课程的课程目标，并从核心素养的四个维度呈现了学段目标，这些目标是设计单元教学目标和课时教学目标的重要依据，但又不能直接将学段目标定为单元或课时教学目标，必须运用一定的技术手段对学段目标进行细化与分解，结合语篇研读和学情分析，最终确定单元和课时教学目标。从教学现状来看，基层教师往往忽视教学目标的设计，或简单地复制学段目标，或在确定教学目标时没有依据学段目标。

“问题分析”回答“这个关键问题是什么”，主要对关键问题所涉及的核心概念进行界定。仍以关键问题 2-1 为例，在问题分析中对学段目标、单元目标和课时目标进行了概念界定。对核心概念的界定在一定程度上起到了解读新版课程标准的作用，为“问题解决”奠定了理论基础。

“问题解决”回答“如何解决这一关键问题”，一般直接呈现解决问题的方法、路径或策略，以二级标题的形式呈现。例如，关键问题 2-1 的问题解决包含两个方面：学段目标的分解过程和学段目标的分解方法，具体内容以三级标题来呈现。问题解决是每个关键问题最核心的板块。为方便读者理解，“问题解决”板块选取了若干案例片段，阐释解决问题的过程与方法。

“教学建议”是对“问题解决”的补充，一般在教学实施层面针对关键问题的解决提出建议。以关键问题 2-4“如何设计文化意识目标”为例，关键问题的解决主要针对文化意识目标进行设计，“教学建议”则从“活动设计”的视角给出建议。

本书有四个特色：第一，“问题解决”板块的教学案例不仅有文字稿，还有若干微视频。微视频的内容包括：课堂教学实施片段、评课、针对问题解决的现场教研、微讲座等。本书配有大量微视频，读者扫描书中的二维码即可观看。第二，“教学建议”板块的教学案例以二维码的形式呈现，读者扫描书中的二维码即可阅读。第三，书中的教学案例覆盖全国多版本教材，如“人教版”“牛津上海版”“外研版”“译林版”等。第四，本书撰写的基础是研读与关键问题相关的文献，目的是提高问题分析的精准度，为问题解决寻找理论依据。

本书编写团队以上海市初中英语学科中心组成员为核心，其中杨春霞为第一章“教学内容确定”的统稿人，李蓓青为第二章“教学目标设计”的统稿人，卢璐为第三章“学习活动设计”的统稿人，郭斌为第四章“评价设计与实施”的统稿人，吴一穹为第五章“技术运用与资源选择”的统稿人。包括统稿人在内，共有 23 名教师参与了本书编写，另有数十名教师参与了微视频的制作。这些教师都是上海初中英语学科的骨干教师。编写团队和微视频制作教师名单如下：

序号	关键问题	撰写教师	微视频制作教师
1	如何开展连续性文本的语篇研读？	黄磊	黄磊、时瑜、姬佳奇
2	如何开展非连续性文本的语篇研读？	陈希禹	陈希禹、李雅、丁毅敏、单青
3	如何开展听力语篇研读？	邬明敏	陈琳、葛奕婷、胡晓雯
4	如何整合课程内容六要素？	杨春霞	张蓉、司莹、谢丹凤、黄艺群、陈琰、付薇、孟凡星、夏锦芳
5	如何确定复习课的教学内容？	江佳玮	陆婕宇、须蔷微、陈佳、陈毓琪、何林芮、江佳玮
6	如何将学段目标分解为单元目标与课时目标？	卢璐	黄林林、王倩梦、丁毅敏、张欣
7	如何设计语言能力目标？	杨卫华	夏烨、张丹凤、马平艳、徐玲丽、尹佳萱、毛修凤、郁晓宇
8	如何设计思维品质目标？	熊懿珺	彭蔚嘉、顾蕙静、邵翀燕
9	如何设计文化意识目标？	李蓓青	姜雯、张枫容、冯文娟、刘歆蕾
10	如何设计学习能力目标？	陈菊华	笪韵、顾佳、朱越洋、周然
11	如何设计学习理解类活动？	王颖婷	王颖婷
12	如何设计应用实践类活动？	卢璐	刘雪、黄林林、王倩梦、丁毅敏、俞泳哲
13	如何设计迁移创新类活动？	李蓓青	姜雯、张枫容、冯文娟、刘歆蕾、刘雪
14	如何设计结对活动和小组活动？	林文琴	金良琼、王忆雯、薛蕴章、姜婷萱、包思嘉、晏凤羽、王忆雯、杨秋芸、张静怡
15	如何设计综合实践活动？	张蕾	潘洁、陈冰青
16	如何开展课堂活动评价？	宋少骅	马樱、顾昕烨、倪静、黄丹婷
17	如何整体设计单元作业？	陈鑫鑫	赵晓笑、石菊虹、刘洁
18	如何设计与实施课时作业？	杨蓉洁	李静怡、王焕文、于琰、韩雪、吴莉南
19	如何开展单元评价？	王宇霞	王宇霞
20	如何开展期末评价？	郭斌	王其媛、倪瑜杰、郑琳
21	如何运用信息技术提高听说教学的效益？	王洁瑶	严婷怡、江韵、李双文、徐芳芳、陈豪琪

续表

序号	关键问题	撰写教师	微视频制作教师
22	如何运用信息技术提高评价的效益?	吕娜	朱虹雪、蒋敏、吕晨、柒静
23	如何运用信息技术满足学生个性化学习需求?	吴一穹	杨嘉华、黄萍、陈然、夏怡、江韵、时瑜、包乐怡、陈青清、王超然、周淑慧、王佳韵、倪幸竹
24	如何合理选择阅读资源?	黄佳妍	蒋宝芳、王瑛、张海波
25	如何合理利用视听资源?	胡佳薇	岳晓云、吴文珏、章瑶、张致劼

在本书的编写过程中，上海市初中英语各区教研员给予了大力支持与帮助，感谢特级教师施志红，特级教师、正高级教师朱萍，特级教师杨扬，原学科中心组专家王瑛、张海波等老师审读书稿。感谢高等教育出版社的大力支持，编辑对本书的内容、体例、呈现方式等提出了很多很好的建议。在此一并致谢。

鉴于编者水平有限，本书可能还存在疏漏或错误之处，恳请广大读者不吝指正。

上海市教师教育学院（上海市教育委员会教学研究室）

赵尚华

2023年9月25日

目录

第一章

教学内容的确定

教学设计的起点是教学内容的确定，因此教学内容的确定是初中英语教学关键问题之一。对于相同的教材单元和语篇，不同教师的分析具有个性化，结合特定的学情，所确定的教学内容也会不同。确定单元教学内容的过程是教师将教材单元变成教学单元的过程。这个过程需要教师在研读语篇的基础上，依据课程内容六要素，在单元和语篇内整合研读结果。课程标准虽然提出了语篇研读的视角和课程内容六要素整合的基本思路，但大部分教师在实践中对不同类型的语篇研读存在困难，不知如何整合研读的结果，不知如何基于教学重点和学习难点确定复习课的内容。因此，本章的五个关键问题将围绕教师在确定教学内容过程中碰到的困难，依托相关案例，解析“语篇研读”和“内容整合”的关键要素，提供问题解决的方法、策略或路径，帮助教师提升教学设计的有效性，进一步落实核心素养的培养。

关键问题 1-1 如何开展连续性文本的语篇研读？

问题提出

新版课程标准将语篇纳入课程内容，突出了语篇在传递主题意义、承载语言知识和文化知识、培养学生语言技能和学习策略方面的重要作用。研读语篇是发挥语篇价值的第一步。然而，教师对为什么要开展语篇研读，如何开展语篇研读存在不少困惑。

一、课程标准的要求

新版课程标准指出，英语课程内容由主题、语篇、语言知识、文化知识、语言技能和学习策略等要素构成。在这六个互相关联的要素中，语篇承载了表达主题的语言知识和文化知识，为学生提供多样化的文本素材，是促进学生核心素养发展的重要内容依托。新版课程标准在课程实施部分的教学建议中提出：要以语篇研读为逻辑起点开展有效教学设计。充分认识语篇在传递文化意涵，引领价值取向，促进思维发展，服务语言学习、意义理解与表达等方面的重要作用。

二、教学现状

在教学实践中，许多教师常会出现对语篇“研读不到位”或“过度解读”两个方面的问题。

1. 研读不到位

“研读不到位”主要体现在对语篇的解读存在表层化、碎片化现象。有些教师对文本的研读仅停留在表层信息的整理，缺乏对主题意义和文化意涵的挖掘，忽略了语篇对培养学生核心素养的重要价值。有些教师过于关注语篇中的语法和词汇，仅将语篇当作呈现语言知识的载体，忽略了语篇的整体性特征和语篇所传递的意义，没有发挥语篇应有的育人价值。

2. 过度解读

“过度解读”主要体现在过度挖掘语篇背后的内容，或是纠结于不重要的细节。这会导致教学重点把握不当，甚至会增加学生学习的难度。教师应根据学情，将语篇研读作为教学设计的起点，确定教学目标和教学重难点，为设计教与学的活动提供依据。

教师在研读语篇的过程中，应深入思考如何发挥语篇的价值，即如何运用语篇引导学生学习语言知识、发展语言技能、形成文化意识、内化学习策略，在探究语篇所传递的主题意义的活动中发展核心素养。

问题分析

语篇是通过多种形式表达意义的语言单位，分为不同的类型，以口语、书面语，或音频、视频和数码等多模态形式呈现。为了区别于语言学领域的“语篇分析”这一学术概念，本文所讨论的是针对教学的语篇研读。语篇指的是教师在教学中所使用的教学材料。语篇的形式是多种多样的，本书将语篇分成连续性文本和非连续性文本两个大类予以讨论。本节对连续性文本的概念及特点、常见语篇类型及语篇研读的视角进行说明。

一、连续性文本的概念及特点

连续性文本是由一系列连续性句子构成的、形式上衔接、意义上连贯的语言整体。[①] 不同于图表、图示、标语、广告等非连续性文本，连续性文本有以下这些特点。

（1）连贯性：连续性文本的各个段落或句子都有一定的逻辑关系，通过词语、句型等语言手段互相衔接，使整个文本读起来连贯流畅。

（2）有序性：连续性文本的内容是按照一定的逻辑关系排列的，前后文之间相互衔接，组成一个有序的整体。

（3）相关性：连续性文本的每个句子或段落都与前后文相关，能够通过上下文来理解和解释。

（4）整体性：连续性文本的每个部分都是为表达整体意义服务的，通过一定的形式组成一个整体，表达意义。

连续性文本可以有效地传达作者想要表达的意思，为读者提供清晰、连贯的阅读体验。

二、连续性文本的常见语篇类型

语篇通过不同的文体形式，以其特有的结构和语言特点传递具体的信息、文化意涵、价值取向和思维方式。教材中的语篇类型丰富多样，符合不同年龄阶段学生的认知水平和特点。教材中的连续性文本有以下几种常见语篇类型。

（1）记叙文，如配图故事、叙事性日记、人物故事、寓言、幽默故事、童话、简版小说等。

（2）说明文，如介绍类短文、科普类短文、现象说明、事理阐释等。

（3）应用文，如书信、日记、通知、倡议书等。

（4）对话，如日常对话、采访等。

---

① 黄国文. 语篇分析概要 [M]. 长沙：湖南教育出版社，1988：7.

（5）新媒体语篇，如网络媒体语篇、电子邮件等。

（6）说理类文章，如观点的阐述等。

三、连续性文本语篇研读的视角

语篇研读可以有很多不同的视角。以教学设计为目的的语篇研读，是将语篇所承载的内容转化为教学内容的过程，是教学设计的起点。新版课程标准指出："开展语篇研读，教师要对语篇的主题、内容、文本结构、语言特点、作者观点等进行分析；明确主题意义，提炼语篇中的结构化知识，建立文体特征、语言特点等与主题意义的关联，多层次、多角度分析语篇传递的意义，挖掘文化内涵和育人价值，把握教学主线。"

教师在研读语篇时应重点回答三个基本问题：第一，语篇的主题和内容是什么，即 What 的问题。第二，语篇传递的意义是什么，即 Why 的问题。第三，语篇具有什么样的文体特征、内容结构和语言特点，即 How 的问题。这三个问题的要素很多且互相关联，具体来说教师可以重点把握三个方面。

1. 语篇的主题和内容（What）

语篇研读应首先明确语篇所谈论的主题是什么。新版课程标准将主题分为人与自我、人与社会、人与自然三大范畴，每个范畴下设置若干主题群，每个主题群下设置若干子主题。明确语篇的主题，就是要明确该语篇的话题在课程标准中属于什么范畴、主题群和子主题。

语篇的主题是依托具体内容来呈现的，而语篇的内容又通过不同的文体形式来体现。对于不同的文体形式，所要把握的关键内容不尽相同。把握语篇的内容，要根据不同的文体把握不同的要素。

2. 语篇的主题意义（Why）

无论是口语语篇还是书面语篇都有其特定的交际目的或要传递的主题意义，也就是作者或者说话人的意图、情感态度或价值取向。在明确语篇主题之后，教师还应该准确、深入地把握语篇的主题意义，从而使教学能够在引导学生开展主题意义探究和解决问题的活动中整合知识学习和语言技能发展，体现文化感知和品格塑造，发展思维品质和语言学习能力。①

3. 语篇的文体特征、内容结构、语言特点（How）

语篇研读的第三个方面是分析作者如何呈现语篇的主题意义。作者会选择不同的文体形式来表达不同的主题意义。教材中常见的文体类别包括记叙文、说明文、议论文、应用文、对话等。不同文体的内容要素不同，其内容结构也是不同的。教师应基于不同的文体梳理语篇的具体内容，把握语篇的结构，提炼出结构化知识，即分析语篇各部分的内容是如何围绕主题意义组织起来的。

---

① 王蔷，钱小芳，周敏．英语教学中语篇研读的意义与方法 [J]. 外语教育研究前沿，2019（5）：41.

作者通常会根据主题和内容选择合适的语言形式。具体而言，语言形式指的是语篇中的文本特征、词汇、语法和修辞等。从语言特点的角度解读文本，就是分析它们是如何为呈现主题意义服务的。

从上述三个方面研读语篇，能够挖掘语篇所承载的丰富内涵，解决“语篇里有什么”的问题。需要指出的是，教师还应该从教学设计的角度研读语篇，思考“能够用语篇教什么”的问题，从课程内容要素的角度梳理研读的结果，确定教学内容。具体来说，可以从语言知识、文化知识、语言技能和学习策略等维度思考语篇的教学价值，即用该语篇教授什么语言知识和文化知识，教授或巩固什么语言技能，培养学生什么学习策略，从而确定教学内容和教学目标。

问题解决

教师如何对一个连续性文本进行研读呢？首先，整体阅读语篇所在单元的所有内容，确定单元主题和语篇的子主题，提炼出“语篇小观念”并形成“单元大观念”；其次，基于该语篇的文体特征梳理语篇的内容和结构，形成结构化知识；再次，对语篇的语言特点进行分析，思考语篇中特殊的语言形式如何表达语篇主题；最后，结合学情，将研读后的内容对照课程标准，确定教学内容。需要指出的是，语篇研读的路径不是唯一的，教师可能会对某些方面进行反复研读，不断加深对文本的理解。

一、语篇主题意义挖掘：确定“主题”与提炼“观念”

新版课程标准将主题列为英语课程内容的第一要素，将对主题意义的探究视为教与学的核心任务，并以此整合学习内容，引领学生语言能力、思维品质、文化意识和学习能力的融合发展。现行的教材常以单元或模块的形式组织语篇。单元中的各语篇围绕单元主题，互相联系，传递意义。教师应对照课程标准确定“单元主题”和各语篇的“子主题”，提炼“语篇小观念”，并对单元内各语篇间存在的隐性关联进行深度剖析，在主题和内容之间建立关联，形成“单元大观念”，体现教学的整体观。

1.“主题”“主题意义”与“语篇小观念”的关系

主题是主题意义的载体和基础，主题意义是关于主题的陈述性表达。[①] 对主题意义的探究是学生与语篇所承载的主题进行深度对话后构建的关于主题的新的拓展性理解。这种主题意义探究的结果可以理解为学生构建和生成的基于该语篇主题的小观念。学生完成单元所有语篇的学习之后，形成对单元主题的整体性理解，即形成单元主题大观念。

值得注意的是，形成“语篇小观念”和“单元主题大观念”是学生学习语篇后构建的结果。教师在研读语篇时，应从学生的视角提炼，进而设计单元教学活动。

---

① 王蔷 . 新版课程标准解析与教学指导：初中英语 [M]. 北京：北京师范大学出版社，2022：26.

2. “单元主题”与“语篇子主题”的确定

新版课程标准将主题划分为人与自我、人与社会、人与自然三大范畴，每个范畴下设置若干主题群。以“人与自我”为例，该范畴以“自我”为视角，设置“生活与学习”“做人与做事”等主题群，各主题群下设若干子主题。教师应对照课程标准，确定单元主题与所授语篇的子主题。

3. “语篇小观念”与“单元主题大观念”的提炼

在提炼“语篇小观念”和“单元主题大观念”时，教师应思考学生在学习每个语篇之后对子主题会形成什么新的认识，挖掘文化知识和思想观念，提炼育人价值，形成“语篇小观念”。最后建立起各“语篇小观念”之间的联系，提炼出“单元主题大观念”。

【案例 1】

教学材料：《英语（牛津上海版）》6 年级第二学期第 8 单元 Windy weather①

单元主题与语篇主题意义见表 1-1-1。

表 1-1-1　单元主题与语篇主题意义

单元主题：天气与日常生活（人与自然）				
子主题	天气的自然现象	自然灾害与人身安全		灾害防范的措施
语篇	语篇 1 听说：Windy days	语篇 2 阅读：The typhoon	语篇 3 阅读：A slide show about typhoons	语篇 4 写作：A poster
语篇内容	关于“不同类型的风”的展板	关于“一次台风经历”的配图故事	关于“台风可能造成的灾害”的幻灯片	关于“如何预防台风灾害”的宣传海报
语篇小观念	拓展认知：风的种类及现象	提升意识：灾难中的自我保护	拓展认知：台风的破坏性及其导致的各种灾害	提升意识：台风灾害的防范
单元主题大观念	了解自然，保护自我，预防灾害			

【案例分析】本单元的话题“风”属于“人与自然”范畴下“天气与日常生活”主题群。四个语篇既相对独立又互相关联。语篇 1 能够帮助学生理解风这一自然现象；语篇 2 的台风经历能够唤起学生的自身体验，提高学生的自我防护意识；语篇 3 拓展了学生对台风破坏性的认识；语篇 4 通过制作安全宣传海报促进学生对整个单元内容的思考和整合。在完成整个单元的学习之后，学生将“语篇小观念”融合形成

① 案例来源：初中英语教育数字化转型项目“三个助手”平台资源。

"单元主题大观念"，即了解自然，保护自我，预防灾害。

教师应注重单元语篇之间的关联，挖掘单元育人价值，引导学生从多角度建立起单元主题大观念。

二、语篇内容梳理：基于文体特征，把握内容与结构

教师在研读文本的具体内容时，除了梳理文本的浅层信息外，应注重把握文本的内容与结构，提炼出结构化知识，即分析文本各部分的内容是如何围绕主题意义组织起来的。[①] 这既涉及具体的文本内容，又涉及语篇知识。

那么，应该如何把握文本的内容与结构呢？连续性文本一般都会通过特定的文体形式来呈现主题和内容，而每种文体都有自己的文体特征。从语篇的文体特征入手研读语篇内容，不仅有助于把握文章的内容和结构，还有助于指导学生掌握同类型语篇的组织结构和共同特征，深度了解作者的写作意图和篇章结构，并实现语篇知识的迁移。

1. 记叙文

记叙文是以叙述为主要表达方式，描写人物经历和事物发展变化的一种文体，主要通过记叙人物、叙述故事、描写景色来描述人物或事物的发展和变化。[②] 常见的记叙文有故事、叙事性日记、人物传记、寓言、童话等。研读记叙文的内容可从以下三个方面入手：

（1）提取故事要素

记叙文往往围绕人物（Who）、时间（When）、地点（Where），以及事情的起因（Why）、经过（How）、结果（What）六要素来展开。这些信息往往可在原文中直接定位，提取故事要素是进一步分析故事情节、梳理故事线索的基础。

（2）梳理叙事线索

记叙文的叙述通常有一个线索，可以是事件发生的起因、经过、结果，也可以是时间线索、地点线索或情感线索等。厘清记叙文的事件发展就是要找到叙事线索，把握贯穿全文的脉络，梳理出全文的结构。

【案例 2】

教学材料：《英语（牛津上海版）》8 年级第二学期第 5 单元 Blind man and *eyes* in fire drama

记叙文内容与结构的梳理见表 1–1–2。

---

① 张秋会，王蔷 . 浅析文本解读的五个角度 [J]. 中小学外语教学（中学篇），2016（11）：11–16.

② 李小红 . 基于体裁分析的初中英语深度阅读教学策略 [J]. 教学月刊・中学版（外语教学），2021（Z1）：36–40.

表 1-1-2 记叙文内容与结构的梳理

Troubles（事件）	Who（人物）	When（时间）	Where（地点）	Why（起因）	How（经过）	What（结果）
The hotel clerk didn't allow Charlie to stay.	John Charlie the hotel clerk the manager	When John checked in	At the reception	Pets are not allowed in the hotel.	John asked to see the manager and explained about Charlie.	The manager agreed that Charlie could stay at the hotel.
The hotel caught fire.	John Charlie	When John was asleep that night	In the hotel room	/	Charlie woke John up and John took some protective measures.	They were safe and waited for the rescue.
The firemen refused to rescue Charlie.	John Charlie the firemen	When the firemen arrived	At the hotel window	It was against the rules.	John explained about Charlie.	They were both rescued.

【案例分析】该语篇是杂志文章，以三个事件为线索，讲述了盲人 John 在酒店遭遇入住和火灾等一系列困难，最终在导盲犬和他人的帮助下解决困难成功逃生的经历。把握住三个事件的起因、经过（如何解决）和结果等要素，就能够把握住文章的总体结构和关键内容。

对内容的解读和梳理不是千篇一律的，体现的是教师的个性化理解。教师可以采用不同的方式呈现研读结果。除了表格之外，记叙文还常用情节图（plot diagram）等可视化工具来呈现文本内容。情节图更有助于展现事件发展的顺序，并直观呈现事件的高潮和结局。

（3）分析人物特点

记叙文往往在叙事的过程中写人。教师在研读记叙文的过程中，除了要厘清事件的线索之外，还应抓住人物在事件发展过程中的语言、动作、心理活动等细节，分析人物的特点。例如，在上述提到的例子中，盲人 John 刚到酒店房间时就要求经理告诉他安全出口的位置，在火灾发生之后通过房门的温度判断火情等细节能够体现出他沉着冷静的性格特点，并具有很高的安全意识和逃生技能。教师在研读文本时应抓住这些重要细节，引导学生深入分析人物的特点。

2. 说明文

说明文是一种解释说明客观事物或阐释明晰事理的一种文体，比如对事物的特征、形状、性质、流程、功用等进行说明。[①] 说明文往往说明对象突出，结构清晰，具有客

① 李小红．基于体裁分析的初中英语深度阅读教学策略 [J]. 外语教学（教学月刊中学版），2021（1）：36–40.

观性、条理性和科学性的特点。对说明文的内容进行研读，需要明确说明对象，厘清说明顺序，识别说明方法。

（1）明确说明对象

研读说明文要明确文章的主要说明对象，并把握每个部分说明的重点。说明对象可以从文章的标题、重点段落或主题句中寻找，也可以通过分析、归纳进行概括。

（2）厘清说明顺序

说明文的文本结构一般按照某种顺序展开，如事物的空间或方位顺序、事物发展变化的时间顺序或某种逻辑顺序，如从现象到本质、由主到次等。说明顺序是厘清文章结构的关键，也是培养学生逻辑思维能力的要点。

（3）识别说明方法

说明文为了清楚地解释事物的内容或特征，会运用不同的说明方法。常见的说明方法包括举例子、分类别、列数字、作比较、打比方等。关注说明方法的选择，并分析其意图，能够更好地引导学生把握说明对象的特征。说明文的内容与结构可以通过思维导图等形式进行梳理。

【案例 3】

教学材料：《英语（人教版）》8 年级下册第 9 单元 Singapore-A place you will never forget!

说明文内容与结构见图 1-1-1。

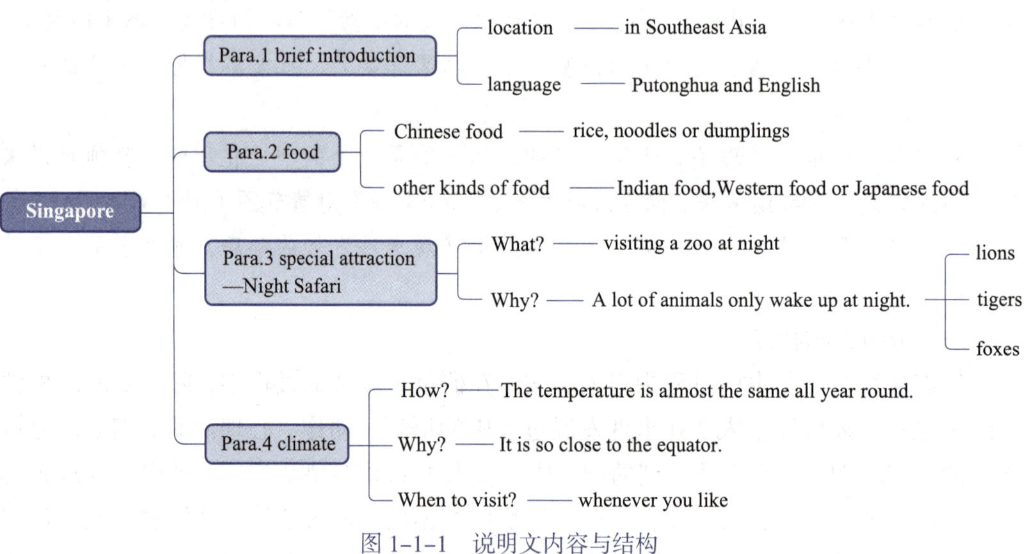

图 1-1-1　说明文内容与结构

【案例分析】该语篇以新加坡为说明对象，从概况、食物、特色项目——夜间动物巡游、气候等四个方面介绍了新加坡的独特魅力。在说明顺序上遵循由主要到次要、从熟悉到陌生的原则。在说明方法上，作者使用列数字、分类别、举例子、作比较等方式展现了新加坡的特点。

3. 说理类文章

说理类文章是一种通过摆事实、讲道理来表达某种观点或道理的文体。教师在研读说理类文章时，要注意把握作者的观点和论据，并理解作者如何用论据论证其观点。

（1）明确观点和论据

作者的观点（opinion）表达了其对某个问题的看法。论据（reason 或 argument）阐述了作者持这种看法的原因，作者通常会给出相应的支撑性细节（supporting detail）来进一步论证。研读说理类文章的关键在于把握作者的主要观点，明确作者提出了什么论据，并分析作者如何用论据论证其观点。

（2）识别论证方法

在明确观点和论据之后，应进一步分析作者如何论证其观点，即识别文中使用的论证方法。常见的论证方法有举例子、列数字、引用、作比较等。理解作者如何用论据论证其观点是深度解读说理类文章的关键。同时，教师还应该对文本进行批判性思考，区分事实与观点，分析论据是否充分，论证过程是否严谨。这有助于在教学活动中充分激发学生的思维，提升学生的核心素养。

【案例 4】

教学材料：《英语（牛津上海版）》9 年级第一学期第 3 单元 Head to Head

说理类文章内容与结构见图 1-1-2。

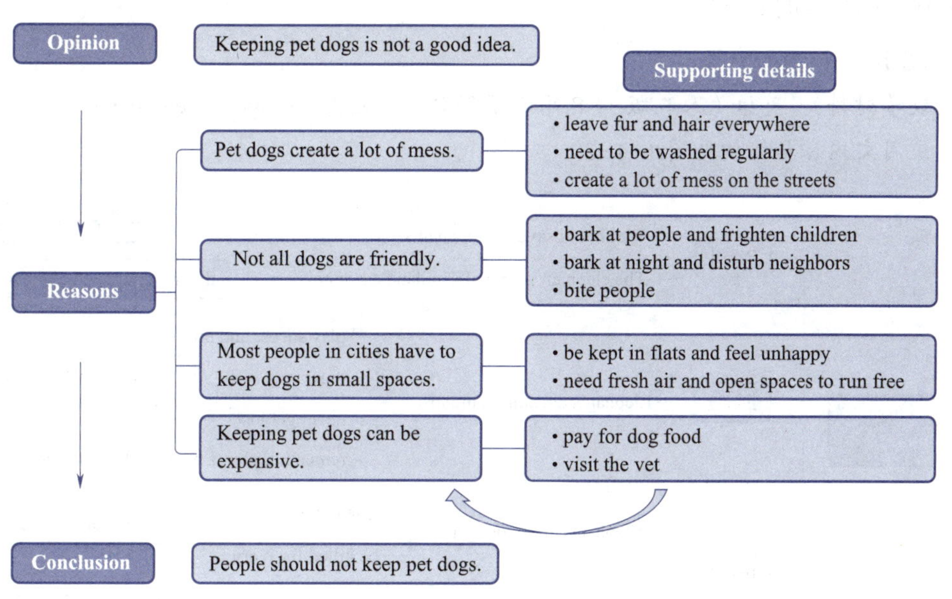

图 1-1-2　说理类文章内容与结构

【案例分析】这是一篇校报上讨论“是否应该养宠物狗”的说理类文章。文章呈现了两个学生对此问题的观点碰撞。图 1-1-2 梳理了反方的主要论点和论据。反方主要使用了举例子的论证方式证明城市养狗的坏处，四个方面的理由遵循了由主要到次要的顺序，详略得当。

4. 应用文

应用文是人们在长期生活实践中为实现特定目的而形成的文体，因此往往具有明确的写作目的和读者对象。常见的应用文包括书信、广告、请柬、通知、倡议书等类型。在研读应用文时，应注意把握以下三个方面：

（1）把握语篇类型、写作目的、读者对象

研读应用文时要结合导语、插图或文本特征，明确该语篇的具体类型。不同类型的应用文有着不同的写作目的，如道歉信的目的是请求原谅；通知的目的是告知；广告的目的是推销。研读应用文时还要关注读者对象，明确语篇是写给谁看的，这有助于理解写作目的与文本内容。

（2）获取关键信息

应用文具有明确的写作目的，因而信息的有效传递是关键。对于不同类型的应用文，应关注不同的具体信息。例如，对于道歉信，应了解引发道歉的事件、作者阐明的理由等；对于通知，应关注具体要告知的事宜、时间、地点、人物、注意事项等；对于广告，应关注产品的特征、购买方式等。

（3）理顺篇章结构

应用文的结构通常有一定的规范，段落的衔接有内在的逻辑。教师应分析每个段落的内容与写作目的之间的关系，形成对语篇的总体认识，理解应用文的信息组织方式。教师把握不同类型应用文的常见要素与结构，可以更加有效地引导学生将语篇知识迁移到同类型的文章中去。

【案例 5】

教学材料：《英语（人教版）》8 年级下册第 9 单元 Let's save the elephants!

应用文内容与结构见图 1-1-3。

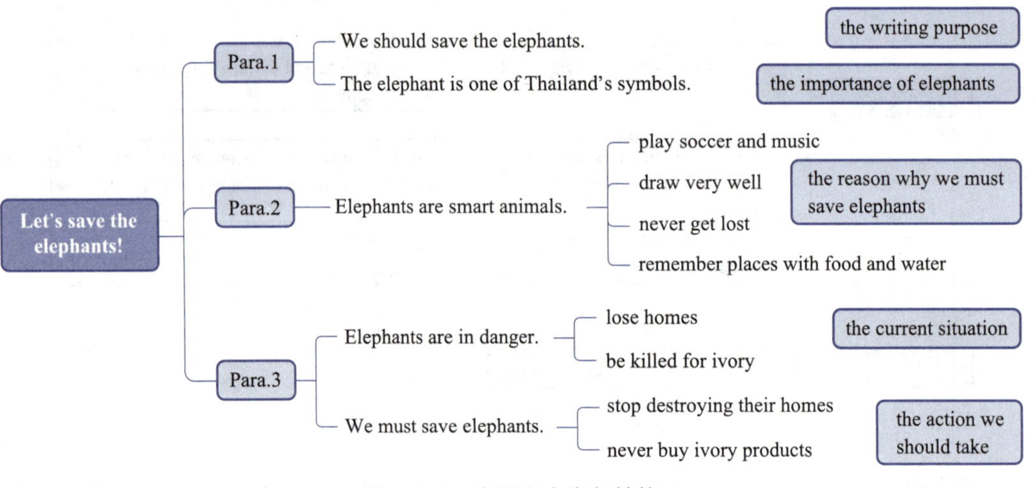

图 1-1-3　应用文内容与结构

【案例分析】这是一封泰国学生写的呼吁大家保护大象的信。图 1-1-3 所示的思维导图呈现了三个段落的主要内容。呼吁信往往包含一些内容要素，以本文为例，首先会开门见山地陈述呼吁的内容及其重要性，然后说明理由，最后交代目前的现状并呼吁人们采取行动。这些内容要素与结构是呼吁信的常见形式。

5. 对话类语篇

对话是阅读语篇的重要形式，在低年级教材中占比较大。与其他类别语篇一样，对话类语篇也承载着主题、语言知识和语言技能的教学。不同之处在于，对话类语篇往往有比较明确的语境（context），围绕特定的话题展开，实现一定的语言功能。[①] 受篇幅所限，本文主要从以下三个方面进行研读。

（1）识别语境

语境是对话开展的背景，为话题知识、语言知识和语言技能的教学提供了必要的平台。[②] 解读语境可以从文本特征入手，通过标题、导语和图片获取信息，明确对话的人物、对话发生的地点、发生对话的原因、对话的主要话题等。

（2）梳理话题知识

对话往往围绕特定的话题，话题知识包括与话题相关的词汇或词块，以及开展话题讨论的句型。根据不同的话题梳理话题知识，是对话类语篇内容梳理的重要部分。

（3）关注语用知识

对话类语篇往往围绕特定话题，运用相关句型，实现特定的语言功能。因此在研读对话时，应关注话轮转换，分析话轮如何实现特定的语言功能，并归纳出相关的句型或表达。

【案例 6】

教学材料：《英语（人教版）》7 年级下册第 10 单元对话

对话类语篇内容的梳理见表 1-1-3。

表 1-1-3　对话类语篇内容的梳理

语境	Sally 和 Tom 在餐厅点餐时与服务员的对话
话题知识	对食物、菜品的表达，如 one *mapo* doufu with rice，a bowl of beef soup; 对食物分量的表达，如 large，small
语用知识	餐厅点餐时服务员与顾客的询问与应答。 询问：May I take your order? What size would you like? 喜好：I'd like... 确认：That's right.

【案例分析】这段对话有明确的语境，以点餐为话题，完成了食物偏好的询问与应答、食物分量的询问与应答、菜品的确认等交际功能。明确语境，并梳理话题知识和语用知识，就能够把握住对话类语篇的主要内容。

在研读语篇内容和结构时应基于语篇的文体。把握好文体特征及其相应的语篇知识，可以更好地理解同一类型文本，实现知识迁移。

① 赵尚华．初中英语课堂教学关键问题研究 [M]. 上海：上海教育出版社，2020：13.

② 赵尚华．初中英语课堂教学关键问题研究 [M]. 上海：上海教育出版社，2020：16.

三、语言特点分析：剖析语言形式与主题意义的关系

在对文章内容和结构进行梳理之后，教师应进一步分析语篇的形式特点。作者通常会根据主题的需要选择恰当的形式，包括语言形式和文本特征。具体而言，语言形式指的是文本中的词汇、语法、句法和修辞等。从语言角度解读文本就是关注文本中的词汇特征、语法特征、句法特征和修辞特征等，分析它们是如何为呈现主题意义服务的。① 文本特征则包括语篇的标题、副标题、导语、图片、段落等。

1. 词汇特征

分析词汇特征即关注词汇选择。教师在研读语篇时应关注以下词汇：能表明逻辑关系的连接词或副词，如 however、so、therefore、moreover 等；体现情感态度差异的同义词、近义词；富有表现力且恰到好处的动词；发挥衔接作用的词，如代词等；体现写作视角的人称代词。语篇中各种词汇的选择都是基于情境和主题意义的，分析词汇的选择能更好地理解主题的表达。

2. 语法特征

分析语法特征即分析语法的语用功能。例如，使用主动语态能够使描述更加生动直观；动词的时态能够体现动作发生的时间。教师应正确解读这些语法现象所表达的意义和语用目的。

3. 句法特征

分析句法特征即分析如何使用恰当的句法实现语篇功能，表达主题意义。例如，呼吁信常用祈使句提出直接、有力的倡议，抒发感情时常用感叹句，复合句前后的顺序可能突出了不同的重点等。教师应对语篇中的关键句子进行深入的解读。

4. 修辞特征

语篇所使用的修辞方法也是值得关注的。常用的修辞方法包括明喻、暗喻、双关、拟人、夸张、重复、排比、习语、设置悬念等。教师应关注文章所用到的修辞方法，并分析它们在文中的作用和意义。

5. 文本特征

把握语篇的文本特征要特别关注语篇的标题或副标题、导语、图片、段落等特征。例如，副标题是对文章不同部分内容的概括。导语往往交代了文章的背景、写作目的、人物等重要信息；图片是对文章内容的补充，有助于读者对文章的理解；有时字体的变化也能表现出文章的某些特征。

值得注意的是，并不是所有的语篇都包括上述所有内容，教师应根据所教授的语篇本身的特点进行分析，梳理出具有教学价值的内容。

【案例 7】

教学材料：《英语（牛津上海版）》8 年级第二学期第 5 单元 Blind man and *eyes* in fire drama

① 张秋会，王蔷 . 浅析文本解读的五个角度 [J]. 中小学外语教学（中学篇）2016（11）: 11–16.

语篇的语言特点分析见表 1-1-4。

表 1-1-4　语篇的语言特点分析

维度	语言特点	分析
词汇特征	人称与叙事视角	Part I 以第三人称叙事；Part II 以第一人称叙事
	词汇的选择	exclaim，interrupt，sensible，feel the door，(the phone) be dead，(the alarm) go off 等表达的意义和作用
语法特征	时态	以过去时为主要时态叙事
句法特征	不完整的句子	I smelt smoke! A fire! But where? 体现紧迫感
修辞方法	夸张	The minutes seemed like hours.
	习语	It was music to my ears.
	暗喻	标题 Blind man and *eyes* in fire drama
	重复	Charlie barked. It sounded like yes.
	设置悬念	标题 Blind man and *eyes* in fire drama 中的 eyes; 开头 John Dancer's troubles began... 中的 troubles
文本特征	字体	Blind man and *eyes* in fire drama 中的 eyes 用斜体字表达特殊含义
	章节的划分	文章划分成两个部分

【案例分析】这篇杂志文章颇有特色。标题引人入胜，通过斜体字 *eyes* 设置悬念；文章使用了多种修辞方法，耐人寻味；文章划分为两个不同的部分，并转换了叙事视角；文章用词也非常地道精准。准确解读这些语言特色，能够帮助学生更好地理解文章的主旨和意趣。

四、教学内容确定：基于学情，落实课程标准

对主题意义、内容与结构和语言形式的解读，回答了“语篇里有什么”的问题，那么应该用语篇教什么呢？这个问题应该基于两个方面来考量：课程标准的要求和学生的学情。基于课程标准，教师可以从以下四个维度梳理教学内容。

1. 语言知识

新版课程标准将语言知识分为两个类型，其中，语音、词汇和语法知识称为结构性知识，语篇和语用知识称为应用性知识。教师不应孤立地将语音、词汇和语法知识作为教学内容，而应在语篇所创设的语境中进行教学，并充分关注语篇知识和语用知识。

2. 文化知识

文化知识是指中外优秀人文和科学知识，如所学语言国家的历史地理、风土人情、

传统习俗、生活方式、审美情趣、劳动意识、行为规范、价值观、文学艺术和发明创造等。[①] 教师应在研读语篇主题意义时，确定语篇所能教授的文化知识，充分挖掘语篇的育人价值。

3. 语言技能

语言技能包括听、说、读、看、写等五项技能，以及这五项技能的综合运用。连续性文本主要涉及阅读技能。虽然阅读技能不显性地出现在语篇的内容中，但教师在研读语篇时，应思考语篇的教学价值，以及用语篇新授哪些阅读技能、巩固哪些阅读技能。

4. 学习策略

学习策略是学生为有效学习和使用英语而采取的各种行动和步骤，以及指导这些行动和步骤的信念。[②] 教师在确定教学内容时不应忽略对学习策略的思考，而应思考如何使用语篇指导学生学习并内化学习策略。

【案例 8】

教学材料：《英语（牛津上海版）》8 年级第二学期第 5 单元 Blind man and *eyes* in fire drama

教学内容的梳理见表 1-1-5。

表 1-1-5　教学内容的梳理

维度		教学内容
语言知识	语音知识	生词 exclaim，sensible，describe 等的读音； 对话的朗读
	词汇知识	exclaim，interrupt，sensible，feel the door，(the phone) be dead，(the alarm) go off 等表达在文中的意义和作用
	语法知识	/
	语篇知识	故事线索的梳理； 杂志类文章的特征
	语用知识	/
文化知识		火灾中的逃生知识； 应对困境、尊重盲人、尊重生命和爱护动物的意识
语言技能		记叙文要素的获取；主要情节、故事脉络的把握； 对人物和故事的评价； 写作手法（重复、习语、夸张、视角转换等）的赏析
学习策略		使用图表梳理故事主要情节

【案例分析】前文已对该语篇的主题意义、内容和结构、语言特点进行了解读，但并非所有的研读结果都会成为教学内容。从教学内容的维度对语篇研读的结果进行梳

① 梅德明，王蔷 . 义务教育英语课程标准（2022 年版）解读 [M]. 北京：北京师范大学出版社，2022：105.
② 梅德明，王蔷 . 义务教育英语课程标准（2022 年版）解读 [M]. 北京：北京师范大学出版社，2022：114.

理，可以明确用该语篇落实哪些教学内容。

值得注意的是，不同学生的情况差异很大，会极大地影响教学内容的选择。教师应充分考虑学生的学习起点，对照课程标准的内容要求，整合语篇研读的结果，并将其转化成教学内容。

教学建议

第一，基于教学内容合理划分课时。

对于一些难度较大、篇幅较长、信息较多的语篇，教学内容也会比较多，一课时不足以完成所有的教学内容，因此，教师应合理规划不同课时的教学内容。一般而言，阅读课的第 1 课时侧重于语境中生词的理解、关键信息的提取、内容和结构的梳理、主旨大意的把握等。第 2 课时侧重于语篇知识的理解、主题意义的探究、语言特色的赏析、文本内容的批判性思考等。合理划分课时、规划教学内容能保证教学内容更好地落实。

第二，从核心素养的角度确定教学目标。

在研读语篇、确定教学内容之后，教师应确定教学目标。教学目标的确定是以语篇研读为基础的，但应转变视角，从学生的角度来思考该语篇教学如何培养学生的核心素养。具体来说，教师可以从语言能力、文化意识、思维品质和学习能力四个方面设定教学目标。以 Blind man and *eyes* in fire drama 为例，该语篇的教学目标如表 1-1-6 所示。

表 1-1-6　教学目标的确定

核心素养	目标描述
语言能力	获取并梳理关键信息，概括文章大意，把握文章结构
	理解杂志文章的特征
	体会重复、习语、夸张、视角转换等写作手法在文中的作用
文化意识	了解火灾中的逃生知识
	增强应对困境、尊重盲人、尊重生命和爱护动物的意识
思维品质	通过人物分析，对人物做出评价
	结合故事内容，辩证地理解“规则”的意义
学习能力	利用图表整理关键信息、梳理故事的脉络

第三，根据课程标准与学情把握教学重点和学习难点。

教学重点是一节课的灵魂，体现一节课的价值。对教学重点的判断应从语篇研读和教学内容分析开始，具有相对的稳定性。学习难点是相对的，同样的内容对于不同的学生群体来说难度不同。对学习难点的判断始于学情分析，学习难点的内容是学生的学习起点与教学目标之间的距离，以及学生在达到目标的过程中可能面临的困难。[①]

教师在对语篇进行充分研读之后，如果不注意教学内容的取舍，会导致教学容量过大、重点不突出的问题，甚至会因为教学重点把握不到位而导致学习难点增加。教师应在语篇研读的基础上，对照课程标准，结合学生的实际情况，对教学重点、学习难点做出合理的判断。

关键问题 1-1 解决方案实践分享

① 赵尚华. 初中英语课堂教学关键问题研究 [M]. 上海：上海教育出版社，2020：70.

关键问题 1–2 如何开展非连续性文本的语篇研读？

问题提出

随着信息化社会的高度发展，网络环境下的碎片化阅读已逐渐成为很多人的重要阅读模式，一种新型文本——非连续性文本在生活中被广泛运用，凸显出强大的实用功能。非连续性文本的概念由国际学生评估项目（PISA）在2000年提出，随后逐渐进入了我国义务教育教学的视野。如何发挥非连续性文本的价值？如何有效指导学生开展非连续性文本的阅读？有效的语篇研读是第一步。

一、课程标准的要求

《义务教育英语课程标准（2022年版）》指出：英语课程内容的选取遵循培根铸魂、启慧增智的原则，紧密联系现实生活，体现时代特征，反映社会新发展、科技新成果。语篇是课程内容中的重要要素之一，承载着表达主题的语言知识和文化知识，为学生提供多样化的文体素材。新版课程标准对语篇的类型进行了补充，新增了有关非连续性文本的描述："语篇分不同的类型。语篇类型既包括连续性文本，如对话、访谈、记叙文、说明文、应用文、议论文、歌曲、歌谣、韵文等，也包括非连续性文本，如图表、图示、网页、广告等。"

由此可见，非连续性文本是英语课程内容的重要组成部分。在阅读和学习非连续性文本时，学生需要在碎片化、图表化的文本中检索、整合、解释、推断和评价信息，并运用信息解决实际问题，这可以与连续性文本阅读相互补充，弥补学生认知能力的不足，促进学生阅读能力的全面发展。开展对非连续性文本的教学研究符合课程标准的要求，也体现时代的诉求。

二、教学现状

尽管非连续性文本具有较高的社会使用价值、能力训练价值和学科导向价值，但在实际教学中，教师普遍存在对非连续性文本关注不足、研读不够、教法单一等问题。

1. 关注不足

课堂阅读教学和作业评价中的文本仍是以记叙文、说明文、议论文、应用文等连续性文本为主，多数教师未能意识到开展非连续性文本教学的必要性和重要性，没能充分利用好教材内和课堂外的各种非连续性文本素材开展教学。

2. 研读不够

部分教师能有意识地开展非连续性文本的阅读教学，能在一定程度上把握语篇承载的知识类信息和不同类型非连续性文本的文本特征，但对文本研读还不够到位，未能充分挖掘文本的主题意义和文化意涵，以及可以培养学生的语言技能和学习策略。

3. 教法单一

在开展非连续性文本的阅读教学中，多数教师受限于习题形式和命题方向，注重考试结果和应试技巧，而轻过程指导和能力培养，对学生阅读不同的非连续性文本缺少有针对性的方法指导。

基于以上问题，为了提升非连续性文本阅读教学的有效性，落实核心素养目标，有必要对“如何开展非连续性文本的语篇研读”这一关键问题开展研究。

问题分析

一、非连续性文本的定义

非连续性文本是指为了说明某个主题，以不是一个接一个的状态呈现的、具有间断性层次结构的语言体。具体而言，指由图表、符号和（或）非完整性、非连续性句群组成的文本，以及由不同来源和（或）形式的纯文本信息组合而成的多重非连续性文本。[①]

二、非连续性文本的特征

非连续性文本具有直观性、间断性、实用性和多样性等特征。

1. 直观性

非连续性文本以客观事实为主，没有优美的语言和详尽的描述，数字、图片、图式等为主体服务，内容一目了然。图文搭配的呈现不仅给人以视觉冲击，也大大提高了阅读效率，读者容易迅速、便捷地提取主要信息和分析事物，从中得出结论或启示。

2. 间断性

非连续性文本通常由词、句、段、表、图、符号等不同元素组合而成，它们之间往往缺少明显的内在逻辑性和关联性，从而造成了文本意流隐性或显性的间断。在阅读非连续性文本时，读者需要从一个意义区间跳跃到另一个意义区间，不断实现信息的切换与联结。信息的获取方式也不再是从左到右、从前到后的单一线性方式，而是呈现出跳越、多维等特点。

3. 实用性

非连续性文本在日常生活中被广泛使用，如标志、地图、表格、清单、目录、说明书、指南、广告等。它是人们参与社会生活、适应社会需要的产物。与连续性文本，

---

① 唐书哲，袁辉．英语非连续性文本阅读的价值与方法 [J]. 教学与管理，2020（1）: 51–53.

尤其是经典的文学作品相比，大多数非连续性文本关注客观的现实问题，与读者的生活息息相关，是当下社会生活的直接反映。

4. 多样性

不同于仅由文字组成的连续性文本，非连续性文本组成元素多样，除了文字外，图形、符号、图像、声音等多媒体元素常存在其中。同时，它将各种复杂的内容及形式交织在一起呈现出来，且随着社会的变化而发生变化。

三、非连续性文本的类型

非连续性文本在生活中随处可见，按照呈现形式可分为以下两种类型。

1. 图文类

这种文本类型是以图文结合方式呈现的文本，常见的有图表（信息表、柱状图、折线图、饼状图、流程图等）、图式 / 标志、图片、连环画、地图、平面图 / 楼层图、图解文字、海报、广告等。其中“图”的作用是为了更直观、形象地说明“文”的信息内容。

2. 纯文类

这种文本类型是与同一主题或话题相关的、不同来源或认知视角的纯文本信息的组合，主要包括说明书、指南、问卷、清单、目录、平行文本等。这些不同来源的文本可以是彼此联系的，也可以是互相矛盾的，读者需要进行分析和整合，才能全面把握文本所要说明的主题。

以《英语（牛津上海版）》教材为例，表 1-2-1 呈现了其中较为典型的非连续性文本。

表 1-2-1　非连续性文本类型与示例

文本类型	子类	单元	板块 / 标题
图文类	图表	6AU8	Look and learn/In the supermarket
	图示 / 标志	7AU7	Look, read and match/Signs and rules
	图片	8BU3	Writing/ 无标题
	连环画	8AU3	Writing/Judy's Diary
	地图	9AU7	Listening/ 无标题
	平面图	7AU5	Look, read and write/The Li's new flat
	图解文字	6AU2	Listen and say/Winnie's visit to Garden City
	通知	8BU4	Grammar/A writing competition is going on
	海报	8B Project	The School English Newspaper Competition
纯文类	指南	6AU11	Look and read/How to make a pizza

续表

文本类型	子类	单元	板块 / 标题
纯文类	问卷	9B Module2	Using English/How green are you?
	清单	6AU8	Look and read/Menu
	目录	7A Module 2	Using English/Using your dictionary
	平行文本	7AU1	Reading/Welcome to Beijing

四、非连续性文本的语篇研读视角

深入研读语篇是教师选择教学内容和教学方法的前提，也是教师专业能力和水平的具体体现。新版课程标准在教学建议中强调，教师需要深入研读语篇，把握好教学的核心内容，从 What、Why 和 How 这三个基本问题入手，开展语篇研读。非连续性文本的语篇研读也主要从这三个视角展开，但与连续性文本的研读略有不同。

1. 语篇主题和内容

关于 What 的问题，主要研读语篇写了什么，即语篇的基本意义，包含语篇的主题和内容。把握非连续性文本的主题和内容，通常可以从语篇的标题或表头着手。由于非连续性文本具有实用特性，文本的标题、图表的表头或图中文字往往比较直观、凝练，有助于读者准确、清晰地概括文本的主要内容。通过提炼其中的关键词，并结合课程内容中的主题群和子主题，可以较好地把握此语篇的主题。对于那些没有标题的图文类非连续性文本，可以先进行图文转换，再结合板块标题或单元主题把握语篇主题。

表 1-2-2 所示为《英语（牛津上海版）》教材中的几篇非连续性文本的内容和主题。

表 1-2-2　非连续性文本的内容和主题示例

单元	板块 / 语篇标题	内容	主题
7AU7	Look，read and match/Signs and rules	Garden City 的城市规定	公共秩序与规则
9AU7	Listening/ 无标题	Square Island 的地理布局	身边的事物与环境
7AU1	Reading/Welcome to Beijing	北京景点的介绍	中国名胜古迹
9B Module2	Using English/How green are you?	有关环保行为的问卷调查	环保意识和行为

2. 语篇意义和价值

关于 Why 的问题，通常研读作者为什么写，即作者希望传递什么观点、引发何种思考或价值观讨论，作者的写作目的是什么，以及学生在学习中需要解决什么问题等。非连续性文本一般以呈现客观事实信息为主，篇幅不长、文字不多，作者的写作目的多是告知，意义的研读较连续性文本较简单，但语篇的价值，即学生通过阅读能培养怎样的能力和品质，较连续性文本要丰富许多，教师可以从核心素养的四个方面进行分析。

英语课程要培养的学生核心素养包括语言能力、文化意识、思维品质和学习能力等方面。表 1–2–3 梳理整合了新版课程标准与非连续性文本有关的核心素养三级学段目标。

表 1–2–3　与非连续性文本有关的核心素养三级学段目标

核心素养	三级学段目标
语言能力	1. 读懂语篇，提取并归纳关键信息，理解隐含意义； 2. 根据读到的关键词对人物、地点、时间等进行推断； 3. 分析和梳理语篇的基本结构特征
文化意识	1. 通过语篇获取、归纳中外文化信息，认识不同文化； 2. 尊重文化的多样性和差异性，并在理解和比较的基础上作出自己的判断，具有比较、判断文化异同的基本能力
思维品质	1. 发现语篇中事件的发展和变化，辨识信息之间的相关性，把握语篇的整体意义； 2. 判断图片、符号、字词和句子之间的逻辑关系； 3. 发现同类型语篇的相似之处和不同类型语篇的结构特征； 4. 多角度、辩证地看待事物和分析问题； 5. 提取、整理、概括语篇的关键信息，判断各种信息的异同和关联； 6. 推断信息之间简单的逻辑关系； 7. 从不同角度解读语篇，推断语篇的深层含义，作出正确的价值判断； 8. 针对语篇的内容和观点进行合理质疑；能依据不同信息进行独立思考，评价语篇内容，说明理由
学习能力	1. 根据学习目标和进展合理调整学习策略； 2. 在学习过程中积极思考，主动探究，发现并尝试使用多种策略解决语言学习中的问题，积极进行拓展性运用

由表 1–2–3 可见，非连续性文本对培养学生核心素养，尤其是思维品质和学习能力方面有着重要作用。

思维品质中提到的多项能力可以归类为四种能力：检索能力、解释能力、评价能力和运用能力。

检索能力指从文本信息中筛选并提取所需信息的能力，包括了解各构成要素在文本中的特定含义和内在联系，了解文本各个部分或板块的主要内容，把握文本发展过程，明确阅读指向，找到匹配信息，进行信息转换等。

解释能力指对文本形成局部或整体的理解，并做出相应阐释的能力，可细分为信息整合能力和文本阐释能力。信息整合能力包括梳理信息、归纳信息、调整信息（图文转换、改变文本的表达方式）等要素。文本阐释能力包括概述文本中某一部分或整个文本的主要内容，分析文中人物或事物的特点，阐释某一事件或观点的前因后果，推断文本隐含意思等要素。

评价能力指跳出文本，结合个人知识、经验、观点对文本进行评价的能力，包括综合、比较和反思的能力。评价角度可从文本内容和文本形式两个方面展开：文本内容的评价包括赞同或反对人物的观点，指出观点的亮点或不足，反思文本的创作意图等；文本形式的评价包括对语言组织的准确性、结构安排的合理性、逻辑推理的严密性等方面的分析和评判。

运用能力指运用阅读所得的知识经验、方法技能、情感态度解决新问题的能力，包括运用文本内容解释生活问题，运用文本的表达形式展示学习成果，运用相关阅读技巧进行同类阅读等。

另外，学习能力中的学习策略主要指阅读策略。非连续性文本使用的策略与连续性文本稍有不同，通常包含五种策略，即预测、确定重点、联系、想象和推理。

预测指根据已有知识，对所读材料从标题、副标题、主题、图片、情节等开展合乎情理的猜想。常用文本有图解文字等。

确定重点指有意识地鉴别信息和分辨主次信息，利用不同的文本结构和特征获取所需要的信息，提炼文章的主要内容。常用文本有表格、海报、清单、目录等。

联系指在阅读过程中激活背景知识，建立文本和人、文本和文本、文本和世界的连接，促进对文本的理解。常用文本有地图、平面图、图解文字、指南、说明书、平行文本等。

想象指调动五感将文本中的人物、情节、场景、语言等在脑海中复现，通过意想丰富阅读体验，促进对文本的理解。常用文本有图片、连环画、广告等。

推理指根据文本中的线索，结合背景知识，推理出材料中暗含的意义，准确理解事实原因、作者观点以及字里行间的深层含义，从而对文本形成深层次的理解。常用文本有图表、表格等。

3. 语篇特征和结构

关于 How 的问题，主要分析作者是怎样写的或如何组织的，即语篇的文体特征、内容结构和语言特点。

为了更直观地呈现作者想要传递的信息，非连续性文本的语言通常具有简单、简洁的特点，文本中的文字相对很少，即使有也多以单词或短语的形式呈现，而不是常见的句子形式。在纯文类非连续性文本中，虽然有较多的句子，但主要也是简单句，句间逻辑关系清晰，没有包括衔接、连贯、语法、修辞等复杂的语言现象。因此，在研读语篇时，语言特点不是研读重点，应更多关注文体特征和内容结构两个方面。

与连续性文本相比，非连续性文本的文本特征很明显。读者通过这些特征能迅速把握主旨要义，有效处理阅读信息，提升阅读效率和效果。表 1–2–4 是非连续性文本常见的文本特征和功能。

表 1–2–4　非连续性文本常见的文本特征和功能

文本特征	功能
标题	呈现文本主题或关键词
副标题	呈现文本不同部分的主题
字体类型	通过粗体、斜体、大写等特殊字体突出文本的关键信息
照片或图片	形象展示与文本相关的内容
边框	通过话语泡泡区分对话和描述信息，通过分隔栏、文本框等呈现文本的不同板块或主题的不同方面
表格	分类呈现数据，直观展示事物特征
注释	解释照片、图片或文字

此外，不同于记叙文、说明文、议论文等连续性文本，非连续性文本通常图文结合，打破了阅读的连续性，比较“跳跃”，因而没有特定的逻辑严明的内容结构。但通过梳理归类，可以总结出非连续性文本常见的信息组织方式和目的，如表 1–2–5 所示。

表 1–2–5　非连续性文本常见的信息组织方式和目的

信息组织方式	目的
比较或对比	显示或描述多种事物的相似和不同
问题和解决	提出要解决的问题以及多个解决方案
描述或清单	描述人或事物的多个特点或个人的多种想法，罗列事物的多个组成部分
顺序或排列	描述事件的顺序或做事的步骤

问题解决

一、聚焦定位，确定文本主题

对于多数信息传递类非连续性文本，教师可以通过标题来把握文本的主要内容，确定文本主题。然而有些文本的文字信息有限或根本没有文字信息，会给读者把握主题带来一定困难。因此，教师在研读时应当聚焦定位，以确定文本主题。例如，在研读图片（单图或多图组合）类文本的过程中，教师需要聚焦标题、图中人物（包括其行为、表情）、环境、文字信息等，继而判断图片顺序、推断图间联系，厘清情节发展，最终概括主题。

【案例 1】

教学材料：《英语（牛津上海版）》8 年级第一学期第 2 单元 Writing 板块 A day in Megan's life

语篇分析：从标题和教材呈现的图片可知，语篇主要内容是介绍 Megan 一天的生活。图片中的共同人物为 Megan，左上角的时间信息提示作者用时间顺序描述事件，图片阅读顺序从左至右、从上至下，背景中的环境发生了变化，从家、学校到体育场所再到家。在每幅图中，Megan 的动作提示她在上述几处地方先后起床、慢跑、上学、放学、运动、睡觉，根据分析其表情可知，无论上学还是运动她都很开心。图片还显示了她的饮食，从食物的种类、数量和频度副词可以看到她的饮食习惯很健康。综上，Megan 有规律作息和健康生活的好习惯，规律作息和健康生活是本文的主题。

根据语篇分析进行梳理，列出研读结果，见表 1-2-6。

表 1-2-6　研读结果

文本名称	A day in Megan's life
主题	规律作息，健康生活
语篇	图文类非连续性文本 / 连环画
语言知识	辨识图中时间、地点、人物以及事件；描述事件的顺序；按照时间顺序有条理地描述日常生活
文化知识	中外学生不同的课外生活安排
语言技能	梳理主要信息；理解图片传达的意义
学习策略	在学习内容与个人经历之间建立有意义的联系

二、统整分析，理清文本逻辑

阅读图表的能力是非连续性文本阅读的核心能力之一，通过阅读，学生能了解事物的特征、变化和发展趋势等，建立多向联系。利用图表类非连续性文本，可以有效培养学生的检索提取、概括分析、评价表达和综合运用能力，提升核心素养。具体研读 Why 部分时，可以从图表的类型与功能着手，判断需要培养学生的哪一种能力，同时分析数据间的横向与纵向关系，把握语篇意涵。

【案例 2】

教学材料：《英语（外研版）》8 年级上册第 9 模块第 3 单元 Language in use

语篇分析：图 1-2-1 是一幅柱状图，虽然没有标题，但从横轴的五个城市和纵轴的人口数量信息以及不同颜色的图例（2000，2025）可知，文本显示的是不同城市在

2000 年的人口数量和 2025 年预计的人口数量。图中的数据不是单独存在的，而是存在联系的。同一城市进行纵向比较可知，五个城市的人口各自都有所增长，涨幅最大的是 Mumbai，涨幅最小的是 Tokyo；对同一年内五个城市进行横向比较可知，2000 年人口最多的城市为 Tokyo，人口最少的城市为 Kolkata，2025 年预计人口最多的城市为 Tokyo，人口最少的城市为 Kolkata，Mumbai 的人口数从第四位升至第二位。从数据的比较中，不仅能看到同一城市人口的发展变化和不同城市人口之间的相对变化，也能通过分析推断得出，无论发达城市还是发展中城市，人口都在不断增长，社会面临巨大挑战。

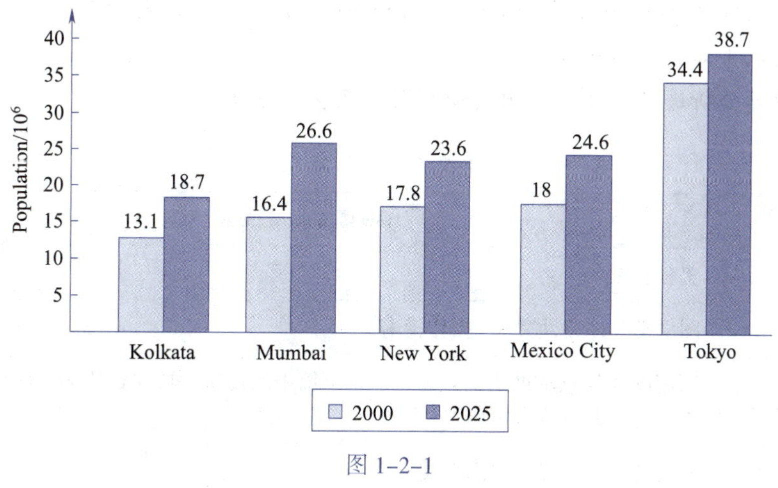

图 1-2-1

根据语篇分析进行梳理，列出研读结果，见表 1-2-7。

表 1-2-7　研读结果

文本名称	无标题
主题	城市人口
语篇	图文类非连续性文本 / 图表
语言知识	理解图表的结构特征和传递的信息；用准确的数据传递主题意义
文化知识	国外人口增长状况
语言技能	理解表格、符号的意义，梳理、整合关键信息，分析、比较数据
学习策略	联系数据，比较推理

三、图文结合，理解细节内容

图文类非连续性文本中有一类文本文字信息较多，即图解文字类，如指南和说明书都是生活中常见的这类文本，它们通常以图文结合的形式呈现，图文对照，形成信息互补。在研读此类语篇时，为更好地把握 How 的部分，需要关注图片与文字之间的联系和图片之间的变化。

【案例 3】

教学材料：《英语（牛津上海版）》6 年级第一学期第 11 单元 Reading: How to make a pizza

语篇分析：文本由六段文字和六幅配图构成，介绍了猫咪比萨的制作流程。教材通过图片直观呈现了每个步骤需要添加的材料（如 cherry）和位置（如 in the middle）以及操作行为（如 put，bake），而文字又补充说明了材料的数量和要求（如 a slice of）以及操作要求（如 for 5 minutes）等。

根据语篇分析进行梳理，列出研读结果，见表 1–2–8。

表 1–2–8　研读结果

文本名称	How to make a pizza
主题	美食制作
语篇	图文类非连续性文本 / 操作指南
语言知识	利用图片信息辅助语篇理解，识别语篇中的衔接手段；运用表示顺序的副词和短语，清晰表达某物的制作过程
文化知识	西式美食的烹饪和制作方式
语言技能	借助图片理解语篇，体会信息之间的关联
学习策略	培养动手实践的兴趣和能力

四、问题导向，梳理文本特点和结构

常见的非连续性文本一般都篇幅不长、文字量较少，文本的主要内容较易把握。然而纯文类非连续性文本，尤其是平行文本类非连续文本，在文本特征、文本结构和语言知识等方面都更为复杂。平行文本也叫并列文本，指一个篇章内的段落之间具有并列关系，且每个段落的结构基本相同，内容也相似，也指一篇课文由若干个篇章组成，各篇章之间具有并列关系，且每个篇章的结构基本相同。研读 How 的部分时，教师可以使用问题导向进行梳理，同时还要把握文本特征，利用文本培养学生的自主阅读能力。

【案例 4】

教学材料：《英语（人教版）》8 年级第二学期第 9 单元 Section A 3a

语篇分析：语篇从文本特点、阅读策略、教学价值和学习困难四个维度对语篇进行分析，见表 1–2–9。

表 1-2-9 语篇分析

维度	问题	分析
文本特点	文本特征有哪些？	导语、三个平行文本、每个文本配有插图
	语言特点是什么？	每个平行文本内有三到四个句群，句子以简单句为主，有少量的定语从句和状语从句，有一定的生词量
	文本的连续性如何？	三个平行文本之间是并列关系，每个文本内句际逻辑清晰
阅读策略	阅读教学的核心目标是什么？	把握说明对象、事物特征和人物观点
	用该文本能教授或巩固何种阅读策略？	巩固“预测”策略，教授“联系”策略
教学价值	用该文本如何培养学生的学习能力？	在教师的示范引导下，学习运用信息整合能力以及自主阅读能力
	该文本能培养何种思维能力？	厘清句际逻辑关系
	该文本有何育人价值？	通过参观文化、科技场所，拓展学习领域，提升个人素养
学习困难	学生潜在的学习困难是什么？	梳理平行文本的结构

根据语篇分析列出研读结果，见表 1-2-10。

表 1-2-10 研读结果

文本名称	无标题
主题	博物馆游览体验
语篇	纯文类非连续性文本 / 平行文本
语言知识	理解（单个文本内）主题句与段落内容之间的关系；利用图片辅助语篇理解；围绕“喜欢的博物馆”话题，表达自己的情感和观点
文化知识	中外不同旅游文化景点（博物馆）的感知与体验
语言技能	梳理语篇的主要信息，识别句间逻辑关系，比较语篇中人物观点的相似性和差异性
学习策略	运用已有经验完成新的学习任务，在学习内容与个人经历之间建立有意义的联系

教学建议

第一，强化理念学习，完善文本知识体系。

教师应广泛阅读了解不同的非连续性文本的特征，积累教学素材，在教学前使用工具表对语篇进行研读梳理，以便有针对性地指导教学。

第二，重视能力培养，合理确定教学内容。

教师应深入学习和领会新版课程标准对学生核心素养培养的要求，结合不同类型的非连续性文本，培养学生的学习能力，提升学生的思维品质。

第三，灵活组织教学，拓宽阅读教学领域。

教师要注意深层挖掘教材中的教学资源，包括课文、课后习题、写作、综合性学习等板块，实现非连续性文本和连续性文本之间的切换，甚至可以对现行教材文本进行重构，或创编文本补充阅读教学。同时，教师还要做生活中的有心人，立足校园生活、融入家庭生活、连接社会活动，从校园、家庭、社会中收集非连续性文本，并将非连续性文本的阅读教学融入日常生活中。

关键问题 1-2 解决方案实践分享

关键问题 1-3 如何开展听力语篇研读?

问题提出

新版课程标准建议教师深入开展语篇研读，并将之作为有效教学设计的起点。但在实际的听力教学中，教师对听力语篇的研读存在一定的问题。

一、课程标准的要求

语篇是课程内容六要素之一，是听力教学的基础资源。新版课程标准指出：语篇承载表达主题的语言知识和文化知识，为学生提供多样化的文体素材。语篇作为载体，发挥整合各要素的作用，与其他要素一起，共同构成核心素养发展的内容基础。新版课程标准在教学建议中提出：教师要以语篇研读为逻辑起点开展有效教学设计，充分认识语篇在传递文化意涵，引领价值取向，促进思维发展，服务语言学习、意义理解与表达等方面的重要作用。由此可见，听力语篇研读是听力教学设计的起点，也是开展有效听力教学、落实核心素养培养目标的重要前提。

二、教学现状

在实际教学中，不少教师在开展听力语篇研读时还存在以下问题。

1. 缺乏听力语篇研读的意识

听力语篇作为听力教学资源，在教学中有重要作用。一些教师在教学设计时未对听力语篇开展研读，导致听力教学目标不明确。在听力课上仅让学生听录音，完成教材中的听力练习，然后校对答案，将完成听力练习作为听力教学的过程。

2. 缺少听力语篇研读的方法

一些教师认可听力语篇研读的重要性，但不知道如何研读或者把握不好研读的维度，研读局限于对听力语篇的表层理解或仅关注语言知识，缺少对语篇多角度、多层次的深入分析，造成学生在教学活动中虽然能完成获取信息的听力任务，但不一定能理解语篇的主题意义，未能建构结构化知识、发展语言技能，在输出活动中也不能进行有效表达。这样不利于学生核心素养的形成和发展。

3. 难以把握听力语篇的特点

部分教师在开展听力语篇研读时，能对语篇的主题、内容、文体结构、语言特点、作者观点等进行分析，但缺少对听力语篇特点的研读，未能从语篇听力特性的角度思考听力语篇的教学价值，难以把握听力语篇的特点，造成听力教学目标定位不够准确或适切，教学活动设计形式化，缺乏听力教学的特点等问题，在一定程度上影响了听力教学的有效性。

基于以上问题，为了提升听力教学的有效性，落实核心素养目标，有必要对“如何开展听力语篇研读”这一关键问题开展研究。

问题分析

一、听力语篇

1. 听力语篇的定义

作为教学用途的语篇是英语教学的基础文本和学习资源，即教师在教学中所使用的教学材料，包括口语材料、书面语材料，或图形、图表等多模态形式的材料。本文所谈的听力语篇是指用于听力教学的具有完整意义的连贯的口语语篇，除了文字外，还包括语言材料的插图、录音、视频等。

2. 听力语篇的类型

新版课程标准将语篇分为不同的类型，表 1–3–1 列出了初中阶段语篇类型及内容要求（三级和三级 +）。

表 1–3–1　语篇类型及内容要求（三级和三级 +）

水平	语篇类型及内容要求
三级	1. 日常对话、独白； 2. 记叙文，如故事、简版小说、人物传记、童话等； 3. 说明文，如介绍类短文、程序或现象说明、事理阐释、书面指令、操作指南、使用手册等； 4. 应用文，如日记、私人信件、宣传海报、宣传册、通知、活动安排与计划、规则、问卷等； 5. 新闻报道，如简讯、专题报道等； 6. 工具书，如词典、语法书等； 7. 新媒体语篇，如常见网络媒体语篇、电子邮件、社交媒体信息等； 8. 其他语篇类型，如歌曲、诗歌、剧本、广告、图片、表格（图表）与图示、天气预报，以及广播、电视、网络节目等
三级 +	简单的说理类文章

课程标准指出，听力语篇属于口语语篇，以文字、音频、视频等模态呈现。按照体裁，听力语篇可分为独白和对话两大类。独白指一个人的独自陈述或言说，内容包括故事、介绍、演讲、新闻报道、报告、说理等；对话指两个或两个以上的人之间的谈话，内容包括日常交际、朋友对话、访谈、剧本等。

3. 听力语篇的特点

作为口语形式的语篇，听力语篇主要有以下特点。

（1）即时性

即时性是真实口语语篇最突出的特点，在专注于“听”本身的活动和环节中，听者必须跟上录音中的语速并即时处理语篇信息，无法像阅读语篇那样进行回看，这往往会给学生的理解和加工带来更多的困难和挑战。

（2）语境依赖性

由于口语语篇的特殊性，语言在交际中的作用有限，其大量意义或含义是通过语境来编码的。因此，听力语篇经常具有语境依赖性，语篇的意义不只是存在于播出的词句中，也与语境有很大关系。

（3）语音多样性

教材中的听力语篇往往以音频或视频的形式呈现，因此语篇的语音具有多样性，说话者会有口音，而且时常出现连读、同化、省略和弱化现象，语篇中的语调、语气、语速等也会因语境发生变化，甚至涉及相关背景音。

（4）交际互动性

听力语篇，尤其是对话类听力语篇，更偏重交际功能，语篇的插图或视频中的体态语也具有丰富的含义，如说话人的表情、姿势、眼神、身体距离等都能体现更强的互动性和交际目的。

（5）表达口语化

听力语篇中的词汇和语法多为口语化的表达。词汇中可能会出现一些方言或俚语。在语法方面，听力语篇中的词法和句法传递信息的意义单位较小，相较于阅读语篇，结构也更加简单。在交际过程中，可能会出现一些停顿和犹豫，使用 oh，hmm，well，I mean，I think 等作为填充词；有时为了保证意义表达清晰，会出现信息的重复或叠加，如词语、语义、信息重复等。

二、听力语篇研读

1. 听力语篇研读的价值

听力语篇是英语听力教学的重要基础资源。通过研读听力语篇，教师能够从听力教学角度明确听力语篇的主题意义，挖掘听力语篇的文化内涵和育人价值，分析听力语篇的文体特征和语言特点及其与主题意义的关联，发现核心素养培养的可能性；能够预设听力教学内容，根据学情确定听力教学目标和教学重难点，为设计教学活动提供依据。

2. 听力语篇研读的维度

对于教学中的语篇研读，新版课程标准指出：开展语篇研读，教师要对语篇的主题、内容、文体结构、语言特点、作者观点等进行分析。教师在研读语篇时要重点回答三个基本问题，即 What、Why 和 How 的问题，对听力语篇的研读不仅要关注其表现形式，还要关注其语境的正式程度、语言表达方式及功能等。

基于对课程标准要求和听力语篇研读价值的思考，本文将听力语篇研读设定为语篇内容、语篇结构、语言/非语言特征、教学价值四个维度，具体内容如表 1-3-2 所示。

表 1-3-2　听力语篇研读的维度

维度	二级维度
语篇内容	主题、语境
	内容要点
语篇结构	文体特征
	信息组织方式
	语义衔接
语言/非语言特征	语音
	词汇
	语法
	体态语（手势、表情等）
教学价值	听力策略（语言技能、学习策略）
	文化知识
	思维品质
	语篇小观念

“语篇内容”的研读维度指向对 What 问题的思考，即语篇的主题和内容是什么；“语篇结构”和“语言/非语言特征”的研读维度指向对 How 问题的思考，即语篇具有什么样的文本特征、内容结构和语言特点；“教学价值”的研读维度则指向对 Why 问题的思考，即语篇传递的意义是什么，也就是作者或说话人的意图、情感态度或价值取向等，挖掘听力语篇的文化内涵和育人价值。教师可以通过整合四个维度的研读结果，梳理出听力语篇中有助于培养学生核心素养的学习内容。

3. 听力语篇研读的关注点

根据听力语篇的特点及听力教学需求，教师要特别关注听力语篇的语境、语篇结构、语言/非语言特征以及与语篇学习相关联的听力策略（包括听力技能和听力学习策略），并从这四个方面开展重点研读。

问题解决

听力语篇研读是基于教学目的对语篇进行分析的过程，需要遵循语篇研读的基本思考路径与方法，但由于听力语篇的特点和听力教学涉及特定语言知识与技能，因此研读过程中需要聚焦听力语篇研读的关注点开展分析，使研读结果更契合听力教学的需求。教师在研读听力语篇时，可尝试以下路径及方法。

一、整体研读语篇，感知主题内容

研读语篇内容是听力语篇研读的起点。教师可借助问题导向，初步阅读听力语篇，明确语篇的主题、语境，梳理语篇的内容要点。

案例 1 听力文本

【案例 1】

教学材料：《英语（牛津上海版）》8 年级第二学期第 6 单元 Listening *The Eiffel Tower*

语篇内容研读问题导向见表 1–3–3。

表 1–3–3 语篇内容研读问题导向

问题	分析
语篇说了什么事情？	法国著名重要地标埃菲尔铁塔
语篇是在什么语境下产生的？	在埃菲尔铁塔的电梯口正在播放有关铁塔的录音
语篇传递了什么主要信息或表达了什么思想或观点？	介绍法国重要地标埃菲尔铁塔的建筑特点，以及与之有关的惊奇事件
为了表达主题，语篇中呈现了哪些细节信息？	①埃菲尔铁塔的建筑细节描述，包括建造者、建筑材料、高度、颜色、组件数量、油漆用量等；②与铁塔相关的三个惊奇事件，包括有一头大象走上铁塔，有人一路骑车从塔顶下到塔底，有人乘降落伞从塔顶跃下

二、关注语篇特点，分析语篇关联

在整体感知听力语篇的主题内容后，教师需要侧重不同维度，关注听力语篇的特点，对语篇开展深入研读。由于语篇的内容、结构、语言都不是孤立存在的，因此，研读时需要进行整合和融合，挖掘、阐释语篇承载的信息、表达的意义及蕴含的主题，探究形式与意义的语篇连接，并思考研读结果与教学设计的关联，为听力教学内容的选择、教学目标的确定和教学策略的运用提供依据。

以下将聚焦听力语篇研读的四个关注点，探讨听力语篇研读的具体内容和语篇关联，并通过案例呈现语篇研读的思考和研读结果对教学设计的启示。

1. 关注语境

（1）研读内容

语境即语篇产生的背景，包括文化语境和情景语境。文化语境是语篇的文化背景，包括相关文化、风俗习惯、行为准则等。情景语境是语篇产生时的环境，一方面指交际所发生的物理环境，另一方面指交际过程中的上下文语境。

（2）建立关联

明确语篇主题所提供的特定语境是研读语篇的基础，语境与听力语篇内容、结构、语言 / 非语言的表达方式、交际策略及主题意义的研读都有密切的关联。在教学中，明确语篇语境可以使学生理解语言与语境的关系，帮助学生构建语篇的内容图式、文体图式和语言图式，获取结构化的知识，逐步成为独立的语篇生产者。

【案例 2】

教学材料：《英语（人教版）》8 年级下册第 1 单元 What's the matter?

案例 2 听力文本

这是一段学校校医和教师谈论事故伤害和急救的对话。基于语篇的情景和语境，可提取谈论事故伤害与急救话题时的内容图式，包括询问状况、描述事故伤害、陈述事故原因、急救的处理方式、表示关切、给予建议等；从文体图式看，在叙述事故原因和急救处理步骤时，语篇以时间顺序组织信息，对应记叙文的文体特点；从语篇语境所呈现的语言图式看，语篇运用了与病症、事故伤害和急救相关的词汇，如 feel sick，have a nosebleed，hurt himself，get hit on the head，put some medicine on it 等，使用了连词 so，then 表述急救措施和急救步骤，同时运用 What happened?/Was the cut serious?/He should.../I hope he's OK 等句式询问病症，了解事故原因，表示关切，给予建议。此外，听力音频中校医和教师对话的语调、语速也表达了他们对突发事件的冷静应对和对受伤学生的关切，语言表达暗含了语用知识和交际策略的运用。如果此听力语篇以视频模态呈现，校医和教师的手势、表情等体态语也能传达其中的情感意义。

对教学设计的启示：基于以上研读，在本语篇教学中情境创设至关重要。在听前环节中，可导入事故伤害和急救的语境，激活学生已有的语篇图式；在听中环节中，可引导学生基于语境获取新的图式内容，构建特定语境下的结构化知识；在听后环节中，可根据语境创设不同场景，要求学生运用语篇图式知识进行"说"的表达。

2. 关注语篇结构

（1）研读内容

根据新版课程标准对语篇知识（三级）的学习内容要求，可梳理出初中听力教学语篇知识的学习内容要求，见表 1–3–4。

表 1–3–4　语篇知识（三级）的学习内容要求

要素	内容要求
语篇知识	理解记叙文、说明文、常见应用文和其他常见语篇类型的主要写作目的、结构特征、基本语言特点和信息组织方式； 在语篇中辨识衔接和连贯手段，以提升理解的准确性和表达的逻辑性

提取其中的名词，可以分析得出听力语篇结构中需要研读的具体内容为：语篇的结构特征、信息组织方式、语篇衔接和连贯的手段。

（2）建立关联

根据表 1–3–4 对语篇知识学习要求的表述逻辑，语篇结构的研读目的指向语篇如何构成、如何表达意义以及如何达成交际目的。语篇结构的研读一方面要根据交际目的，建立内容结构与主题意义的关联；另一方面要针对听力对话类和独白类语篇的不同特点，理清语篇的脉络结构，建立语篇内容之间的连接。教师可以借助结构图呈现语篇结构的研读。在教学中，建立听力语篇结构之间的关联，能帮助学生消除或减轻在听力理解中的障碍和负担，提升语篇理解的准确性，构建结构化知识，使学生能够根据交际目的，选择恰当的语篇类型，设计、规划合理的语篇结构，提升表达的逻辑性。

听力语篇中有较多的对话类语篇，具有很强的交互性，每一个语句都有明确的说话者和听话人，两者的对话轮流交替。对话类语篇多由一个一个的话轮组成，受一定的体裁、结构支配，遵循一定的交际原则，保障其衔接性和连贯性。通过话轮分析，教师能明确对话内容的内在逻辑关联，理清对话的发展脉络。听力对话类语篇结构研读可以按照以下思考路径展开：首先，依据交际目的确定语篇结构；其次，依据话轮厘清语篇脉络。

【案例 3】

教学材料：《英语（人教版）》8 年级下册第 4 单元 Why don't you talk to your parents?

案例 3 听力文本

该对话语篇发生在两个学生之间，一个学生述说自己的学习压力，请求另一个学生给予帮助，对话共 9 个话轮。首先，从对话交际的目的分析，语篇包含描述问题和表达建议的内容结构格式；其次，从话轮的内容分析，对话中 Wei Ming 是求助方，是话题的发起者，话轮 1 中他说："Help me! My parents are giving me too much pressure about school!" 话轮 7 中他又说："I also keep worrying about getting better grades than my classmates." 如果以 Wei Ming 的话题转换为依据，本语篇话题的展开又可分为两个子话题：一是来自父母的压力，即话论 1 至话论 6；二是来自自身的压力，即话论 7 至话论 9。两个子话题还可进一步分解为问题描述和表达建议（观点）两部分内容。由此，可梳理出话题内容推进结构图，如图 1–3–1 所示。

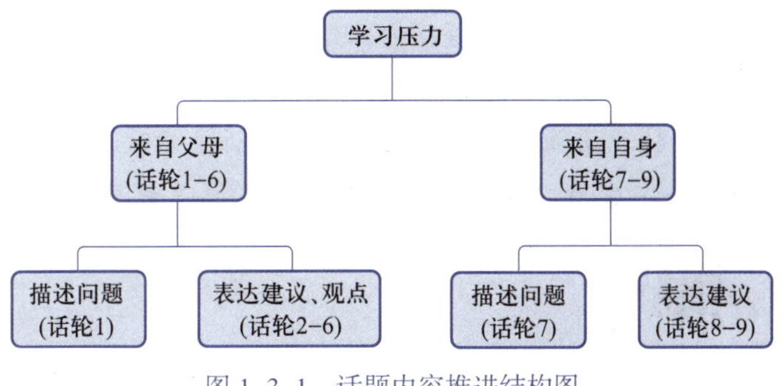

图 1–3–1　话题内容推进结构图

对教学设计的启示：基于以上对话题内容推进结构图的梳理，在设计教学活动时要关注两个方面：其一，要从对话人物的身份和关系入手，引导学生关注对话主导者的话题转换，以话轮为单位厘清对话的发展脉络。其二，对于这个篇幅较长的对话，可以分别聚焦对话的子话题内容设计听力任务，以减轻学生的听力负担。例如，本语篇中就分别设计了“Listen and check the problems Wei Ming talks about.”和“Listen again. What advice does Alice give to Wei Ming? Fill in the blanks.”两个听力任务。

与对话类语篇相比，独白类语篇的结构更明显，逻辑性也更强。因此，研读语篇结构时，可基于语篇类型开展分析，如讲述某个事件或故事时，可按记叙文的要素开展梳理。此外，研读独白类语篇结构时，要特别关注语篇中的衔接手段，如表示顺序、因果、转折的连接词；注意表示解释（that is to say）、篇章布局结构（firstly，secondly，in conclusion）等暗示上下文语义关系的话语标记等。

【案例 4】

教学材料：《英语（沪教版）》7 年级下册第 4 单元 Listening *Pine trees*

这是一段介绍松树的广播稿，主持人开篇的主题句“...so I'm going to tell you something about pine trees today”点明了语篇的说明对象。第二段及第三段的首句“You can find pine trees in almost every part of China./We make use of pine trees in many ways”点明了两个方面的说明内容。第二段中的相似句式表达“They're.../They're.../They also have...”以及第三段中的连接词 first，second 都体现了语篇衔接和连贯的语言线索，是理清语篇结构的关键点。由此，梳理出语篇内容结构图，如图 1-3-2 所示。

案例 4 听力文本

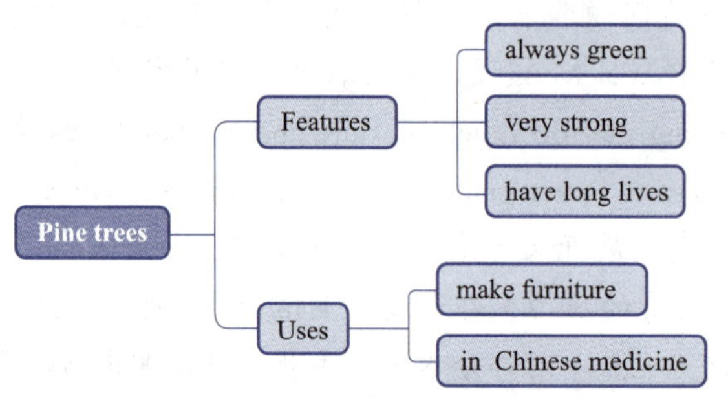

图 1-3-2 语篇内容结构图

对教学设计的启示：基于以上对语篇内容结构图的梳理，在设计听力活动时，需引导学生关注语篇类型特征和衔接手段。例如，第一遍听录音时可以引导学生关注各段的主题句，帮助他们梳理语篇的内容主线；第二遍听录音时让学生独立精听 features 和 uses 两段内容，引导学生借助其中的衔接和连贯的语言线索，梳理出语篇内容结构图。

3. 关注语言 / 非语言特征

（1）研读内容

根据新版课程标准对语音、词汇、语法和语用知识（三级）的学习内容要求，可梳理出初中听力教学相关的学习内容要求，见表 1–3–5。

表 1–3–5　语音、词汇、语法和语用知识（三级）学习内容要求

要素	内容要求
语音知识	根据重音、意群、语调与节奏等语音方面的变化，感知和理解说话人表达的意义、意图和态度
词汇知识	理解和领悟词汇的基本含义，以及在特定语境和语篇中的意义、词性和功能
语法知识	在口语和书面语篇中理解、体会所学语法的形式和表意功能
语用知识	在交际情境中，正确理解他人的情感、态度和观点

提取其中的名词，可以分析得出听力语篇的语言 / 非语言特征需要研读的具体内容为：重音、意群、语调与节奏等语音现象，词汇的运用，语法的形式，语言的表达方式（随意、直接、客气、委婉）。

（2）建立关联

根据表 1–3–5 中学习内容要求的表述逻辑，听力语篇语言 / 非语言特征的研读目的指向其表意功能，即表达的意图、态度、情感和观点。基于听力语篇交际互动性的特点，听力语篇中还蕴含大量的交际策略，如争取更多的交际机会、维持交际以及为了提高交际效果而采取的策略等。具体表现为迂回、求助提问、回避话题、放弃内容、注意并尊重中外文化习俗的差异等。因此，语篇研读要建立语言 / 非语言特征与语篇表达的意义、意图、态度、观点，蕴含的语用知识以及交际策略之间的关联，并借助工具表进行梳理。在教学中，建立听力语篇语言 / 非语言特征的关联，有助于学生更好地理解和建构语篇，在真实的日常交际中准确理解他人和得体地表达自己，完成交际任务，提升交际能力。

【案例 5】

教学材料：《英语（牛津上海版）》9 年级第一学期第 7 单元 Listening: “Help me!”

案例 5 听力文本

本听力语篇是小女孩 Rita 被绑架后，打电话向警察求助的对话。因 Rita 看不到自己身处的地方，警官只能引导 Rita 通过听觉和嗅觉给出线索，帮助警方定位。基于语篇语境，可以梳理出一些语言特征（表 1–3–6）。这些语言的运用凸显了提升自我保护意识的主题意义，能够帮助学生学习在紧急情况下使用恰当的语言 / 非语言形式进行求助和提供帮助的语用知识，掌握通过安抚、鼓励维持有效交际的策略。

表 1-3-6　听力语篇语言 / 非语言特征

	内容示例	表意功能
语音	警官话语中的重读：All right，Rita，**keep calm**. /We'll come and rescue you **soon**!	安抚 Rita
	警官话语的语调：如 So you can't see anything at all? / Can you hear anything?	询问信息
	Rita 压低声音，节奏加快：Oh，I must stop now. The kidnappers are coming back.	表示危险临近
词汇	确定 Rita 的位置时运用了形容词和副词等，如 quite near，not very near，just a bit，not very loud，strong smell	通过清晰的描述，为警方定位提供有价值的线索
语法	警官询问线索时用了较多的一般疑问句，如 Can you hear/smell...? / Have you smelt anything like that?	方便 Rita 在紧急情况下给出简洁、直接的回答，以获得有效信息
语用	警官在 Rita 回答后的回应，如 All right，Rita，keep calm. / That's good，Rita. Well done. /You're doing very well. / Don't worry.	鼓励、安抚 Rita，引导其保持冷静，确保交流的顺利进行

对教学设计的启示：设计听力活动时，要引导学生关注表 1-3-6 中梳理的语言 / 非语言特征。例如，可以在学生理解语篇、获取信息后，提出问题："What questions did the police officer ask? What else did the police officer say to Rita?" 引导学生听录音，分析人物对话，学习语用知识。提出问题："What did Rita do to escape from kidnappers? What do you think of Rita? Tell your reasons." 引导学生基于语言表达形式，探究语篇的主题意义。

4. 关注听力策略

（1）听力策略要求

在听力教学中运用的听、看等技能属于理解性技能。新版课程标准对语言技能（三级）的学习要求进行了分年级罗列，其中听和看的技能要求如表 1-3-7 所示。

表 1-3-7　听、看技能内容要求（三级）

年级	听、看技能内容要求
7 年级	识别口语语篇（如故事、介绍、描述、通知等）的主题、大意和要点； 识别口语语篇的情境，判定说话者的身份； 识别口语语篇中说话者的语调变化，判断意义的变化； 借助图片、影像等视觉信息理解收听和观看的内容； 课外视听活动每周不少于 30 分钟

续表

年级	听、看技能内容要求
8 年级	获取和梳理口语语篇的主旨要义和关键细节； 识别说话者的措辞、语气，推断说话者之间的关系； 根据说话者语音、语调的变化，判断其情感和态度的变化； 识别用语较正式的简短对话中谈话内容的递进和转换； 在收听或观看主题相关、语速较慢的广播、电视、网络节目时，识别主题，理解大意，获取主要信息； 课外视听活动每周不少于 30 分钟
9 年级	理解和推断日常生活中说话者的意图，如请求、计划、建议、邀请、道歉、拒绝、询问、告知等； 借助语境克服生词障碍，理解口语语篇的信息和意义； 获取和梳理口语语篇中一系列事件的主题和因果关系，预测故事情节的发展和可能的结局； 辨别语篇中的衔接手段、判断语篇中句子之间、段落之间的逻辑关系； 在听、看的过程中，针对语篇的内容有选择地记录信息和要点； 课外视听活动每周不少于 30 分钟

首先，教师应明确学生听、看技能的培养不是一蹴而就的，需要循序渐进。例如，将表 1-3-7 中与语篇结构相关的语言技能要求进行罗列：

7 年级：识别口语语篇（如故事、介绍、描述、通知等）的主题、大意和要点。

8 年级：获取和梳理口语语篇的主旨要义和关键细节。

9 年级：获取和梳理口语语篇中一系列事件的主题和因果关系，预测故事情节的发展和可能的结局；辨别语篇中的衔接手段、判断语篇中句子之间、段落之间的逻辑关系。

其中的行为动词“识别、获取、梳理、预测、辨别、判断”，名词“主题、大意、要点、主旨大意、关键信息、主题和因果关系、情节发展与结局、衔接手段、逻辑关系”，体现了学习要求的递进。

其次，教师应明确每一条听力技能都可以进行分解，以便确定听力教学课时目标。例如，“获取和梳理口语语篇的主旨要义和关键细节”可以分解成以下技能要求：

① 获取和梳理故事的主旨要义和人物关系信息；

② 获取和梳理故事的主旨要义和时间信息；

③ 获取和梳理故事的主旨要义和地点信息；

④ 获取和梳理国家介绍的主旨要义和方位或位置关系信息；

⑤ 获取和梳理国家介绍的主旨要义和数字信息；

……

除了听力技能外，在听力教学中，教师还应教授学生相应的听力学习策略，使学生逐步掌握并形成适合自己的听力学习方法，养成自主学习的习惯。例如，听力学习的认知策略包括：听中激活并关联已知的语篇图式；利用听觉、视觉增强语篇的理解和记忆；利用信息结构图等理解语篇主题；抓要点、记笔记；等等。

（2）建立关联

听力语篇的内容、结构和语言 / 非语言特征都可能对学生的听力理解过程造成影响，造成学生的听力困难，其本身就预置、隐含了某些特定听力策略的使用需求，因此听力策略也是听力语篇研读的关注点。在研读中，教师要注重分析学生在真实听力情境中的听力困难，综合听力语篇的内容、结构和语言 / 非语言特征的研读，借助问题导向建立语篇与听力策略需求的关联，在教学中运用教学策略，帮助学生培养听力策略。

【案例 6】

教学材料：《英语（牛津上海版）》8 年级第二学期第 6 单元 Listening *The Eiffel Tower*（听力文本同案例 1）

听力策略需求分析问题导向如表 1-3-8 所示。

表 1-3-8　听力策略需求分析问题导向

问题	策略需求分析
学生潜在的听力困难是什么？	语篇有关建筑景点的信息多而密，为了降低寻找信息的难度，教材在听力练习中提供了记笔记的方式，但在真实的听力情境中，学生可能在对该话题展开预测、判断和记录关键信息方面存在困难
用该语篇能教授或巩固什么听力策略？	针对学生的听力困难，听懂语篇需要运用“获取和梳理建筑景点介绍的主旨要义和关键信息”的听力技能和“记笔记”的学习策略。因此，利用本语篇能教授“获取和梳理建筑景点介绍的主旨要义和关键信息”的听力技能和巩固“抓要点、记笔记”的学习策略

对教学设计的启示：听力活动中记笔记的方式和阅读中记笔记的方式略有不同，教师可以将听力训练活动和记笔记的学习策略运用之间建立联系，引导学生思考、讨论、反思如何就话题展开预测，以及如何判断和快速记录建筑景点介绍的关键信息，帮助学生培养听力策略。

三、整合研读结果，预设教学内容

在深入研读听力语篇、分析语篇的关联后，教师可以借助工具，梳理研读结果，预设听力教学内容。

1. 利用研读工具，梳理研读结果

借助研读工具，教师可以对听力语篇的研读结果开展梳理，更直观地呈现语篇学习内容。

【案例 7】

教学材料：《英语（牛津上海版）》8 年级第二学期第 6 单元 Listening *The Eiffel Tower*（听力文本同案例 1）

听力语篇学习内容如表 1–3–9 所示。

表 1–3–9　听力语篇学习内容

维度		描述
子主题		世界主要国家的文化景观
语篇类型		说明文——介绍类短文
语言知识	语音	辨识意群
	词汇	建筑景点描述，如 be made of，the height，...in colour 等
	语法	建筑景点介绍，如 be built by，be made of，be finished，be needed...；特点描述 the highest；相关活动，如 If you...，you can...
	语篇	建筑景点介绍的方法
	语用	建筑景点描述
听力技能		获取和梳理建筑景点介绍的主旨要义和关键信息
学习策略		在听中抓要点、记笔记
文化知识		法国重要地标埃菲尔铁塔的描述及与之有关的惊奇事件
思维品质		提取、概括埃菲尔铁塔介绍的关键信息
语篇小观念		了解法国著名建筑景点埃菲尔铁塔

2. 关注技能迁移，整合教学内容

在使用语言的过程中，各种语言技能一般不是单独使用的，理解性技能与表达性技能往往同时使用，因此，教师在研读听力语篇、确定教学内容时，还要关注各种语言技能之间的迁移，整合听、说、写的教学内容。例如，学习对话类听力语篇后，让学生根据不同情境进行仿说或续编对话，体会话轮转换技巧，提升交际能力；听懂故事讲述的独白类语篇后，让学生复述故事、续编故事或将故事改编成对话，进行课本剧表演；学习说理类的独白语篇后，让学生根据话题进行仿写，发表自己的观点或提出疑问等。

教学建议

第一，基于语篇研读结果，做好听力教学规划。

教师要基于听力语篇研读的结果开展听力教学，包括结合学情分析，确定听力教

学目标及教学重难点；根据教学目标设计课堂听力教学活动及听力课后作业等，引导学生通过听力语篇这个学习平台，获取结构化知识、发展听力学习策略，形成正确的人生观和价值观，从而更有效地落实学生核心素养的培养。

第二，引导学生阅读听力语篇，发挥语篇价值。

教师可以在听后活动中引导学生阅读听力语篇，尽量发挥听力语篇的使用价值。例如，让学生通过阅读弥补在听的过程中遗漏的信息；在阅读听力语篇后再让学生复听，进一步帮助学生提升语音解码能力；引导学生品读听力语篇蕴含的语言知识和语言功能等。

第三，根据教材听力语篇，补充课外视听资源。

教师可以根据教材听力语篇的学习内容，补充教材之外的视听资源，帮助学生巩固所学技能和学习策略。此外，根据课程标准中“课外视听活动每周不少于 30 分钟”的学习要求，教师还应引导学生依托教材之外的听力语篇，积极开展课外视听活动，帮助学生形成良好的视听习惯，提升语言理解能力和口头表达能力。

关键问题 1-3 解决方案实践分享

关键问题 1-4 如何整合课程内容六要素?

问题提出

新版课程标准规定了义务教育阶段学生需要学习的具体内容和要求，为教师组织内容的学习提供了指导，同时提出了“对单元内容进行必要的整合或重组”的建议。但在单元教学设计和实施中，许多教师尚不清楚整合课程内容六要素的方法和路径。

一、课程标准的要求

新版课程标准在课程内容部分指出：“英语课程内容由主题、语篇、语言知识、文化知识、语言技能和学习策略等要素构成。”“课程内容的六要素是一个相互关联的有机整体，共同构成核心素养发展的内容基础。”在课程实施部分指出：“推动实施单元整体教学。教师要强化素养立意，围绕单元主题，充分挖掘育人价值，确立单元育人目标和教学主线；深入解读和分析单元内各语篇及相关教学资源，并结合学生的认知逻辑和生活经验，对单元内容进行必要的整合或重组，建立单元内各语篇内容之间及语篇育人功能之间的联系，形成具有整合性、关联性、发展性的单元育人蓝图；引导学生基于对各语篇内容的学习和主题意义的探究，逐步建构和生成围绕单元主题的深层认知、态度和价值判断，促进其核心素养综合表现的达成。”

课程内容部分指出了构成课程内容的六要素与发展学生核心素养的关系，课程实施部分则提出了整合六要素的基本思路。

二、教学现状

大部分教师在教学设计和实施中能够关注学生语言知识的学习、语言技能的训练和学习策略的应用，但是教学普遍存在碎片化、表面化和练习化等现象。

1. 碎片化

大部分教师语篇研读的重点是语篇所承载的语言知识点，在教学实施中重视知识点的讲解和训练，关注学生对知识点的记忆和练习。然而，缺乏知识间关联的教学使学生学习变得枯燥、记忆不能长久、语言能力低下。同样，在阅读教学中，大部分教师会将语篇分成若干片段进行教学，造成学生缺乏对语篇的整体感知；教师关注信息的获取，缺乏引导学生对语篇进行梳理、整合和归纳，造成学生无法建立语篇信息之间的逻辑关联，无法建构结构化的知识。碎片化教学最终可能导致学生语言能力和思维品质得不到良好发展和培养。

2. 表面化

由于缺乏对语篇主题意义的挖掘、对文化意涵的深入理解、对知识和主题之间关联的探究，教师设计的课堂活动可能仅仅是对语言知识的机械操练。缺乏真实语境下的语言实践和问题解决，会造成学生的思维仅限于重复、背诵等记忆性的低层次活动，他们的文化意识也得不到相应的培养。

3. 练习化

以阅读教学为例，有的教师把阅读课变成了阅读练习课。无论语篇的主题是什么，其具有什么样的文体特征，教师设计的练习都大同小异。例如，阅读全文，完成段落大意的配对；阅读第一段，完成正误判断；阅读第二段，完成回答问题；阅读第三段，完成表格的填写；等等。让学生完成教师设计的练习后，教师给出答案。难道这就算完成了阅读教学吗？试想：学生完成了这些练习，是否真正理解了语篇？是否体现了学生自己对语篇阅读理解的结果？是否解决了学生阅读理解中存在的真实问题？练习化教学会造成学生学习效率低下，且剥夺了学生主动探究、发现问题并尝试运用各种策略解决问题的机会。

以上现象的成因是教师缺乏对知识关联的关注、对语篇主题意义的探究和对学生学习主体地位的重视，本质是教师忽视课程内容六要素在单元内和语篇内的整合，最终导致难以落实对学生核心素养的培养。

问题分析

一、课程内容六要素及其关系

课程内容六要素包括主题、语篇、语言知识、文化知识、语言技能和学习策略。

1. 主题

主题包括人与自我、人与社会、人与自然三大范畴。“人与自我”包含“生活与学习”“做人与做事”等主题群下的 7~9 项子主题，“人与社会”包含“社会服务与人际沟通”“文学、艺术与体育”“历史、社会与文化”“科学与技术”等主题群下的 8~15 项子主题，“人与自然”包含“自然生态”“环境保护”“灾害防范”“宇宙探索”等主题群下的 4~6 项子主题。主题具有联结和统领其他内容要素的作用，为语言学习和课程育人提供语境范畴。

2. 语篇

语篇是通过多种形式表达意义的语言单位，分为不同的类型，以口语、书面语或音频、视频和数码等多模态形式呈现。语篇通过不同的语体和文体形式，以其特有的结构、内容组织形式与语言传递具体信息和文化知识。语篇承载表达主题的语言知识和文化知识，为学生提供多样化的文体素材。

3. 语言知识

语言知识包括语言结构性知识和应用性知识，即语音、词汇和语法知识以及盘活结构性知识的语篇和语用知识。语言知识是发展语言技能的重要基础。

4. 文化知识

文化知识指中外优秀人文和科学知识。文化知识的学习是学生在学习语言的同时，理解文化意涵，比较文化差异，通过比较、分析、批判、评价、发展价值判断能力，汲取文化精华，形成文化意识，坚定文化自信。

5. 语言技能

语言技能为学生获取信息、建构知识、表达思想、交流情感提供途径，是发展思维品质的重要途径，具体包括听、说、读、看、写等方面的技能及其综合运用。

6. 学习策略

学习策略是学生为有效学习和使用英语而采取的各种行动和步骤，以及指导这些行动和步骤的信念。英语学习策略主要包括元认知策略、认知策略、交际策略和情感管理策略等。

在课程内容六要素中，主题具有统领各要素的作用；语篇作为载体，发挥整合各要素的作用；语言知识和文化知识构成课程的核心知识要素，它们互相包含、相互转化、不可分割；语言技能和学习策略构成课程的技能和方法类知识，具有动态特征，发挥盘活和促进语言知识及文化知识学习的作用，同时促进学生对语篇类型和语篇结构特征知识的理解和把握，加深学生对主题和语篇背后的文化内涵及其所传递的价值取向的认识，提高价值判断力的作用，也是提高学生理解和表达能力的主要途径。①

二、整合课程内容六要素的依据

1. 知识的教育学立场

在教育学视野中，对知识的理解，不是把知识作为事实存在，不是把知识看作一种事实存在的符号、载体，而是将其看成与学生的生长、生成和发展相关的意义系统。②

（1）知识的主体立场

学生是学习的主体。学生在主动获取、加工、整合、运用知识的过程中实现对知识的理解、掌握和运用。知识不应作为符号被教师传递，不应被学生当作事实来记忆。知识如果像物品那样被展现是缺乏活力的，学生的学习过程也是被动的。

（2）知识的生成立场

教学中的知识问题是知识再生产的问题。但知识的再生产不是指量的增加，不是

---

① 王蔷．全面和准确把握英语课程内容是落实课程目标的前提 [J]. 英语学习，2022（4）：18-33.

② 郭元祥．知识的性质、结构与深度教学 [J]. 课程・教学・教法，2009，29（11）：17-23.

知识的简单传递，不是基于认知层面的简单“知道”，而是通过知识与学生的相遇实现知识意义和力量的增加。也就是说，在教师创设的情境中，学生围绕主题，通过合作探究，在解决真实问题的过程中产生新的体验、经验、观念和价值，实现知识的动态生成。

（3）知识的价值立场

知识动态生成的过程不单纯是学生对知识工具化的占有，而是学生个体与知识发生关联时对意义的建构。也就是说，学生在运用知识、技能和策略对语篇的主题意义进行探究的过程中发展语言能力、汲取文化精华、涵养内在精神、形成良好修养。

2. 英语课程的性质

新版课程标准在课程性质部分指出：义务教育英语课程体现工具性和人文性的统一，具有基础性、实践性和综合性特征。从中可以看出，义务教育阶段学生学习的英语是学生认识自我、了解社会、认知世界、增长知识、培养能力、发展思维、解决问题的手段和工具；英语所具有的跨文化特点使学生在以主题为引领，以语篇为依托，探究主题意义的过程中，不仅学习语言知识、发展语言技能、提升学习策略，而且理解英语语言所承载的文化知识和所传递的价值取向，从而坚定文化自信，形成正确的价值观、人生观和世界观，提升人文素养。

三、整合课程内容六要素的关键

1. 单元主题的确定

单元主题是大观念得以建构和生成的物质基础，[①] 因此单元主题的确定非常重要。单元主题可以依据教材模块或单元主题来确定。例如，《英语（外研版）》9 年级上册第 3 模块的主题是 Heroes，属于“人与社会”的主题范畴，涉及“对世界、国家、人民和社会进步有突出贡献的人物”子主题内容。然而有的教材并非围绕主题编写，如《英语（牛津上海版）》以模块为单位，围绕一个话题组织，每个模块又被分成几个相关的单元，单元的话题不一定是单元的主题。《英语（牛津上海版）》9 年级第一学期第 3 单元的话题是 Pets，通过研读单元内的语篇，确定其单元主题是“从不同角度看待事物，合理表达个人观点”，属于“人与社会”范畴，涉及“和谐家庭与社区生活”子主题内容。单元以“表达个人观点与见解”为主线，引导学生认识观点、形成观点、丰富观点以及学会批判和评价。

2. 语篇主题意义的提炼

主题意义和文本内容、语言特征以及社会环境息息相关。[②] 教育承载着立德树人的

① 王蔷，孙万磊，赵连杰，等 . 大观念对英语学科落实育人导向课程目标的意义与价值 [J]. 教学月刊 · 中学版（外语教学），2022（4）：3–14.

② 张金秀 . 中小学英语主题教学：从概念理解到实践改进 [J]. 英语学习，2022（10）：10–15.

使命，因此提炼的语篇主题意义应该具有生命成长价值、符合社会主义核心价值观和时代需求等特征，如《英语（外研版）》9 年级上册第 3 模块第 1 单元的听力对话语篇描写的是体育界的英雄人物邓亚萍。基于该语篇的内容特征和语言特征，提炼的语篇主题意义为：了解国内体育界英雄人物邓亚萍的事迹和成就及其坚持不懈、拼搏奋进、为国争光的品质。虽然不是每个普通人都能成为英雄，但是每个普通人都可以学习并具备英雄人物的某些优秀品质，成为推动社会进步的力量。学生对本语篇主题意义的探究是具有生命成长价值的。

3. 单元内语篇之间的关联

实施单元整体教学需要对单元内容进行必要的整合或重组，其前提是建立单元内语篇之间的关联。建立关联的依据是篇际内容之间的显性关系和育人价值的隐性关系。例如，《英语（外研版）》9 年级上册第 3 模块 Heroes 中共有四个语篇，它们在内容上的显性关联是四个语篇中的人物都是知名英雄人物，他们虽然来自各行各业，但都具有学生可以学习的优秀品质，且他们对国家、世界、人类进步都做出了伟大贡献。四个语篇在育人价值上的逻辑关联是：学生可以学习不同领域和行业中英雄人物的事迹，总结他们对国家、世界和人类的贡献，思考普通人可以拥有英雄人物的哪些品质。

4. 结构化知识的表达

英语结构化知识是一种以主题为中心，以语篇为依托，有组织、有层次的认知结构，是语言、文化和思维有机整合的知识“化合物”形态。[①] 英语知识结构化的结果可以用不同的思维图示化工具呈现出来，如思维导图、概念图、逻辑图、思维地图等。从表达的聚焦点看，英语结构化知识可以分成以下三类。

（1）聚焦知识关联的表达

只有关联起来的知识才能被理解、巩固和应用，才具有生长性。散点存储在头脑中的知识，即碎片化的、孤立的知识点很难被长时间记忆，更难被检索和调用，因此散点存储的知识是没有活性的知识。例如，学生阅读《英语（牛津上海版）》9 年级第一学期第 5 单元的语篇 How to improve your memory 后，如果能运用思维地图呈现结构化知识，就会对两种改善记忆的方式印象深刻，如在生活中遇到有关记忆的问题时可以随时调用所学知识进行解决。更为重要的是，学生在原有结构化知识的基础上能够不断建构新知识。

【案例 1】How to improve your memory 内容知识结构图 [②]

阅读语篇 How to improve your memory，运用思维导图呈现其内容知识结构图，如图 1-4-1 所示。

---

① 赵连杰 . 运用英语结构化知识助力问题解决的案例探析 [J]. 中小学教师培训，2021（7）：61.

② 案例提供：上海市松江区新闵学校，王欢欢。

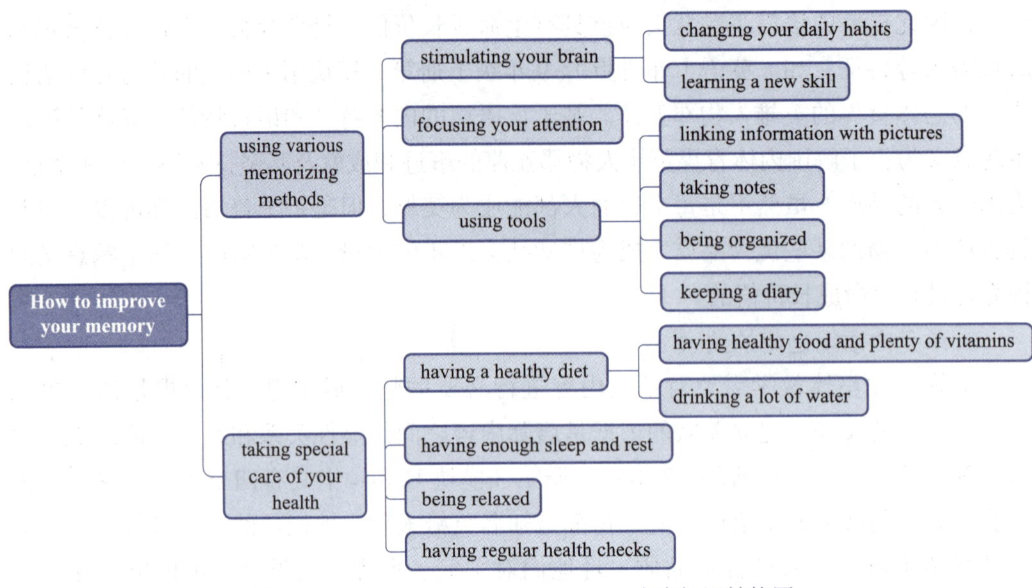

图 1-4-1 How to improve your memory 内容知识结构图

（2）聚焦知识应用的表达

学生获得知识不是关键，关键是应用知识。学生在知识结构化的过程中抽提认识角度并形成认识思路，是应用知识解决问题的关键。例如，学生学习《英语（牛津上海版）》9 年级第一学期第 3 单元的说理性语篇 Head to head，建构语篇的知识结构图后，知道如何通过严谨的说理结构（"总分"或"总分总"结构）表达观点，并能够应用观点陈述的基本结构——"OREO"对某一观点进行合理且有逻辑的表达。

【案例 2】Head to head 内容知识结构图[①]

阅读语篇 Head to head，运用说理结构呈现其内容知识结构图，如图 1-4-2 所示。

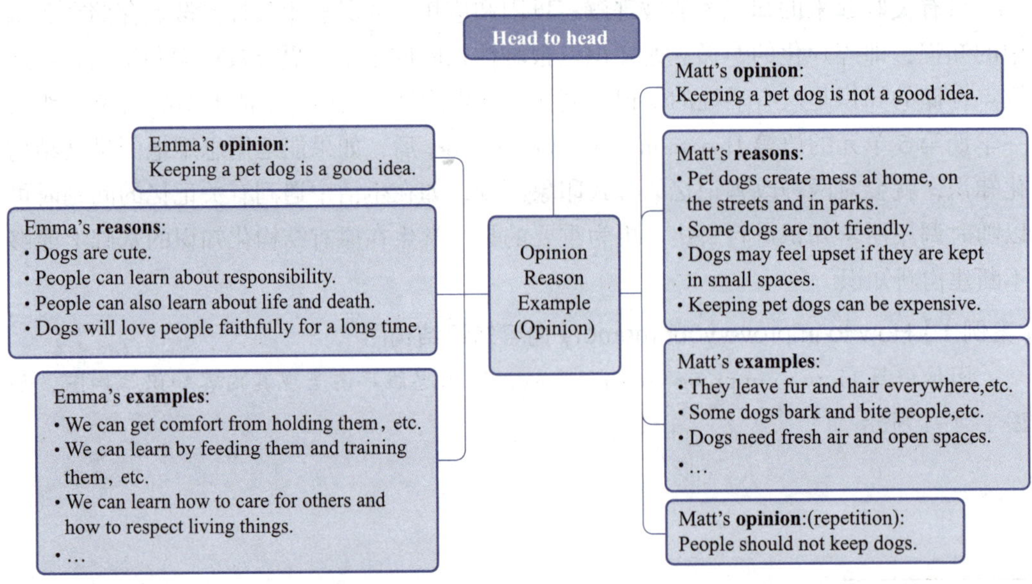

图 1-4-2 Head to head 内容知识结构图

① 案例提供：上海师范大学松江实验学校，黄丁意。

（3）聚焦知识价值意义的表达

知识的价值意义是知识内具的促进人的思想、精神、价值观和品格发展的力量。[①] 知识的价值意义是教学中最重要的聚焦点，通常体现在单元大观念中。教师应深入挖掘知识背后的育人价值，设计活动引导学生建构并生成对主题的深层认知以及正确的态度和价值观。这种围绕单元主题形成的大观念能够持续影响学生的品格、态度和行为选择。例如，学生学习《英语（牛津上海版）》6 年级第一学期第 10 单元 Healthy eating 后建构的大观念：饮食习惯和个人健康息息相关，我们应意识到健康饮食的重要性，养成良好的饮食习惯并在日常生活中践行。这种结构化知识将对学生的学习产生长远影响。

【案例 3】Healthy eating 单元主题内容框架图 [②]

梳理 Healthy eating 单元主题内容，建构大观念，绘制其框架图，如图 1-4-3 所示。

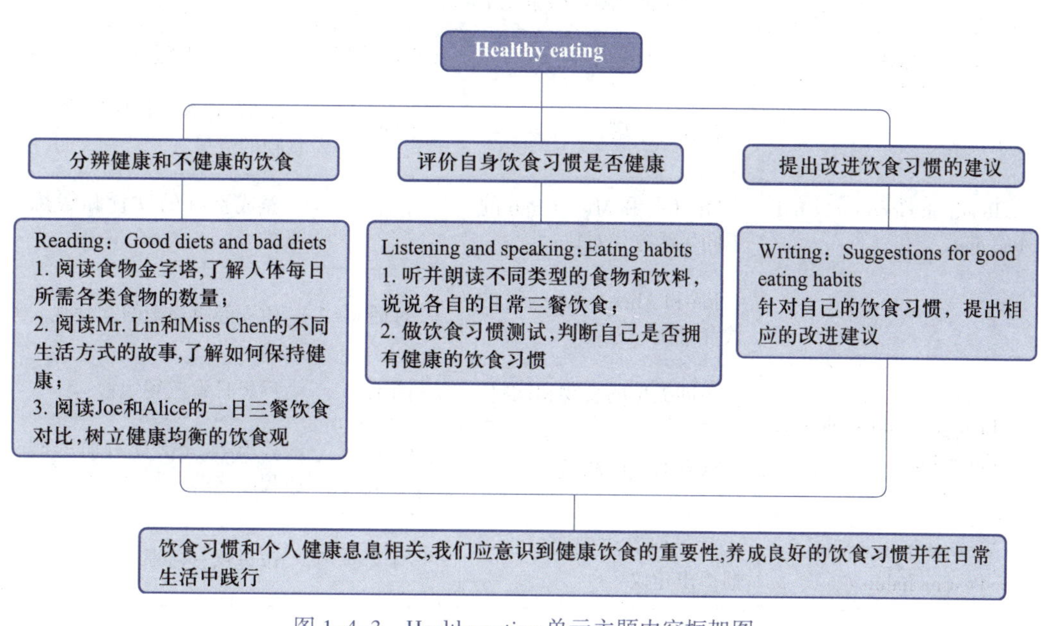

图 1-4-3　Healthy eating 单元主题内容框架图

问题解决

一、课程内容六要素在单元内的整合

课程内容六要素在单元内整合的目的是确定单元大观念，聚焦的是主题和语篇。

---

① 郭元祥．知识的性质、结构与深度教学 [J]. 课程·教学·教法，2009（11）：21.

② 案例提供：上海市松江区茸一中学，邱菲菲。

下面以《英语（牛津上海版）》6 年级第一学期第 10 单元 Healthy eating 为例说明整合的路径。

1. 研读单元教学内容，梳理各语篇的主题意义

（1）明确单元主题

本单元的话题是 Healthy eating，共有三个板块，分别是 Reading: Good diets and bad diets；Listening and speaking: Eating habits；Writing: Suggestions for good eating habits。从单元话题和板块内容可以确定本单元主题为 Healthy eating habits。

（2）提炼各语篇的主题意义

本单元各板块下有数量不等的语篇，基于板块话题和语篇内容，各语篇的主题意义如表 1-4-1 所示。

表 1-4-1　Healthy eating 单元内各语篇主题意义

单元主题：Healthy eating habits			
板块	语篇内容	语篇类型	主题意义
Reading: Good diets and bad diets	食物金字塔	图示	了解人体每日所需各类食物的数量
	Mr. Lin 和 Miss Chen 的不同生活方式对比	故事	养成良好的饮食和锻炼习惯
	Joe 和 Alice 一日三餐的饮食对比	对话	树立健康均衡的饮食观
Listening and speaking: Eating habits	不同类型的食物和饮料	图示	反思日常三餐饮食
	饮食习惯的测试	对话，图示	检验自身饮食习惯的健康程度
Writing: Suggestions for good eating habits	就如何养成健康饮食习惯提出建议	平行文本	改进饮食习惯

2. 建立语篇间的关联，确定单元大观念

（1）依据学生的认知逻辑和生活经验，建立语篇内容上的显性关联

由表 1-4-1 可以看出，单元主题 Healthy eating habits 统领整个单元，在内容上各语篇存在的显性关联为：从食物金字塔了解人体每日所需的各类食物的数量到树立健康饮食和良好生活习惯的观念，再从反思自身日常三餐和饮食习惯到改进自己的饮食习惯。

（2）基于各语篇育人价值的逻辑，明确单元大观念

从语篇内容上的显性关联可以发现各语篇的隐性育人价值逻辑关系：学习健康的饮食结构，对比和评价不同的饮食，认识健康饮食的重要性，尝试养成良好的饮食习惯。学生学习本单元后，能够形成自己的思想和观念，即饮食习惯和个人健康息息相关，我们应意识到健康饮食的重要性，养成良好的饮食习惯并在日常生活中践行。

二、课程内容六要素在语篇内的整合

课程内容六要素中的语言知识属于语言类知识；主题和文化知识共同构成文化类知识；语言技能和学习策略属于英语学科思维方式与学习方法，归为方法类知识。①

1. 语言类知识和文化类知识的整合

（1）语篇主题与文化知识的整合

新版课程标准指出，教师在研读语篇时要重点回答三个基本问题，即 What、Why 和 How 的问题。回答 What 问题要关注语篇的主题和内容，也就是回答语篇的事实信息和文化知识信息是如何围绕语篇主题意义进行组织的。清楚地回答了 What 问题，便成功地整合了语篇主题和文化知识。以《英语（牛津上海版）》6 年级第一学期第 10 单元 Reading 板块中的对话语篇为例，语篇围绕树立健康均衡饮食观的主题意义，通过 Joe 和 Alice 相互询问昨日三餐的饮食内容，比较两人日常饮食的健康状况，说明健康的饮食需要关注每日食物的种类、食物的数量及食物的烹饪方式。同时，通过对比两人每餐的食物，揭示 Joe 饮食的三餐皆是西餐中的快餐，不如中餐健康。在语篇行文线索中，两人的一日三餐是事实信息，是明线；暗线则是中西餐的对比，是不同文化背景下饮食文化的比较，是文化知识。

（2）语篇主题与词汇知识的整合

新版课程标准在词汇知识部分指出，词汇学习不只是记忆单词的音、形、义，还包括了解一定的构词法知识，更重要的是在语篇中通过听、说、读、看、写等活动，理解和表达与各种主题相关的信息和观点。因此，语言知识中词汇知识的学习、理解和运用需要和语篇的主题进行整合。教师可以引导和鼓励学生基于语篇主题，利用思维导图等梳理词汇，建构不同的话题词汇语义网，使学生不断积累词块，扩大词汇量，同时在基于话题的表达中，不断内化词汇。

【案例 4】听力语篇 She trained hard, so she became a great player later 话题词汇语义网

图 1-4-4 是基于《英语（外研版）》9 年级上册第 3 模块 Heroes 的话题建构的邓亚萍作为体育界的英雄人物的话题词汇语义网。

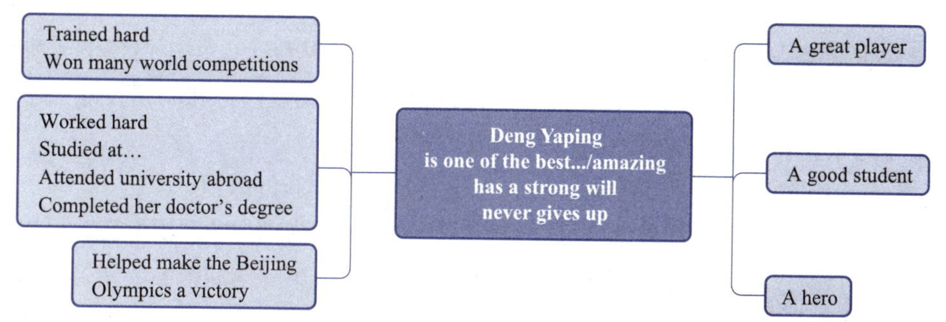

图 1-4-4　听力语篇的话题词汇语义网

① 王蔷，周密，孙万磊. 重构英语课程内容观，探析内容深层结构：《义务教育英语课程标准（2022 年版）》课程内容解读 [J]. 课程 · 教材 · 教法，2022（8）：39–46.

（3）语篇类型与语法知识的整合

不同的语篇类型通常具有各自特有的结构特征、内容特征和语言特征。语法知识的学习可以围绕语篇具有的语言特征进行。记叙文通常采用叙事结构，主要由叙事句组成，叙事句中的谓语动词通常采用一般过去时或一般现在时的形式。学习动词的一般过去时和一般现在时就可以在记叙文语篇中进行。说明文是一种客观说明一种事物的文体，通常用第三人称的被动语态客观描述，为了清晰说明事物的特征，通常采用举例子、下定义、列数字、做比较等说明方法。因此，动词被动语态、定语从句、表示列举的介词或短语（如 such as，like，for example 等）的学习和复习，可以与说明文语篇进行结合。同样，说理性文体可以与表示观点陈述的介词短语（如 In my opinion/view），由 I think/believe (that) 引导的宾语从句，以及表示顺序的副词（如 first，second，finally 等）的学习相结合。

（4）语篇类型与语用知识的整合

新版课程标准对语用知识的定义是：在特定语境中准确理解他人和得体表达自己的知识。在对话文体中，说话者既要准确理解他人，又要得体表达自己，因此语用知识和对话文体的学习可以整合。以《英语（牛津上海版）》7 年级第一学期第 10 单元 Reading 板块中的对话语篇 Preparing for Ben's birthday party 为例，对话的情境是打电话，交际双方是同学关系，交际目的是邀请同学参加生日聚会。对话涉及语用知识，如电话问候和道别，发出邀请、接受邀请和谢绝邀请等。在话轮发起和结束中，学生可以学习电话问候和道别的语言功能，在话轮推进中学习如何发起生日邀请、接受邀请和有礼貌地谢绝邀请等语言功能。

2. 方法类知识与语言类、文化类知识的整合

（1）运用理解性技能获取、梳理、概括、整合语言类和文化类知识

用思维图示化工具呈现结构化知识的过程就是整合理解性技能、语言类知识和文化类知识的过程。如图 1–4–1 所示，学生首先需要识别语篇的结构特征，即问题解决模式；然后针对问题（How to improve your memory）在阅读语篇的过程中，通过辨别语篇中表示观点陈述的句型（如 It is important that ...，an excellent way to... is to ...，...is essential for your memory）和衔接手段（如 as well as，also，too，in addition，for example）有选择地记录要点，在理解句子间、段落间逻辑关系的基础上，运用恰当的思维图示化工具呈现改善记忆的多种方式和方法，将语言知识、文化知识和阅读技能的学习很好地整合起来。

（2）运用表达性技能和所学语言类、文化类知识创作新的语篇

英语结构化知识是课堂教学中可应用于问题解决的较为理想的知识形态，可以为问题解决提供知识基础。[①] 以《英语（牛津上海版）》9 年级第一学期第 5 单元语篇 How to improve your memory 为例，学生具有一定的建构结构化知识的经验，指向问题解决的输出活动就有了知识基础。学生能基于以下情境提出改善记忆的建议，并在进行口头或书

---

① 赵连杰. 运用英语结构化知识助力问题解决的案例探析 [J]. 中小学教师培训，2021（7）：62.

面创编语篇的过程中不仅巩固所学语言知识，同时加深对主题意义和文化知识的理解。

Dear Carrie

As a student of Grade Nine, I think my memory is getting worse. Although I listen to the teachers carefully in class, I always forget what I've learned a few days later. In order to improve my study, I usually stay up late to do more exercises. As a result, I can't get up early and have to skip breakfast in the morning. I also give up all the after-school clubs to save time for my study.

I am so worried about my study and my memory. Could you please give me some suggestions? Thank you.

Yours
Tom

（3）运用学习策略提升语言类、文化类知识的学习效率

学习策略类似于大家经常说的学习方式与方法，属于静态的知识；学习和运用学习策略属于动态的过程。[①]《英语（牛津上海版）》9 年级第一学期第 3 单元 Head to head 是说理性语篇，学生首次读到，对其文体特征比较陌生，但如果把在语文课上学过的关于议论文的语篇知识迁移到英语语篇的理解上，就可以起到事半功倍的作用。例如利用略读策略，快速抓住说理性语篇的观点和理由。先自主阅读，利用思维导图将零散的信息建立关联，自主建构新知；再小组讨论，比较异同，相互借鉴，修改完善自己的结构化知识，进而更深刻地理解单元主题——从不同角度看待事物，合理表达个人观点。

（4）在获取和加工语言类、文化类知识的过程中发展语言技能和学习策略

语言技能和学习策略既是语言知识和文化知识学习的手段，也是语言学习的目标。[②]合理运用语言技能和学习策略，既能盘活语篇和主题情境下的语言知识和文化知识，促进和加深学生对主题和语篇的意义与功能的理解和运用，又能促进学生学习和发展语言技能和学习策略。学生运用略读策略快速阅读语篇获得主旨大意的同时可以进一步深化对学习策略的认识，如何种类型的语篇适合运用略读策略，何种类型的语篇不适合运用略读策略；运用猜词策略来推断词义的同时也在建构和发展各种方法，如通过构词法猜词，以定义为线索猜词，以修饰语为线索猜词，以同义词、反义词猜词，以例证为线索猜词，等等。

教学建议

第一，基于六要素整合后的学习内容确定教学目标。

六要素整合后的学习内容是教学目标设计的基础。首先，教师要以主题和大观念

① 程晓堂. 准确把握义务教育英语课程的目标与内容 [J]. 基础外语教育，2022（4）：11.
② 梅德明，王蔷. 义务教育英语课程标准（2022 年版）解读 [M]. 北京：北京师范大学出版社，2022：85.

为核心，构想能立足于“生活价值”的单元目标。其次，教师要对学生的“所知、所能和所成”的学习结果进行融合式表述，一般涉及学习内容、学习方式和认知程度，关注单元内不同内容的横向融合和能力标准的纵向延伸。最后，围绕具体语篇，从课程实施的视角设计课时目标。目标设计需遵循英语学习活动观的三个层次：反映基于语篇主题意义的探究过程，体现语言、文化和思维的融合，具有可操作、可检测、可评价的特点。

第二，基于教学目标分析学情，明确学习难点。

学情分析是教学设计的起点之一，是“以学定教”和确定“学生学习困难”的重要依据。学情分析的要素主要包括基于学习内容的学习起点、潜在的学习困难、分析结果以及结果对教学设计的影响。[①] 分析学习起点就是找到学生目前的水平与教学目标之间的距离，发现教学设计的空间；分析潜在的学习困难就是明确学生的学习难点，是搭建输入活动“脚手架”的重要依据。

整合的学习内容案例

第三，基于教学目标明确输出活动。

学生输出活动完成的优劣决定了教学目标的达成度，因此教学目标是输出活动设计的基础。输出活动的设计要考虑活动情境（目的或意图、时空、参与对象）、任务、水平、形式、反馈方式等。

关键问题 1-4 解决方案实践分享

① 赵尚华. 初中英语课堂教学关键问题研究 [M]. 上海：上海教育出版社，2020：58.

关键问题 1–5 如何确定复习课的教学内容？

问题提出

复习课作为一种常见的课型，是提升学生全方位能力的重要载体。不同于新授课，教材没有具体呈现复习课的教学内容，教师需要自主确定。教学内容与教学目标、教学活动紧密相关，因此准确把握复习课的教学内容至关重要。

一、课程标准的要求

新版课程标准明确英语课程内容由主题、语篇、语言知识、文化知识、语言技能和学习策略等要素构成。围绕这些要素，通过学习理解、应用实践、迁移创新等活动，推动学生核心素养在义务教育全程中持续发展。课程内容的六个要素是一个相互关联的有机整体，只有整合课程内容六要素的教学，才能真正促进学生核心素养的发展。

设计促进学生核心素养发展的复习课成为教学的一个新挑战。基于培养学生核心素养的复习课应体现学习内容的统整、核心素养的整合，促使学生在探究式、体验式学习的过程中真正发生深度学习，促进能力向素养转化。

确定培养学生核心素养的复习课教学内容时，应围绕课程内容六要素梳理学习内容与要求，厘清各要素的具体要求，并进行分析、分解、整合与重构。

二、教学现状

目前，初中英语复习课主要存在以下几个问题。

1. 教学内容碎片化

教师在复习课上简单重复学生已学过的知识点，通过一定量的试题训练检测学生的掌握情况，帮助学生强化、修正。教学内容单调，往往偏重词汇和语法知识，有较强的应试性。这样的复习课教学内容碎片化，知识点之间缺乏关联性。

2. 教学方法单一

教学活动主要以做题、讲题为主，在讲练的过程中以灌输式教学模式为主。由于教师对“教”的关注远高于对学生“学”的关注，因此学生在课堂上的主动参与度低，不利于培养思维品质与学习能力。

3. 活动设计缺乏综合性

尽管部分教师有意识地设计了听、说、读、写教学活动，但各类活动之间相互独立，没有给学生提供语言综合运用的机会，不利于学生语言能力、文化意识、思维品质和学习能力的协同发展。

从上述问题可以看出，如果教师无法较为准确地确定复习课教学内容，教学目标的确定、教学活动的设计等就会受到一系列影响，最终导致复习课效果不佳，学生的语言综合运用能力无法得到较好的提升，学生对英语课程的学习兴趣也逐渐降低。

问题分析

一、初中英语复习课概述

1. 初中英语复习课的定位

《现代汉语词典（第7版）》对“复习”的定义是：重复学习学过的东西，使巩固。如何重复学习决定了复习课的价值。复习课不是简单地重新学习，而是将已学的较为分散、零散、局部的知识进行纵横关联。复习课有别于新授课，学习活动应以语言信息输出活动为主，学生通过一系列的学习活动重新认识自己遗漏的知识，生成知识结构，并提升语言综合运用能力。

新版课程标准指出，核心素养是课程育人价值的集中体现，因此复习课承担的作用不仅仅是将之前所学过的重难点知识内容进行梳理和重组，帮助学生巩固和运用语言知识，增强语言技能，更重要的是发展语言能力、学习能力，提升思维品质，增强文化意识，落实核心素养的发展。

2. 初中英语复习课的类型

（1）单元复习课

单元复习课通常是指在完成一个单元的学习后，教师引导学生对所学的单元教学重难点开展复习，帮助学生梳理和优化所形成的知识结构。

（2）模块复习课

模块是围绕一个特定的主题，由若干个不同话题的单元教学内容组成。模块复习通常是指在完成一个模块的学习后，教师梳理、整合若干单元的教学重难点，建立知识间的联系，加深学生对模块主题的理解。

（3）期中、期末复习课

期中、期末复习课是指在学期过半和学期末时，教师指导学生对所学内容进行阶段性复习。教师通过对知识结构进行系统化梳理，帮助学生更好地归纳和总结所学知识，提高运用语言的能力。

（4）专题复习课

专题一般是指需要调查、研究、讨论的专门问题。专题复习课是依据重难点，对学习内容进行整合后形成的复习模块。专题复习包含的要素一般有复习目标、重点内容、学习难点、总课时数、周次安排、配套练习等要素。[①]

3. 初中英语复习课的设计要素

（1）目标

教学目标是设计所有教学活动的依据，是对学生预期达成的学习成果的明确阐述。教学目标呈现的是“教什么”和“教到什么程度”。复习课的教学内容应明确复习内容及相关内容的学习水平。复习内容应把握重点、应对难点。

（2）情境

建构主义认为，学习是一个积极主动的、与情境联系紧密的自主操作活动。情境是复习课的重要因素之一，创设情境的目的是让学生在解决具体、真实、复杂问题的过程中，回顾、迁移和综合运用所学知识，提升学科能力。一节复习课可以创设一个大的情境贯穿始终，也可以创设若干个独立的小情境。

（3）活动

培养学生核心素养的教学要以活动串联学习内容，以活动驱动学习过程，以活动促进语言与思维的发展。[②]教学活动是学生认知建构、情感培养、思维发展、学习能力形成的基础和媒介。一节复习课由若干个复习活动组成，复习活动又要置于情境中。

（4）素材

素材是复习活动的载体。根据复习内容、活动形式、教学环境、学生学情等因素，教师搜集一些文本、图形、图像、视频、音频等有助于实施教学的资料。素材选取会对教学实效性产生直接影响。

（5）评价

评价有助于教师获取课堂教学反馈，及时调整改进课堂教学，反思个人教学行为和教学效果。评价有助于学生体验学习的成功，使其更全面地认识自我，同时保持对学习的兴趣与信心。复习课的评价设计应遵循多维度、多元化及全程性原则。

4. 初中英语复习课的设计流程

初中英语复习课的设计流程如图 1-5-1 所示。

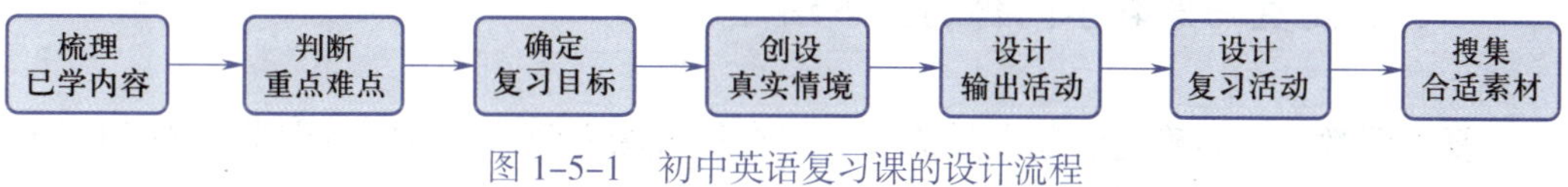

图 1-5-1　初中英语复习课的设计流程

二、指向核心素养的初中英语复习课要求

1. 语言能力要求

语言能力是核心素养的基础要素。根据新版课程标准的目标要求，语言能力学段

① 赵尚华 . 初中英语课堂教学关键问题研究 [M]. 上海：上海教育出版社，2020（4）：352-353.

② 王蔷 . 促进英语教学方式转变的三个关键词：“情境”“问题”与“活动”[J]. 基础教育课程，2016（3）：45-50.

目标达成的表现有感知与积累、习得与建构、表达与交流。复习课应主要体现在建构、表达与交流等方面。例如，在习得与建构三级水平应达到的目标描述中提到“能归纳学过的语法规则”“能分析和梳理常见书面语篇的基本结构特征”“能围绕相关主题，运用所学语言，与他人进行日常交流”等，这些都是复习课对语言能力的要求。

2. 文化意识要求

文化意识是核心素养的价值取向。教师在复习课上应创设情境，设计一些角色扮演等语言实践类活动，让学生在认识、理解、归纳、比较等活动基础上做出自己的判断，引导学生加深对中外文化的理解和对优秀文化的鉴赏，增强家国情怀和人类命运共同体意识。

3. 思维品质要求

思维品质反映核心素养的心智特征，具体表现在观察与分析、归纳与推断、批判与创新等方面。在复习课上，学生通过一系列学习活动分析、梳理、整合、归纳知识要点，使所学知识系统化、结构化；通过教师提供的语篇获取关键信息，归纳内容要点，推测隐含的信息和意义等；在语言信息输出类活动中表达自己的情感、态度和价值观……由此可见，复习课承担着培养学生思维品质的重要任务。

4. 学习能力要求

学习能力是核心素养发展的关键要素。复习课的深远意义在于帮助学生提高学习能力，掌握科学的学习方法，养成良好的终身学习习惯。新版课程标准在学习能力学段目标（三级）中明确提出了对复习课学习能力发展的要求，如“能整理、归纳所学内容，把握重点与难点”“能主动反思自己英语学习中的进步与不足，根据问题查找原因并加以解决”“能找到适合自己的英语学习方法”等。

问题解决

一、确定复习课教学内容的基本路径

复习课教学内容确定的起点是梳理学生在复习课之前的阶段学习中学了哪些内容。梳理出已学内容后，教师要判断复习课的重难点，有侧重、有针对性地引导学生开展复习，而不是面面俱到、逐一复习。明确了主要复习内容后，教师应围绕核心素养四个方面及课程内容六要素进行梳理整合，找到各部分内容之间的最佳结合点，最终确定复习课的教学内容。

1. 梳理已学内容

梳理已学内容首先要确定学习内容的要素。教师可以主要围绕课程内容六要素对已学内容进行梳理。

【案例 1】

教学材料：《英语（牛津上海版）》6 年级第一学期第 3 模块第 10 单元 Healthy eating

单元结构图如表 1-5-1 所示。

表 1-5-1　单元结构图

主题	范畴：人与自我 主题群：生活与学习 子主题内容：饮食与健康		
语篇类型	说明文、对话、记叙文、图表、访谈		
语言知识	文化知识	语言技能	学习策略
语音知识 • 字母组合 ea、ee、oo、ur 的常见发音 词汇知识 • 食物名词 语法知识 • 表示数量的限定词（如 a little、some、plenty of、a lot of 等） • 一般过去时 • 比较级（如 as healthy as、as unhealthy as、healthier than、less healthy than 等） • 情态动词 should/ should not 表示建议 语篇知识 • 故事类记叙文：说出主要要素，如时间、地点、人物、事件、主题等 • 说明文：获取基本信息，判断说明对象，列出说明方法 • 对话、图片、图表：获取与食物、数量相关的关键信息 语用知识 • 饮食结构的询问 • 对均衡饮食话题的表达	• 中外饮食习惯的异同	理解性技能 • 理解食物金字塔传达的意义，提取关键信息 • 归纳故事类语篇的主要情节、发展与结局 • 对食物的量和人的健康状态进行比较 表达性技能 • 就均衡饮食的话题进行态度和观点的表达	元认知策略 • 倾听他人介绍他们的一日饮食 • 和同学组成小组讨论、分析与健康饮食相关的问题，合作学习英语 认知策略 • 借助食物金字塔了解均衡饮食 • 借助问卷获取与饮食习惯相关的信息，并提出合理建议 交际策略 • 在沟通与交流中注意并尊重饮食习惯的差异 • 借助语言和非语言手段介绍自己的饮食习惯 情感管理策略 • 积极参与饮食习惯的调查，并在此过程中培养良好的饮食习惯

【案例分析】该案例围绕课程内容六要素（主题、语篇、语言知识、文化知识、语言技能和学习策略）对单元学习内容进行了梳理。其中，语言知识又细分为语音、词汇、语法、语篇和语用知识。表格清晰地呈现了该单元的学习内容。

2. 判断重难点

梳理出的已学内容并不等同于复习课的教学内容，教师要从中判断出复习课的教学重点与学生的学习难点。重点包括新授的核心词汇和句型的运用、表达性技能（即说和写的技能）的实施。难点应根据具体学情而定，教师要基于经验和实证来判断。

【案例 2】

教学材料:《英语（牛津上海版）》6 年级第一学期第 3 模块第 10 单元 Healthy eating

单元复习课重难点如表 1–5–2 所示。

表 1–5–2　单元复习课重难点

学习内容要素	新授	复现
语音知识	字母组合 oo、ea、ee 的常见发音	字母组合 ur 的常见发音（6AM2 More practice）
词汇知识	porridge（三级词汇）	小学已学的 chips、hamburger、pizza、noodles 等
语法知识	a little、plenty of	some、a lot of（6AU6）
	动词的过去式（lived、had、was、asked、said、stayed、worked、ate、became)	动词的过去式（listened、arrived、looked、visited、had）（6AU5）
	比较级（as healthy as、as unhealthy as、healthier than、less healthy than）	
	情态动词 should/should not 表示建议	
表达性技能	就均衡饮食的话题进行态度和观点的表达	

在表 1–5–2 中，各学习内容要素在“新授”一列所梳理的内容即为本单元复习课的教学重点。

依据学生在新授课课堂上的表现及作业反馈，学生的学习难点主要有以下几个方面。

第一，学生能初步领会形容词比较等级在句子中的意思及用法，但在完成听、说、读、看、写交际活动中仍存在一定困难。例如，将 less healthy than 说成或写成 less healthier than；通过图表等信息提取多人饮食习惯信息后，容易出现将比较对象的位置前后颠倒的现象，即不能准确地表达图表传递的信息。

第二，当对话中出现的食物名称较多时，学生会混淆表示数量的限定词与名词的搭配，如较多同学会用 a little 修饰可数名词。

第三，一般过去时在第五单元第一次出现，只要求学生掌握五个动词的过去式（listened、arrived、looked、visited、had）。本单元第二次出现一般过去时，学生对一些不规则变化的动词（如 ate、became）不够熟悉。

3. 确定复习内容

围绕课程内容六要素梳理出的学习内容不能直接转化为复习内容，教师应基于复习课的特征，明确学习水平与具体要求，只有这样才能更准确地确定复习课的教学目标。

【案例 3】

教学材料：《英语（牛津上海版）》6 年级第一学期第 3 模块第 10 单元 Healthy eating

单元复习内容如表 1-5-3 所示。

表 1-5-3　单元复习内容

学习内容	学习水平	具体要求
语音	A	在听说活动中正确朗读含字母组合 oo、ea、ee 的词汇
词汇	B—C	在听、说、读、看、写等语言活动中正确运用与食物话题相关的词汇进行表达与交流。对认知词汇 porridge 只要求建立读音与词义的关联
语法	C	在饮食与健康情境中，运用表示数量的限定词、一般过去式、形容词比较级与情态动词 should/shouldn't 等语言知识，完成听、说、读、看、写交际活动
语篇	B	• 说出故事类记叙文的主要要素，如时间、地点、人物、事件、主题等 • 获取说明文基本信息，判断说明对象，列出说明方法 • 获取对话、图片、图表的关键信息
语用	C	• 对饮食结构的询问 • 对均衡饮食话题的表达
语言技能	B—C	理解性技能： • 归纳故事类语篇的主要情节、发展与结局 • 借助食物金字塔的知识，对食物的量和人的健康状态进行比较 表达性技能： • 就均衡饮食的话题进行态度和观点的表达
学习策略	B—C	元认知策略： • 对所学与“饮食与健康”相关的知识进行主动复习与归纳 • 基于课堂评价与作业评价，对学习过程和效果进行自我评价和反思 • 和同学组成小组讨论、分析与健康饮食相关的问题，合作学习英语

续表

学习内容	学习水平	具体要求
学习策略	B—C	认知策略： • 借助图表、思维导图等工具，对所学与“饮食与健康”相关的知识进行整理与归纳 • 通过学习，正确认识与评价自己的饮食习惯，形成健康饮食的意识 交际策略： • 在沟通与交流中注意并尊重饮食习惯的差异 • 借助语言和非语言手段介绍自己的饮食习惯 情感管理策略： • 保持对英语学习的积极态度和自信心，主动参与运用语言的实践活动
文化知识	A	进一步感知中外饮食习惯的异同

复习课对学习策略的要求则更显著地体现出了复习课的特点，单元复习课学习策略要求见表 1–5–4。

表 1–5–4　单元复习课学习策略要求

维度	单元结构图	复习课具体要求
学习策略	元认知策略： • 倾听他人介绍他们的一日饮食 • 和同学组成小组讨论、分析与健康饮食相关的问题，合作学习英语	元认知策略： • 对所学与“饮食与健康”相关的知识进行主动复习与归纳 • 基于课堂评价与作业评价，对学习过程和效果进行自我评价和反思
	认知策略： • 借助食物金字塔了解均衡饮食 • 借助问卷获取与饮食习惯相关的信息，并提出合理建议	认知策略： • 借助图表、思维导图等工具，对所学与“饮食与健康”相关的知识进行整理与归纳 • 通过学习，正确认识与评价自身或他人的饮食习惯，形成健康饮食的意识
	交际策略： • 在沟通与交流中注意并尊重饮食习惯的差异	交际策略： • 在沟通与交流中注意并尊重饮食习惯的差异
	情感管理策略： • 积极参与饮食习惯的调查，并在此过程中培养良好的饮食习惯	情感管理策略： • 保持对英语学习的积极态度和自信心，主动参与运用语言的实践活动

【案例分析】在确定复习内容时，具体要求的表述应充分体现复习课的特征与要求，不能照搬单元结构图。以理解性技能为例，单元结构图中的表述为：理解食物金字塔传达的意义，提取关键信息。复习课对食物金字塔知识的学习要求不能仍停留在理解水平，应通过学习活动帮助学生主动运用，因此复习课对理解性技能的具体要求

为：借助食物金字塔的知识，对食物的量和人的健康状态进行比较。

4. 整合复习内容

课程内容六要素是一个相互关联的有机整体，只有整合课程内容六要素的教学，才能真正促进学生核心素养的发展。因此，教师在确定复习内容后，还要在几个要素之间寻找最佳结合点，合理整合复习内容，如语音与语言技能的整合、词汇与语言技能的整合、语篇与语言技能及文化知识的整合等。只有如此，复习课的活动设计才会提高学生的语言综合运用能力，促进学生的核心素养发展。

【案例 4】

教学材料：《英语（牛津上海版）》6 年级第一学期第 3 模块第 10 单元 Healthy eating

单元复习课程内容六要素的整合如表 1–5–5 所示。

表 1–5–5　单元复习课程内容六要素的整合

（1）语音与语言技能的整合		
语言知识	语言技能	示例
语音	写	能根据元音字母及其组合的发音规则，听写本单元单词或词块
（2）词汇与语言技能的整合		
语言知识	语言技能	示例
词汇	听	听有关“饮食与健康”的对话，能记录不同人物的三餐饮食名词，如 chips、hamburgers、pizza、vegetables 等
	说	能正确使用相关食物名词介绍食物金字塔
	写	能正确使用相关食物名词给自己或他人的饮食习惯提出意见与建议
（3）语法与语言技能的整合		
语言知识	语言技能	示例
语法	听	听有关“饮食与健康”的对话，能记录不同人物的三餐饮食数量的限定词，如 some、a little、a lot of、plenty of 等
	读	阅读有关“饮食与健康”的文章，标记出行为动词的一般过去时
	说	• 能正确运用恰当的数量限定词、比较级、should/should not 句型介绍或比较饮食习惯，并给出合理的建议 • 能正确运用动词的一般过去时介绍某人过去的饮食习惯
	写	能正确运用恰当的数量限定词及 should/should not 句型，描述自己或他人的饮食习惯，并给出合理的建议

续表

<table>
<tr><th colspan="3">（4）语篇与语言技能的整合</th></tr>
<tr><td>语言知识</td><td>语言技能</td><td>示例</td></tr>
<tr><td>语篇</td><td>读</td><td>• 阅读有关“饮食与健康”的故事类记叙文，能获取有关时间、地点、人物、事件、主题等相关信息
• 阅读有关“饮食与健康”的说明文，能判断说明对象，列出说明方法</td></tr>
<tr><th colspan="3">（5）语用与语言技能的整合</th></tr>
<tr><td>语言知识</td><td>语言技能</td><td>示例</td></tr>
<tr><td>语用</td><td>说</td><td>• 能正确运用与食物相关的名词、数量的限定词介绍自己的三餐饮食结构
• 能正确运用比较级比较自己或他人的饮食习惯，并就均衡饮食理念给出合理的建议</td></tr>
<tr><th colspan="3">（6）语篇与文化知识的整合</th></tr>
<tr><td>语篇</td><td colspan="2">• 能说出故事类记叙文的主要要素，如时间、地点、人物、事件、主题等
• 能获取说明文的基本信息，判断说明对象，列出说明方法
• 能获取对话、图片、图表的关键信息</td></tr>
<tr><td>文化知识</td><td colspan="2">能感知中外饮食习惯的异同</td></tr>
<tr><td>示例</td><td colspan="2">能通过阅读有关“饮食与健康”的文章，了解中外饮食习惯的异同，树立正确的饮食观念</td></tr>
<tr><th colspan="3">（7）语言知识与学习策略的整合</th></tr>
<tr><td>语言知识</td><td>学习策略</td><td>示例</td></tr>
<tr><td rowspan="4">语篇</td><td>元认知策略</td><td rowspan="4">• 能借助图表、思维导图等工具，对所学与饮食与健康相关的知识进行整理与归纳
• 能在沟通与交流中注意并尊重饮食习惯的差异
• 能正确认识与评价自己的饮食习惯，形成健康饮食的意识</td></tr>
<tr><td>认知策略</td></tr>
<tr><td>交际策略</td></tr>
<tr><td>感情管理策略</td></tr>
</table>

二、确定复习课的教学目标

通过前期对学习内容的梳理、确定与整合，复习课的教学内容、学习水平、教学重难点已经较为明确，在此基础上确定的复习课教学目标更为科学合理，且能体现核心素养的培养。

1. 复习课教学目标的分类

复习内容的梳理与整合体现了课程内容要素的相互关联。因此，复习课教学目标也应是核心素养的集中体现，包含语言能力、文化意识、思维品质与学习能力等方面的目标。一节复习课的教学目标数量不定，大致可以分为三类：一是指向语言能力发展的语言知识和语言技能要素；二是指向学习能力发展的思维品质与学习策略；三是指向立德树人的情感态度价值观。

2. 复习课教学目标的具体表述

科学合理的教学目标应注意三点：学习水平明确；动词与学习内容搭配合理；学习行为具体化。基于复习课的特点，反映学习内容的学习水平应在理解（B）至运用（C）之间。因此，教师要选择恰当的行为动词搭配相应的学习内容，以凸显复习课的特点。表 1–5–6 呈现了理解（B）和运用（C）学习水平的行为动词范例。①

表 1–5–6 行为描述用词范例

水平级别	行为描述用词范例
理解（B）	听懂、读懂、应答、选择、获取、判断、分析……
运用（C）	会话、表达、描述、写出、转换、推理、掌握……

3. 复习课教学目标的设计原则

（1）整合性

复习课的任务不仅仅是对之前学过的重点、难点知识内容进行梳理和重组，帮助学生巩固和运用语言知识，增强语言技能，更重要的是发展语言能力和学习能力，提升思维品质，增强文化意识，落实核心素养的发展。因此，复习课教学目标的设计应从语言能力、文化意识、思维品质、学习能力等方面整体考虑，体现核心素养的培养，具体内容可以围绕课程内容六要素展开描述。

（2）聚焦性

复习课目标不是课时教学目标的简单堆砌，而是要聚焦教学重点和学习难点，加强针对性。教师切忌平均用力、面面俱到，最终反而降低了复习效率。

（3）进阶性

教学目标中表示学习结果的行为动词要体现复习课的特征，行为动词反映的复习内容的学习水平应在理解（B）至运用（C）之间。

【案例 5】

教学材料：《英语（牛津上海版）》6 年级第一学期第 3 模块第 10 单元 Healthy eating

（一）教学目标

1. 学生能熟练使用关于食物的名词与量词描述食物金字塔呈现的健康饮食结构。

2. 学生能听懂有关“饮食与健康”的语篇，通过获取与食物、数量相关的信息，基于食物金字塔的健康饮食结构知识进行判断与分析，运用恰当的比较级结构比较多

① 上海市教育委员会教学研究室．初中英语单元教学设计指南 [M]. 北京：人民教育出版社，2018：38.

人的饮食情况，并正确运用 should/should not 给出合理建议。

3. 学生能阅读有关"饮食与健康"的语篇，通过获取语篇基本信息，理解语篇写作意图，感知中外饮食文化差异。

4. 学生能借助思维导图，梳理健康饮食的构成要素，正确认识与评价自身或他人的饮食习惯，形成健康饮食的意识

（二）教学重点

1. 引导学生在描述、比较或评价饮食习惯时关注食物与数量限定词的正确搭配、形容词比较等级在句子中的正确用法，以及 should/should not 等表示建议的句式的用法。

2. 引导学生运用思维导图梳理健康饮食知识，主动运用所学知识分析、评价自己或他人的饮食习惯，形成健康饮食的意识。

（三）学习难点

1. 学生学习了多个数量限定词，在搭配食物名词时容易出现混淆。教师可以引导学生借助思维导图等工具进行梳理。

2. 学生对一般过去时仍较为陌生。在阅读活动中，教师可以引导学生对动词过去式进行圈画。

3. 学生第一次学习形容词比较级在句中的用法，容易混淆同级比较和降级比较。教师可以提供多种情境帮助学生熟练掌握。

【案例分析】本单元复习课教学目标 1、2、3 指向发展语言能力的语言知识和语言技能要素，且在语言知识之间、语言知识与语言技能之间形成了关联，为学生提供了语言综合实践运用的机会。教学目标 4、5 指向发展学习能力的思维品质与学习策略，学生通过自主设计问卷、积极开展问卷调查，主动参与运用语言的实践活动。学生借助思维导图等工具，对所学与"饮食与健康"相关的知识进行整理与归纳，养成积极运用英语学习策略提升学习效率的良好习惯。教学目标 3、4、5 渗透了立德树人的情感态度价值观，学生学习健康饮食知识（食物金字塔）、阅读相关话题语篇，运用所学分析、评价他人的饮食习惯，并提出合理意见与建议，最后由彼及己，正确认识与评价自己的饮食习惯。健康饮食的观念与意识在学习过程中不断深化，同时通过阅读相关话题的语篇，学生对中外饮食的差异也加深了认识，学会了尊重差异。

教学重点的判定依据单元学习内容的梳理，聚焦新授的核心词汇和句型的运用以及表达性技能（即说和写的技能）。学习难点的确定，不仅体现了教师对学情的分析结果，还有针对性地给出了突破学习难点的方法指导。

教学建议

专题复习课也是复习课的一种，主要出现在 9 年级或其他年级的期中、期末复习阶段。专题复习课是教师依据课程标准和学情，围绕特定的学习内容开展的复习教学。教学内容的确定要基于对学生典型问题的分析，因此专题复习课的结构有别于一般的

复习课。科学、合理的专题复习规划能更有针对性地帮助学生夯实学习重点、突破学习难点，是复习阶段尤为值得关注的课型之一。

第一，设计专题复习内容要做好规划。

专题的确定要依据教学重点和难点。课程标准明确了教学重点，教师根据学情确定教学难点。教师在设计专题时应采用整体设计原则，依据专题所复习的内容，规划好专题复习所需的课时数。

专题复习课规划案例

第二，要确定典型问题的关注点。

专题复习课要解决的问题应是学生的典型问题。教师可以通过观察学生的课堂表现、作业及测试的数据反馈等途径精准定位，切勿以个人教学经验主观臆断。

看图说话专题复习课案例

专题复习课聚焦的典型问题应是在一定的课时数量下，通过教师提供的教学策略可以解决的。需要通过长期不断训练才能解决，甚至仍不能有效解决的问题不宜成为专题复习的典型问题。

关键问题 1–5 解决方案实践分享

第二章

教学目标的设计

教学目标是教学设计的核心部分，体现了教学内容和学习水平，因此教学目标的设计是初中英语学科教学关键问题之一。然而，初中英语教师对课程目标、学段目标、单元目标、课时目标的理解还存在不足，在设计单元目标和课时目标时，语言能力目标往往缺乏新授内容，文化内涵挖掘不够，思维品质目标缺位，学习能力目标脱离教学实际。课程标准从核心素养四个方面明确了课程总目标和学段目标，为教师设计单元目标和课时目标提供了依据。本章的五个关键问题，先具体阐述将学段目标分解为单元目标和课时目标的路径与策略，然后分别从语言能力、文化意识、思维品质和学习能力四个方面阐述设计单元目标和课时目标的依据与路径，呈现设计目标的策略与表述目标的方法，通过相关案例引导教师基于目标开展活动设计，提升学生核心素养。

关键问题 2–1 如何将学段目标分解为单元目标与课时目标?

问题提出

新版课程标准规定了义务教育阶段英语课程的三级学段目标。教师应结合单元和课时来分解学段目标，将语言能力、文化意识、思维品质和学习能力的要求融合在日常教学中。

一、课程标准的要求

新版课程标准提出发展语言能力、培育文化意识、提升思维品质和提高学习能力的英语课程总目标，规定了三级学段目标；要推动实施单元整体教学，各层级目标要把预期的核心素养综合表现融入其中，体现层级间逻辑关联，做到可操作、可观测、可评价。

落实义务教育阶段课程总目标的基本途径是分解学段目标，即将学段目标分解到单元和课时目标中，构筑完整的目标体系（图 2–1–1），使学生逐步建构起对单元主题的完整认知，促进学生正确态度和价值观的形成。

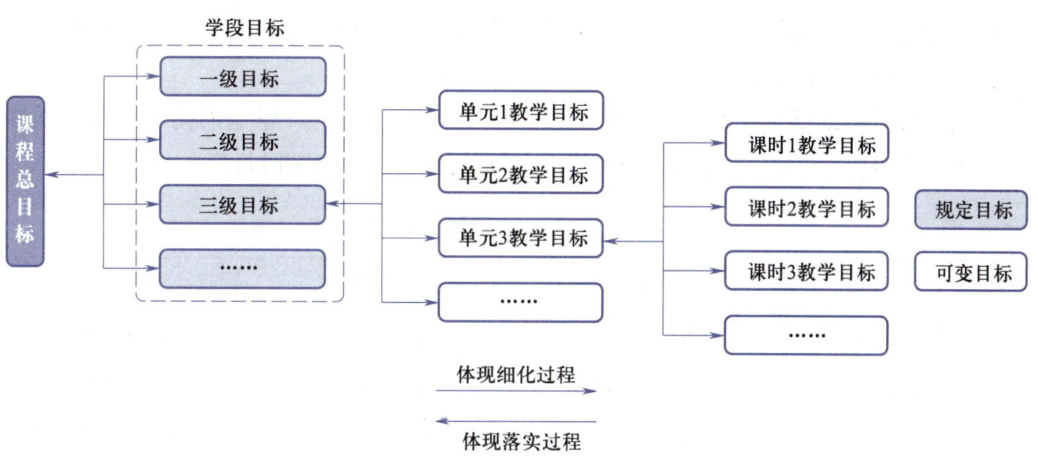

图 2–1–1 由课程总目标、学段目标、单元目标与课时目标构成的目标体系

二、教学现状

在实际教学中，教师对通过设定单元目标与课时目标来落实学段目标存在困惑，主要表现在以下三个方面。

1. 认为教学主要通过活动实施达成，忽视教学目标的设定

部分教师凭借个人经验，认为通过通读语篇就能完成语篇教学活动。这些活动看似能够引导学生理解语篇，但对学生学习能力的培养缺少指向性。

2. 照搬照抄学段目标，认为学段目标就是单元目标

学段目标是学生经过特定学段学习达成的、具有统领性的阶段目标。学生的思维水平和学习能力需要通过特定的学习过程逐步达成。这就需要将学段目标的实现过程体现在单元目标中，仅有学段目标无法满足学生学习发展的要求。

3. 根据单元教学内容设定单元目标，忽视学段目标的统领性

这样的目标设定忽视单元教学的延续性，无法从学段目标的高度看待整个学段的学习要求。从起始年级到毕业年级，学生的学习是一个循序渐进的过程，学段目标应当化解到年级（学期）、单元和课时，保证学生最终的学习指向满足课程标准规定的学段目标。

问题分析

学段目标、单元目标和课时目标在具体要求、学习水平和表现形式上都存在一定的差异。下面对这三类目标的内涵做出界定。

一、学段目标

学段目标是指对本学段结束时学生学习本课程应达到的学业成就的预设或期待，是课程总目标在各学段的具体化。学段目标是在课程总目标指引下由课程标准规定的相对稳定的上位目标，是学生在各学段中学业成就的预期。各学段目标之间具有连续性、顺序性和进阶性等特点。

义务教育英语课程学段目标分布如表 2–1–1 所示。“六三”学制的初中学段主要参照三级学段目标；“五四”学制的初中学段要兼顾二级、三级学段目标。

表 2–1–1 义务教育英语课程学段目标分布

学段	一级（3~4 年级）	二级（5~6 年级）	三级（7~9 年级）
语言能力	感知与积累	习得与构建	表达与交流
文化意识	比较与判断	调适与沟通	感悟与内化
思维品质	观察与辨析	归纳与推断	批判与创新
学习能力	乐学与善学	选择与调整	合作与探究

二、单元目标

单元目标是学生学习某一教材单元后行为或状态的预期变化，是学生完成单元学习后应达到的行为或状态的具体描述。[①]

① 上海市教育委员会教学研究室. 初中英语单元教学设计指南 [M]. 北京：人民教育出版社，2018：33.

单元目标是学段目标的分解，是具有明确与具体指向性且相互联系的近期目标。单元目标的确定应当在学段目标的引领下，依据课程内容六要素和教材的结构、体系、内容编排、教学进度等进行提炼，达到以单元目标为统领，组织语篇教学内容，规划系列教学活动，实施单元持续性评价，引导学生在学习过程中逐步建构对单元主题的认知，发展能力，达成素养的目标。

三、课时目标

课时目标是学生学习某一课时后行为或状态的预期变化，是学生完成该课时的学习后应达到的行为或状态的具体描述。

课时目标是和具体的教学活动相联系的目标，是单元目标、学段目标、课程总目标实现的基础，是有效课堂教学的基本保证。

在确定具体课时目标时，应与本课时的具体授课内容和学生的实际水平相结合；应避免过于笼统，要突出对学生能力的培养；在表述上应体现教师教什么、怎么教，学生学什么、怎么学；通过适当的反馈活动来进行检测。

问题解决

学段目标分解的一般路径如图 2-1-2 所示。

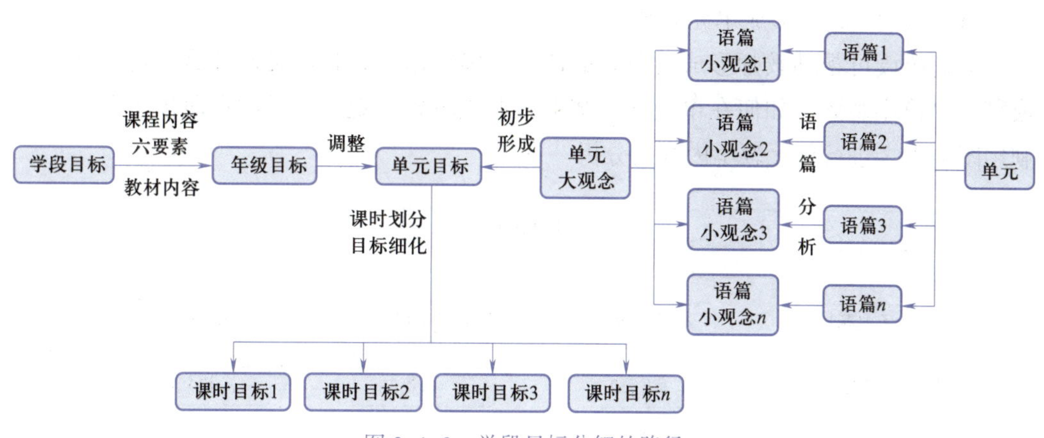

图 2-1-2　学段目标分解的路径

一、学段目标的分解过程

1. 依据课程内容要求与教学内容安排分解学段目标，形成符合学生年龄特点的年级（学期）目标

新版课程标准明确了学段目标四个方面的要求。学段目标的达成要通过课程内容实施来实现。学生的语言能力、文化意识、思维品质、学习能力受年龄、个性特点、

思维水平、教材内容编排等方面的影响。教师应依照学段目标，结合课程内容六要素、教材内容设计、学生认知程度等对学段总目标进行分解，形成符合学生年龄特点的阶段性（年级或学期）目标。

【案例 1】思维品质学段目标“能从不同角度解读语篇，推断语篇的深层含义，做出正确的价值判断”的细化

结合《英语（人教版）》8 年级上册各单元阅读语篇，可大致确定如下学期目标：

（1）能理解日记、网上论坛等多模态语篇的写作目的、目标读者，提炼归纳语篇的内涵，并能通过换位思考的方式为他人提供更多的参考意见或建议。

（2）能提炼调查报告、动画历史介绍、事理介绍、未来畅想、操作步骤等说明文语篇的基本框架，理解说明内容之间的逻辑关系，并能围绕语篇基于已有经验和证据阐述个人的看法或观点。

（3）能理解人物评价、问题解决等说理类语篇的观点与写作目的，并能在此基础上对语篇中的人物和问题解决方式做出客观评价。

分解学段目标时，首先应依据学段目标确定年级（学期）目标范畴，如某一项语言知识或语言技能目标，并思考学生达成该目标在本年级（学期）应具备的能力。然后，从课程内容六要素和教材内容中提取学段目标的细化依据，最终确定相应的年级（学期）目标。

2. 依据语篇研读结果与单元大观念分解年级（学期）目标，形成符合单元教学要求的单元目标

（1）研读语篇，形成单元大观念

语篇研读可帮助教师形成对单元的认知，确定用单元各语篇教什么，帮助学生形成哪些语篇小观念，如何在单元学习结束时形成单元大观念。教师在研读语篇时可以利用图 2-1-3 进行单元教学内容的分析。

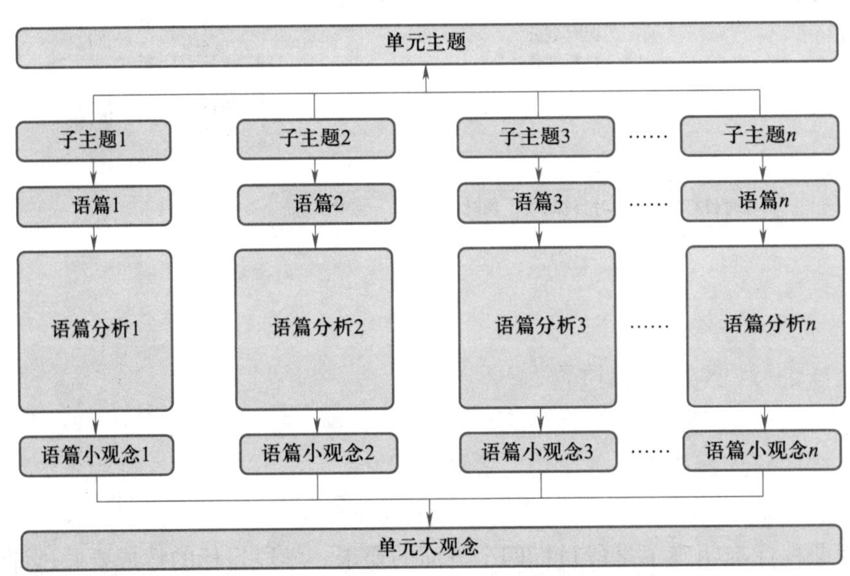

图 2-1-3　单元结构图示例

①“单元主题”根据单元话题结合课程内容的主题范畴、主题群、子主题等内容进行提取。

②“单元主题”可分解为若干子主题。子主题应根据语篇结合单元主题进行细化。子主题是单元主题的侧面，子主题的总和构成单元主题。

③“语篇分析”主要从语篇知识、语用知识、语言技能、学习策略（主要是元认知与认知策略）及文化知识等方面展开。

④“语篇小观念”强调利用单个语篇可以培养学生哪些方面的技能、形成怎样的认知、具备哪些问题解决能力。

⑤“单元大观念”是各个语篇小观念的综合，即通过本单元的学习，学生具备哪些语言知识、语言技能、文化知识、学习策略，达成核心素养的要求。

（2）依据单元大观念，初步形成单元目标

教师应根据单元大观念，在语篇分析和学情分析的基础上设计单元目标。教师应思考以下问题：学生进行单元学习前具备怎样的学习起点（学情分析）；学生结束单元学习时具备哪些足以完成输出任务的能力；利用单元语篇可以使学生获得哪些知识与技能，单元语篇与学生以往所学的知识与技能有哪些关联。基于上述问题，教师依据语篇研读、学情分析结果，从内容、条件、水平等方面，初步描述单元目标，并确定每一条目标对应核心素养的哪个或哪些方面。

（3）对比年级（学期）目标，调整单元目标

在初步确定单元目标的基础上，教师应再次审视年级（学期）目标，关注自己设计的单元目标是否与年级（学期）目标相符合，是否体现或覆盖了年级（学期）目标中所设定的相关要求。如果无法体现，则要根据年级（学期）目标对单元目标进行调整。当然，这也可能是年级（学期）目标的确定不够合理，需要根据实际情况做出动态调整。

3. 依据单元教学设计与课时教学内容分解单元目标，形成可检测的课时目标

（1）划分课时

课时划分的依据是年级学期课时总量、单元教学内容与单元目标。具体单元课时的划分还需要考虑学习对象的具体水平和教学效果，必要时可以适当调整教学的课时和进度。[①]

（2）分配单元目标

根据单元语篇研读的结果，思考可以通过哪个或哪些课时去落实某一条单元目标。例如，某一单元的阅读、听力、写作语篇均为记叙文，在进行教学时，就需要将该目标分解在不同课型中，从学习要求、学习水平等维度对单元目标进行分配。

（3）确定课时目标

在明确需要通过哪个或哪些课时完成单元目标时，根据课型特点、学生学习水平的要求，对该条单元目标进行细化。单元目标细化为课时目标主要有以下三种情况。

---

① 上海市教育委员会教学研究室．初中英语单元教学设计指南 [M]. 北京：人民教育出版社，2018：42.

① 一条单元目标出现在不同的课时中，但其学习水平的要求不同。

【案例 2】一条单元目标分解到不同的课时

《英语（沪教版）》7 年级上册第 3 单元 The Earth 一条语言能力单元目标“掌握存现句的结构与用法，理解其意义，并在口头与书面表达中用其描述地球上的污染现状”，学习水平为“应用”。分解到不同的课型中，形成三个课时的课时目标。

课时 2（阅读课）：发现阅读语篇 Protect the Earth 中的存现句，了解其表达意义和基本结构。学习水平为“记忆”。

课时 3（语法课）：掌握存现句的结构、意义与用法，能用其描述图片中物品的数量与位置。学习水平为“理解”。

课时 7（写作课）：围绕“地球上污染现状”的话题进行书面表达，合理使用存现句。学习水平为“应用”。

② 一条单元目标被分解成若干更为细致的教学目标，出现在同一课时中。

【案例 3】一条单元目标分解到同一课时

《英语（北师大版）》9 年级全一册第 2 单元 Books 一条思维品质单元目标“发现故事中事件的发展变化，推断主人公的心理、行为动机，对主人公做出正确评价”。学习水平为“评价”。

为帮助学生在阅读过程中提升对文学作品的认识，更好地做出正确的价值判断，在阅读课教学中教师设计了以下三条目标：

1. 梳理《汤姆刷墙记（节选）》的故事脉络，发现主人公在整个故事中的关键行为。学习水平为“理解”。

2. 分析主人公在特定行为下的心理变化，能从语篇中找到相应的证据。学习水平为“分析”。

3. 对主人公的行为做出基于证据的评价，并预测故事的后续发展。学习水平为“评价”。

③ 一条单元目标仅针对某一课时，被直接转化为课时目标。

【案例 4】一条单元目标的转化

《英语（译林版）》9 年级下册第 1 单元 Asia 一条文化意识单元目标“在理解语篇基本内容的基础上，发现两座中国城市的自然美景与人文特色，结合个人已有经验，作口头介绍”主要体现在阅读语篇 Two cities in China 教学中。这条目标可以直接转化为该语篇第 2 课时的目标。

二、学段目标的分解方法

1. 区分学习水平要求

学段目标是从毕业年级学生应具备的能力的视角进行描述的，是高位的，具有统领性的，代表着最高的学习水平。将学段目标落实到年级（学期）、单元、课时则学习水平应低于或等于学段目标的要求。

按照布鲁姆教育目标的分类，学生的学习水平可分为六个层次（表 2-1-2）。它为目标细化提供了基本依据。

表 2-1-2　布鲁姆教育目标的界定

层级	学习水平	目标界定
1	记忆（A）	能从长时记忆中找到和识别接收到的信息
2	理解（B）	得到信息后，能用自己的话表达其中的意义
3	应用（C）	能在给定的情境中执行或使用信息
4	分析（D）	将信息分解，确定各部分间、各部分与总体间的关系
5	评价（E）	能以得到的信息为准则作出判断
6	创造（F）	能基于得到的信息重新组织成新的模型或结构

在细化学段目标时，应依据学习水平对目标进行划分。

2. 依据学习水平，将学段目标的概括性描述具体化

在细化目标的过程中，应当依据学习水平，将上位概念进行由点到面的下位分解，体现学习水平的递进（如目标水平为 C，则可以分解到 A、B、C）。描述具体的教学目标时，既要呈现内容，又要呈现学习行为。学习行为与学生的学习水平密切相关。在描述目标时，要关注三个方面：一是运用目标动词反映学习内容的学习水平（表 2-1-3）。二是目标动词与学习内容之间通常为动宾搭配。三是通过添加情境、要求或副词短语将学习行为具体化。

表 2-1-3　对应学习水平的目标动词

学习水平	目标动词示例
记忆（A）	识记、知晓、了解、罗列、检索、发现、陈述、定位信息、标记……
理解（B）	听 / 读懂、说明、归纳、诠释、解释、分类、比较、举例说明、辨别……
应用（C）	使用 / 运用、实施、完成、调整、再构、应用……
分析（D）	区分、比较、组织、解构、概述、重组、建立关联……
评价（E）	赏析、核查、评论、判断、评判、发表……
创造（F）	计划、处理、展示、创作、制作……

以《英语（沪教版）》7 年级下册第 8 单元 From hobby to career 为例，呈现一条思维品质学段目标具体化后学习水平的变化（表 2-1-4）。

表 2-1-4 学段目标具体化后学习水平的变化

目标类型	目标描述	学习水平	说明
三级学段目标	用简单的连接词建立语义联系	F	学生学段学习水平应达到能使用连接词进行表达、创作的要求
七年级目标	运用含有 when 引导的时间状语从句的主从复合句描述发生在过去的事情	D	7 年级学生主要关注该表达的语义，通过简单运用掌握其在特定情况下的用法，会分析其基本结构
第 8 单元目标	1. 识别 when 引导的时间状语从句，理解其表达含义，掌握含有 when 引导的时间状语从句的主从复合句的结构	B	在特定单元的学习中，学生需要通过单元语篇的学习，理解该语言现象的表达意义，知晓其基本结构，并在特定语境中简单运用。在进行个人经历描述时，模仿语篇中的句子进行表达，其学习水平是在理解基础上的简单模仿
	2. 在描述个人经历的语篇中，恰当运用含有 when 引导的时间状语从句的主从复合句	C	
第 1 课时目标	1. 识别描述个人经历的语篇中 when 引导的时间状语从句，知道 when 的作用和意义	A	在语篇中进行语言学习的过程中，学生初次感知新授语言现象的使用及涵义，是从感知到积累的过渡，并在表达的过程中体会这一句型的运用
	2. 理解含有 when 引导的时间状语从句的主从复合句的表达意义，掌握其基本结构	B	
	3. 使用含有 when 引导的时间状语从句简单描述主人公的经历	C	

3. 添加适当条件，使教学目标具体化

依据学习水平，在确定目标动词的基础上，通过添加情境、要求、副词短语等条件使教学目标具体化，具有可操作性。

【案例 5】教学目标的具体化

目标 1：在描述个人经历的语篇中，恰当运用含有 when 引导的时间状语从句的主从复合句（语言能力）。

目标 2：运用本课时所学的词汇描述使用百科全书查询相关词条的过程（学习能力）。

目标 3：听懂中山陵的场馆介绍，理解其介绍的顺序，了解中山陵的建筑特色（文化意识）。

【案例分析】目标 1 提供了在“个人经历描述”的语境中，通过“恰当运用”的表述呈现对学生“适时使用”的学习要求。目标 2 通过添加“描述使用百科全书查询相关词条的过程”呈现词汇的学习要求达到“应用”学习水平，凸显词汇学习的目的是运用。目标 3 体现目标的逐级达成，理解建筑特色的前提是理解所听的内容。

下面通过两个案例呈现从学段目标到课时目标的细化过程。

【案例 6】思维品质学段目标“能提取、整理、概括稍长语篇的关键信息、主要内容、思想和观点，判断各种信息的异同和关联（归纳与推断）”的细化

（一）分解说明

《英语（牛津上海版）》8 年级第一学期第 5 单元与说明文语篇的教学相关，因此，下面以说明文语篇教学目标的分解呈现学段目标到课时目标分解的过程。

（二）分解依据

课程内容：语言技能、语篇知识、学习策略。

教材内容：《英语（牛津上海版）》6~9 年级说明文教学的话题内容如下：

6 年级话题内容为城市、海洋、火等介绍类说明文。

7 年级话题内容为城市、景点、食品或物品制作步骤、交通工具等介绍类说明文。

8 年级话题内容为树木、水、电、国家等说明文。

9 年级话题内容为传统技艺、记忆力、城市游览等说明文。

（三）分解过程

1. 学段目标学习水平为 F。依据各年级教学内容的特点，确定年级目标学习水平，并依据学习水平选择适当的行为动词，确定说明文教学年级目标（表 2-1-5）。

表 2-1-5　说明文教学年级目标

年级	目标描述	学习水平
6	1. 概括介绍类短文的主要内容	B
	2. 辨识介绍类短文中的信息类别，体会信息之间的关联	C
7	1. 提取、梳理介绍类短文的关键信息	B
	2. 识别基本说明方法和信息组织方式	D
8	1. 把握说明文语篇关键信息，梳理其基本结构	C
	2. 理解各说明方法的使用目的，理解语篇的写作目的	F
9	1. 把握说明文语篇关键信息，分析其基本结构特征	C
	2. 梳理其语言特点和信息组织方式	F

2. 根据语篇研读结果，参照前面图 2-1-3 格式梳理单元结构图，完成学情分析。

单元结构图

学情分析：学生在 6 年级学习过 Oceans、Forests、Fire 等语篇，在 7 年级学习过 Shanghai—an interesting city、The airport express 等语篇，在本学期第四单元学习了 Numbers—everyone’s language。本单元阅读部分的三篇短文亦属于说明文范畴，但百科全书中的文本在教材中首次出现。阅读部分三个文本相互独立，同时又属于百科全书某一页中三个连续的词条，其标题、事实介绍、插图、参考等特征明显，有助于学生学习百科全书中的文本的特征、查阅百科全书的方法等。

3. 在单元大观念的引领下，结合语篇研读与学情分析，依据学习水平，选择适当的目标动词，并与年级目标进行比照，形成单元目标（表 2-1-6）。

表 2-1-6 单元目标

序号	教学目标	学习水平	核心素养
1	把握百科全书中词条的基本结构和信息，会根据需要查阅百科全书，并从中获取信息	C	语言能力 思维品质
2	判断如列数字、作比较等常用的说明方法，体会说明文内容的科学性和严谨性，结构的清晰性及语言的准确性	E	语言能力 思维品质
3	听懂介绍典型建筑的说明文，获取数字等关键信息，并能用自己的话进行描述	F	语言能力 思维品质

4. 根据语篇研读和语篇小观念，依照单元目标，将一条单元目标按照学习水平作进一步分解，通过合理选择目标动词和添加条件，形成一系列递进式的学习要求。整个单元共有 4 课时与说明文教学相关，这 4 课时的课时目标如表 2-1-7 所示。

表 2-1-7 课时目标（部分）

课时	课型 / 内容	教学目标	学习水平	对应单元目标
1	阅读①：Look it up	知道百科全书的分类及查阅方法	B	2
		通过文本阅读，理解部分核心词汇的含义及用法，使用恰当的词汇描述查询百科全书的过程	C	2
		通过阅读活动分析语篇结构，获取主要信息	C	2
2	阅读②：Look it up	通过文本阅读，了解少儿百科全书中文本的常用说明方法	D	3
		通过与词典词条的比较，理解少儿百科全书中文本的语篇特征	E	3
3	补充阅读：The giant panda	通过文本阅读，理解列数字和作比较的说明方法	C	3
		运用适当的说明方法对教材文本进行适当修改，使其成为内容更加完整的百科全书词条	F	2、3
4	听力：Dr Sun Yat-sen's Mausoleum	在听的过程中，运用预测词性、速记等方法，迅速准确地做好笔记，把握景点介绍的主旨和细节内容	C	4
		根据语篇类型分析并把握语篇特点，分辨事实信息与观点信息	E	3
		通过合作学习，将听力文本转化为百科全书中的词条	F	2

【案例分析】

（1）思维品质目标的细化与语言能力相关。核心素养四个方面的核心是提升学生的语言能力，通过语言能力的提升带动其他三个方面的共同发展。

（2）低年段思维品质培养应关注学生思维意识的养成，让学生初步具备理解、分析、比较、推断、批判、评价、创造等方面的能力。高年段思维品质培养应关注学生思维层次、水平、方式的提升，保持学生思维活跃程度。学习水平可以较好地反映目标层次的差异。

（3）思维品质目标细化要依据课程内容六要素中语言知识、语言技能和学习策略的相关要求及教材内容的安排。有些分年级目标需要通过整个初中学段的学习逐步达成，如说明文语篇的学习，各版本教材通常从初中起始年级开始出现，在语言难度、说明方法、语言内在关联的逻辑性上逐步提升。有些学段目标可以在某一个年级达成，如说理类语篇的学习属于"三级 +"的内容要求，只要在 9 年级的目标中呈现即可。

【案例 7】语言能力学段目标"了解句子的结构特征，如句子种类、成分、语序及主谓一致（感知与积累）"的细化

（一）分解说明

《英语（沪教版）》在 7 年级上册第 6 单元、8 年级上册第 7 单元和 9 年级下册第 2 单元的语法板块有条件状语从句的相关学习内容。9 年级下册第 2 单元是对各类状语从句的回顾与复习。这些单元的学习内容具有共同点，但学习要求随年级递增，逐步提高。

（二）分解依据

课程内容要求：语言知识、学习策略、语法项目表。

教材内容：7 年级上册第 6 单元——阅读板块利用 Visiting Shanghai 语篇呈现含有 if 引导的条件状语从句的主从复合句；语法板块介绍该语言现象的结构和用法；8 年级上册第 7 单元——阅读板块利用 Memory 语篇呈现含有 if 和 unless 引导的条件状语从句的主从复合句；语法板块介绍该语言现象的结构和用法；9 年级下册第 2 单元——阅读板块利用 Living in another country 语篇呈现含有各类状语从句的主从复合句；语法板块梳理状语从句的类型。

（二）分解过程

1. 学段目标学习水平为 D。依据各年级教学内容的特点，确定年级目标学习水平，并依据学习水平选择适当的行为动词，确定条件状语从句年级目标（表 2-1-8）。

表 2-1-8　条件状语从句年级教学目标

年级	目标描述	学习水平
7	知道含有 if 引导的条件状语从句的主从复合句的表达意义，掌握其基本结构及适用场合；能初步运用该句型进行城市介绍、未来预测的表达	C
8	理解含有条件状语从句的主从复合句的结构特征及其表达含义，能区分 if 和 unless 引导的状语从句的基本用法；能在表达中合理使用该句型提出假设和建议	C

续表

年级	目标描述	学习水平
9	能区分各类状语从句，理解其含义及用法；能在语境中合理选择不同的状语从句进行口头或书面表达，具有较强的逻辑性	D

2. 由于语言知识的学习通常在某个单元的教学中完成，通过对年级目标添加条件的方式可转化为相应的单元目标（表 2–1–9）。

表 2–1–9　三个单元条件状语从句教学目标

单元	教学目标	学习水平	核心素养
7 年级上册 第 6 单元	在语篇中理解含有 if 引导的条件状语从句的主从复合句的表达含义，发现其基本结构及用法，并在城市景观介绍的语境中使用该句型	C	语言能力 学习能力
8 年级上册 第 7 单元	在语篇中理解含有 if 和 unless 引导的条件状语从句的主从复合句的表达含义，区分 if 和 unless 的含义及用法，掌握两种不同类型的条件状语从句的基本结构与用法，并在问题解决类的情境中，合理选用相关句型进行口头或书面表达	C	语言能力 学习能力 思维品质
9 年级下册 第 2 单元	在语篇中辨别各类的状语从句，明确其基本结构、表达含义、适用场合，并能在个人经历的描述中合理选用各种状语从句	D	语言能力 学习能力 思维品质

3. 将单元目标按照学习水平作进一步分解，通过合理选择目标动词和添加条件的方式，形成递进式的学习要求，确定课时目标（表 2–1–10）。

表 2–1–10　三个单元条件状语从句相关课时目标

单元	课型 / 内容	课时	教学目标	学习水平
7 年级上册 第 6 单元	阅读②： Visiting Shanghai	2	在语篇中理解 if 引导的条件状语从句充当的句子成分及表达含义	A
	语法： Conditional sentences (1)	4	归纳主阅读语篇中含有 if 引导的条件状语从句的主从复合句的基本结构和用法	B
			初步运用含有 if 引导的条件状语从句的主从复合句对未来可能的事件进行预测	B
	写作：Writing a travel guide	6	在城市景观介绍的语境中使用含有 if 引导的条件状语从句的主从复合句	C
8 年级上册 第 7 单元	阅读②： Memory Corner	2	在语篇中理解 if 和 unless 引导的条件状语从句的充当的句子成分及表达含义，区分 if 与 unless 的含义	A

续表

单元	课型 / 内容	课时	教学目标	学习水平
8 年级上册 第 7 单元	语法：Conditional sentences (2)	4	归纳主阅读语篇中含有 if 和 unless 引导的条件状语从句的主从复合句的基本结构和用法	B
			区分含有条件状语从句的主从复合句中，用从句表达“将来”和“事实”时主句形式的差别	B
			初步运用含有条件状语从句的主从复合句描述改善记忆的方法	C
	口语：Methods for remembering English words	5	在提升词汇记忆的语境中，合理选择含有条件状语从句的主从复合句进行口头表达	C
9 年级下册 第 2 单元	阅读②：Living in another country	2	在语篇中识别各类含有状语从句的主从复合句，理解其表达意义	B
	语法：Review of adverbial clauses	4	归纳语篇中各类含有状语从句的主从复合句的基本结构、常用从属连词、表达含义、适用场合	B
			能区分相同从属连词引导的宾语从句与状语从句	C
			在语境中选用适当的从属连词完成语篇	C
	写作：A thank-you email	6	围绕一次个人经历，合理使用主从复合句，进行恰当的书面表达	D

【案例分析】新版课程标准中与语言知识相关的学段目标是笼统的，没有根据具体内容进行划分。在教学过程中，首先，教师应当根据教材内容的安排、新版课程标准附录 4“语法项目表”中的栏目进行拆分，并根据相关的语法学习要求对学段目标进行分解。其次，目标设计要落实新版课程标准相关要求。例如，语法知识三级内容要求中的“初步意识到语言使用中的语法知识是‘形式—意义—使用’的统一体”，是划分语法知识目标的重要依据，应落实在日常的语法教学中。最后，语言能力目标的分解要参考其他几个方面的核心素养目标，在培养语言能力的同时还应关注学生其他方面能力的提升。

教学建议

在细化学段目标的过程中，教师应注意以下几个方面。

第一，课时目标的确定可先于单元目标，但单元目标不是课时目标的堆砌。

有经验的教师常常边研读语篇边预估语篇的教学课时数，并逐步根据语篇特点和课型要求等设定教学目标，形成各课时的教学目标，在此基础上，将各课时的目标提炼整合为单元目标。

单元目标是单元教学要求的最高层级。为达到这个层级，学生需要经历理解、应用、创新的过程。一个阅读语篇的教学往往不止一个课时，第 1 课时对该语篇进行初步理解后，第 2 课时则要对其进行深入挖掘。这对学生的思维水平是一个提升的过程，是单元目标不同层次的体现。因此，不能把课时目标简单相加形成单元目标，而应对课时目标进行高层次的提炼与整合。

第二，学段目标的细化要注意不同核心素养要求之间的关联。

在细化学段目标时，要对不同核心素养的要求进行整合。从表 2-1-6 和表 2-1-9 中的单元目标可以看出，某一条目标通常不会只指向核心素养的某个方面，而是多个核心素养的融合。因此，在对某一条学段目标进行分解时，要尝试整合其他核心素养的要求。例如，“能整理归纳所学内容，把握重点和难点”这条学段目标就涉及语言能力和思维品质的培养。整理的内容可以是语法、词汇、语音知识层面的，也可以是语篇结构框架等技能层面的。只有综合考虑各种因素，才能真正细化好学段目标。

学段目标的细化案例

第三，学习能力与文化意识学段目标可以只细化到单元目标。

学习能力与文化意识学段目标的达成不是一节课就能完成的，通常需要在一个单元中通过对主题意义渐进式的探究、让学生对学习策略的反复运用逐步达成。因此，其培养目标可以只细化到单元层面。教师在设计教学活动时，要围绕该条目标，挖掘可以培养学生文化意识和学习能力的内容来设计教学活动。

关键问题 2-1 解决方案实践分享

关键问题 2-2 如何设计语言能力目标？

问题提出

新版课程标准将语言能力列入英语课程核心素养，并明确了语言能力发展的总目标和学段目标。但从教学设计来看，教师对语言能力发展的单元目标和课时目标的设计能力还有待提高。

一、课程标准的要求

英语课程要培养的学生核心素养包括语言能力、文化意识、思维品质和学习能力等方面。语言能力是核心素养的基础要素。英语语言能力的提高有助于学生提升文化意识、思维品质和学习能力，发展跨文化沟通和交流能力。新版课程标准在课程目标部分，对不同学段语言能力目标需要达到的标准进行了明确描述，为教师设计单元语言能力目标提供了依据和方向。单元语言能力目标是对总目标和学段目标的分解和细化，是总目标和学段目标在单元中进行落实的具体表现。因此，教师在开展单元教学设计时，应注重单元语言能力目标的设计，帮助学生逐步形成语言意识，积累在复杂情境中运用策略进行有意义的沟通与交流的经验，为提升学生的文化意识、思维品质和学习能力夯实基础。

初中阶段语言能力涉及语言知识和语言技能两大部分，其中语言知识包括语音、词汇、语法、语篇、语用知识，语言技能包括听、说、读、看、写。

教学目标设计是教学设计的核心部分，教师需要根据课程标准、教材内容和学情分析确定教学内容和对应的学习水平，在此基础上确定教学目标。语言能力目标是教学目标中的关键构成要素，是达成其他目标的基础。语言能力目标是教学目标的一个重要组成部分，也是教学的一个重要目标。在设计语言能力教学目标时，教师需要合理确定指向语言知识的达成性目标和指向语言技能的发展性目标。

二、教学现状

当前，不少教师在教学中比较侧重语言知识的教授。出现这种情况的原因主要在于教师对语言能力目标理解和设计的不当。语言能力目标的设计是众多教师感到困惑或困难的一项工作。在实际教学中，许多教师对指向语言能力目标设计的思考与实施还处在初始阶段，其目标意识还很淡薄，目标设定比较笼统，直接影响了教学实效，甚至抑制了学生的发展。当前，教师在语言能力目标设计时主要存在以下三个问题。

1. 语言能力目标要素缺失

教学目标中缺失语言能力目标的现象较为普遍，尤其是在听说课和阅读课的教学目标设计中，没有体现新授的语言能力目标。例如某一节听说课，教师设计了这样的一条教学目标：通过归纳语篇主要内容，获取有关模范生的相关信息。这条目标只体现了语篇知识的学习，缺乏语言技能中听的技能的培养。

2. 语言能力目标笼统

在不少教师的教案中，可以看到设定的某一课型的教学目标能够套用到不同单元，甚至是不同年级。有些目标宽泛、笼统，缺乏单元主题和课型特点的体现，如 to read for the main idea and detailed information of the passage。在阅读课的教学目标设计中看不到体现阅读课型的目标描述，如 to understand the text feature and the structure of the text。从教学目标看不出学生通过哪一种学习活动来理解文本的特征和结构。

3. 语言能力目标表述不当

语言能力目标的表述还存在行为动词使用不够精准的现象。如 to master the key words: rule，enter，loudly and mean，and the phrase: wait for，行为动词 master 体现不出掌握到什么程度，无法进行检测。又如 to learn some facts about dolphins，行为动词 learn 缺乏检测性，some facts 的用词不够具体，可以用 some facts，such as the looks，the habit 等进行细化表达。

问题分析

在设计语言能力目标之前，教师应先明确语言能力的内涵和类别，厘清语言能力和语言知识、语言技能之间的关联，正确理解语言能力目标并明确语言能力目标设计的依据。

一、语言能力

教师在开展语言能力目标设定之前，应先正确理解语言能力的定义。

1. 语言能力的定义

新版课程标准在课程目标中明确界定：语言能力指运用语言和非语言知识以及各种策略，参与特定情境下相关主题的语言活动时表现出来的语言理解能力和表达能力。它强调学生对语言和非语言知识以及策略的使用，强调学生的语言能力是在参与主题意义活动中的表现。

2. 语言能力的类别

依据课程标准，从内容上说，语言能力包含语言知识和语言技能；从方式上说，语言能力包含理解性技能和表达性技能。

（1）理解性技能

在不同的语言技能中，听、读和看属于理解性技能，是语言输入的过程。它要求学生在听、读和看的过程中，具备收集信息、提取信息和将信息与自己已有的相关语言知识进行关联的能力，并内化形成新的知识结构，实现对所听、所读和所看材料的理解。

（2）表达性技能

相对于理解性技能而言，说和写是表达性技能，是语言输出的过程。这一过程要求学生运用他们在特定主题上已储备的语言知识和结构，将新习得的语言内容融合形成新的认知，并通过口语或书面文字来表达自身的想法、观点和情感。

二、语言能力目标及其设计依据

教师在设计单元语言能力目标时，应依据新版课程标准语言能力总目标和学段目标，在认真梳理单元语篇中的语言知识和语言技能的基础上，将阶段目标分解到单元和课时，形成相应的语言能力目标。此外，在撰写目标时，也可参照布卢姆“教育目标分类学”相关理论，依据标准和对应的学习水平，选择适切的目标表述词进行描述。

1. 语言能力总目标、学段目标和单元目标

新版课程标准明确指出发展语言能力的总目标：“能够在感知、体验、积累和运用等语言实践活动中，认识英语与汉语的异同，逐步形成语言意识，积累语言经验，进行有意义的沟通与交流。”语言能力总目标又被细化到义务教育的三个不同学段。义务教育英语课程语言能力学段目标分布，如表 2–2–1 所示。

表 2–2–1　义务教育英语课程语言能力学段目标分布

	一级	二级	三级
语言能力	感知与积累	习得与构建	表达与交流

单元语言能力目标是对语言能力学段目标的分解，是具有明确与具体指向性且相互关联的近期目标。单元语言能力目标的确定应当在语言能力学段目标的引领下，依据课程内容六要素和教材的教学内容和课型等进行提炼，达到以单元语言能力目标为统领，组织语篇教学内容，规划系列教学活动，实施单元过程性评价，引导学生在学习过程中逐步建构对单元语言知识的认知并逐渐内化，运用语言技能，从而发展语言能力。

2. 语言能力目标要素分析

语言能力目标包括语言知识目标和语言技能目标。在分析目标要素时，教师需依据教材内容，在语音、词汇、语法、语篇和语用等知识层面，以及听、说、读、看、写等技能层面展开分析，进而提炼并明确各项要素。

3. 语言能力目标表述方法

语言能力目标的表述，应根据学生实际学习水平，采用动宾搭配的表述结构，动

词体现学习内容的学习水平，宾语体现学习内容。在表述时，教师可以通过添加情境、途径或程度等使语言能力目标具体化，更有操作性。

问题解决

在设计语言能力目标时，要遵照目标设计的基本路径。可从语言能力的角度开展语篇研读，整合单元中的学习内容，确定单元语言能力包含的具体内容，界定各项语言能力的学习水平，然后开展学情分析，设定并撰写语言能力目标，并关注目标的具体化、可操作性和可检测性。

一、设计语言能力目标的基本路径

教师在设计语言能力目标时，需要遵循一定的路径，如图 2-2-1 所示。

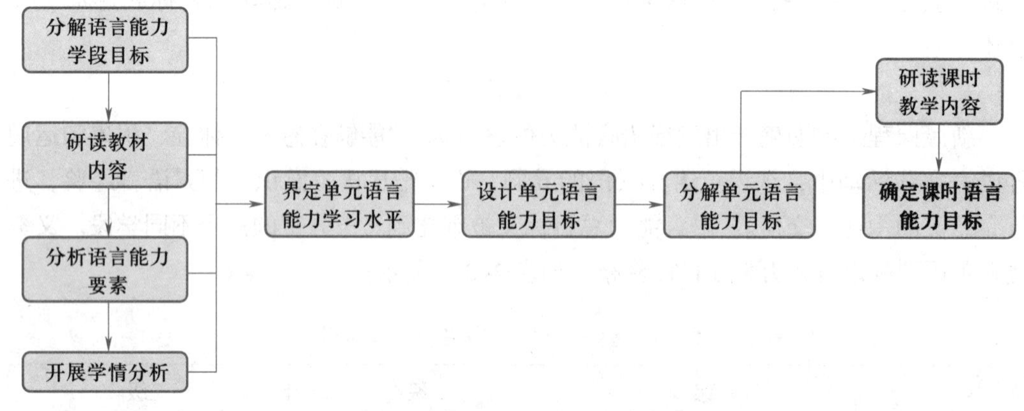

图 2-2-1 语言能力目标设计基本路径

1. 分解语言能力学段目标到不同年级

新版课程标准清楚界定了义务教育阶段不同学段的语言能力目标，呈现了语言能力学段目标三个方面的具体表现，给广大教师提供了具体的阶段标准。但是教师在备课时还不能直接运用其中的语言能力目标进行教学目标的表述。教师需要将语言能力学段目标分解到不同的年级、学期、模块、单元和课时。例如，对于三级（7~9 年级）语言能力目标，课程标准中的一条目标描述为“在书面表达中，能选用不同的句式结构和时态，描述和介绍身边的人、事物或事件，表达情感、态度、观点和意图等”。针对“能选用不同句式结构，描述和介绍身边的人、事物或事件”这条三级需要达到的目标，教师需要把它细化分解到不同的年级予以逐级落实。结合《英语（牛津上海版）》初中学段各册教材，教师可以采用下面一种分解方法，如表 2-2-2 所示。

表 2-2-2 句法教学目标分解[①]

年级	句法教学目标
6 年级	在书面表达中，能选用陈述句的肯定式和否定式、一般疑问句、特殊疑问句、祈使句、and/ but 连接的并列句、时间和原因条件状语从句的句式结构和时态，描述和介绍自己的家庭和朋友、地方和活动、食物和饮料、城市生活、变化和自然世界
7 年级	在书面表达中，能选用祈使句、选择疑问句、if 引导的条件状语从句、when 引导的时间状语从句、although 引导的让步状语从句的句式和时态，描述和介绍关系、居民区、饮食与健康、花园城市和它的邻居、未来和自然元素
8 年级	在书面表达中，能选用不同类型状语从句、反义疑问句、感叹句、and/so 连接的并列句和宾语从句，描述和介绍自己的生活、令人惊讶的事物、科幻小说、自然与环境、大众传媒和空闲时光
9 年级	在书面表达中，能选用直接引语和间接引语、条件状语从句的肯定式和否定式、目的状语从句，描述和介绍神话、传统和观点、电脑和人类、对战犯罪、环境与生态以及休闲与娱乐

2. 研读教材内容，分解年级语言能力目标到单元

教材研读是教师明确单元语言知识与技能的基础。基于教材研读，教师确定如何将年级语言能力目标分解到不同的单元，明晰在不同的单元教授学生什么语言知识和技能。依据 9 年级语言能力目标中“理解目的状语从句的意思和用法”，结合《英语（牛津上海版）》9 年级第二学期教材各单元内容，因该从句只在本册教材的第 1 单元和第 5 单元出现，故教师可以大致确定如下的单元语言能力目标：

（1）第 1 单元了解目的状语从句 ... so that ... 的意义和用法并能正确识别。

（2）第 5 单元归纳目的状语从句 ... so that ... 的基本用法。

3. 研读单元内容，开展语言能力要素分析

在确定单元语言能力目标之前，教师应先研读单元各语篇，明确各语篇承载的语言能力要素，即语言知识和语言技能。在研读基础上，分析学生在各项语言知识和语言技能上已具备的学习基础，为精准确定语言能力目标打好基础。教师在开展指向语言能力要素分析时，应聚焦语言知识和语言技能两大方面，以《英语（牛津上海版）》7 年级第二学期第 2 单元为例，进行指向语言能力要素的分析，如表 2-2-3 所示。

表 2-2-3 语言能力要素学情分析工具表

分析要素	学习起点	潜在学习困难
语言知识	语音：学生能识别陈述句、一般疑问句和特殊疑问句，知道朗读的基本语调	学生可能在运用正确的语调朗读对话方面有困难

① 参照《上海市初中英语学科教学基本要求：试验本》对各年级的句法教学要求。

续表

分析要素	学习起点	潜在学习困难
语言知识	词汇：本单元核心词汇基本为学生第一次接触，且较难	学生在正确朗读词汇，如 adventure，princess，prince，duration，diary 可能有较大困难
	词法：学生能识别不同的人称代词	学生在使用人称代词时，经常出现男女不分、主宾格不分的现象
	句法：学生在 7A 学习过 So... 和 Neither... 的用法	学生在使用该句式进行表达时，容易在助动词的正确使用上出错
	语篇：学生接触过非连续性文本——海报，从阅读海报中获取关于海报主题的信息	学生第一次接触电影海报，从海报中正确读取有关某部电影的上映影院、片长、场次等信息可能有困难
	功能意念：学生对“问路”和“指路”这一语言功能接触过，能进行问答	学生看着地图表达行走路线时，容易搞错拐弯方向，将左右混淆
	话题：学生首次接触本单元话题 Going to see a film，属于新授内容	学生对选择不同路线前往电影院的原因的多样化表达存在困难
语言技能	听：学生学习过有关指路时使用的祈使句 Turn...	学生对边听边在地图上标注路线的任务有畏难情绪
	说：学生学习过表示顺序的副词 :First、Next、Then 和 Finally	在看着地图表达路线时，学生常出现忘记使用顺序副词的现象
	读 / 看：学生首次接触对事实性信息与非事实性信息的获取和区分	学生可能不清楚如何区分获取信息或者区分时出错
	写：学生能用简单的句子，围绕特定主题进行描写，基本能正确使用标点符号	学生缺乏表达选择理由的词汇和句式
分析结果	就语言知识而言，学生首次接触本单元的主题，单元内与主题相关的核心词汇，以及语篇阅读中对事实性信息和非事实性信息的获取和区分，都属于新授内容。学生正确使用 So... 和 Neither... 句式，以及顺序副词 first、next 等的能力需要加强和巩固。 就语言技能而言，对地图的阅读，边听边看地图标注路线，以及依据地图路线进行表达，是单元技能训练的重点，也是学习难点所在	

4. 界定单元语言能力各要素的学习水平

在认真分析单元语言能力各要素的学习基础之后，教师依据课程标准和教材内容界定其学习水平，为确定教学目标服务。以《英语（牛津上海版）》7 年级第二学期第 2 单元 Going to see a film 为例，教师可在语言能力目标指引和综合分析学情之后，界定单元语言能力各要素的学习水平，如表 2-2-4 所示。

表 2-2-4　单元语言能力各要素的学习水平界定表①

	学习内容	学习水平
语言知识	1. 核心词汇、肯定句、祈使句、一般疑问句、特殊疑问句及语篇的正确朗读	A
	2. 正确运用人称代词	C
	3. 运用 So... 和 Neither... 引导的倒装句，表示“某人 / 物也这样”	C
	4. 识别并理解电影的种类	B
	5. 运用特殊疑问词 Which film...? How can I get to...? What...? How long...? 询问与主题相关的内容并进行回答	C
	6. 运用顺序副词 first、next、then、finally 指路	C
语言技能	1. 读懂与“电影”相关的对话，并能区分事实性信息和非事实性信息；读懂非连续性文本——电影海报和地图	B
	2. 听懂电话内容，并获取去电影院的路线	B
	3. 运用与“电影”相关的核心词汇和句式与同伴谈论想看电影的信息并确定一起观看的电影	C
	4. 参照地图，选择最近的路线并进行书面表达	C

5. 依据教学内容，分解单元语言能力到课时

单元语言能力各要素的学习水平的界定有利于单元语言能力目标的确定。在界定单元语言能力要素的学习水平之后，教师应根据单元内各课时教学内容，将其分配到不同的课时，形成课时语言能力学习水平。以《英语（牛津上海版）》7 年级第二学期第 2 单元第 1 课时 Reading: Choosing a film 为例，根据表 2-2-4 中的学习内容，以及教材中不同课时的内容，将其进行合理分解，如表 2-2-5 所示。

表 2-2-5　第一课时语言能力学习内容和学习水平

	学习内容	学习水平
语言知识	核心词汇 stupid、action、robber、hate、princess、prince、clown、adventure 的正确朗读；肯定句，祈使句 Let's...，一般疑问句 Shall we...? 和特殊疑问句 Which film...? What's...about? What about...? 的正确朗读；语篇 Choosing a film 的朗读	A
	运用特殊疑问词 Which film...? What about...? What's...about? 询问与主题相关的内容并回答	C
	运用 So... 和 Neither... 引导的倒装句，表示“某人 / 物也这样”	B
	识别电影的种类	A

① 本表参照《上海市初中英语学科教学基本要求：试验本》对学习内容的学习水平界定。

续表

	学习内容	学习水平
语言技能	读懂与“电影”相关的对话，并能区分事实性信息和非事实性信息	B
	运用与“电影”相关的核心词汇和句式与同伴谈论想看的电影	C

分解说明：从表 2–2–5 可以看出，语言知识和语言技能在本单元中都依据所学语篇细化。语言知识按照所学语篇按语音、词汇、语法等板块分解，而语言技能则着重培养识别事实和观点这一项阅读微技能。So... 和 Neither... 引导的倒装句在本单元中只出现在第 1 课时和第 2 课时，教师可以设计如下语言能力目标，体现同一语言知识和技能在不同的课时具有连贯性和递进性。

（1）第 1 课时，了解用 So... 和 Neither... 句式表达对电影种类的喜好。学习水平为 A。

（2）第 2 课时，正确选用 So... 和 Neither... 句式表达对电影种类的喜好。学习水平为 B。

二、设计语言能力目标的策略

在将语言能力目标分解细化成学段、年级、单元和课时之后，教师开始设计课时语言能力目标。在设计这些目标时，教师可以遵循以下路径：阅读语篇—分析学情—设定目标。

1. 如何开展指向语言能力的语篇研读

开展语篇研读是教学设计的起点，也是教学目标设定的前提和基础。在设定语言能力目标时，同样需要开展语篇研读，但是需要教师聚焦语篇中的语言能力。那么，如何开展指向语言能力的语篇研读，从而精准设计语言能力目标呢？新版课程标准在课程实施的教学建议部分明确指出，教师在研读语篇时要聚焦思考和回答三个基本问题：What 的问题指语篇的主题和内容是什么；Why 的问题指语篇传递的意义；How 的问题指语篇的文体特征、结构和语言特点。除此之外，教师还要思考借助这样的语篇“教什么”“为什么教”“怎样教”三个问题。

【案例 1】指向语言能力的语篇研读

教学材料：《英语（牛津上海版）》9 年级第一学期第 7 单元 Escaping from kidnappers reading：comic strips①

（一）语篇研读

What：语篇主题为“人与自我”中的“做人与做事”以及“历史、文化与社会”，语篇内容为连环画，主要讲述连环画的创建步骤及制作过程。教师借助语篇引导学生了解连环画的特征，知道如何使连环画更具可读性，并运用连环画的绘制准则对简单

① 案例提供：上海市亭新中学，夏烨。

的作品进行优化。

Why：作者通过一则关于绑架案的连环画，使得读者知晓连环画的制作过程以及制作要点，并通过这则连环画引导学生树立在困难或危险面前勇敢面对的勇气和自我保护的安全意识。教师结合实际生活中的反诈案例，创设真实的语境，引导学生增强保护财产安全的意识，充分体现现实意义和教育意义。

How：本课时语篇为多模态语篇，文本结构为连贯式；语言特点为语句简短且口语化、生动、多拟声词。全文分两大部分：第一部分主要介绍连环画的创建；第二部分主要介绍了连环画的绘制。教师则引导学生通过对现有简单海报的优化来检测学生对语篇理解和教学目标的达成。

（二）提炼语言能力要素

语言知识：与主题“连环画”相关的核心词汇的理解和朗读；介绍连环画创建和绘制的步骤。

语言技能：多模态语篇的阅读，文本结构的概括，语言特点的归纳。

【案例分析】在本案例中，教师在研读语篇时，依据课程标准对研读语篇的教学建议，从What、Why、How入手，对语篇的主题、内容、文本结构、语言特点等进行解读。此外，教师还从What、Why、How的另一个角度进行研读，即用教材“教什么”“为什么教”“怎么教”。通过研读，教师明确语篇承载的发展语言能力，提升思维品质，增强文化意识和培养学习能力的重要作用。

2. 如何开展指向语言能力的学情分析

教师在开展指向语言能力的语篇研读之后，需要从语言能力要素的角度进行学情分析，明确学生已掌握的与本语篇相关的语言能力基础，并预测学生在学习过程中可能会遇到的困难。

【案例2】

教学材料：《英语（人教版）》9年级全一册第4单元 I used to be afraid of the dark 听说课

可以从课时学习内容、学习起点和潜在学习困难三个方面进行学情分析（表2-2-6）。

表2-2-6　听说课语言能力学情分析

	课时学习内容	学习起点	潜在学习困难
语言知识	语音：用正确的升、降调朗读句子和对话	9年级学生已经会用正确的语调朗读不同的句式	无
	词汇：核心词汇 humorous，silent，helpful，score，from time to time	学生在8年级下册第5单元内学习过单词 silence	对词汇 humorous 的正确朗读和拼写；对词汇 from time to time 的正确理解
	语法：后缀 -ful；used to... I didn't use to be... You used to...，didn't you? Did...use to...?	学生在8年级下册学习过后缀 -ful，也学习过短语 be used to	学生容易将 used to be used to 混淆起来

续表

	课时学习内容	学习起点	潜在学习困难
语言知识	语篇 1：Bob 的朋友过去的样子；语篇 2：Paula 的变化；语篇 3：Gina 和 Alfred 谈论小学同学 Billy 的变化	学生在 7 年级和 8 年级学习过描写一个人特点的语篇	用 used to 及其一般疑问句、反义疑问句来交流
	语用：谈论你过去的样子	学生具有询问一个人外貌和个性特点的语言基础	学生可能在正确运用 used to 描述一个人曾经的样子和特点上有困难
语言技能	听：听懂对话，获取对话的主旨以及关于人物外貌和个性特点的细节信息	学生对一些描写一个人外貌的形容词比较熟悉	在听的过程中，学生可能无法通过听，正确地概括语篇主旨
	说：运用与主题相关的课时核心词汇和句子谈论一个人的变化	学生会用与主题相关的形容词、表达兴趣的词汇进行简单地表达	学生在运用与 used to 相关的不同的句式进行谈论可能存在困难

3. 如何正确表述语言能力目标

正确表述语言能力目标是不少教师感到头疼的事，教师经常找不到适当的词精准表述目标，且表述的结构也不统一。在表述教学目标时，教师可以参考表 2-2-7 中的不同学习水平的动词，并采用动宾结构，可适当添加条件或情境以及程度进行表述。

表 2-2-7　对应学习水平目标动词

学习水平	常用动词
记忆（remembering）	recognize（识别），know（知晓），list（罗列），mark（标记），search（检索），locate（定位信息），record（记录）等
理解（understanding）	classify（分类），compare（比较），conclude（归纳），describe（描述），explain（解释），illustrate（说明），understand（理解），infer（推断），identify（辨别）等
应用（applying）	use（使用），accomplish（完成），apply（应用），revise（调整），carry out（实施）等
分析（analyzing）	distinguish（区分），link（建立关联），restructure（重组），outline（概述），compare（比较），organize（组织），deconstruct（解构）等
评价（evaluating）	check（检查），criticize（评判），comment（评论），judge（判断），publish（发表），appreciate（赏析）等
创造（creating）	create（创作），plan（计划），produce（制作），solve（处理），present（展示）等

【案例3】听说课语言能力目标的设计

教学材料：《英语（人教版）》9年级全一册第4单元I used to be afraid of the dark的第1课时听说课

By the end of the class, students are expected to...

1. record the detailed information about appearance and personality through listening;

2. identify the main idea of the dialogue through listening;

3. create a new dialogue on one's changes by using the core words and structures.

【案例分析】在本案例中，教师设计了两个听力目标和一个口头表达目标，三个目标相互关联，层层递进。第一层次A水平听力目标，即在听力活动中记录与人物外貌和个性特点相关的词汇作为听中完成的学习活动，达成相关主题下词汇学习的目标；第二层次B水平听力目标，要求学生听懂语篇，获取主旨，培养学生的听、获取信息并进行概括的能力；第三层次包含C水平和F水平，要求学生运用本课时中的核心词汇和结构创编对话，核心词汇和结构的运用属于C水平，而创编对话属于F水平。

教学建议

语言能力目标设定之后，教师需要设计一系列体现课型特点的教学活动来落实目标的达成。

第一，基于目标设计有效的教学活动。

在初中阶段英语教学中，最常见的课型为阅读课、听说课和写作课。在新课标颁布之后，建议教师从“学习活动观”出发，设计三个阶段的教学活动。教师在设计教学活动时，可以从教学目标出发，通过活动的开展，有效达成教学目标。

学习活动观指引下的阅读教学活动设计案例

例如，基于目标设计阅读教学活动。阅读课教学活动通常有读前、读中和读后三个环节，也可以从学习理解、应用实践和迁移创新三个阶段着手。

又如，基于目标设计听说教学活动。与阅读课相似，听说课一般也有三个环节，即听前、听中和听后，但是由于课型的不同，教师在设计和撰写教学目标、设计教学活动时，应充分考虑听说课的课型特点。

第二，通过评价活动促进和检测教学目标的达成。

基于目标的听说教学活动设计案例

新版课程标准明确要求教师推动“教—学—评”一体化设计与实施。教师要充分发挥评价监控教学、激励教学和促进教学的作用，将评价融入教与学的全过程，通过观察、提问、追问等方式，收集学生的学习实况，诊断学生在学习过程中遇到的问题，及时调整教学策略，帮助学生达成预设的目标。由此可见，评价活动，尤其是课堂评价，在教学目标达成的过程中举足轻重。教师设计的评价活动可以促进教学目标的达成，这样的

通过评价活动促进并检测教学目标的达成案例

评价活动可以是单个的，也可以是系列的。教师设计的评价活动还可以检测教学目标的达成。

语言能力目标的设计是教师在教学中必须面对的任务。在开展这项任务时，教师需要遵循基本的设计路径，实施“教—学—评”一体化设计。基于不同的课型，教师需要以“学习活动观”为指导，设计循序渐进的教学活动，以确保语言能力目标的达成。

关键问题 2-2 解决方案实践分享

关键问题 2-3 如何设计思维品质目标？

问题提出

新版课程标准将思维品质列入英语课程要培养的学生核心素养，并明确了思维品质提升的总目标和学段目标。但从教学设计来看，教师设计思维品质目标的能力还有待提高。

一、课程标准的要求

新版课程标准指出思维品质是“人的思维个性特征，反映学生在理解、分析、比较、推断、批判、评价、创造等方面的层次和水平。思维品质的提升有助于学生学会发现问题、分析问题和解决问题，对事物作出正确的价值判断”。教师在设计单元教学目标和课时目标时，要重视思维品质目标的设计，逐步培养和发展学生的思维品质，使学生增强英语语言能力、提高自主学习的能力并形成跨文化意识，最终提升学生的核心素养。

二、教学现状

研究表明，当前教学对学生思维的培养和落实是远远不够的。课堂上部分教师轻视知识的自主构建和迁移；教学活动看似形式丰富，但大多是获取基本信息等理解性活动，鲜少涉及推断、评价或解决问题的活动，缺乏对批判、创造等思维品质的培养。

教学活动应紧紧围绕教学目标展开，为达成目标服务。造成以上情况的主要原因便是本该落实到每节课的思维品质目标存在问题。

1. 缺乏对思维品质目标的设计

缺乏思维品质目标的设计是较为普遍的问题，主要表现为：有些教师对语篇的分析不到位，不会利用教材设计和开展培养学生思维品质的活动；有些教师认为语言积累不够就无法用英语进行思维活动，因此把目标更多地集中在语言知识和语言技能的学习上，从而忽略了思维品质目标的设定。

2. 思维品质目标的设计不合理

思维品质课时目标的不合理主要表现在：一是缺乏年级特征，如 6~8 年级的教材中均有涉及“旅游”话题的学习内容，且都围绕旅游景点和旅游计划展开，而思维品质目标均为“归纳旅游景点的特点；制订并交流个人旅游计划”，没有体现学习水平的差异性；二是与语篇内容及学情不符。例如，“归纳中西传统文化差异并作评价”目标无法在一节课内达成，需要分解到几个课时中去。此外，不少教师设计的思维品质目标集中在“了解关于……的情况”“获取……的基本信息”等，思维层次偏低的目标虽然容易达成，却不利于学生逐步发展高阶思维。

3. 思维品质目标的表述不准确

思维品质目标的表述方面存在行为动词使用不具体、不准确等问题。例如，“理解语篇内信息的逻辑关系和作者的情感态度”中的“理解”过于笼统和抽象。

那么，教师应如何设计培养学生思维品质的目标呢？

问题分析

在设计思维品质目标之前，应先明确其内涵，了解思维品质各级目标之间的关联，梳理思维品质目标设计的依据。

一、思维品质目标的内涵

新版课程标准明确了思维品质培养的总目标和学段目标。

1. 思维品质总目标

新版课程标准指出：“学生应通过英语课程的学习，提升思维品质：能够在语言学习中发展思维，在思维发展中推进语言学习；初步从多角度观察和认识世界、看待事物、有理有据、有条理地表达观点；逐步发展逻辑思维、辩证思维和创新思维，使思维体现一定的敏捷性、灵活性、创造性、批判性和深刻性。”

总目标中“有理有据、有条理地表达观点”直指逻辑思维，即对事物进行观察、比较、分析、综合、抽象、概括、判断、推理的能力，能采用科学的逻辑方法，准确而有条理地表达自己思维过程的能力；“初步从多角度观察和认识世界”强调辩证思维，即用发展和全面的观点看待事物和思考问题。教师要培养学生一分为二看问题的能力，而摒弃单一、片面的观点，看待事物不能简单肯定一切或否定一切；创新思维有助于培养思维的“灵活性和创造性”，是指人们在实践过程中超越陈规，有所发现和发明的思维。创造性思维需要以实践为基础，在继承前人已有成果的基础上实现破旧立新。

2. 思维品质学段目标

思维品质学段目标从“观察与辨析、归纳与推断、批判与创新”三个维度具体阐述了各学段学生学习英语课程应达到的学业成就。纵向来看，三个维度的描述由易到难逐级递升，依次体现了信息输入与理解、信息加工与处理、信息整合与输出的整个过程。横向来看，各学段目标之间具有连续性、顺序性和进阶性，符合学生的认知规律。[①]

学段目标要求处处体现逻辑思维、辩证思维和创新思维，如“辨识信息之间的相

① 梅德明，王蔷．义务教育英语课程标准（2022 年版）解读 [M]. 北京：北京师范大学出版社，2022：65.

关性”“判断各种信息的异同和关联”“根据语篇推断人物的心理、行为动机等”等属于逻辑思维的培养要求，提出了“归纳推理”“类比推理”“判断”等方法；“能多角度、辩证地看待问题和分析问题”“从不同角度解读语篇……”“针对语篇内容和观点进行合理质疑”“依据不同信息……”等强调辩证思维的整体性和全面性；“根据语篇内容等进行改编或创编”对应创新思维。

3. 思维品质课时目标

思维品质的培养应体现并落实在课时目标中。它指导和提升思维的教学活动，是实现单元目标、学段目标和课程总目标的基础，是有效实施课堂教学的基本保证。

二、思维品质目标设计的依据

教师在设计思维品质目标时，应依据新版课程标准的思维品质总目标和学段目标。此外，教师还应分析教学内容和学生学情，以便更好地设计出符合实际情况的思维品质目标。

1. 思维品质总目标和学段目标

新版课程标准规定了教育目标、教育内容和教学基本要求，体现国家意志，在立德树人中发挥着关键作用。教师在设计思维品质目标时，应以其中陈述的思维品质总目标和学段目标作为基本依据。

2. 教学内容

教学目标应与教学内容相匹配，通过有组织、有步骤、有策略的教学安排和实施，帮助学生达到预期的学习效果。

对教材中教学内容的不同解读会产生截然不同的教学目标。教师在设计目标前应深入开展语篇研读，围绕课程内容六要素展开，确定单元和课时的教学内容。此外，教师要多角度分析语篇传递的意义，深入挖掘语篇内涵和育人价值，充分认识语篇在促进思维发展方面的重要作用。

3. 结合教学内容的学情分析

学情分析是教学目标设定的基础。学生作为学习的主体，他们心智发育的差异直接影响学习效果。因此，教师在设计教学目标时需要分析学情，包括学生已有的知识储备和能力水平及其思维品质发展的情况，从而确定学生当前所处的最近发展区，并根据学情分析及时调整教学目标。

问题解决

一、思维品质目标设计的基本路径

思维品质目标要落实到每一课时。教师可遵循先分解学段目标，形成单元目标，再开展语篇研读和学情分析，最后确定课时目标的基本路径。

1. 分解学段目标[①]

教师应依照学段目标，结合课程内容六要素的要求、教材内容、学生认知程度等分解学段目标，形成符合学生年龄特点、年级特征的阶段性（年级或学期）目标。分解学段目标要依据学习水平，年级（学期）、单元、课时目标的学习水平通常低于或等于学段目标的学习水平。

2. 开展语篇研读

语篇研读是设计教学目标的前提。教师要深入研读语篇的主题和主要内容，在设计目标时特别要关注语篇类型、语篇知识、语用知识等，挖掘语篇背后传递的态度和价值观念，为促进思维奠定基础。

3. 开展学情分析

从“主题”“语篇”“语言知识”“语言技能”等方面开展学情分析，了解学生在思维品质方面的学习起点，分析学生在学习中会遇到的潜在问题。

4. 确定课时目标

教师要基于分解的阶段性目标、语篇研读结果和基于教学内容的学情分析，确定思维品质课时目标。注意目标的具体表述，同时也要体现核心素养之间的相互融合。

二、设计思维品质目标的策略

教师依据上述基本路径，先分解学段目标至单元目标；然后开展语篇研读，整合语言知识和语言技能，充分挖掘教材的留白，根据不同的课型转换视角设计目标；在进行学情分析时，应了解学生在思维品质方面的困难，并以此为依据，细化目标的表述。

1. 如何分解学段目标，确定思维品质单元目标？

（1）整合单元教学内容，形成思维品质单元目标

思维品质单元目标不是照搬思维品质总目标或学段目标，而是分解、细化年级、学期目标。教师要整合单元教学内容，关注各要素之间的关联性，即主题、语篇、语言知识、文化知识、语言技能等之间的关系，找到与思维品质要求的最佳结合点，形成思维品质单元目标。

具体整合的方式可以是主题和语篇与思维品质的整合，如“树立健康的生活方式观，辩证地评价自己的生活方式，能够根据现状调整自己的生活方式”；也可以是语言知识和语言技能及思维品质的整合，如“在学校情景中，运用一般过去时口头概括校园开放日的基本信息，如时间、地点和活动等”。

要注意的是，语言与思维的关系非常密切、无法分割，且语言学习与思维培养可

---

① 分解学段目标的方法详见本书关键问题 2-1。

以相互促进。① 语言是思维的外显，思维发展进一步促进语言学习，因此思维品质目标的设定和表述和语言能力目标相融合。

（2）分析学情和重难点，确定思维品质单元目标

教师要关注学生是否拥有相关背景知识，是否已接触过该单元的主要语篇类型，是否初步了解语篇文本特征等。教学重点是指教学中的重点内容，是最基本、最重要的知识和技能。分析难点是指在学情的基础上，预设学生在思维方面可能遇到的学习困难，例如能否准确区别事实和观点，能否多角度、全面地分析某个话题等。基于学情分析和重难点，教师可以确定思维品质单元目标。

【案例 1】分解学段目标，确定思维品质单元目标 ②

教学材料：《英语（牛津上海版）》6 年级第二学期第二单元 At the airport

整合单元教学内容如表 2-3-1 所示。

表 2-3-1　整合单元教学内容

语言知识	语言技能				单元具体要求	学习水平
	听	说	读	写		
语音		语调			能根据语调推断说话人的态度	B
词汇	与话题相关的一些词汇如 passport，a name tag，boarding card，suitcase，address				识记有关出境旅游活动准备顺序的相关词汇	A
语法	介词 in, for, at 表示时间和地点		现在完成时		1. 理解表示时间、地点的介词用法 2. 在语境中正确使用现在完成时，理解其意义	C
语篇	A flight trip（含有机票图、机场标志和对话的多模态语篇）		A trip to Los Angeles（记叙文）	A checklist	通过读和听，获取语篇关键信息，口头确认时间安排，把握事件活动顺序	B
语用		询问与提议			在相关情境中对时间安排进行询问和表达	C

（一）学情分析

本单元的话题是旅游，主题涉及“时间管理”“规则意识”“生活中的问题和解决

① 程晓堂 . 改什么？如何教？怎样考？高中英语新课标解析 [M]. 北京：外语教学与研究出版社，2022：156.

② 案例提供：上海市西延安中学，高昕。

方式”等。本班学生大部分有随父母去机场登机的经历，但他们并不清楚登机前需要了解哪些信息，对图片和表格的观察不够仔细，缺乏问题意识。在考虑和描述需要准备的旅游物品或撰写检查清单时，存在遗漏和不全面的问题。

（二）思维品质单元目标

1. 在教师引导下，观察和分析图片信息，对图片中不合理的地方能较完整地提出疑问，建立问题意识。

2. 基于语篇，合理推断对话中人物的情感态度。

3. 准确概括旅游前的准备步骤，用现在完成时围绕“确认准备事宜”的对话进行简单的续编。

【案例分析】本单元属于“人与社会”和“人与自我”范畴，包含“做人与做事”和“社会服务与人际沟通”主题群。语篇内容由讨论行李准备的阅读材料，讨论出行时间安排和机场送机事宜等听力材料组成。具体学习要求是培养听读对话时获取语篇中的关键信息（如机票上关于航班的信息、机场标志的含义等）的能力和对会话内容展开准确提问和应答的能力。教师在整合单元教学内容后，基于学情分析，找到最佳结合点，设计思维品质单元目标“准确概括旅游前的准备步骤，用现在完成时围绕“确认准备事宜”的对话进行简单的续编”，整合了主题、语言知识、语言技能和思维品质目标要求。

2. 如何开展语篇研读，形成思维品质课时目标？

（1）整合语言知识和语言技能

思维品质和语言知识密不可分，两者相互促进。教师可以把语言知识、语言技能和思维品质目标整合一起，使语言知识落实在听、说、读、写、看等活动中，促进学生思维品质的发展。要注意的是，思维品质课时目标可以在单元目标的基础上进一步细化，根据教学内容添加实现条件。表 2-3-2 和表 2-3-3 呈现的是思维品质分别与语言知识、语言技能的整合示例。

表 2-3-2 思维品质与语言知识整合示例

思维品质	语言知识	示例
归纳与推断	语音知识	根据听力中主人公的语调和节奏变化，推测他在遭遇这件事情后态度的转变
批判与创新	语用知识	在交际情境中，对他人的要求或建议提出反对意见，并有理有据地说明原因
观察与辨析	语篇知识	根据语篇类型分析议论文的特点，分辨事实与观点
批判与创新	语法知识	展开想象，使用一般将来时生动形象地口头描绘未来的学校生活

表 2-3-3 思维品质与语言技能整合示例

思维品质	语言技能	示例
归纳与推断	听	能提取并概括采访中游客喜欢上海的内容和原因
批判与创新	说	运用 Shall we... 等句型，与同伴角色扮演打电话，谈论健康、多样化的班级野餐计划
归纳与推断	读	把握百科全书类说明文的基本结构和信息，会根据需要查阅百科全书，并从中获取信息
批判与创新	写	写旅游明信片，侧重介绍旅游景点的亮点和自己的感受

（2）在不同课型中转换不同视角

针对不同的课型，设计策略也不同。以下依据“观察与辨析”“归纳与推断”“批判与创新”三个维度，探讨阅读课、听说课和写作课的设计视角。

① 阅读课的思维目标设计视角

在阅读课上，学生巩固和提升阅读技能，在读的过程中发展思维品质。教师在设计阅读课的思维品质目标时，可以从以下三个视角考虑。

一是辨析语篇结构。语篇是通过多种形式表达意义的语言单位，虽然语篇有不同的类型，但通常有相应的逻辑结构，如段落之间的逻辑关系、段落中句间的逻辑关系、主题句和过渡句的位置关系等。教师要帮助学生在阅读时观察和辨识语篇中的衔接手段，如代词、连词等实现的指代、连接等衔接关系；判断段落间、句子间的逻辑关系；把握不同类型语篇的特定结构、文体特征和表达方式。例如，《英语（牛津上海版）》8 年级第一学期第 4 单元 Numbers: Everyone's language 语篇类型为说明文，阅读课第 2 课时思维品质目标设定为：

1. 通过阅读，判断文章说明对象，辨别作者所使用的说明方法。
2. 识别段落主题句，判断作者所用的细节支撑类型。
3. 进一步探讨各段落与标题的适配度，完善主题信息。

二是基于文本推断和评价作者的写作意图。教师需要分析语篇类型和写作意图之间的关系。一般来说，记叙文通过写人、叙事等表达个人的观点、认识或思想情感；说明文是客观地介绍、解释事物，使读者获得知识和信息；议论文则侧重于说理论证和分析来表达作者的观点，以影响读者的想法和行为。在教师引导下，学生通过提取和分析语篇的关键信息，推测出作者的写作意图，更好地把握语篇的主题，并在此基础上对其开展评价，以促进学生的高阶思维发展。例如《英语（牛津上海版）》9 年级第一学期第 3 单元 Reading: Head to head 是一篇议论文，从正反两面阐述是否要饲养宠物的个人观点。教师从评价作者写作意图的视角设计目标：“就作者是否用论据有力地证明了各个分论点开展评价；为某个分论点增添论据。”

三是合理质疑语篇内容并说明理由。思维品质总目标中明确“能针对语篇的内容或观点进行合理质疑”。如何体现合理性，学生需要进一步说明理由。例如《英语（牛津上海版）》9年级第二学期第2单元 Life in the future 中 More Practice: The great wave of 2040 讲述了主人公 Calvin 的一个梦，梦境里有诸多离奇的部分：遭遇洪水时，儿子用发邮件的方式向父亲呼救，而父亲回复的信件显得无动于衷；面对 Calvin 的呼喊，人们依然毫不在意地坐在电脑前……基于语篇，教师可以先隐去“主人公作了一个梦”的信息，设计“针对故事情节提出质疑并阐述理由”的思维品质目标。

② 听说课的思维目标设计视角

英语听说教学不能仅局限于听说技能的培养，更要把学生思维品质的发展考虑其中，落实到位。听说课的思维目标可从以下三个视角考虑。

第一，从听的视角设计，即在语境中合理推断人物情感。推断能力既是语言运用能力的体现，也是思维品质的重要组成部分。在听力材料中，人物往往通过语音语调和不同语气来表明态度，用特定词汇和句型表达个人观点和意图。教师在研读蕴含丰富的人物情感的对话时，要鼓励学生在听的活动中感知、体验人物的语音语调，分析和推断人物的观点态度。例如《英语（北师大版）》9年级全一册第5单元 Lesson14 The Dark Room 是一个戏剧文本，人物在表达对自我判断的肯定时，运用“It's obviously... It's quite clearly...”；在表达对他人的否定时，运用“Don't listen to them. They are both wrong. Those men can't be trusted. It's not the way they say at all”。这些表达对传递人物的情感态度起到了重要作用，暴露其傲慢、不虚心听取他人观点的问题，课时目标设计为：“听对话，推断该官员的语气所表达的观点和态度，并从中分析该官员的问题，提出解决办法。”

第二，从说的视角设计，即有理有据地表达观点。思维的外显就是能有逻辑地表达，且言之有物。学生在教师的引导下，辨别观点和事实后能逐步用相关事实去支撑观点。《英语（牛津上海版）》7年级第一学期第6单元 Different Places 的听力文本比较了市中心和郊区的环境、生活，思维品质目标设计为：“辨别文本中隐含的逻辑关系——用事实支撑观点；说说自己更愿意居住在市区还是郊区并说明理由。”

第三，从学以致用的视角设计，在创设情境中解决问题。基于主题情境的听说整合教学是有效开展听说教学的重要方式，引导学生用语言知识与技能、思想理念“做事情”是激活思维的有效途径。教师在创设情境时要注重联系学生的现实生活。例如《英语（外研版）》8年级上册第10模块 The weather 第1单元 It might snow 的语言知识目标是学生能用英语描述天气，并学会用 probably、may、might 等表示推测的情态动词来预测天气。思维品质目标设计为：“学生根据天气情况及小组各成员的喜好，描述当地的周末天气，选择合适的周末活动并说明原因。”此案例中，天气描述是学生的真实生活体验，周末活动安排是学生的真实需求。在充满生活气息的情境中，学生积极主动地迁移运用所学内容，促进了逻辑思维的发展。

③ 写作课的思维目标设计视角

写作水平最能客观反映学生的语言能力和思维品质。在写作课中，结合语篇进行读写融合教学是一种有效的方法之一。通过阅读他人的写作内容、解构语篇结构并提炼框架，可以加深对话题的认识，最终将所学内容迁移运用到写作中，以提升写作内容和结构的逻辑性。教师可以从这个视角出发，设计写作课的思维目标。

此外，写作课也要考虑激发学生的想象力，培养创新思维，特别是和“未来”“科幻小说”等主题相遇时，教师可以从个性化改编、创编文本的视角设计思维目标。例如《英语（牛津上海版）》8 年级第一学期第 6 单元、第 7 单元 Nobody wins 这一科幻故事，情节跌宕起伏，结尾处给读者留下了遐想和创作的空间；《英语（牛津上海版）》8 年级第一学期第 4 单元 Encyclopedia 中 Writing: A short story competition 引导学生掌握看图写话的基本思路，使用适当的时态完成故事的撰写，把握记叙文写作的基本要素。思维品质目标设计为：“依托图片开展想象，为文章撰写合乎情理的结尾。”

【案例 2】读写融合，提升写作内容和结构的逻辑性[①]

教学材料：《英语（人教版）》8 年级上册第 6 单元 I am going to study computer science 中阅读部分 New Year's resolutions

思维品质课时目标：通过梳理语篇结构，分析文中段落间和句子间的逻辑关系以及推断作者写作意图，进而对新年决心的意义形成自己的判断，起草并根据评价表修改自己的新年决心。

【案例分析】教材语篇是一篇结构清晰、逻辑缜密的说明文。教师通过读写结合的方式，引导学生感知说明文中下定义、分类别、举例子的说明方法，理解篇章结构，尤其关注段际、句际的逻辑关系，培养学生的逻辑思维；在读的过程中，引导学生辨析和归纳出 resolution 和 promise 之间的差异，总结人们很难实现新年决心的原因；引导学生评价语篇中作者引用别人的观点，辩证地看待“立新年决心”这一做法，即实现新年决心和制订一个可行的计划同样重要，为达成写作目的做铺垫。学生起草初稿后，重新审视自己写作中新年决心和实施计划之间的逻辑性，在交流和分享中评价自己和他人的新年决心是否紧紧围绕“切实可行”这一点展开，参考评价表完成修改。

（3）利用语篇“留白”

“留白”指教材内容留有“空间”或“余地”，是教材的基本特点之一，也是激活学生思维重要的抓手。文本特征类型的“留白”是其中一种，且不同类型的语篇在挖掘和处理留白时有不一样的着力点[②]：对话类语篇，要重点关注对话的文本特征、语境和内容；叙事类文本，要重点关注故事背景、故事细节以及结局；说明文，要关注结构和内容。教师要善于发现教材的留白，并对此合理把握，从而设计思维品质目标。例如《英语（牛津上海版）》9 年级第一学期第 6 单元 Detectives 中 Reading：Protecting the innocent 是一篇采访类语篇，而它缺乏开头和结尾。针对此留白，思维品质目标设计为：“通过合作，续写语篇的开头和结尾。”

【案例 3】利用语篇“留白”，设计思维品质课时目标

教学材料：《英语（牛津上海版）》9 年级第一学期第 6 单元的 More practice: An

① 案例提供：上海市世外中学，杨嘉华。

② 选自上海市青浦区崧泽学校刘洁老师的专题发言。

extract from the further adventures of Sherlock Holmes

思维品质课时目标：学生在细读的过程中，用圈画等方式提取关键信息，用思维导图判断各线索的关联；依据文本内容合理推断，提出质疑；续写案例后续调查，补充故事结尾。

【案例分析】教材语篇主要围绕将军之子 Adair 离奇死亡的案件，以华生的视角描述了调查中的相关发现和线索。文本仅介绍了案件本身已有的部分线索，没有呈现完整的探案过程，给读者留下了悬念和想象的空间。教师可利用这处语篇“留白”，设计思维品质目标，通过引导学生依据线索展开推断以培养学生的逻辑思维；通过引导学生全面分析线索，考虑各种情况，提出质疑，不急于下结论，来培养学生的辩证思维；通过鼓励学生续写结尾，激发他们的创新思维。

3. 如何基于学情分析，细化思维品质课时目标？

学情分析是确定教学目标的步骤之一。教师应了解学生思维品质发展的大致水平和个体差异性，着重分析学生可能会遇到的潜在问题，并以此为依据，参照学习水平，细化思维品质课时目标的表述。

（1）分析学情

教师基于主题、语篇、语言知识和语言技能等方面对课时内容进行分析，思考学生在用语言外显思维时可能会存在哪些困难，分析造成这些困难的原因，是由于语言自身产生的学习困难[①]，是缺乏背景知识所引发的学习困难，还是课堂语言输出活动方面的困难。

（2）参照学习水平

按照布鲁姆教育目标的分类，可以将学生的学习水平分为六个层次，这为目标细化提供了基本依据。在目标细化的过程中，应当依据学习水平，将上位概念分解到下位，体现学习水平的递进（如目标水平为 C，则可以分解到 A、B、C）。

（3）表述具体的目标

行为动词需要清晰而明确地描述学生能达到的具体行为。要避免使用“理解”和“掌握”等笼统的动词，应使用“归纳、辨识、对比、提炼”等动词描述。在描述课时目标时，可运用不同水平的行为动词（如表 2–3–4），体现出学习内容的学习水平。

表 2–3–4　思维品质目标行为动词举例

学习水平	思维品质目标行为动词示例
记忆（A）	提取、观察、认识、发现、识别……
理解（B）	归纳、辨识、对比、分类……
应用（C）	使用 / 运用、表达、概括……
分析（D）	提炼、比较、概述、判断、推断……

① 张金秀．中学英语教学设计中的学情分析探析 [J]. 中小学外语教学（中学篇），2013（9）：8–12.

续表

学习水平	思维品质目标行动动词示例
评价（E）	质疑、阐释、批断、评价、辩证地看待、说明理由……
创造（F）	交流、改编、续编、创编……

教师还可运用介宾短语表述行为条件，一般放在目标表述的前面，如“通过小组讨论……”“根据写作自评表……”等。程度副词经常被用于行为动词之前，主要回答“做得怎么样”的问题，如“辩证地看待……”“准确提取关键信息”“简要评价……”等。

【案例 4】基于学情分析，表述思维品质目标

教学材料：《英语（牛津上海版）》8 年级第一学期第 2 单元 More practice：Sandy's blog: A day in my life

课时学情分析如表 2-3-5 所示。

表 2-3-5 课时学情分析

维度	学习起点	潜在困难
主题	学生在 8 年级第一学期第 2 单元前几课时不断加深“要平衡学习、工作和休息、娱乐两方面”的观念	学生难以用“劳逸结合”的观念辩证地审视和评价他人的生活（两面性），学生容易得出 Sandy 生活“艰苦”“繁忙”等单一的结论，不能一分为二地看待问题，给出“辛苦却乐在其中”的评价
语篇	学生在 8 年级第一学期第 1 单元 Anna's blog 学习过新媒体语篇（博客）；八年级第一学期第 2 单元 A day in the life of... Whizz-kid Wendy 学过按照时间顺序描述一日生活的记叙文	学生对马戏团和杂技演员的生活缺乏背景知识，不了解他们的行程安排或工作细节等
语言知识	6 年级第一学期学过一般现在时的形式、意义和用法，频率副词和时间状语	学生在阅读时由于生词对上下文的理解造成一定障碍，如 acrobat、stilt、unicycle、costume、circus 等；可能会在给主人公提建议时存在表达方面的困难
语言技能	学生能使用一定的阅读策略，如借助表格、时间轴等可视化工具，获取并梳理人物活动安排的细节信息；用一般现在时描述自己的相关生活	学生在表达个人观点时可能存在观点和理由不匹配、缺乏逻辑性、语法错误等较多的问题

思维品质目标：在教师的引导下，基于文本事实，推断 Sandy 身上所具备的良好品质，理性地表达学习他人长处的态度；准确地描述和辩证地评价 Sandy 的生活，说明原因，给 Sandy 提 1~2 条合理的建议。

【案例分析】 该案例通过分析学生在主题、语篇、语言知识、语言技能等方面的学习起点和潜在困难，关注学生能否有理有据地表达个人观点，能否用辩证的态度看待主人公的生活，能否基于文本推断主人公的心理活动和写作意图等，进而把握学生在思维品质方面的学情，并在此基础上设计思维品质课时目标。在目标表述方面，运用“推断”“评价”“表达”等行为动词，“准确地”“辩证地”等副词体现出了年级特征。此外，目标中的动宾搭配具体，展现了清晰的过程与方法。

教学建议

思维品质目标需要在活动中进行落实。教师应基于思维品质课时目标，在单元教学中开展听、说、读、看、写等多种形式的活动，提升学生的思维品质素养。

基于思维品质目标的阅读活动设计案例

第一，基于思维品质目标的阅读活动设计。

教师通过学习理解、应用实践和迁移创新这三个层次的活动设计，使学生在解决问题的过程中有效地整合和内化课程内容，从基于文本的信息输入，到深入文本的初阶输出，再到超越文本的高阶输出，实现思维的进阶、发展和提升。在学习理解这一阶段，教师围绕主题创设情境，激活学生已有的知识和经验，铺垫必要的背景知识，引出要解决的问题。在学习理解的基础上，学生围绕主题和所形成的新知识结构开展描述、阐释、分析、判断等交流活动，促进语言的内化和思维的发展；读后环节中，教师要引导学生探究主题意义，对作者态度和文本内容进行合理推断、批判、评价等活动，进而加深对主题的理解，形成自己的价值判断。

基于思维品质目标的听说活动设计案例

第二，基于思维品质目标的听说活动设计。

听说教学不仅要关注学生听力和口语的语言技能培养，还要聚焦学生思维品质的提升。设计听说活动时，教师要助力学生运用语言技能来批判性地思考问题以及表达自身观点，还要创设新的情境，鼓励学生在输出环节实现迁移和创新。

关键问题 2-3 解决方案实践分享

关键问题 2-4 如何设计文化意识目标？

问题提出

新版课程标准将文化意识列入英语课程要培养的学生核心素养，并明确了文化意识培育的总目标和学段目标。但从教学设计来看，教师设计单元文化意识目标的能力还有待提高。

一、课程标准的要求

文化意识是英语课程要培养的学生核心素养之一。文化意识的培育有助于学生增强家国情怀和人类命运共同体意识，涵养品格，提升文明素养和社会责任感。文化意识的培养有助于学生树立国际视野，涵养家国情怀，坚定文化自信，是落实英语学科育人价值的重要途径之一。新版课程标准明确了文化意识培育的总目标、学段目标和学段分项特征，为教师设计单元文化意识目标提供了依据和方向。单元文化意识目标是对总目标和学段目标的分解，是总目标和学段目标的具体化。为了更好地落实文化意识培育的总目标和学段目标，教师在进行单元教学设计时，应重视单元文化意识目标的设计，逐步培养学生的文化意识素养，从而形成适应个人终身发展和社会发展需要的正确价值观、必备品格和关键能力。

二、教学现状

在日常教学中，文化意识的培养没有得到充分重视，教师在文化意识方面的教学设计与实施的能力还较为薄弱。从单元教学内容分析和单元目标来看，对单元中的文化内涵缺乏关注，文化意识目标设计不够合理，表述不够准确。

1. 对单元中的文化内涵挖掘不够

单元教学目标往往重视学生单元语言知识和语言技能的学习，而常常忽视了文化意识的形成，对教学内容中的文化内涵挖掘不够。如与“饮食”话题相关的单元，往往能体现出中外饮食文化的差异，但教师在确定单元目标时，缺乏对文化意识的关注。

2. 文化意识目标不够合理

单元文化意识目标设计不够合理，有时存在“贴标签”的现象。如涉及“世界著名国家”主题的单元，单元文化意识目标一般为“了解某国文化”，目标过于宽泛，目标中的内容与方法都不够具体。同时，文化意识目标也缺乏年级特征。在涉及“名人”话题的单元中，单元文化意识目标一般为“了解名人生平事迹”，未能体现出不同年级的学习水平差异。此外，文化意识目标往往只关注文化知识的学习，未能体现出文化认同、跨文化交际等方面的目标。

3. 文化意识目标的表述不够准确

单元文化意识目标的表述存在行为动词使用不够准确等问题，如 to learn more about traditional skills，行为动词 learn 缺乏检测性，more 的表述也不够具体；又如 to have interest in Greek culture，行为动词 have 不恰当。

问题分析

教师在设计文化意识目标之前，应先明确文化意识的内涵，厘清文化意识与文化知识之间的关联，梳理单元文化意识目标设计的依据。

一、文化意识的内涵

新版课程标准将文化意识列为英语课程要培养的学生核心素养之一，并提出文化意识体现核心素养的价值取向。

1. 文化意识的定义

依据新版课程标准，文化意识是指对中外文化的理解和对优秀文化的鉴赏，是学生在新时代表现出的跨文化认知、态度和行为选择。文化意识是对文化的理解，对文化的敏感性，是在跨文化交际语境中表现出来的对不同文化的理解、尊重和包容，以及体现文化理解与尊重的行为选择。

2. 文化意识的内容与分类

文化意识的主要内容包含两个方面：其一是文化理解与认同，其二是跨文化意识。文化理解既涉及中国文化，也涉及外国文化，以及中外文化的异同。认同中华优秀文化是国家认同的基础。跨文化意识是文化意识的核心。跨文化意识是指对中外文化异同的敏感度，以及在使用外语时根据外国文化来调整自己的语言理解和语言产出的自觉性。文化理解是跨文化意识的基础。

3. 文化知识与文化意识的关联

文化知识是与文化有关的事实、信息、观念等。新版课程标准中的文化知识是英语课程内容六要素之一，是指中外优秀人文和科学知识，既包含物质层面的知识，也包含精神层面的知识。

文化知识为学生奠定人文底蕴、培养科学精神、形成良好品格和正确价值观提供内容资源。文化知识的学习以促进学生文化意识的形成和发展为目标。但是简单地记忆、理解和掌握文化知识不能形成素养。文化意识不仅包括知道一些文化知识，了解一些文化现象和情感态度价值观，还包括发现、解释、比较和归纳语篇反映的社会文化现象，判断文化知识和现象背后的态度和价值观。

二、文化意识目标设计的依据

教师在设计单元文化意识目标时，应依据新版课程标准文化意识总目标和学段目标。单元文化意识目标是文化意识总目标和学段目标的分解，要能与学段目标呼应。教师在设计单元文化意识目标时，要梳理单元语篇中的文化知识，挖掘文化意涵，提炼单元大观念，同时还要考虑学生在文化意识方面的学情。

1. 文化意识总目标和学段目标

新版课程标准提出文化意识的总目标：能够了解不同国家的优秀文明成果，比较中外文化的异同，发展跨文化沟通与交流的能力，形成健康向上的审美情趣和正确的价值观；加深对中华文化的理解和认同，树立国际视野，坚定文化自信。

文化意识学段目标从“比较与判断”“调适与沟通”“感悟与内化”三个表现形式，详尽地描述了义务教育阶段 3~4 年级、5~6 年级、7~9 年级三个学段的文化意识培养目标。比较与判断是指在语篇学习以及语言表达中，通过观察、辨识、比较、判断、描述等过程，了解并认识文化现象和文化差异。调适与沟通是指在了解和认识各国文化的基础上，调整原有的文化认知，并以调适后的文化认知为基础，开展跨文化沟通与交流。感悟与内化是指在学习文化知识和开展跨文化沟通的过程中，理解、感悟、内化文化现象背后的价值观，形成文化自信和正确的价值观。

2. 单元大观念

《义务教育课程方案（2022 年版）》指出要推进综合学习，探索大单元教学，发挥每一个教学活动多方面的育人价值。单元大观念反映一个单元的育人价值，是学生学完一个单元后在认知世界、提升自我层面的改变或收获。[①] 单元大观念是从零散概念中提炼出来的上位观念，包括语言大观念和主题大观念。主题大观念以育人为主要目标，统领单元文化意识目标，体现英语学科育人的价值。

3. 学情分析

学情分析是教学设计的起点之一，是影响教学内容与教学目标的重要因素，是“以学定教”的重要依据。[②] 学情分析主要包括学生的起点学情和潜在的学习困难分析。在设计单元文化意识目标时，学情分析有助于教师确定学习内容的学习水平，使目标表述更为具体，体现目标的单元特征和年级特征。

问题解决

教师在设计文化意识目标时，要遵照目标设计的基本路径。可以从文化理解的视角，提炼主题大观念；也可以从跨文化交际的视角，开展语篇研读，初步设计文化意

---

① 王蔷，周密，蔡铭珂．基于大观念的高中英语单元整体教学设计 [J]. 中小学外语教学（中学篇），2021（1）：1–7.

② 赵尚华．初中英语课堂教学关键问题研究 [M]. 上海：上海教育出版社，2020：4.

识目标。基于学情分析，撰写文化意识目标，注意目标表述要具体。

一、设计文化意识目标的基本路径

一般而言，文化意识目标很难通过一节课的学习来达成，通常需要在一个单元中通过对主题意义的深入探究逐步达成。因此，文化意识目标经常在单元目标中呈现。在设计单元文化意识时，应先分解文化意识学段目标，形成阶段性目标；再开展语篇研读，确定单元大观念，分析学情，形成单元文化意识目标。

1. 分解学段目标①

依据课程内容要求与教学内容安排，分解文化意识的学段目标，形成符合学生年龄特点的年级（学期）目标。在分解一条学段目标时，要先了解其内涵，思考学生达成该目标所需具备的能力。然后，从课程内容六要素和教材的教学内容中提取学段目标细化依据。

2. 开展语篇研读

通过单元语篇研读，明确单元主题，充分挖掘单元中的文化知识。分析单元中的主要语篇，提炼子主题，形成语篇小观念。分析语篇小观念之间的逻辑关系，确定单元大观念。在进行语篇研读时，也可从跨文化交际的视角解读单元教学内容，分析单元中的语言能力、语用知识和交际策略。

3. 开展学情分析

从主题、文化知识、语言能力、语用知识、交际策略等方面开展学情分析，了解学生在文化意识方面的学习起点，分析学生在学习中会遇到的潜在问题。

4. 确定单元目标

基于分解的阶段性目标、语篇研读结果和单元大观念、学生的学习起点和潜在问题，设计单元文化意识目标。在设计单元文化意识目标时，注意表述要具体。

二、设计文化意识目标的策略

教师在研读单元教学内容时，要关注单元的主题意义及其文化意涵，提炼单元大观念，也可以从跨文化交际的视角研读单元教学内容，初步形成文化意识目标。在进行学情分析时，应了解学生在文化意识方面的学习起点，着重分析学生学习中会遇到的潜在问题，并以此为依据，细化单元文化意识目标的表述。

1. 挖掘文化内涵，提炼单元大观念

新版课程标准明确提出：教师要深入解读和分析单元内各语篇及相关教学资源，建立单元内各语篇内容之间及语篇育人功能之间的联系，形成具有整合性、关联性、发展性的单元育人蓝图。有些单元的主题和语篇蕴含着丰富的文化知识。在解读这类

① 分解学段目标的方法详见本书关键问题 2–1。

单元的教学内容时，提炼单元大观念能帮助教师充分地挖掘单元主题意义和育人价值，从而明确单元文化意识内涵，合理地设计单元文化意识目标。

基于大观念的单元整体教学设计是指教师基于课程标准，围绕特定主题，深入解读、分析、整合和重组教材等教学资源后，结合学习主体的需求，搭建起一个由单元大主题统领、各语篇子主题相互关联、逻辑清晰的完整教学单元，使教学能够围绕一个完整的单元主题设定目标，引导学生通过对不同单一语篇小观念的学习和提炼并建立关联，生成基于该单元主题的大观念。①

（1）充分挖掘单元的文化知识

教师在解读单元教学内容时，可以围绕单元话题挖掘单元中所蕴含的文化知识。根据单元话题，确定所属的主题或主题群，初步确立主题意义探究的方向。有时单元主题已明确地对应了相关的文化知识内容要求。表 2–4–1 呈现了主题内容要求（三级）与文化知识内容的对应。

表 2–4–1　主题与文化知识内容对应表

范畴	子主题内容要求	文化知识内容要求
人与自我	多彩、安全、有意义的学校生活	不同国家青少年的学习和生活方式
	身心健康，抗挫能力，珍爱生命的意识	不同文化背景下，人们关于生命安全与健康的态度和观念
	职业启蒙，职业精神；劳动实践，劳动品质与工匠精神	不同文化背景下，人们的劳动实践和劳动精神
	货币常识，理财意识，理性消费，信用维护	不同文化背景下，人们的理财观念和方式及其带来的影响
人与社会	良好的人际关系与人际交往；跨文化沟通与交流，语言与文化	世界主要国家待人接物的基本礼仪和方式，体现文化的传承和人与人之间的相互尊重
	中外影视、戏剧、音乐、舞蹈、绘画、建筑等艺术形式中的文化价值和作品欣赏，优秀的艺术家及其艺术成就；中外文学史上有代表性的作家和作品	中外优秀艺术家及其代表作品，以及作品中的寓意
	日常体育活动，重大体育赛事，体育精神	中外大型体育赛事的项目名称、事实信息、历史发展、优秀人物及其传递的体育精神
	世界主要国家的文化习俗与文化景观、节假日与庆祝活动	中外主要节日的名称、庆典习俗、典型活动、历史渊源

① 王蔷，周密，蔡铭珂 . 基于大观念的高中英语单元整体教学设计 [J]. 中小学外语教学（中学篇），2021（1）：1–7.

续表

范畴	子主题内容要求	文化知识内容要求
人与社会	对世界、国家、人民和社会进步有突出贡献的人物	具有优秀品格的中外代表人物及其行为事迹；中外优秀科学家，其主要贡献及具有的人文精神和科学精神
人与自然	世界主要国家的地理位置，不同地区的生态特征与自然景观	世界主要国家的名称、基本信息（如首都、地理位置、主要语言、气候特征等）、社会发展，以及重要标志物的地点、特征和象征意义

（2）梳理语篇小观念，提炼单元大观念

在明确单元主题和文化知识之后，梳理语篇小观念。语篇小观念是在单一语篇层面上主题意义探究的结果。在研读单元内容时，要分析单元中的主要语篇，弄清每个语篇的主要内容，提炼出每个语篇的子主题或主旨大意，构成语篇小观念。然后，分析各语篇小观念之间的逻辑关系，用一个上位概念将各语篇小观念要表达的内容整合关联，确定单元大观念，如图 2-4-1 所示。

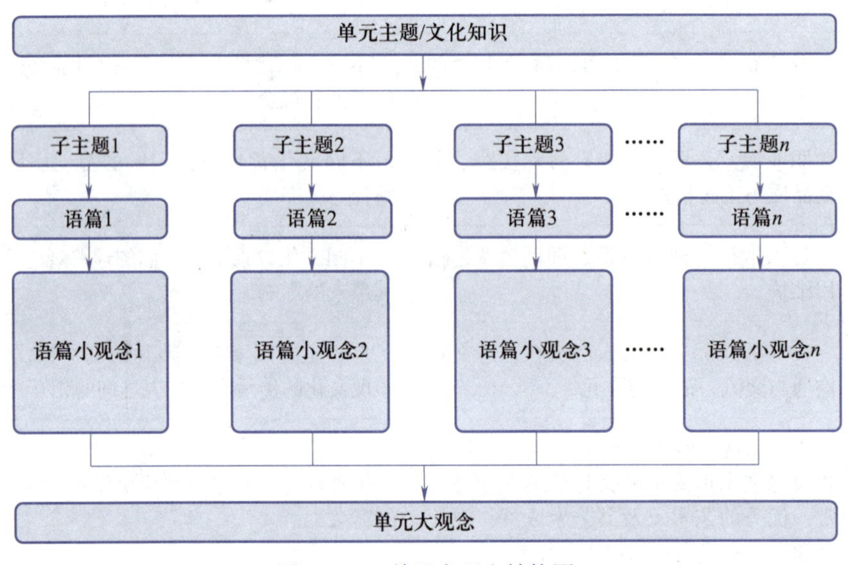

图 2-4-1　单元大观念结构图

（3）基于大观念，初步设计文化意识目标

单元大观念引导学生深层次、多角度地理解单元的主题意义，作出正确的价值判断，为立德树人、知行合一奠定基础。教师可依据单元大观念，确定单元文化意识目标。单元大观念的表述更为抽象上位，因此在撰写单元文化意识目标时，要表述出大观念的具体内容，并阐述学生理解大观念的过程、方法和结果。

【案例 1】提炼单元大观念，初步形成文化意识目标

教学材料：《英语（人教版）》9 年级全一册第 2 单元 I think that mooncakes are delicious! 单元大观念结构图如图 2-4-2 所示。

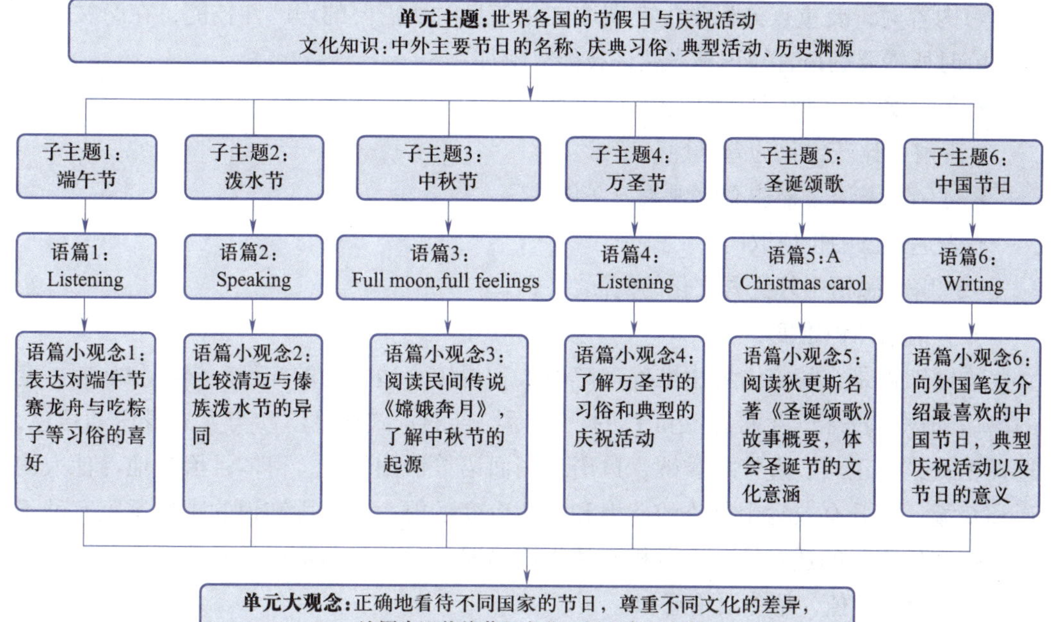

图 2-4-2 《英语（人教版）》9 年级全一册第 2 单元大观念结构图

单元文化意识目标：通过了解不同国家的典型节日（如端午节、中秋节、万圣节、圣诞节、泼水节等）的庆典习俗、典型活动、历史渊源和文化意涵，尊重不同国家节日习俗的多样性和差异性，归纳比较不同节日的差异，认同中国传统节日，介绍喜爱的中国节日的由来、习俗和文化意涵，树立文化自信。

【案例分析】该案例从分析单元语篇的子主题和语篇小观念入手，通过梳理整合语篇小观念，提炼出单元大观念。这个单元大观念是对单元中各个语篇小观念的统领和概括，引领整个单元主题多角度的探究。文化意识目标与单元大观念呼应，并且对于节日的名称、节日的相关文化信息，对文化知识的学习方式、过程和结果有具体的描述。

2. 从跨文化交际的视角解读单元语篇

跨文化交际能力涉及知识、态度和技能三个层面。在跨文化交际中，需要掌握相关文化知识，尊重世界文化的多样性，在交际语境中有效而恰当地进行活动。国内学者文秋芳将跨文化交际能力分为交际能力和跨文化能力。其中，交际能力由语言能力、语用能力、策略能力组成；跨文化能力由跨文化敏感度、包容性组成。[①] 有些单元的语篇中蕴含着跨文化交际的知识、态度和技能。在解读这类单元的教学内容时，可从“语言能力”“语用知识”“交际策略”等维度解读单元教学内容，初步形成单元文化意识目标。

（1）语言能力维度

语言能力是开展跨文化交际的基础。文化知识学习过程与听、说、读、看、写等语言实践活动密切相关。跨文化交际中的知识与态度依托听、读、看等语言实践活动开展，跨文化交际技能依托说、写等语言实践活动开展。从跨文化表达的视角分析单

① 文秋芳 . 英语口语：测试与教学 [M]. 上海：上海外语教育出版社，1999：207.

元学习内容时，要重点分析学生在获取文化信息时所需要的理解性技能，在跨文化沟通交流时所需要的语言知识和表达性技能。例如：

- 在阅读语篇时获取、归纳中外文化信息。
- 理解、比较文化的差异性。
- 运用所学语言描述文化现象与文化差异。
- 表达自己的价值取向。
- 理解、感悟中外优秀文化的内涵。

（2）语用知识维度

语用知识是在特定语境中准确理解他人和得体表达自己的知识。学习和掌握一定的语用知识有助于学生根据交际目的、交际场合的正式程度、参与人的身份和角色，选择正式或非正式、直接或委婉、口语或书面语等语用形式，得体且恰当地与他人沟通和交流，提升有效运用英语的能力和灵活应变的能力。语用知识的正确运用有助于提升跨文化交际的适宜性。在分析对话类语篇时，要关注语篇中的功能意念，明确语用知识的交际价值，培养语用意识。

（3）交际策略维度

交际策略是学生为了克服因语言资源有限造成的交流障碍，而争取更多的交际机会、维持交际，以及提高交际效果所采取的行动。课程标准在学习策略三级的交际策略中指出："在沟通与交流中，注意并尊重中外文化习俗的差异。"衡量跨文化交际能力有两个标准，即有效性和适宜性。其中，有效性指跨文化交际时能调适交际策略，达到有效沟通，成功实现个人交际的目的。

（4）从跨文化交际的视角，初步形成单元文化意识目标

教师可以依据单元中的语言能力、语用知识和交际策略三个维度的分析，从跨文化交际的视角提炼单元文化意识目标。教师在设计单元文化意识目标时，要提炼出单元中跨文化交际的重点内容，如语言表达、功能意念、情境，并关注交际策略在情境中的有效运用。

【案例 2】从跨文化交际的视角，初步形成文化意识目标

教学材料：《英语（人教版）》9 年级全一册第 3 单元 Could you please tell me where the restrooms are?

单元内容分析如表 2-4-2 所示。

表 2-4-2 单元内容分析

单元	Could you please tell me where the restrooms are?		
主题	社区生活		
语篇	语言能力	语用知识	交际策略
语篇 1 Role-play the conversation	理解说话者的意图，并能对所说内容进一步解释说明	在交际情境中理解并运用询问功能；在交际中表达疑问等态度	在理解困难时，运用"Pardon？""So you mean..."等主动提问，请求澄清；在沟通中注意并尊重中外表达的差异

语篇	语言能力	语用知识	交际策略
语篇 2 Fun times park - always a fun time!	运用 I wonder... 和 I suggest... 等句型提出关于游玩的想法和建议	在情境中表达兴奋等情感，并使用得体的语言提议、劝说等	在交流中运用委婉礼貌的表达用语
语篇 3 Could you please...?	归纳梳理语篇中的所呈现的表达方式，比较直接和委婉表达的区别，理解恰当表达的重要性	能根据不同的情境，恰当地运用委婉礼貌的表达方式进行询问	—

单元文化意识目标：能在游玩的交际情境中，运用直接或委婉的语言，表达询问、提议、劝说等功能，并在交流中能主动提问，请求澄清；在沟通中关注并尊重中外表达的差异，提升跨文化沟通与交流的能力。

【案例分析】该案例从跨文化交际的视角，分析了单元语篇所涉及的语言能力、语用知识和交际策略。单元文化意识目标的内容围绕跨文化交际，基于单元语篇中的语言知识、语用知识和交际策略的重点，有效整合了三个维度的内容，体现了学段目标中“调适与沟通”要求。

3. 基于学情分析，表述文化意识目标

学情分析是确定单元教学目标的重要步骤。在进行学情分析时，应了解学生在文化意识方面的学习起点，着重分析学生学习中会遇到的潜在问题，并以此为依据，细化单元文化意识目标的表述。

（1）分析学情

教师可以从“主题”“文化知识”“语言能力”“语用知识”“交际策略”等方面对单元内容进行分析。要思考学生是否学习过相关的主题或主题群，对主题意义有怎样的理解；学生已经掌握了哪些相关的文化知识，如何更深入地感悟与内化相关的文化知识；学生在跨文化交际时，已经掌握了哪些语言知识、语言能力、语用知识和交际策略，学生在给定情境中进行交际时，会存在哪些困难。从文化意识视角分析学生的学习起点和潜在问题，如表 2-4-3 所示。

表 2-4-3　文化意识视角的学情分析表

维度	学习起点	潜在问题
主题		
文化知识		
语言能力		
语用知识 / 交际策略		

（2）表述具体的目标

教学目标呈现的是“教什么”和“教到什么程度”，即教学内容与教学要求。一般而言，目标的陈述由动宾结构组成，行为动词描述学生在教学结束后应具备什么样的行为变化，名词则描述我们预期学生习得的或建构的知识，即教学内容。此外，目标还应包括行为条件和表现程度。教师在设计教学目标时，要运用目标动词反映学习内容的学习水平，并通过添加行为条件和表现程度将学习行为具体化。

第一，行为动词用以描述学生达到教学目标的可观察、可测量的具体学习行为。按照布鲁姆教育目标的分类，可以将学生的学习水平分为六个层次，这为目标细化提供了基本依据。在描述单元目标时，可运用不同水平的行为动词（表 2–4–4），体现学习内容的学习水平。

表 2–4–4　文化意识目标行为动词举例

学习水平	文化意识目标行为动词示例
记忆（A）	获取、感知、观察、认识、了解、知道、发现、识别……
理解（B）	听 / 读懂、归纳、描述、对比、归类、举例说明……
应用（C）	使用 / 运用、表达、完成、调整……
分析（D）	选择、比较、概述、整合……
评价（E）	赏析、认同、鉴别、判断、发表……
创造（F）	展示、创作、制作……

此外，可以通过具体阐述教学内容，体现年级差异。如文化意识目标二级中的描述为“获取简单信息”“用简短的句子描述”等。

第二，行为条件是指影响学习结果的特定的限制或范围。行为条件的表述通常使用介宾结构。如低年级学生“在教师的引导下，阅读故事、对话等语篇，获取简单的信息”。高年级学生“自主阅读说明类语篇，归纳、认识、比较文化的多样性和差异性”。

第三，表现程度是指学生达成目标的情况，一般用程度副词来表述“做得怎么样”。如“能初步了解”“能适当调整”“能正确认识”等。在设计低年级的文化意识目标时，在表现程度上可以运用“初步”“简单”“适当”等副词。在设计高年级的文化意识目标时，可基于学情，在表现程度上运用“进一步”“深入”“正确”等副词。

【案例 3】基于学情分析，表述文化意识目标

教学材料：《英语（牛津上海版）》8 年级第二学期第 6 单元 Travel

单元学情分析如表 2-4-5 所示。

表 2-4-5 单元学情分析

维度	学习起点	潜在困难
主题	学生阅读过 6 年级第二学期第 1 单元 Great cities in Asia 北京、东京和曼谷等城市的介绍；阅读过 7 年级第一学期第 1 单元 Welcome to Beijing 北京的四个著名景点；阅读过 7 年级第二学期第 1 单元 Shanghai—an interesting city 上海的三个景点；8 年级第一学期第 5 单元听过 Dr Sun Yat-sen's Mausoleum 的介绍	学生对法国的地标景点及其象征意义、文化和艺术等知识缺乏了解
文化知识	学生对法国的首都、地理位置有所了解	
语言能力	学生对介绍城市和景点的语篇的要素和特征有所了解；在 8 年级第一学期第 6 单元 Holiday on Holiday Island 已经制订过活动计划	学生可能会在描述建筑差异时存在表达方面的困难；可能在表达制订计划的理由时存在困难
语用知识 / 交际策略	7 年级第二学期第 2 单元 The way to the cinema 学习过指路的相关表达	学生可能不能根据复杂的地形选择最优路线，并准确地表达

文化意识目标：通过阅读介绍法国和埃菲尔铁塔的说明文，获取法国的基本信息、地标建筑、文化艺术等方面的知识，进一步认识世界主要国家的文化，比较中法知名建筑的异同，感悟建筑的文化意涵，形成文化认同。在交际情境中，能根据地图，为异国游客准确指路。

【案例分析】该案例通过分析学生在主题、文化知识、语言能力、语用知识和交际策略等方面的学习起点和潜在困难，确定学生在文化意识方面的学情。基于学情分析，设计单元文化意识目标。在目标表述方面，运用“获取”“比较”“感悟”等行为动词，“进一步”等副词体现出了年级特征。此外，目标中的动宾搭配具体展现了清晰的过程与方法。

教学建议

文化意识目标需要在教学活动中进行落实。教师应基于文化意识目标，在单元教学中开展听、说、读、看、写等多种形式的活动，提升学生文化意识素养。

第一，基于文化意识目标的阅读活动设计。

在阅读活动中理解文化意涵

阅读是获取文化知识和培养文化意识的重要途径。在读前阶段，教师要引导学生关注语篇的主题，发现与文化相关的话题，铺垫必要的文化背景知识。在读中阶段，引导学生通过获取与梳理、概括与整合等活动，从语篇中获得与主题相关的文化知识，引导学生将所获取的文化知识进行结构化梳理。引导学生开展描述、阐释、分析、应用等多种阅读理解活动，内化语言知识和文化知识，加深对文化意涵的理解。在读后环节，教师要设计推断、比较、评价等超越语篇的读后活动，加深学生对主题意义的理解，进而多角度认识和理解世界，理性表达情感、态度和观点，促进能力向素养的转化。

在听说活动中培养跨文化交际能力

第二，基于文化意识目标的听说活动设计。

听说活动为学生创造了交际情境。学生在听说活动中可以直接或间接地体验和感知文化，提升跨文化交际能力，提高跨文化交际的敏感性。在听前环节，教师可以引入与文化相关的话题，激活学生的文化背景知识。在听中环节，引导学生获取对话中的语用功能，注意中外文化表达的差异，提升学生对交际目的、交际场合、参与人的身份和角色的关注度，提高表达的有效性和适宜性。在听后环节，引导学生梳理所学的语言知识、语用知识和文化知识，为表达做好准备。在口语交际环节，教师应创设不同的情境，增加学生在不同情境中灵活运用语用知识的操练机会。

关键问题 2-4 解决方案实践分享

关键问题 2-5 如何设计学习能力目标?

问题提出

新版课程标准将学习能力列入英语课程要培养的学生核心素养，并明确了学习能力提高的总目标和学段目标。但从教学设计来看，教师还需要进一步提高设计学习能力目标的能力。

一、课程标准的要求

新版课程标准指出学习能力对学生实现英语学习目标、全面发展和终身学习至关重要。通过本课程的学习，学生能够树立正确的英语学习目标，保持学习兴趣，主动参与语言实践活动；在学习中注意倾听、乐于交流、大胆尝试；学会自主探究，合作互助；学会反思和评价学习进展，调整学习方式；学会自我管理，提高学习效率，做到乐学善学。

学习能力的发展有助于学生掌握科学的学习方法，养成良好的终身学习习惯。因此，在义务教育阶段落实学生学习能力的培养至关重要。教师在撰写教学目标时，必须将学生学习能力的培养作为重要的考量，且在目标中体现。教师在设计学习能力目标时，要以课程标准所明确的学习能力的总目标、学段目标和学段分项目标为依据，并通过语篇研读和学情研判来细化、完善学习能力目标，循序渐进地提升学生的学习能力，使学生成为乐于挑战创新、善于合作的终身学习者。

二、教学现状

目前，学生的英语学习仍存在诸多问题。例如，部分学生缺乏英语学习的主动性和良好的英语学习习惯。又如，在听说、阅读和写作等学习过程中，学生缺乏使用学习策略的意识，也不善于利用各种资源拓宽渠道解决问题。总体而言，学生的英语学习能力有待提高。然而，在日常教学中，教师在教学设计与教学实施的过程中较少将学习能力培养列入教学目标；或者在设计学习能力目标时，由于对学段目标、年级目标及单元目标的把握和定位还不够准确，缺乏整体性与系统性，导致目标设计不合理。此外，还存在目标表述不准确等现象。

1. 缺乏对学习能力目标的设计

教师在教学目标设定时，往往受新版课程标准颁布之前的目标设计思路局限，只关注了语言、技能、情感三个维度，缺乏对学习能力目标的考量，或者没有将学习能力与其他核心素养有机融合。

2. 学习能力目标的设计不合理

教学实践中，教师对学生学习能力培养的理解还比较片面，从而在设计学习能力目标时缺乏系统性与连贯性：学习能力目标的学段特征不明显，直接将学段目标等同于单元目标和课时目标；脱离单元、语篇，脱离教学实际，缺乏与语篇或学生实际的联系而使学习能力目标架空；单纯罗列学习能力目标，对目标实现的条件、过程及其与学生学习内容之间的关联没有进行充分的思考。

3. 学习能力目标的表述不准确

学习能力目标的表述存在行为动词使用不准确或表述过于宽泛而缺乏可检测性等问题。如“Students are expected to learn to cooperate with others and apply what have been learned in real life.”这样的表述不够具体，既没有结合本课的学习特点来确定教学重点，也没有体现达成目标的具体路径。

问题分析

在设计学习目标之前，教师应先明确英语学习能力的内涵，厘清学习能力与学习策略之间的关联，梳理并明确学习能力目标设计的依据。

一、英语学习能力的内涵

新版课程标准将学习能力列为英语课程要培养的学生核心素养之一，是核心素养发展的关键要素。

1. 英语学习能力的定义

根据课程标准，学习能力指积极运用和主动调适英语学习策略、拓展英语学习渠道、努力提升英语学习效率的意识和能力。学生学习能力的养成能促进学习效率的提高，有助于减轻学生的学习负担，也是其实现终身学习目标的基础。

2. 英语学习能力的体现

学习能力是学生通过分析、探索、实践、质疑或创造等方法实现学习目标的能力，包括观察能力、记忆能力、思维能力、阅读能力以及解决问题的能力等，是顺利完成学习活动的各种能力的组合。

3. 学习能力与学习策略的关联

（1）学习策略的定义

学习策略是课程内容六要素之一，也是促进核心素养发展的内容基础。学习策略为学生提高学习能力、提升学习效果提供具体方式方法。

（2）学习策略的内容与分类

根据不同的领域、分类标准及使用者的情况，学习策略有很多不同的分类方法。而新版课程标准把学习策略分为元认知策略、认知策略、交际策略和情感管理策略等。与传统的学习方法不同，学习策略除了方法，还考虑到学习策略使用的目的、心理、认知过程和情感。

学习策略的使用表现为学生在语言学习和运用活动中，受问题意识的驱动而采取的具体做法，是学生调控和管理自己学习的过程。

（3）学习能力与学习策略的关联

学习能力是学生必须具备的品质和素养，是掌握知识和技能的能力，其目标指向学会学习和终身学习。学习策略是指学习者在获取知识和技能时采取的方法，以期提高学习效率，更好地理解所学内容。

掌握和使用学习策略是发展英语学习能力的核心。[①]使用学习策略的目的和结果是未来学习能力的提升，而当前的学习能力又影响着学习策略的选择和运用。两者互为因果、互相影响、互相促进，呈双向螺旋上升。

二、学习能力目标设计的依据

教师在设计学习能力目标时，应以新版课程标准所明确的学习能力总目标和学段目标为依据，并对学习能力总目标和学段目标进行分解，在充分研读语篇的基础上，确定学习能力的阶段目标，同时还要研判学生在学习能力方面的学情。

1. 学段目标

新版课程标准从“乐学与善学”“选择与调整”“合作与探究”三个表现维度，详尽地描述了学习能力的一级、二级、三级目标，即3~4年级、5~6年级、7~9年级三个学段的培养目标，体现了三个学段学习能力渐进式的增长。学习能力学段目标指向学生的学习能力最终应达到的水平，而学生的学习能力受年龄、个性特点、思维水平、教材内容编排等方面的影响。教师需要注重分析教学要素之间的相互关系，基于核心素养目标和教学内容来设计学习能力目标。学习能力学段目标的达成要通过英语课程内容来实现。

2. 语篇研读

英语课程内容六要素是一个相互关联的有机整体：语篇承载了表达主题的语言知识和文化知识；语言知识是发展语言技巧的重要基础；学习策略提供了提高学习效率、提升学习效果的方法，贯穿和渗透在语篇的学习过程中。

由此可见，语篇是课程内容六要素的内容基础，也是教授学生学习策略和相关运用技巧，激发和培养学生学习能力的重要载体。

3. 学情分析

学情分析是教学设计不可忽视的重要环节，主要包括学生的起点学情和潜在学习困难分析。学情分析有助于教师了解学生对英语学科的兴趣与态度，英语学习的能力水平，从而设计更为适切的学习能力目标，体现目标的年级特征和单元特征。

---

① 程晓堂. 改什么？如何教？怎样考？义务教育英语课程标准（2022年版）解析[M]. 北京：外语教学与研究出版社，2022：179.

问题解决

学习能力目标的设计应基于核心素养目标和教学内容载体，遵从目标设计的基本路径。

一、设计学习能力目标的基本路径

教师可以通过学情分析与对学习能力目标的分解，将单元大观念的提炼与阶段性学习能力目标相结合，做整体规划；也可以从学习策略的视角，开展语篇研读，初步设计学习能力目标。同时，通过整合单元学习内容，将学习能力与语言能力、思维品质及文化意识的培养相融合。在撰写学习能力目标时，注意目标的表述具体且规范，对目标要求进行综合表述。

1. 分解学段目标[①]

研读学习能力总目标与学段目标，明确初中学段学习能力的整体要求，通过分析学生能力与需求，将学段能力目标分解成符合学生年龄特点的年级（学期）目标，做到各个阶段有针对性和侧重点，在“乐学与善学”“选择与调整”“合作与探究”三个维度体现学习能力循序渐进、不断提升的过程，并根据课程内容要求与教学内容要求，将目标要求细化，合理分配到教材的各单元。

2. 开展语篇研读

通过对单元教学内容的分析，研读单元语篇，明确语篇类型和主题内容，并从学习策略和语言能力的角度分析解读单元教学内容，利用单元结构图整合单元资源，加强语篇之间的关联。

语篇的分析应从文体、内容和结构等方面入手。语篇的类型丰富、文体多样，既包括连续性文本，如对话、访谈、记叙文、说明文、应用文、议论文、歌曲、歌谣、韵文等；也包括非连续性文本，如图表、图示、网页、广告等。此外，语篇也可按口语和书面语等形式分类，包括文字、音频、视频、数码等各种模态。语篇研读时可以回答如下的问题：① What：语篇的主题和内容是什么？② Why：语篇传递的主题意义是什么？③ How：语篇具有什么样的文体特征、结构内容和语言特点？此外，语篇中各要素之间紧密关联，如句子之间和段落之间的逻辑关系、标题与正文之间的呼应关系，以及文字与图表之间的互相支持等。教师在分析文本时要关注这些要素的关联。

3. 开展学情分析

充分进行学情分析是教学目标设定的基础。教师除了对学生的语言知识和语言能力这两个方面进行学情分析以外，还要从学生对英语学科的学习兴趣、学习习惯及学习策略等方面开展学情分析，了解学生学习能力方面的起点，分析学生在当前学习活

① 分解学段目标的方法详见本书教学关键问题 2–1。

动中的困惑和难点，即学生对英语学科的兴趣如何？学习习惯是怎样的？不同学生理解和掌握新知识的能力如何？学生可以采用何种学习策略完成学习任务？学生已有的语言知识、语言能力、认知结构等达到什么状态？学生的学习能力可以得到哪方面的提升？

学情分析是“以学定教”的具体落实，因此，教师应基于学情分析结果界定学生学习能力目标的“最近发展区”，从而确定学习能力的培养目标。

4. 细化学习能力目标

学习能力目标不是通过一节课、一个活动就能达成的，通常需要在单元学习中，学生通过对主题意义不断深入的探究和对学习策略的反复运用，不断提升听、说、读、写语言能力，才能逐步达成。基于细化分解的阶段性（年级或学期）目标、单元整体教学设计的统领、学习策略方法的选择与运用，教师在设计单元学习能力目标时，要关注学习能力目标的整体性与发展性，同时体现核心素养之间的相互融合。

在确定单元学习能力目标的基础上，参考单元结构图，根据语篇类型及课型，设定适切的学习能力课时培养目标。听说教学、阅读教学、写作教学、语法教学课在学习能力目标设计时有共同点，但也存在一定的差异，教师也可以抓住课型特征与语篇类型来选择适切的学习策略，细化课时学习能力目标。

因此，教师在设定学习能力目标时，需要注重语篇研读与学情分析，考量不同学段学生学习能力的差异性。

二、设计学习能力目标的策略

在分解学段目标，初步确定单元学习能力目标后，基于语篇特征和课型特征细化学习能力目标，并结合学生在学习能力方面的学情分析完善目标的表述。

1. 分解学段目标，确定单元学习能力目标

教师在设计学习能力单元目标时，要加强学段目标与单元目标的关联与呼应，通过解读教学内容，提炼单元大观念，体现单元的整体性、结构性与系列化。在分解学段目标时，需要综合考虑学生年龄与认知特点、语言水平、教材或语篇等各种因素，整合其他核心素养的要求，关注课程内容六要素，形成阶段学习能力目标。通过对语篇深层次的解读，并加以提炼与整合，确定学习能力单元目标，同时以单元目标为统领，组织语篇教学内容，规划教学活动，指导学生选择合适的学习策略，引导学生乐学与善学、选择与调整、合作与探究，从而循序渐进地提升学习能力。

例如，为了达成“对英语学习有持续的兴趣和较为明确的学习需求与目标”这条学习能力学段目标，以研读《英语（人教版）》7 年级上册各单元语篇为例，确定和细化该教材 7 年级上册前三个单元的学习能力目标如表 2–5–1 所示。

表 2-5-1　学习能力单元教学目标

维度	单元	单元教学目标
乐学与善学	1.Good morning!	能通过向他人简单介绍自己，知晓日常英语问候短语，了解英语的交际性，形成英语学习的兴趣
	2.What's this in English?	能通过将学习内容与学生生活实际相结合，寻找生活中的英语（字母），激活学生已知，调动元认知策略，并通过合作学习，提高英语学习的兴趣
	3.What color is it?	能通过听、看、说、玩、演等多感官参与的语言实践活动和语言游戏，进一步提高英语学习的兴趣

2. 开展语篇研读，细化学习能力目标

语篇作为其他课程要素的载体，其文体、内容和结构等特征均深刻影响着课程目标的设定和教学实践的策略。对于不同课型，不仅需要突出其特点，更需要结合对应的语篇来落实包括学习能力目标在内的教学目标。

（1）基于语篇特征，细化学习能力目标

初中学段的语篇类型较为丰富，旨在提高学生学习兴趣，拓展学生知识维度。从文体和结构来看，大部分教材在编排时考虑了学生的年龄和认知特点，以及学生的语言水平，低年段文本多以对话和短篇故事的形式呈现，高年段文本的体裁不仅更为丰富，文本的长度也相应增加。从内容而言，虽然话题都涉及“人与自我”“人与社会”“人与自然”三大范畴，但各主题群以及相关的子主题内容随着学生年龄的增长，从身边的人或事以及学生较为熟悉的话题逐渐延伸到科技、文化、生态、环境等各个领域，不断延展学生的知识面，提升学生的核心素养。

教师在研读语篇时，可基于语篇的文体、内容和结构等特征，通过回答问题的方式来解读文本，梳理“文本有什么？”“用文本教什么？”“学生可以通过文本获得哪方面的能力？”等内容，以此方式建立学习策略、语言知识等课程内容要素与学习能力的联系，细化学习能力目标。以《英语（牛津上海版）》8 年级第一学期第 2 模块第 4 单元 Numbers 的解读为例（表 2-5-2）。

表 2-5-2　Numbers 文本解读

维度	问题	分析
单元视角	该单元属于哪一个模块？	第 2 模块：Amazing things
	单元话题是什么？ 对应课程标准的哪一个话题？	话题：Numbers 对应课标话题：人与社会
	学生是否学过该话题（主题）？	是
	单元主题是什么？	数字与人类的关系。了解数字的发展历程，在日常生活中运用数字沟通并解决问题。

续表

维度	问题	分析
文本特点	文本体裁是什么？	说明文
	该体裁的阅读要求是什么？	识别说明对象，获取说明对象的特征，掌握说明方法
	文本特征有哪些？	有标题、副标题、插图等
学习能力	学生可以运用哪些学习策略？	认知策略：根据文本特征预测和理解篇章的主要内容，运用思维导图梳理文本信息，搜索关于数字的趣闻或历史，丰富学习内容 元认知策略：反思、评价与调整 交际策略：主动提问，分组讨论并分享，积极互动
	学生可以通过文本获得或提高哪方面的能力？	运用多种学习策略； 在各类合作、评价活动中提升自主学习能力； 主动拓宽学习渠道

（2）抓住课型特征，细化学习能力目标

学习策略是发展学习能力的关键要素，可以促进学生在“乐学与善学”“选择与调整”“合作与探究”等方面有效提升。初中学段的课型基本可以分为听说课、阅读课、写作课、语法课等类型，不同课型的学习策略的侧重维度不一样。教师可以抓住课型特征，细化学习能力目标，引导学生选择合适的学习策略，激发学生学习兴趣和改善学习方法。

不同课型会表现出不同的教学目标倾向，其教学目标的特点和焦点也不同。教师在设定学习能力目标时，应着重注意不同课型学习策略的选择与运用。

① 听说课

在听说课中，教师可以侧重以提高听说能力为目标的认知策略和交际策略的选择与运用（表 2–5–3）。

表 2–5–3　听说课策略（部分）

学习策略	内容要求	学习能力目标维度
元认知策略	加强专注力	乐学与善学
	反思和总结学习中的问题和经验	选择与调整
认知策略	根据所听内容记笔记，获取事实性的信息，并对信息进行归纳和整理	选择与调整
	理解所听内容的主旨和要义，并进行分析和阐释、推理和判断	选择与调整
交际策略	借助手势、表情等非语言手段提高交际效果	合作与探究

续表

学习策略	内容要求	学习能力目标维度
交际策略	通过澄清、解释或重复等方式克服交际中的语言障碍，维持交际	合作与探究
情感管理策略	主动参加各种学习和运用语言的实践活动	乐学与善学
	有合作学习的意识	合作与探究

② 阅读课

阅读课所关注的教学目标主要是语言知识和阅读能力，因此在认知策略的选择和运用上，应注意与课型特征相匹配，而在元认知策略、交际策略和情感管理策略的选择上与听说课大同小异。

【案例 1】设计阅读课学习能力目标

教学内容：《英语（牛津上海版）》7 年级第一学期第 7 单元 Signs around us

目标设计如表 2-5-4 所示。

表 2-5-4 目标设计

主要环节	具体内容
文本分析	图文并茂的文本呈现了在郊外徒步的一对父子围绕四种类型标识展开对话。儿子对标识的含义提出问题，父亲解释说明标识的含义和种类。文本以图、文的形式展开，父亲使用恰当的情态动词回答了儿子对各种标识的疑惑，并解释了不同类别标识（如 instruction，warning 等）的含义及其作用。 此文本能引导学生了解生活中标识的图形特征，掌握表达标识含义的句型，启发他们意识到标识在生活中的重要作用
教学目标	① 通过阅读文本图片与文字信息，理解四种标识的名称并准确表述其含义； ② 通过绘制关于标识的思维导图，如类别、含义、功能等方面的梳理，了解标识的特征与价值； ③ 通过解释不同场所中的标识及其使用意图，意识到标识在生活中的重要作用
学习能力目标	① 运用阅读策略，了解文本的主要内容与写作意图，感悟文本价值； ② 通过阅读，建立文本与实际生活的联结，在合作中开展自主、高效的学习； ③ 能主动探寻并知晓生活中的不同标识及其含义，学会多渠道获取学习资源

【案例分析】本课是一节典型的阅读课。学生根据语篇类型和特点，既读文又读图，运用看图、预测、寻读等不同的阅读策略理解文本的主要内容，利用图表、思维导图等收集与整理信息，梳理文章内容，并在此过程中不断优化学习策略。教师鼓励学生主动参与学习和运用语言的各种实践活动，了解标识的特征、含义与价值。通过寻找生活中的不同标识，提高多渠道获取学习资源的能力，从而意识到标识在生活中

的重要作用。

③ 写作课

写作是学生语言知识、表达能力和逻辑思维综合体现的语言输出活动，也是学生认识世界、认识自我，进行创作表达的过程。在写作课中，教师根据学情、语篇、写作任务等设计恰当的学习能力目标，并通过写作策略的指导，帮助学生增强写作的读者意识，构建写作框架，筛选写作素材，引导学生组织材料并选择得体的语言完成写作任务，培养学生对写作的兴趣和良好的写作习惯，提升写作能力。

【案例 2】设计写作课学习能力目标

教学内容：《英语（牛津上海版）》7 年级第一学期第 4 单元 Jobs people do

目标设计如表 2-5-5 所示。

表 2-5-5 目标设计

主要环节	具体内容
文本分析	本课教学内容来源于初中英语教材（牛津版）七年级上册第二模块 My neighborhood 中的第四单元 Jobs people do。该语篇是该单元 Listening and speaking: Jobs and uniforms 中的 Say and act 板块。该单元以“职业”为话题，让学生在了解职业的同时，树立职业规划的初步意识。 文本内容包括 Kitty 和她的邻居 Susan 在电梯里的采访以及与内容匹配的表格。该对话文本体现出看似平凡的每一种工作都有其闪光点，看似普通的每一个岗位对社会都有其独特意义和存在价值；也让学生了解在采访不同行业的工作者时应如何设计有效的问题
教学目标	① 通过阅读后梳理、评析、归纳等写前活动，明确写作意图，确定写作框架； ② 通过分析、筛选和整合信息，完成采访报告并反思采访的意义； ③ 通过分享、评价等写后活动，了解更多职业，感受到不同职业的价值
学习能力目标	① 通过归纳、分析、筛选、整合等不同的写作策略，了解应用文写作的基本结构与特点； ② 通过分享、互评等不同的合作学习方式，学生主动探究，学会自我反思与调控

【案例分析】采访报告撰写是典型的应用文写作。本课牢牢抓住写作课的特征，通过对文本信息进行分析，归纳采访类应用文的框架和要点，明确采访报告的基本结构和写作语言，为写作做好铺垫；在整合采访信息并形成一篇采访报告的过程中，学生不断调整学习策略，完成“写”的任务。同时，让学生更立体地了解不同的职业及其价值，促使他们树立职业规划的初步意识，培育判断能力与正确价值观。

3. 开展学情分析，完善学习能力目标

在设计学习能力目标时，教师在就以下问题开展的学情分析中，要重点关注学生学习能力的起点。

① 学生在本次学习前的学习起点或潜在问题是什么？

② 对于类似的语篇及主题群，学生通常采取什么样的学习策略来帮助理解？

③ 学生能否反思自己在英语学习中的不足，并整理、归纳所学内容？

从学习能力视角分析学生的学习起点和潜在问题，如表 2-5-6 所示。例如，对 7 年级学生而言，教师可以着重在“学习习惯与兴趣”方面，通过问题导向，分析学生的学习起点，确定学生潜在的学习困难。

表 2-5-6　学习能力视角的学情分析表

维度	学习起点	潜在问题
语言知识		
语言能力		
学习兴趣与习惯		
学习策略		

【案例 3】基于学情完善学习能力目标

教学材料：《英语（牛津上海版）》7 年级第一学期第 7 单元 Signs around us

在语篇研读的基础上，教师通过学情分析，完善学习能力目标。

目标设计与完善如表 2-5-7 所示。

表 2-5-7　目标设计与完善

主要环节	具体内容
学情分析	学生在 6 年级第一学期第 7 单元 Rules round us 的学习后，已经能正确使用情态动词 must，用祈使句 Don't ... 来描述警示标识，并能够意识到班级规则的重要性。但是学生对标识含义和类别的了解还不够全面，在表达标识含义时，语言不够规范，对标识的价值与文化内涵的思考还不够深入。因此，本课的学习是对 6 年级学习内容的巩固和延续
学习能力目标的完善	① 了解并运用学习策略。 •思维导图：学生收集、整理信息，建立新旧知识之间的关联，用不同的颜色呈现学生的已知与未知。 •看插图，读文本：引导学生观察文本特征，通过 viewing（看图）预测语篇的主题；通过阅读，理解篇章的主要内容及写作意图。层层推进，加深对文本内容的理解，感悟文本价值
	② 通过文本阅读，建立与实际生活的联结，在合作中开展自主、高效的学习。 建立文本内容与真实生活的关联，通过对校园标识的分类、归纳和描述，学生进行自主探究，讨论校园标识的作用与价值，主动发现校园中更多有待解决的问题，通过合作学习找到解决问题的方法和对策，并在自评和互评的过程中自我反思、自主调控
	③ 多渠道获取学习资源。 开展课外学习，利用校园可视化资源及图书馆资源等扩充学习内容与信息渠道

（案例提供：李婧，上海市世界外国语中学）

【案例分析】在充分分析学情的基础上，教师以问题或思维导图等学习工具为引导，弥补学生对话题未知的知识和经验，建立新旧知识间的有机联系；基于在课堂中所学的知识，学生能够独立思考课前搜集的标识功能，完成分类及描述，并思考校园标识的作用与价值；同时学生能在校园标识设计任务中，主动参与活动，基于评价标准进行小组合作与同伴互评，选择合适的策略完成任务，并运用恰当的语言完成交际。

在整个教学过程中，标识与学生生活紧密联系，标识被赋予了生命与意义。学生从一个被动的规则接收者，最后成为一个积极主动的思考者、学校管理的参与人，以主人翁的姿态参与校园文化建设，实现了学语言、用语言、会思考的目标。在真实的语言交际中提高语言能力与思维品质，同时实现学习能力的提升。

4. 参照学科学习水平，表述具体的目标

在语篇解读和学情分析的基础上，学习能力目标已经基本体现出学生的学习起点、内容、条件、水平等。教师还可参照学科学习水平，使用恰当的行为动词（表 2-5-8）表述具体的学习能力目标，体现学习水平的程度，突出学生学习的方式和过程。

表 2-5-8　学习能力目标行为动词举例

学习水平	学习能力目标行为动词示例
记忆（A）	获取、感知、观察、认识、了解、知道、发现、识别……
理解（B）	听 / 读懂、归纳、描述、对比、归类、举例说明……
应用（C）	使用 / 运用、表达、完成、描述、调整……
分析（D）	选择、比较、归纳、整理、筛选、推理、反思……
评价（E）	评论、质疑、判断、发表……
创造（F）	计划、处理、探究、展示、创作、制作、编写……

教学建议

在日常教学中，教师应坚持以目标引领教学设计，基于学生的学习能力进行学情分析，选择适切的听说、阅读、写作、语法的学习策略，并优化课堂活动，实现教学目标。

第一，基于学习能力目标的阅读活动设计。

阅读是学生提升英语学习能力的重要途径。教师基于学习能力目标设计丰富多样的阅读活动，以促进目标的达成。在读前环节，教师引导学生关注语篇主题和文本特征，激发学生对话题的兴趣。在读中环节，教师引导学生基于文本特征，选择合适的学习策略，通过获取、梳理、概括、整合、分析评价与反思等活动，内化语言知识，提高语言能力。在读后环节，教师充分调动学生的交际策略和情感策略，设计推断、比

基于学习能力目标的阅读活动设计案例

较、评价等活动，让学生在互动中加深对文本的理解，理性表达情感、态度和观点，切实提升能力与素养。

第二，基于学习能力目标的写作活动设计。

写作能力不仅反映了学生英语语用综合能力，更体现了学生的语言素养。教师以学习能力目标为指引设计不同的写作活动，开展写作教学。活动设计应贴近学生生活，让学生易于动笔、乐于表达，引导学生关注现实，表达真情实感。例如，在写作教学中开展同伴互评这一交互性较强的活动，能为学生提供真正的读者体验，使学生在轻松愉悦的合作学习氛围中产生写作兴趣，在互评与修改中掌握方法、发展技能、提高写作能力，并在不断的反思中筑构逻辑思维能力。

基于学习能力目标的写作活动设计案例

关键问题 2-5 解决方案实践分享

第三章

学习活动的设计

学习活动是落实教学目标的载体，因此学习活动的设计是初中英语教学的关键问题之一。学习活动是合理地组合和安排各种活动要素，为优化教学效果而制订的学生学习方案。学习活动设计的目的是帮助学生建立学习过程，达成既定的教学目标。新版课程标准虽然提出了学习活动观的要求，但是部分教师对学习理解、应用实践和迁移创新三类活动的内涵、具体要求还不明确；在活动实施的过程中存在形式大于内容的情况；对新版课程标准提出的综合实践类活动感到陌生，无法组织有效的学习活动，难以提升学生运用所学语言和跨学科知识创造性地解决问题的能力。因此，本章的五个关键问题将围绕教师在学习活动设计过程中遇到的困难，依托活动设计案例，分析活动设计的关键要素，提供解决问题的方法与策略，帮助教师提升学习活动设计的有效性，落实新版课程标准关于学习活动观的要求，进而通过活动实施落实核心素养培养的要求。

关键问题 3–1 如何设计学习理解类活动？

问题提出

一、课程标准的要求

新版课程标准指出：英语课程内容由主题、语篇、语言知识、文化知识、语言技能和学习策略等要素构成。围绕这些要素，通过学习理解、应用实践、迁移创新等活动，推动学生核心素养在义务教育全程中持续发展。

新版课程标准在“课程实施”中提出教学建议：教师要充分认识到学生是语言学习活动的主体，要引导学生围绕主题学习语言、获取新知、探究意义、解决问题，逐步从基于语篇的学习走向深入语篇和超越语篇的学习，确保语言学习的过程成为学生语言能力发展、思维品质提升、文化意识建构和学会学习的成长过程。教学设计与实施要以主题为引领，以语篇为依托，通过学习理解、应用实践和迁移创新等活动，引导学生整合性地学习语言知识和文化知识，进而运用所学知识、技能和策略，围绕主题表达个人观点和态度，解决真实问题，达到在教学中培养学生核心素养的目的。

二、教学现状

1. 对学习理解类活动的认识不足

部分教师对“学习理解类活动”的概念理解不清，认为只要完成单词、短语、句式的教学，就能帮助学生实现对语篇的理解。单一地教词汇、语法，而忽略主题，缺乏语境，不能有效引导学生根据语篇获取信息并感知语言内涵及其价值取向。学习理解类活动应能为应用实践类和迁移创新类活动提供脚手架，帮助学生克服学习障碍，挖掘语篇背后的文化和价值意义，从而使学生的思维实现由浅层到深层的发展。

2. 学习理解类活动的教学模式单一

部分教师没有充分考虑学生学习能力和学习起点不同的情况，针对不同题材和体裁的语篇，往往采取单一模式进行学习理解类活动的教学。单一模式的教学并不能满足不同能力学生的个性化学习需求，教师应尽可能使学生获得的新知识与他们已有的知识储备发生关联，并关注不同活动之间的联系，使学生建立新的知识结构，能综合运用所学的知识与技能解决问题，促进能力向素养转化。

3. 学习理解类活动设计不合理

部分教师设计的学习理解类活动缺乏合理性，忽视了各个学习活动的开展应该从简单逐渐过渡到复杂。有些学习理解类活动的难度过高，超出了学生的认知水平；有些活动过于形式化，活动时间安排过长或过短，活动目的不明确，效益不高；有些活动的情境缺乏真实性，没有立足学生已有的认知水平和生活经验，不能激发学生参与课堂活动的兴趣。

问题分析

一、学习理解类活动

1. 学习理解类活动的概念

英语学习理解能力是英语学科能力要素中的重要能力之一，它强调“学习者体验、参与学习英语语言的能力，以及利用英语语言学习学科知识和获取信息的能力”[①]。教师通过设计学习理解类活动，帮助学生获取、梳理和整合相关的语言知识，从而实现对主题意义的探究与学习。

从活动的层次来看，学习理解类活动是教师通过感知与注意、获取与梳理、概括与整合等活动，帮助学生从语篇中获得与主题相关的文化知识，建立信息之间的关联，形成新的知识结构，从而感知并理解语言所表达的意义的学习活动。

从活动的过程来看，学习理解类活动为应用实践类和迁移创新类活动的设计与实施奠定基础，是教师通过感知与注意活动创设主题情境，激活学生已有知识经验，并铺垫必要的语言和文化背景知识的活动，是帮助学生学习和运用语言知识、语言技能的重要环节。

2. 学习理解类活动的特征

学习理解类活动主要包括感知与注意、获取与梳理、概括与整合三个方面的特征。

（1）“感知与注意”强调学生在学习活动中形成对学习内容期待的学习活动。[②] 教师围绕主题创设情境，激活学生的背景知识，铺垫词汇，为学生获取新的信息奠定基础；也有助于教师了解学生知道什么，不知道什么，还想了解哪些方面的信息，并据此开展教学。[③]

（2）“获取与梳理”强调学生在感知与注意活动的基础上进行初步的信息获取和加

---

① 王蔷，胡亚琳，陈则航，等. 基于学生核心素养的英语学科能力研究 [M]. 北京：北京师范大学出版社，2018：16.

② 王兰英. 对六要素整合的高中英语学习活动观的认识与实践 [J]. 中小学外语教学（中学篇），2018，41（12）：7–12.

③ 李留建，姚卫盛. 例析英语学习活动观在英语教学设计中的应用 [J]. 中小学外语教学（中学篇），2018（11）：49–53.

工的学习活动。[①] 学生在学习活动中学习和运用语言知识、语言技能，从语篇中获得与主题相关的知识，建立信息间的关联，在梳理细节信息的过程中获取新知。

（3）"概括与整合"强调学生在观察英语语言现象的基础上，对语篇中零散的信息进行概括与整合的学习活动，教师引导学生归纳概括信息或语言规律，形成新的知识结构，或者新的概念，从而对主题有一个新的认知。[②]

【案例 1】

教学材料：《英语（人教版）》7 年级下册第 10 单元 Section B 阅读 Birthday food around the world

（一）教学目标

通过阅读语篇 Birthday food around the world，理解中英两国在生日庆祝方式上的异同，比较中英两国在生日习俗中的异同，形成对中外文化差异的认知。

（二）活动设计

读前环节

1. Look at the pictures about different birthday food, say the words and guess the secret word (birthday).

2. Talk about their activities on birthday parties.

3. Look at the title and the picture and talk about what they want to know about the topic.

读中环节

1. Read the passage and summarize the main idea of each paragraph.

2. Complete the chart about birthday celebrations in the UK and in China.

3. Compare and contrast the different birthday celebrations in the UK and in China based on the chart.

读后环节

1. Discuss the symbolic meanings of the birthday food in different cultures.

2. Talk about what they have learnt about the topic.

【案例分析】在感知与注意方面，教师围绕主题创设有关庆祝生日的情境，激活学生已有的知识和经验，同时帮助学生铺垫必要的语言，如 balloon，wish，present，party，hot drinks，noodle，candle，candy 等。引导学生基于标题、插图提出问题，预测文本大意，验证学生与文本之间的信息差。

在获取与梳理方面，教师引导学生根据提出的问题，通过整体的细节阅读和验证，获取中英两国在生日庆祝方式上的基本信息，如饮食、庆祝活动、表达愿望的方式等，梳理中英两国生日庆祝方式的异同。学生在语篇的学习活动中，弥补之前零散的、不

① 王兰英．对六要素整合的高中英语学习活动观的认识与实践 [J]. 中小学外语教学（中学篇），2018（12）：7–12.

② 梅德明、王蔷．改什么？如何教？怎样考？高中英语新课标解析 [M]. 北京：外语教学与研究出版社，2018：93.

完整的、有一定偏差的认识，在梳理细节的过程中获取新知。

在概括与整合方面，教师通过提问："What do people eat and do on their birthday in the UK/in China? What do they have in common when celebrating their birthday?" 引导学生梳理、概括中英两国在生日庆祝方式上的异同（图 3-1-1）。引导学生用思维导图提炼、整合信息，形成有关中英两国在生日庆祝方式上的异同的结构化知识。

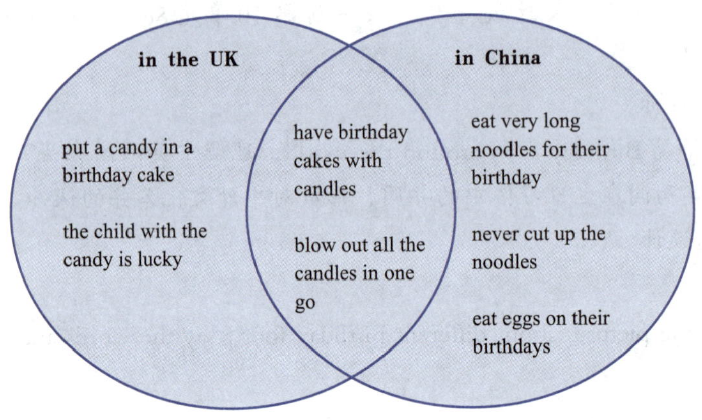

图 3-1-1　中英两国生日庆祝方式的异同

二、学习理解类活动设计

1. 学习理解类活动设计的概念

学习理解类活动设计是基于理解建构的活动。其目的是导入激趣，实现理解。理解是一切真实学习发生的起点，也是深度学习的发生机制，包括感知与注意、获取与梳理、概括与整合等基于文本的学习活动。教师通过围绕主题创设相关的情境，激活学生的背景知识，激发学生的学习动机，帮助学生在语篇中获取新知，并通过梳理、概括和整合，形成新的知识结构图，帮助学生把未知转化为已知。① 教师设计统领性的学习理解类活动，引导学生利用多种工具和手段，在零散的信息和新旧知识之间建立关联，建构基于语篇的结构化新知识。②

2. 学习理解类活动的表现指标

根据学习理解类活动的特点，在活动设计上，可以呈现出不同的表现指标。学习理解类活动的表现指标及活动形式如表 3-1-1 所示。

---

① 李观清. 基于英语学习活动观的初中英语阅读教学的探讨 [J]. 教育艺术，2022（4）：66–67.

② 程晓堂. 改什么？如何教？怎样考？义务教育英语课程（2022 年版）解析 [M]. 北京：外语教学与研究出版社，2022：45.

表 3-1-1　学习理解类活动的表现指标及活动形式

活动类型	特征	表现指标	活动形式
学习理解活动	感知与注意	有目的、有计划地关注英语语言中的语音、词法、句法等知识和现象及其背后的本质[1]	• 创设恰当的情境，通过自由交谈、歌曲、图片、视频等激活学生的相关背景知识 • 引导学生关注语篇的文本特征，如大小写、黑体词、图表、图片、色彩等，预测语篇内容和语篇文体 • 铺垫必要的语言知识，如影响学生理解的词汇、难句等，帮助学生扫清理解中的语言障碍或文化障碍，加快对文本理解的进程
	获取与梳理	学习和运用语言知识、语言技能，从语篇中获取新知	• 引导学生主动提取文本大意和事实性细节信息，完成预测验证
		建立信息间的关联	• 引导学生梳理关键信息，如文章的主要观点、主线与脉络等
	概括与整合	归纳概括信息或语言规律，形成新的知识结构	• 开发和利用多种有利于学生整合信息的工具，帮助学生理解语篇的结构 • 借助思维导图清晰地呈现语篇的结构化知识图，帮助学生比较事物的异同 • 利用思维导图整理内容结构图，归纳概括信息，引导学生完成复述 • 在语境和语篇中概括归纳目标语法项目的形式、意义及功能

问题解决

针对阅读、听说、写作和语法等不同课型，学习理解类活动设计有不同的策略与方法。

一、围绕语言能力发展的目标设计阅读活动

在阅读教学中，教师围绕主题创设情境，激活学生的已有知识和经验，如英语语言知识、英语文体知识和文化背景知识等，使学生在已有的知识经验和学习主题之间建立关联，形成学习期待。

1. 激活与语篇相关的语言和背景知识，形成阅读兴趣（感知与注意）

教师激活学生的英语语言知识，如与阅读语篇相关的词汇、语法（如时态、句式结构等）、功能、话题等知识。引导学生关注语篇的文本特征，包括大小写、黑体、斜

① 王蔷等．基于学生核心素养的英语学科能力研究 [M]. 北京：北京师范大学出版社，2018：17.

体，以及图表、图片等。预测语篇内容和语篇的文体特征，如记叙文、说明文、议论文、信件、新闻报道、诗歌等。帮助学生扫清理解中的文化障碍，如与特定话题、特定情境相关的中外文化背景知识，包括历史地理、风土人情、价值观念等，使学生对阅读内容产生兴趣，有动力去阅读。

2. 从语篇中获取新知，明确语篇的主要内容（获取与梳理）

为帮助学生获取与梳理信息，建立信息之间的关联，教师可以针对不同类型和特点的语篇采取不同的活动策略。例如，让学生在记叙文中找出事件的六要素；在议论文中找出不同的观点；对层次明显的语篇进行分层等，帮助学生获取语篇的主要内容，理清文章思路。

3. 开发和利用工具整理内容结构图，提炼结构化知识（概括与整合）

在阅读教学中，教师可以通过引导学生提取关键词、寻找段落话题句、总结大意等形式开展学习理解类活动；引导学生梳理和组织信息，运用思维导图、概念图等工具建构结构化知识，呈现思维的多样性，体现学生课堂学习的自主性，促进学生逻辑性思维和学习能力的发展。

【案例 2】

教学材料：《英语（人教版）》9 年级全一册第 9 单元 Section B 阅读 Sad but beautiful

（一）教学目标

通过梳理语篇的基本信息与框架结构，理解人物生平类语篇的基本特点，了解华彦钧惨淡却不平凡的一生；在理解语篇基本内容的基础上，通过挖掘语篇的主题意义，理解标题在语篇中的作用。

（二）教学流程

环节	学习活动	活动目的
学习理解	听《二泉映月》的片段，陈述自己对该段音乐的感受以及对音乐家华彦钧的认识	帮助学生激活并关联已知，做好学习准备
	思考人物生平类语篇在记叙过程中呈现的主要内容	培养学生预测的阅读技能
	阅读语篇，捕捉语篇记叙的主要内容，提炼语篇的叙事顺序	培养学生获取主要信息的阅读技能，鼓励学生利用信息对语篇的基本框架进行初步梳理
	再读语篇，回答教师提出的有关华彦钧生平的问题	培养学生利用信息解决问题的能力

【案例分析】该案例围绕语言能力发展的目标，设计了丰富的阅读活动。在读前环节，通过音乐片段激发学生的学习兴趣，引导学生陈述自己对该段音乐的感受以及对音乐家华彦钧的认识，关联已知，补充必要的文化背景知识；引导学生思考人物生平类语篇在记叙过程中呈现的主要内容，关注语篇的文体特征并预测语篇内容，从而了解学生知道什么、不知道什么，并据此开展教学。在读中环节，引导学生获取、梳理、

归纳、提取文本大意和事实性细节信息，完成预测验证；通过问题链，引导学生学习和运用语言知识提炼语篇的主要内容和叙事顺序；借助有利于学生整合信息的内容结构图（图 3–1–2），帮助学生理解关于音乐家华彦钧（阿炳）生平的语篇结构，建立信息间的关联，提炼结构化知识。

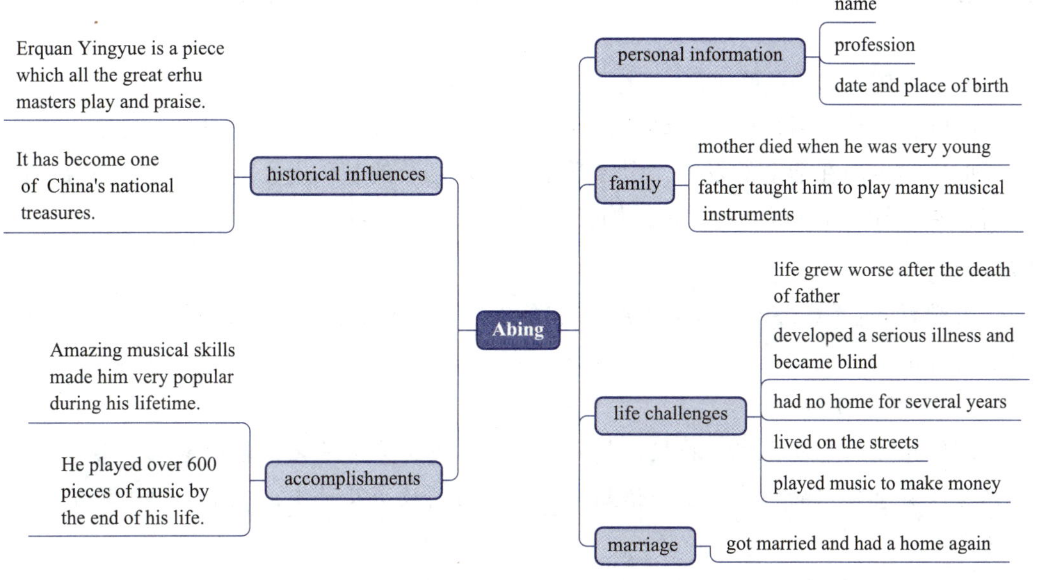

图 3–1–2　语篇内容结构图

二、围绕主题意义探究的目标设计听说活动

主题包括主题范围和主题意义。主题泛指口头与笔头表述（如谈话与文本等，统称为语篇）的中心思想。主题意义是语篇所表达的意义，主题和主题意义的载体是语篇。对主题意义的探究是通过对具体语篇意义的解读和表述来实现的，也是教师帮助学生发展学科核心素养的关键。对主题意义的探究是学生在语篇主题情境中，综合性地学习和运用语言知识、文化知识、语言技能及学习策略的过程。[①] 教师在设计听说活动时，应始终关注主题意义，引导学生在主题语篇情境中解决具体问题，学以致用。

1. 基于主题情境，预测听力内容，发现认知差距（感知与注意）

基于听说学习主题，创设符合主题的语言语境，激活学生的背景知识、铺垫词汇学习、关注听力内容的活动，是学生在听说课堂中建构新知识结构的开始。教师在播放听力录音之前，引导学生依据听力材料中的配图、标题、提示文字等，预测听力内容的题材、体裁、主题、语境、相关情节，以及说话者的身份、人物之间的关系等。基于主题情境的充分预测，在激活学生已有知识储备和生活经验的同时，也能激发学

① 梅德明，王蔷．改什么？如何教？怎样考？高中英语新课标解析［M］．北京：外语教学与研究出版社，2018：60.

生对听力材料的兴趣，发现认知差距。

2. 根据对主题的理解，获取所需的信息（获取与梳理）

指向获取与梳理的学习理解类活动，是指帮助学生理解听力语篇的活动，是学生建构新知识结构的主要环节。教师借助听力语篇情境帮助学生理解主题意义，并通过引导学生运用速记、记笔记补全文字等策略，获取听力语篇的文本大意和事实性信息。

3. 建立信息间的关联，形成新的知识结构（概括与整合）

教师在设计学习理解类活动时，通过听力语篇的外在活动（如问答、讨论、独白等）促进学生内在活动的发生，引导学生在梳理细节的基础上，进入概括、整合、重组信息的环节，并形成新的知识结构，理清听力语篇的脉络。

【案例 3】

教学材料：《英语（牛津上海版）》8 年级第一学期第 5 单元听力 Dr Sun Yat-sen's Mausoleum

（一）教学目标

理解语篇的基本内容，捕捉语篇中的重要信息，完成笔记；借助笔记，形成对语篇内容及背景知识的构建，了解语篇中数字背后的故事及孙中山先生对中国革命事业的伟大贡献。

（二）教学流程

环节	学习活动	活动目的
学习理解	介绍自己了解或参访过的南京的景点，学习“中山陵”的英语表达	激发学生兴趣，引出课时话题
	预测中山陵宣传片中可能涉及的内容	引导学生运用已有知识对语篇内容进行预测
	观看宣传片，回答教师提出的问题，核查自己的预测是否正确	引导学生初步关注语篇大意和基本信息
	观看宣传片，记笔记，完成表格填空	关注学生捕捉细节信息的能力
	回答关于中山陵的问题，梳理文本脉络	利用信息结构图，帮助学生形成对语篇内容及背景知识的构建

【案例分析】该案例围绕主题意义探究的目标，设计了有效的听说活动。在听前环节，教师引导学生介绍自己了解或到访过的南京景点，创设有效情境，有目的、有计划地激活学生的相关背景知识和语言知识；引导学生基于主题情境预测中山陵宣传片中可能涉及的内容，发现认知差距，做好学习准备；为学生铺垫必要的语言知识，如影响学生理解的词汇，帮助学生扫清理解中的语言障碍。在听中环节，教师引导学生关注中山陵宣传片的语篇大意和基本信息，验证预测，关注学生根据对主题的理解，

捕捉关键信息的能力；引导学生关注语篇中数词的种类和应用，明确其表达的含义。在听后环节，引导学生借助笔记和已有知识以及信息结构图，建立信息间的关联，形成对语篇内容及背景知识的建构（图 3-1-3）。

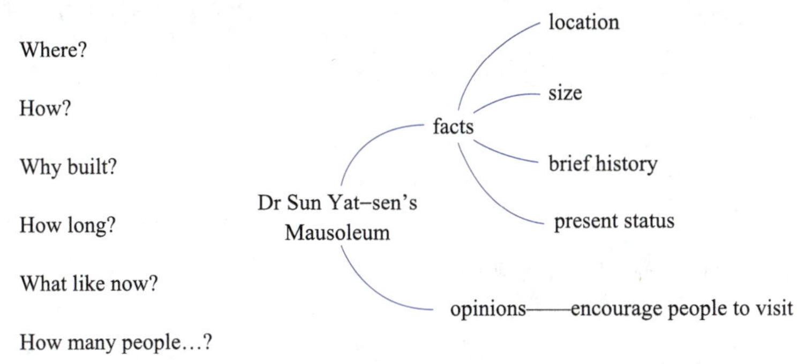

图 3-1-3　语篇内容及背景知识的构建

三、围绕思维发展的目标设计写作活动

新版课程标准指出：思维品质指人的思维个性特征，反映学生在理解、分析、比较、推断、评价、创造等方面的层次和水平。在英语课堂上开展的与写作相关的学习理解类活动既是语言学习活动，也是思维训练活动。

1. 明确写作内容，激活已有的生活体验和感受，激发表达兴趣（感知与注意）

教师要以学生自身的生活、经验、知识和情感作为切入口，通过图片、标题、文字、图表、漫画、影片等多模态资源激活学生已有的生活体验和感受，引发情感共鸣，唤起学生对新知识、新经验的好奇心以及交流表达的兴趣。

2. 关注范文语篇的文体特点、写作手法、表达顺序等（获取与梳理）

教师要引导学生关注范文语篇的文本特点、语言特点、表达顺序等，关注作者为达到写作目的、体现语篇主题所采用的写作手法和策略，促进学生将这些写作手法内化迁移到自己的写作中。

3. 建立语篇的特征、语言特点等与主题意义的关联（概括与整合）

教师要引导学生关注语篇中事件的发展和变化、语篇的语言特点、语篇的衔接手段、语篇中的句子之间和段落之间的逻辑关系，以及与主题意义的关联，帮助学生形成篇章建构意识，指导学生利用写作框架厘清脉络，合理组织写作材料，丰富写作构思图式。

【案例 4】

教学材料：《英语（沪教版）》8 年级上册第 1 单元写作 A baby dinosaur

（一）教学目标

把握记叙文写作的基本要素；掌握看图写作的基本思路，使用适当的时态完成故事的撰写；依托图片，合理预测，为文章撰写合理的结尾。

（二）教学流程

<table>
<tr><th>环节</th><th>学习活动</th><th>活动目的</th></tr>
<tr><td rowspan="6">学习理解</td><td>阅读写作标题和图片，思考可能的写作内容</td><td>引导学生知晓写作内容和写作类型</td></tr>
<tr><td>观察语篇中的图片并排序，理解语篇的写作顺序</td><td rowspan="4">引导学生挖掘图片本身以及图片之间的关联</td></tr>
<tr><td>细致观察图片，理解图片所反映的内容</td></tr>
<tr><td>关注单张图片，理解细节内容之间的内在联系，捕捉图片背后的信息</td></tr>
<tr><td>发现图片间的关联，理解故事发展的逻辑顺序</td></tr>
<tr><td>思考图片中人物可能的内心独白，并在适当位置加入心理描写</td><td>引导学生把握记叙文的语篇特点，借助结构图帮助学生明确记叙文写作的基本要素和一般步骤</td></tr>
</table>

【案例分析】该案例围绕思维发展目标，设计了有效的写作活动。通过图片、标题文字、符号等多模态语篇形式呈现立体场景，创设问题情境，让学生能置身其中，形成学习期待，激发表达兴趣。以图片为依托，引导学生理解小恐龙被发现、被抚养长大、被人们了解的过程，关注语篇的表达顺序。教师引导学生细致观察图片，通过问题的引导，教会学生捕捉图片细节。分析图片之间的关联、创作人物对话及内心独白，帮助学生明确语篇的文体特点和写作手法；借助看图写作流程图（图 3-1-4），引导学生建立语篇的特征、语言特点等与主题意义的关联，概括与梳理记叙文写作的基本要素和一般步骤，为学生基于合理想象展开对图片内容的表达做好铺垫。

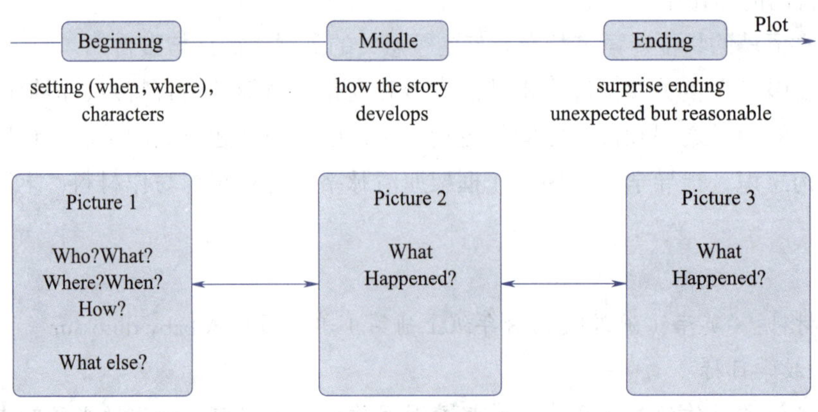

图 3-1-4　看图写作流程图

四、围绕获取新知的目标设计语法活动

学习语法是为了用语法表达，实现交际功能。语法教学应使学生能够在语境中体会语法使用的基本规则；在语境和语篇中感知、识别、体会、理解语法的基本结构和表意功能，并能有效地利用语法进行理解和表达。[①] 教师可以结合具体语境呈现语法结构，引导学生观察语法形式，自主分析归纳语法规则，形成有关目标语法结构的知识结构图。

1. 在语境和语篇中关注目标语法项目的基本结构（感知与注意）

教师创设情境，用含有目标语法项目的句子或段落导入语篇主题，激活学生相关的背景知识，引导学生在语境中观察，发现目标语法项目的基本结构，在情境中感受语法结构的使用，形成语法意识，为在语篇阅读中学习目标语法项目做好铺垫。

2. 运用语法知识分析目标语法项目的形式、意义和语用功能（获取与梳理）

语法知识是“形式—意义—使用”的统一，与语音、词汇、语篇和语用知识紧密相连，直接影响语言理解与表达的准确性和得体性。教师引导学生回顾语篇的主要信息，找出含有目标语法项目的句子，在这些句子中分析、归纳目标语法项目的形式、意义和语用功能。

3. 分析归纳目标语法项目的一般规律，形成有关目标语法项目的知识结构图（概括与整合）

教师引导学生运用分析、对比、归纳等思维能力，积极探究、分析目标语法项目，自主归纳出目标语法项目的一般规律。结合与语境相关的例句进行适当的拓展和必要的讲解，帮助学生进行概括与整合，形成有关目标语法项目的知识结构图。

【案例 5】

教学材料：《英语（沪教版）》9 年级下册第 4 单元语法 Using *it* as the empty subject

（一）教学目标

掌握 it 作为不定代词作主语时的主要用法；学习在自然环境、自然灾害的主题语境中使用 it 来描述自然现象及个人感受。

（二）教学流程

教学环节	学习活动	活动目的
感知与注意	回答教师提出的问题，如： What day is it today? What's the date today? What month is it? What year is it? What's the weather like today? What season is it? How far is it from your home to school?	引导学生回顾旧知，复习归纳 it 可以用于指代时间、天气、日期、距离等，引出教学内容

① 程晓堂．改什么？如何教？怎样考？义务教育英语课程（2022 年版）解析 [M]. 北京：外语教学与研究出版社，2022：87.

续表

教学环节	学习活动	活动目的
获取与梳理	在语境中分析 it 作形式主语代替动词不定式及主语从句的形式、意义及功能，并作简单操练。 It's important to stick with it. It seems/appears that nobody is paying any attention to the flood. It took a long time to build the house. It is wrong to pay no attention to Kevin. It is not a good idea to sit around and worry about the flood.	引导学生基于情境，分析 it 作形式主语代替动词不定式及主语从句的形式、意义及功能
概括与整合	阅读语篇，找出含有 it 的句子，分析 it 在不同句子里的表达形式、基本意义、使用规则和语用功能，利用信息结构图，形成对 it 的新的知识结构图	引导学生通过观察，自主归纳出 it 的使用场合、表达形式、基本意义、使用规则和语用功能，形成新的结构化、体系化知识

【案例分析】该案例围绕获取新知的目标，设计了有效的语法活动。在感知与注意的教学环节，教师创设问题情境，引导学生复习回顾 it 可以用于指代时间、天气、日期、距离等，激活学生相关的背景知识。在获取与梳理的教学环节，引导学生在语境中分析、归纳 it 作形式主语代替动词不定式及主语从句的形式、意义及功能。在概括与整合的教学环节，学生阅读语篇，找出含有 it 的句子，归纳出目标语法项目的一般规律，it 的使用场合、表达形式、基本意义、使用规则和语用功能，形成新的结构化、体系化的有关 it 的知识结构图（图 3-1-5）。

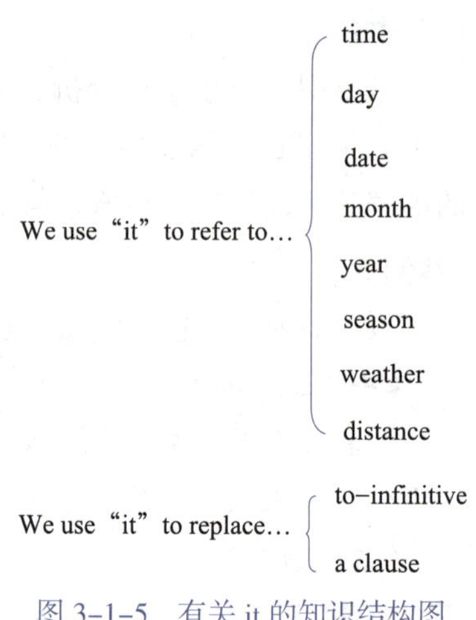

图 3-1-5　有关 it 的知识结构图

教学建议

第一，关注三类活动之间的逻辑关联。

学习理解类活动的设计可以为应用实践类和迁移创新类活动的设计与实施奠定基础。从学习理解类活动到应用实践类活动的进阶可以一次完成，也可以多次循环完成。教师应关注学生的学习兴趣、学习动机、学习困难、学习方法和学习心理，按照学习理解、应用实践、迁移创新三个层次来设计课堂活动，形成一个符合学生认知规律的活动链。围绕主题意义的探究，使上一个活动成为下一个活动的铺垫，下一个活动是对上一个活动的深化和拓展，逻辑递进、循环上升，助力学生把知识转变为能力，促进能力转化为素养。

第二，关注学生的学习起点和认知特点。

学习理解类活动的设计是帮助学生学习和运用语言知识、语言技能的重要环节。教师应以主题为引领，以语篇为依托，创设问题情境，以学生的学习需求为出发点，立足学生的学习起点和认知特点，调动学生已有的基于该主题的经验，激活学生已有的知识经验，铺垫必要的语言和文化背景知识，帮助学生从语篇中获得与主题相关的文化知识，建立信息间的关联，形成新的知识结构。

第三，关注学习理解类活动的评价。

学习理解类活动的评价为课堂上教师的“教”和学生的“学”服务。教师可以把活动评价的途径、方式与学生的学习活动相结合。教师在教学过程中收集信息，观察学生能否参与互动和交流，能否把自己已经知道的和想知道的内容激活；是否愿意主动分享个人对该主题已有的知识、经验，或独特的视角；能否获取和整合基本的事实性信息，把握主要内容；能否根据获取的信息，抓住要点，归纳、概括共同特征等。对学习理解类活动的评价应与本节课的教学目标、不同能力水平的学生在课堂中的表现等要素紧密联系在一起，教师对学生的学进行监控、观察、反思、调整。如果学生在某个教学活动上落实得不够完整，或者出现了困难，教师就要及时指导，或调整提问方式，或进行追问。评价也应具有选择性或开放性，评价的主体不仅包括老师，也包括学生。教师使用适当的评价方法，把学生自主评价与学生之间的互评、师生评价等形式充分结合，引导学生形成主动反思学习过程、改进学习策略的意识。教师也可以充分利用新技术支持下的在线评价工具给予学生及时的反馈和指导。

关键问题 3-1 解决方案实践分享

关键问题 3-2 如何设计应用实践类活动?

问题提出

新版课程标准强调学习活动观。设计好应用实践类活动是践行学习活动观的重要环节。在实际教学中，教师对应用实践类活动及其设计的认识还存在一些误区。

一、课程标准的要求

新版课程标准指出：围绕这些（课程内容）要素，通过学习理解、应用实践、迁移创新等活动，推动学生核心素养在义务教育全程中持续发展。应用实践类活动在课堂教学中起着承上启下的作用，既是学生在学习理解活动基础上对语言知识和文化知识的内化过程，又是对语言技能的初步应用，为促进迁移创新类活动达成的准备过程。因此，设计哪些应用实践类活动，如何设计应用实践类活动是教学设计中应当引起重视的问题。

二、教学现状

实际教学中，教师对应用实践类活动及其设计认识上的问题主要表现在以下方面。

1. 活动设计表面化、单一化

应用实践类活动是教学实施过程中引导学生内化所学语言知识和文化知识，引导学生对所学内容加深理解、不断内化，从而进行初步应用的学习阶段。由于教师缺乏语篇挖掘能力，使得教学过程停留在语篇表面信息、事实信息上，学生对语篇内涵、遣词造句、主题意义等难以构建成整体认知，无法形成结构化知识网络。

2. 忽视从学习到产出的过程性指导

应用实践类活动是学习理解过渡到迁移创新的中间环节。但不少教师在教学实践中直接从学习理解跳跃到迁移创新，忽略应用实践环节中教师指导学生简单运用语言进行操练、深入语篇内部进行研读的过程，使得教学从学习到产出的过程脱节。

3. 对从学习理解到应用实践的认识有偏差

部分教师认为学习理解、应用实践、迁移创新是线性的过程，认为一节课的教学设计应当以三类活动为主线平铺直叙，忽视从学习理解到应用实践的循环往复、不断加强的过程。在教学实践中，教师可根据学生的实际情况在学习理解和应用实践中多次往复，直至学生掌握相关知识与技能，并能将其应用于迁移创新类活动中。应用实践类活动是加深理解学习内容、初步尝试运用的重要环节。

问题分析

要做好应用实践类活动的设计，首先应明确应用实践类活动的含义、特征及其设计过程中的一些重要指标。

一、应用实践类活动

1. 应用实践类活动的概念

应用实践是英语学科能力要素中的重要能力之一，它强调“（特定学段的）学习者实际应用英语语言的能力，是英语使用者依靠并综合运用英语的知识和技能开展交际的能力”[①]。所以，应用实践类活动是为了培养学生应用实践能力而设计和开展的学习活动。

从活动层次看，应用实践类活动是学生在课堂教学的过程中，在学习理解类活动的基础上，内化所学语言和文化知识，加深理解并初步应用的学习活动。

从活动过程看，应用实践类活动是学习理解类活动发展的结果，是通过围绕主题和所形成的结构化知识结构开展的描述、阐释、分析、判断等交流活动，是帮助学生将知识转化为能力的重要环节。

2. 应用实践活动的特征

应用实践类活动主要包括描述与阐释、分析与判断、内化与运用三个方面的特征。

（1）“描述与阐释”强调学生在学习活动中要运用所学的语言知识、文化知识等进行表达、描述、解释、阐释等。

（2）“分析与判断”强调学生在学习活动中要基于获取的文本信息、文本话题，围绕主题意义，加深对话题的理解，形成自己的认识并巩固认识结果。

（3）“内化与运用”强调学生在学习活动中将所学语言知识和文化知识进行消化吸收，巩固新的知识结构，促进语言运用的自动化。

上述三个特征体现了应用实践类活动对学生英语学科能力培养的要求，也体现了活动设计应呈现逐步递增的层次性。教师在设计应用实践类活动时，应围绕上述特征，根据教学内容，设计不同能力层次的活动。

二、应用实践类活动设计

1. 应用实践类活动设计的概念

应用实践类活动设计是在学习理解类活动的基础上，设计有意义的描述、阐释、分析、应用等语言实践活动。应用实践类活动设计有助于学生内化语言知识和文化知识，加深对文化意涵的理解，巩固结构化知识，促进知识向能力的转化。这些学习活动涉及理解、推理、判断、比较、思考、表达等思维活动，因此，应用实践类活动设

① 王蔷等．基于学生核心素养的英语学科能力研究 [M]. 北京：北京师范大学出版社，2018：16.

计本身也是对学生思维活动的设计思考。

从学习理解类活动到应用实践类活动的进阶既可以一次完成，也可以多次循环完成。在活动设计的过程中，应当充分考虑到语篇与教学内容的特点，确定循环的次数。

2. 应用实践类活动的表现指标

根据应用实践类活动的特点，在活动的设计上，可以呈现出不同的表现指标。应用实践类活动表现指标及活动形式如表 3-2-1 所示。

表 3-2-1　应用实践类活动表现指标及活动形式

活动类型	特征	表现指标[①]	活动形式
应用实践类活动	描述与阐释	描写或叙述图表、程序 / 步骤、相关主题（如个人生活、工作）等	• 抓住人物的特点描述人物的主要特征 • 描述事物发展或活动的过程 • 解释语法规则 • 理解生词、句子和语篇的意义
		阐释词汇、语句和图表的含义与用意	• 解释语篇中抽象的概念和文化 • 阐释作者的观点、写作意图
	分析与判断	根据语言材料分析或解释并判断语句之间、事件之间的因果关系	• 分析语篇结构 • 分析人物的主要特征、个性特点 • 分析语篇主题与细节之间的关系 • 分析关键词和主题句与段落大意之间的关系
		综合分析不同信息作出自己的判断	• 判断语篇中的句际逻辑关系 • 根据文章标题、图片等判断内容 • 根据已知信息推测人物关系、事件发展脉络、作者情感态度等
	内化与运用	根据语言材料所提供的语境、篇章结构、逻辑关系等特点系统地组织、合并及编排信息	• 复述 • 语篇重构（如将采访改写会报告等） • 用语法规则表达观点、态度 • 围绕特定话题发表观点
		从零散的信息中梳理信息间的关联，并能使用整合手段（如写作中的衔接手段、谋篇布局等）综合地运用语言	• 就语篇主要观点展开辩论 • 针对语篇主题进行采访、讨论等 • 与他人就特定话题进行沟通 • 介绍中外文化现象

问题解决

针对阅读、听说、写作和语法等不同课型，应用实践类活动设计有不同的策略与

① 王蔷等. 基于学生核心素养的英语学科能力研究 [M]. 北京：北京师范大学出版社，2018：17.

方法。

一、围绕深入理解语篇内涵的目标进行阅读活动设计

1. 描述与阐释环节要注重引导学生理解遣词造句与意义表达

学生在基本理解所读语篇主要内容后，教师应当引导学生就语篇中的词句及主题意义等进行理解。如在进行《英语（牛津上海版）》9 年级第二学期第 4 单元阅读 Students *see stars* in Hollywood 一文的教学中，语篇出现了 a piece of cake，green with envy，jump out of one's skin 等俚语，教师有必要让学生在阅读过程中理解这些词语的表达意义，形成对语篇信息的进一步理解。教师在处理语篇标题时，可以询问学生该标题是否足以涵盖语篇的全部内容，当学生回答"见到明星"只是语篇内容的一个部分时，教师提醒学生 see stars 也是俚语，该标题是否还有其他含义。学生进一步猜测，理解 see stars 还有"眼冒金星、眼花缭乱"之意。活动过程中，学生在教师引导下，自主解读一些俚语的含义及语篇主题，形成对语篇更深入的认识，并能表达自己的认识。

2. 分析与判断环节要注重引导学生把握语篇知识与语篇结构

在阅读活动中，教师要培养学生判断句际关系、分析语篇结构、判断作者意图、观点、态度等能力，帮助学生形成个人判断与认知，提升学生语篇分析能力。例如在说理类语篇的教学中，教师应指导学生完成对语篇框架的梳理，发现作者观点、论据以及与之匹配的事例。此外，教师还应根据说理类语篇的特征引导学生关注所给论据的关系及排列方式、论据与事例之间的关联度、议论方法等。这样才能真正保证相关教学要求的落实，帮助学生对所学语篇形成个人认知，并能将语篇知识应用在个人的表达和写作活动中。

3. 内化与运用环节要注重引导学生利用和复述语篇信息

应用实践类活动的根本目的是学生能内化所学内容，并能加以简单运用。因此，在阅读活动的设计中，教师还要引导学生利用已知信息复述语篇的主要内容、围绕语篇内容开展一些思辨性活动（如标题理解、语篇内容评价、人物心理活动分析等）。在全国多套教材中都有《汤姆·索亚历险记》中的选文。教师在处理语篇的过程中，常会引导学生梳理故事情节和语篇结构，注重引导学生捕捉主人公的心理变化，最终形成对汤姆·索亚性格特点的认知。通过这个过程引导学生对语篇结构进行梳理，从而分析作者进行人物形象塑造所用的方法。如果能结合作者马克·吐温的生平，加入对时代背景的认知，学生对语篇的理解就会更加深刻。

【案例 1】

教学材料：《英语（牛津上海版）》6 年级第一学期第 4 单元阅读 Interviewing a doctor

（一）课时教学目标

1. 了解采访类语篇的特点并能围绕中心话题设计采访问题。

2. 通过优化语篇了解采访过程，并将其应用于口语活动中。

3. 在进行语篇形式的转化时，进一步熟悉一般现在时的用法。

（二）教学活动设计

环节	学习活动	设计意图
学习理解	回顾前课时学习内容，描述所给人物的职业名称及主要职责	帮助学生激活并关联已知，做好学习准备
	就课时主题提出问题	培养学生预测的阅读技能
	阅读采访语篇，理解话题，了解语篇类型	激活学生背景知识，为进一步理解语篇信息做好准备
	再读采访语篇，理解被采访对象的基本信息，尝试利用已知信息完成采访报告	培养学生获取主要信息的技能，鼓励学生运用已知信息
应用实践	再读采访语篇，对采访内容进行评价，对采访过程进行梳理	引导学生了解采访的特点和过程；培养学生的逻辑思维和批判性思维能力
	总结采访流程，提炼采访流程中的注意事项	
	提出更多关于职业采访的问题	
迁移创新	两人一组，一人提出关于提示卡上人物的问题，另一人回答，基于笔记进行口头汇报	鼓励学生在新情境中运用今日所学

（三）板书设计

板书设计如图 3-2-1 所示。

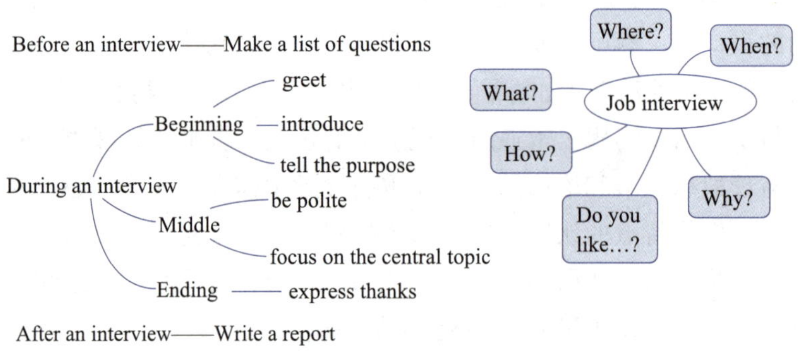

图 3-2-1　板书设计

【**案例分析**】纵观活动设计，教师让学生逐步理解采访的语篇类型、基本信息、流程结构，并通过优化语篇使学生在新的语境中实践。

在应用实践类活动设计中，教师主要从“分析与判断”和“内化与应用”的角度关注了“引导学生把握语篇知识与语篇结构”和“引导学生利用语篇信息”。

对应“分析与判断”，教师先让学生回顾采访过程，梳理出完整的采访流程——采访前准备问题，采访中礼貌问答，采访后撰写报告；然后让学生重读语篇，实现对原有语篇的再构，使其更加符合采访类语篇的特点。新语篇如下（粗体字部分是通过课堂讨论新增的内容，下划线部分是在讨论过程中调整或优化的内容）。

Kitty: **Good morning, sir. My name's Kitty. I'm from Rose Garden City.** I want to know if you like your job. **May I ask you some questions?**

Samuel: **I'm very glad to see you, Kitty! Please!**

Kitty: **Thank you, sir.** May I have your name, please?

Samuel: My name's Samuel Han.

Kitty: How old are you? / Do you mind telling me your age?

Samuel: **(It's OK.)** I'm forty-two years old.

Kitty: What's your job?/ What job do you do?

Samuel: I'm a doctor.

Kitty: **Where do you work?**

Samuel: **I work in a hospital in the city centre.**

Kitty: **How do you go to work?**

Samuel: **I go to work by car. I drive my own car every day.**

Kitty: Do you like your job?

Samuel: Yes, I do.

Kitty: Why?

Samuel: Because I want to make sick people better.

Kitty: **I think you patients like you too.** When do you usually start work?

Samuel: I usually start work at half past eight in the morning.

Kitty: **That's quite early.** So you need to get up early, right?

Samuel: Yes, Kitty.

Kitty: And when do you usually finish work?

Samuel: I usually finish work at six o'clock in the evening.

Kitty: **Thank you, Mr Han. You are really a good doctor.**

Samuel: **You're welcome, Kitty!**

对应“内化与应用”，教师引导学生对“好采访”的标准达成共识，使采访者与被采访者之间的交流更真实、更礼貌，呈现了询问、追问和反馈彼此融合的特点。此外，为了给迁移创新类活动做好铺垫，教师还引导学生提出更多与职业采访相关的问题，最终帮助学生在应用实践环节形成了课堂表现评价的维度。

同时，由于教师对应用实践类活动的精心设计，使板书也成为这节课的亮点。

二、围绕初步完成口头交际的目标设计听说活动

1. 描述与阐述环节要注重引导学生把握语篇基本结构

在学习理解类活动中，学生要理解自己所听到的内容，获取相关的主旨大意与细节信息。而在应用实践类活动中，学生则要对所听的语篇内容进行深入的理解。因此，首先要关注学生能否把握所听语篇的基本结构。下面以《英语（鲁教版）》8 年级下册第 1 单元 Section A，2d 中的语篇及图片（图 3-2-2）为例。

Tony: Hey, Andy. What are you watching?

Andy: Oh, it's a show about people with great talents. I really admire this guy.

Tony: Oh, who is he?

Andy: He's a street artist. He paints pictures on the ground or on buildings.

图 3-2-2

Tony: The pictures look so real and 3D!

Andy: Yes, the pictures are flat, but they look like they're 3D.

Tony: When did he start painting these pictures?

Andy: I think he started about five years ago.

Tony: How old was he when he started doing this?

Andy: Hmm ... I guess he was about 20 years old when he started. He was still a college student. He sometimes got in trouble for painting the buildings at school!

Tony: I wonder if I can learn to paint like that. It's so cool!

Andy: Well, I'm sure you can.

学生在理解该语篇的基本信息的基础上，教师要引导学生梳理该语篇中，提问者是如何通过有效提问和追问获取自己需要的相关信息的。同时，教师还应在此过程中，关注提问者提出问题的目的，以及如何由宽泛逐步聚焦，这有助于学生后续开展简单的语言运用活动。

2. 分析与判断环节要注重引导学生理解语用功能和表达方式

在听说教学中，大量的语篇是以对话的形式呈现的。因此，在教学过程中，教师应该对这类语篇的语用功能及常见表达方式进行梳理，并设计教学活动，从而引导学生掌握相应的语用知识。下面以《英语（牛津上海版）》九年级第二学期第 3 单元的 Speaking 中的语篇为例。

Woman:	Hello. May I help you?
Ken:	Hello. My name's Ken. I'm doing a project on your city.
Woman:	I see.
Ken:	I wonder if you could give me some information to help me with my project.
Woman:	Yes, certainly. You can get a brochure about the city from here.
Ken:	Oh, thanks very much. Do you have any books about the city?
Woman:	Well, we don't have any here, but there's a library in the city centre. It's open from nine to five, Monday to Saturday.
Ken:	Oh. Could I use the library?
Woman:	Yes, of course. It's open to the public.
Ken:	That's wonderful. Oh, one more thing. Could you give me a map of the city?
Woman:	I'm very sorry, we don't have any free maps left today, but you can find them in the library.
Ken:	Right. Thanks very much for your help. It's very kind of you.
Woman:	You're welcome. Goodbye.
Ken:	Goodbye.

语篇呈现了 Ken 通过电话向酒店前台询问信息的对话内容，包括打电话、询问信息、提供帮助、礼貌用语等不同方面的语用功能。因此，在学习活动的设计中，教师要让学生尝试去发现这些语用功能，并能回顾常见的表达方式。为后续的简单运用做好必要的准备。

3. 内化与运用环节要注重引导学生运用所学完成简单的口头表达

在学生理解了语篇内容、结构及相关语用知识后，教师要创造机会使学生对所学内容进行初步运用。

延续上面的语篇，以打电话为例，可以设计若干情境，使学生对所学内容加以运用。例如：

① How will you start the conversation if you are calling a close friend for help?

② If you want to borrow a travel book from your good friend, what will you say?

③ If you want to borrow a travel book from your head teacher, what will you say?

在训练完某一语用功能的基础上，也可通过提升情境的复杂性，引入新的功能，使学生得到进阶性训练。延续打电话的功能，教师进一步设计了询问信息的相关活动：

① Now, your penfriend is calling for some information about the places of interest in Shanghai. What will you probably say on the phone?

② You are phoning the monitor for the homework because you are absent from school today.

③ Your class teacher visited your home but no one was there. Your mother is calling for your recent behaviours at school and apologizing for not being at home.

通过这样的操练，学生不仅关注了所学内容，而且对如何运用所学内容也加深了印象，最终能够自主运用到迁移创新类活动中。

【案例 2】

教学材料：《英语（人教版）》7 年级下册第 3 单元 Section A 2e

（一）课时教学目标

1. 理解对话的基本内容，梳理对话的基本框架，获取必要的语言素材。

2. 围绕上学之路的话题，使用恰当的语言开展对话活动，获取相关信息。

（二）教学活动设计

环节	学习活动	设计意图
学习理解	观察插图，思考下列问题： 1. Where are the two girls? 2. How does the girl on the right get to school? 3. How does the girl on the left get to school? 4. What are they probably talking about?	引导学生运用已有知识对语篇内容进行预测
	初听对话，回答下列问题： 1. What are the two girls talking about? 2. Who is Jane in the picture? How do you know? 3. Can you say something about Jane's bike?	引导学生关注对话的大意及主要细节信息
	再听对话，适当记录，并通过信息筛选回答问题：Can you say something about Lisa's and Jane's journeys to school?	培养学生记录、筛选、概括信息的能力
	再听对话，标注句子的语调。 跟录音朗读对话。 分角色朗读对话	培养学生良好的朗读习惯，关注语音和语调
应用实践	阅读对话，思考下列问题： 1. What does Jane say when she wants to know the way that Lisa gets to school? 2. What does Jane say when she wants to know where Lisa lives? 3. What does Lisa say when she wants to know the time that Jane spends on the journey? 4. What does Jane mean by saying "I ride it to school every day"? Can you say it in another way? 5. What does Lisa say about the time she spends on her journey? 6. Can you use this structure to tell the time that Jane spends on her journey?	激发学生思维，结合已有经验进一步思考对话中的语用知识、表达方式等
	角色扮演，运用不同的句型分别谈论 Jane 和 Lisa 的上学之路	引导学生初步运用所学句型及恰当的语调进行交际活动
迁移创新	两人一组进行角色扮演，以早上在校门口遇到同学为场景，谈论两人的上学之路	创设情境，引导学生运用今日所学

（三）板书设计

板书设计如图 3-2-3 所示。

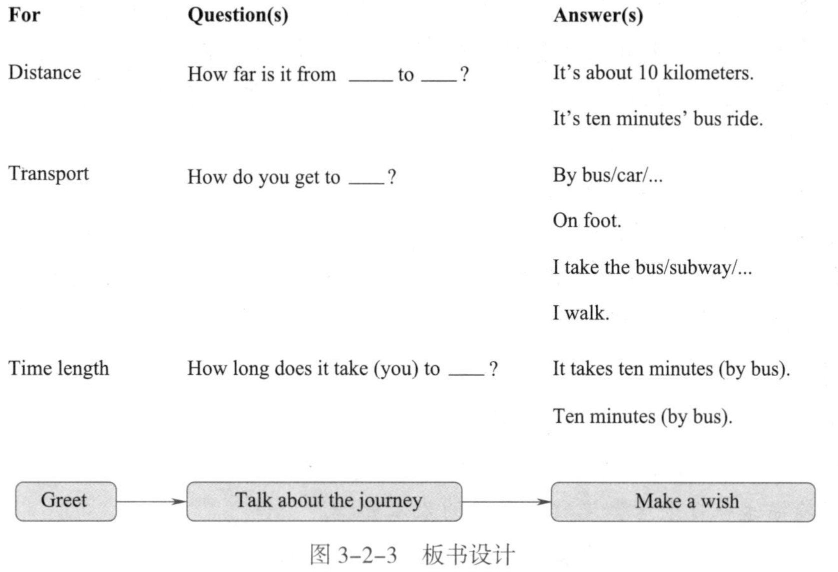

For	Question(s)	Answer(s)
Distance	How far is it from ____ to ____?	It's about 10 kilometers. It's ten minutes' bus ride.
Transport	How do you get to ____?	By bus/car/... On foot. I take the bus/subway/... I walk.
Time length	How long does it take (you) to ____?	It takes ten minutes (by bus). Ten minutes (by bus).

图 3-2-3　板书设计

【案例分析】纵观活动设计，教师引导学生观察图片预测内容，思考问题，通过“听”验证预测。在后续“听”的环节中，通过设计问题、要求学生简单复述等方式把握语篇的主要细节信息。之后，通过引导学生回顾语篇内容及以往所学的语言知识，对语篇结构、语用功能等进行分析，并通过简单运用将学生的输出活动迁移到自身经历的描述上。在应用实践类活动的设计中，教师主要从“分析与判断”和“内化与应用”的角度关注了“引导学生理解语用功能”和“引导学生运用所学完成简单的口头表达”。

对应“描述与阐释”，教师和学生一起分析了这个对话的基本流程（见板书设计中的流程图）。

对应“分析与判断”，教师通过问题链，引导学生发现语篇中围绕“上学之路”这个话题展开的距离、时长、交通方式的询问与回答，促进学生回顾已有的语言知识，为开展简单对话做好准备。

对应“内化与运用”，教师鼓励学生开展对话活动，用适当的表达方式复现两位主人公的对话，指导学生将“分析与判断”过程中获取的语用知识充分运用在这个活动中。

三、围绕初步形成语篇框架的目标设计写作活动

1. 描述与阐释环节要注重引导学生认识语篇基本框架与结构

这个环节旨在让学生在了解写作内容、写作要求以及学习相关示范语篇的信息与基本结构，在此基础上解决“应该怎么写”的问题。学习示范语篇的目的不只是仿写，而是引导学生关注该语篇的特点，结合已有知识和经验，形成个人的写作框架。

2. 分析与判断环节要注重引导学生分析语篇内容的合理性及语言的逻辑性

这个环节旨在让学生在理解语篇框架结构的基础上，解决“所写的内容之间有什么关联”以及“为什么要这么写”的问题。理解语篇结构后，学生应当对写作的内容顺序、描述方式等进行布局。这就要求教师在写作指导的过程中关注语篇中内容之间的关联以及内容的呈现顺序，并通过对写作方法的指导，让学生对如何优化表达有明确的认知。

3. 内化与运用环节要注重引导学生合理运用写作内容与写作框架

这个环节旨在让学生从结构与内容合理的角度去实践应用，形成个人的写作框架，合理安排写作内容，初步完成个人作品。在学生具备了结构和内容这两方面的基础后，课堂实践是写作课中必不可少的环节。这也是反映学生课堂学习效果的重要环节，为教师后续的课堂评价、指导与改进提供依据。

【案例 3】

教学材料：《英语（沪教版）》9 年级上册第 8 单元写作 A day in the life of Gary Green

（一）课时教学目标

1. 明确描述一日生活类记叙文写作的基本要素。
2. 掌握看图写话的基本步骤并能合理安排记叙内容。
3. 依托图片，合理构思作文的开头与结尾。

（二）教学活动设计

环节	学习活动	设计意图
学习理解	阅读标题，思考可能的写作内容	引导学生知晓写作任务，明确写作类型，回顾已有的记叙文写作经历，独立完成基本内容与框架的搭设
	观察图片（图 3-2-4），明确语篇类型，了解写作对象及记叙顺序，初步把握语篇情节	
	独立思考，尝试用适当的词、句描述各图，初步搭设作文基本框架	
应用实践	反馈图①和图②撰写的内容，聆听他人的理解与发言，调整内容、句子结构及表达方式	引导学生把握一日生活类记叙文写作的基本要素，回顾已有的记叙文写作经历，明确看图写话的一般步骤
	思考图①与图②反映的主题，确定全文凸显的意义，尝试围绕主题修改内容	
	发现图①与图②的关联，思考用适当的连接词呈现事件的先后顺序	
	思考图①中人物可能的内心独白，并在适当位置加入心理描写	
	完成图③至图⑥的撰写，并根据主题完成文章开头和结尾的撰写	鼓励学生结合一日生活类记叙文的写作要素，初步运用看图写话的一般步骤完成写作任务
迁移创新	以 Gary's carbon footprint 为题，利用原有图片，重新构思并进行写作	鼓励学生围绕新的主题，挖掘图片反映的内容创作一个新的语篇

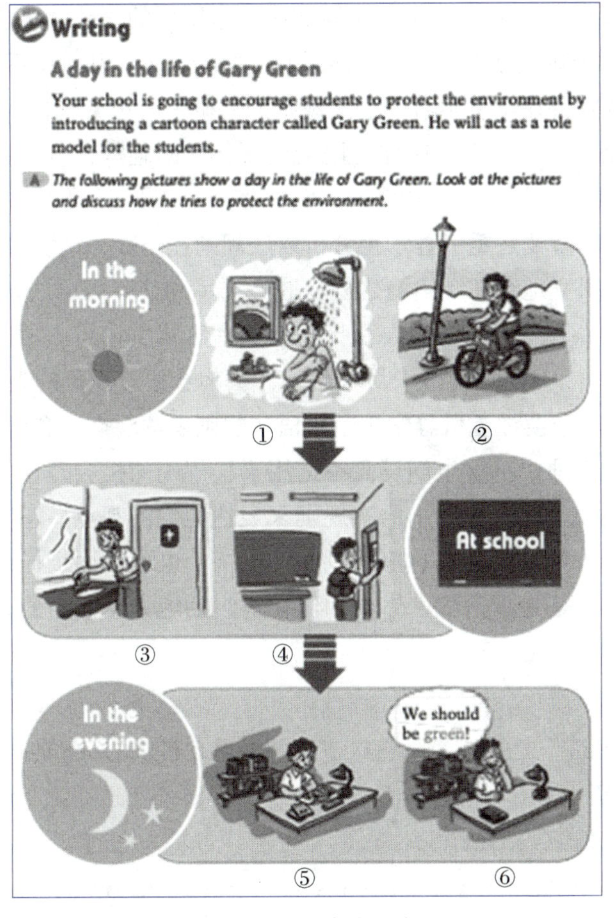

图 3-2-4 看图写话

【案例分析】纵观活动设计，教师让学生明确写作内容、文体及记叙顺序，通过指导让学生逐步理解看图写话的一般步骤，并能合理搭设结构、运用方法形成个人作品，并在个人理解的基础上，创造性地完成全文。

在应用实践类活动中，教师将“描述与阐释”和“分析与判断”做了有机融合。教师以图①和图②作为应用实践的第一部分，帮助学生明确一日生活类记叙文在写作过程中的基本要素，指导学生明确看图写话的主要方法，如清晰描述各幅图片，关注图片间的关联，合理使用对白与内心独白，适当添加连接词等。教师利用图③至图⑥让学生做到内化与运用，将学生在描述与阐释和分析与判断环节中学习到的写作方法运用在自主创作中，并对学习效果加以检验。整个应用实践环节为迁移创新类活动的实施做好铺垫。

四、围绕简单运用语法规则的目标设计语法教学活动

1. 描述与阐释环节要注重引导学生解释语法规则

在学习理解类活动中，学生通过观察学习了主要的语法规则，在应用实践类活动

中，学生应强化对语言现象的认知，并尝试初步运用新的语法知识去解决问题。在描述与阐释环节中，教师要引导学生用自己的话去解释语法规则在不同语境下的运用。换言之，也就是教师要在学生学习了语法规则的基础上，去解释使用了什么语法规则、为什么要这么使用，以及如果不这样使用会出现什么问题等，从而让学生真正理解语法的语用功能。

2. 分析与判断环节要注重引导学生分析语法规则在交际、情境中的应用

语言现象不能孤立地存在于语境之外，脱离语境和交际的语法教学是不切实际的。因此，在分析与判断环节中，教师要引导学生去理解真实场景下语法规则的运用，强化学生对语用的理解，保证学生在交际、情境中去体会语言现象的表达含义。

3. 内化与运用环节要注重引导学生运用语法规则表达观点、态度

语法教学中，教师要给学生创设简单运用语法规则的机会，让学生在较为简单的情境中，从简单到较为综合地运用语法规则来表达他们的观点、态度，形成初步的交际能力。这样的情境可以是具有示范的机械性操练，也可以逐步提升到基于话题的简单讨论，但这些活动是为了让学生体会如何在适当的地方、恰当的时机使用所学的语法规则。

【案例 4】

教学材料：《英语（沪教版）》9 年级下册第 4 单元语法 Using *it* as the empty subject[①]

（一）教学内容

Andy: Hi, Linda, it's so hot today.

Linda: Yes, it's 38 ℃. Did you know it's Major Heat, the last term in summer?

Andy: Oh, really? What do people usually do on this day?

Linda: It's a tradition to fight crickets. We can also go to the beach.

（二）教学活动设计

环节	学习活动	设计意图
应用实践	读一段有关"大暑"的对话。要求学生提炼该对话中 it 的用法	鼓励学生进一步运用语法规则，体会其表达含义
	仿照对话，根据所提供的素材就其他"节气"开展对话活动	
迁移创新	两人一组，根据所提供的三个城市的气象资料，选择一处作为假期旅行的旅游目的地，通过比较，提供相应的理由	鼓励学生开展自主讨论，熟悉语用，巩固今日所学

（三）板书设计

板书设计如图 3–2–5 所示。

① 该案例延续了本书教学关键问题 3–1 中案例 4 的教学设计。

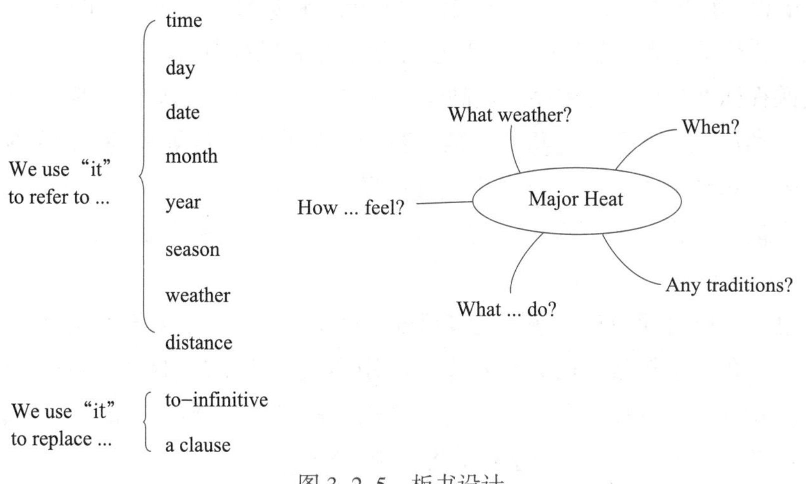

图 3-2-5　板书设计

【案例分析】纵观活动设计，教师引导学生从语篇中的句子入手，通过上下文理解 it 的指代含义与用法。在应用实践类活动中，教师关注学生对语法规则的解释、在情境中的表达以及简单运用，为学生在迁移创新类活动中根据所给材料、自主开展对话活动、运用语法规则进行讨论做好准备。

针对"描述与阐释"，教师引导学生用所学语法知识对补充语篇中的语言现象进行解释，建立语法知识与实际运用间的关联。从板书右侧的思维导图中可以发现对话中 it 的主要用法。

针对"分析与判断"，教师让学生学习补充语篇中的语境，引导学生体会在真实交流的过程中该语言现象的使用。

针对"内化与运用"，教师引导学生运用已有经验和知识，将课堂所学运用到简单情境中，实现语法知识的内化。板书右侧的思维导图此时成为学生讨论的基本依据。

教学建议

第一，对接学习理解类活动，引导学生充分利用已有的语篇信息。

学习的发生应经历三个阶段：表层、深层与转化迁移。其中，表层学习仅能解决单一的概念、观念或技能；深层学习要让学生看到不同概念或观念间的图式关联，并将其组织起来形成自己的推论，向其他人解释和证明。学习理解类活动属于较为表层的学习经历，应用实践类活动则属于较为深层的学习经历。前者是后者的基础，后者是前者的进阶。在应用实践类活动中，要引导学生反复体会已学语篇信息，挖掘语篇主题意义，引导学生将零散信息构建有意义的结构网，使获取的语篇信息结构化。

第二，活动设计围绕语篇知识，引导学生深入挖掘语篇。

应用实践类活动的设计要结合课程标准"课程内容"中"语篇知识"的相关要求，从写作目的、结构特征、基本语言特点、信息组织方式等角度去引导学生观察和分析语篇，不能将学习的重点停留在语言知识上，要充分利用语篇，引导学生全面看待语篇、学习语篇、评价语篇，掌握充分的语言技能，形成独立分析语篇的能力。

第三，关注学生思维品质的发展，引导学生开展思辨性活动。

新版课程标准指出，思维品质反映学生在理解、分析、比较、推断、批判、评价、创造等方面的层次与水平。分析、比较、推断、批判及评价等都是在应用实践类活动中可以培养的思维能力。要提升学生发现问题、分析问题和解决问题的能力，就要在应用实践类活动的设计上下功夫，设计有思维含量的、能引发学生思考的、有助于培养学生语言能力的高质量学习活动。

三级思维品质目标中有一条"能多角度、辩证地看待事物和分析问题"。例如，学习《渔夫与金鱼》这篇故事时，教师设计应用实践类活动，引导学生从金鱼、渔夫和渔夫妻子的角度分析问题，辩证地看待整个寓言故事中的诱因与结果，不能将责任一味地归结于渔夫妻子，从而培养学生的思辨能力。

第四，建立有效的评价标准，引导学生自评与互评。

学习与评价密不可分。在应用实践环节，教师应为学生提供有效的评价标准来检测学生是否掌握了本课时学习的知识与技能。以案例 3 为例，教师在引导学生自评与互评作文时，可以设计如表 3-2-2 所示的评价表。

表 3-2-2 学生习作评价表

指标	满分	赋分
是否使用时间顺序进行描述？	1	
是否关注了图片之间的关联？	2	
是否合理使用连接词呈现情节的先后顺序？	2	
是否使用内心独白？	1	
是否围绕主题设计了开头和结尾？	2	
是否注意了语法、标点与大小写？	2	

表 3-2-2 呈现了本课时中学生已经学习的一日生活类记叙文和看图写话的基本要求，对评价自己和他人的写作任务有积极的帮助作用。

此外，案例 1 的板书设计其实呈现了职业类采访的评价标准。这个标准不是教师独立完成的，是和学生在学习活动的推进过程中共同搭建的。与学生共同搭建评价标准是引导学生深入语篇、发现语篇结构和内涵的副产品。

关键问题 3-2 解决方案实践分享

关键问题 3–3 如何设计迁移创新类活动？

问题提出

新版课程标准提出要秉持英语学习活动观组织和实施教学。但从教学设计来看，部分教师对迁移创新类活动的认识不足，设计迁移创新类活动的能力还有待提高。

一、课程标准的要求

新版课程标准提出坚持学创结合，引导学生在迁移创新类活动中联系个人实际，运用所学解决现实生活中的问题，形成正确的态度和价值判断。迁移创新类活动旨在帮助学生在学习理解类活动和应用实践类活动的基础上，进行超越语篇的学习活动，加深对主题意义的理解。迁移创新类活动的价值在于帮助学生运用所学知识技能、方法策略和思想观念，创造性地解决新情境中的问题，理性表达情感、态度和观点，促进能力向素养的转化。

二、教学现状

实际教学中，存在教师对迁移创新类活动的认识不足、迁移创新类活动的设计与语篇之间缺乏关联、部分迁移创新类的活动情境设计不合理等问题。

1. 对迁移创新类活动认识不足

部分教师对迁移创新类活动的设计缺乏重视。有的输出活动仅停留在应用实践类活动层面。有的教师错误地认为学生能够简单地运用语言，就算是达成了教学目标，忽视了迁移创新类活动的重要性。部分教师未能把握迁移创新类活动与学习理解类活动、应用实践类活动三者之间的关系。

2. 活动设计与语篇之间缺乏关联

部分教师在进行语篇解读时，仅关注了语篇的主题和基本内容，未能深入挖掘语篇的主题意义、写作意图、情感态度价值观等；忽略了语篇在单元教学中的价值，未能建立起单元主题意义与语篇之间的关联，导致迁移创新类活动的设计与单元主题意义或与语篇的学习缺乏关联。

3. 迁移创新类活动情境创设不合理

有些迁移创新类活动情境创设不合理，所需解决的问题难度过高，超出了学生已有的知识与技能。有些活动的情境缺乏真实性，不利于学生综合运用知识与技能，也不利于学生解决问题能力的发展，无法促进能力向素养的转化。

问题分析

在设计迁移创新类活动之前，应先了解迁移创新类活动的内涵，明确迁移创新类活动的设计要求及其表现指标。

一、迁移创新类活动的内涵

迁移创新类活动与学习理解类活动、应用实践类活动有着密切的关联。

1. 迁移创新类活动的概念

英语迁移创新能力指（特定学段的）学习者在个体知识、思维、人格等因素的共同作用下，面对新的情境，整合已有知识和信息，探究解决语言交流中的陌生问题，以及在英语活动中创造新颖性成果的能力。[①] 迁移创新类活动指的是为了培养学生高阶思维能力而设计和开展的英语学习活动。

从活动层次上看，迁移创新类活动是学生在学习理解类活动和应用实践类活动的基础上，整合、运用所学的知识与技能，创造性地解决问题的学习活动。

从活动过程上看，迁移创新类活动是学习理解类活动和应用实践类活动的升华，是围绕主题、运用所内化的结构化知识开展的推理、论证、评价、创造等超越语篇的活动，是帮助学生将能力转化为素养的重要环节。

2. 迁移创新类活动的特征

迁移创新类活动主要包括推理与论证、批判与评价、想象与创造三个方面的特征。

（1）“推理与论证”强调学生在学习活动中整合信息，进行合理推理，并能说明、阐述、论证自己的观点。

（2）“批判与评价”强调学生在学习活动中基于对文本的理解和主题意义的探究，赏析和评价语篇，批判性地评价语篇的观点。

（3）“想象与创造”强调学生在学习活动中整合所学的知识与技能，在新的情境中展开合理的想象，创造性地解决问题，实现知识与技能的迁移和运用。

上述三个方面的特征既体现了迁移创新类活动对学生英语学科能力培养的要求，又体现了在活动设计上应该呈现的逻辑性和层次性。教师在进行迁移创新类活动的设计时，可以围绕上述特征，根据实际的教学内容，设计不同能力层次的活动。

二、迁移创新类活动设计

新版课程标准要求教师把握推理与论证、批判与评价、想象与创造等方面的学习

---

① 王蔷等 . 基于学生核心素养的英语学科能力研究 [M]. 北京：北京师范大学出版社，2018：17.

活动要求，设计迁移创新类活动。

1. 迁移创新类活动设计的概念

迁移创新类活动设计是在学习理解类活动和应用实践类活动的基础上，设计有意义的推理、论证、评价、创造等活动。迁移创新类活动设计旨在帮助学生整合知识与技能，培养学生在新的情境中分析解决问题的能力，引导学生形成新的认识和价值判断，促进核心素养的形成与发展。迁移创新类活动涉及推断、论证、评判、表达等思维活动，因此迁移创新类活动设计有助于对学生思维品质的培养。

2. 迁移创新类活动的表现指标

“中小学学科能力表现研究”项目组提出“英语学科要素内涵及其表现指标框架”。根据迁移创新类活动的特点，在活动设计上，可以呈现出不同的表现指标。迁移创新类活动表现指标及活动形式如表 3–3–1 所示。

表 3–3–1　迁移创新类活动表现指标及活动形式

活动类型	特征	表现指标[①]	活动形式
迁移创新活动	推理与论证	整合语言材料中的线索、逻辑、因果关系等信息，推导出未知信息	• 根据文章标题推测主旨 • 推断人物关系 • 推断事件的后续发展 • 推断作者的情感态度 • 推断作者的写作意图
		用英语基于事实和道理来说明、阐述、论证论点	• 从文章中找出依据和关键词支撑自己的观点
	批判与评价	进行批判性思维，利用理据展开论证和评判，提出令人信服的个人见解	• 评价语篇中的观点并说明原因 • 谈论对某事物的看法及原因 • 赏析和评价语篇文体特征与语言特点、写作手法 • 就文章中的观点展开辩论
	想象与创造	基于已知信息发挥想象，衍生丰富、多样的创意	• 创编对话 • 提出新的解决方案 • 为开放式故事续写结尾 • 读后续写 • 做海报、广告设计

问题解决

针对阅读、听说、写作和语法等不同课型，迁移创新类活动设计有不同的策略与方法。

① 王蔷等. 基于学生核心素养的英语学科能力研究 [M]. 北京：北京师范大学出版社，2018：17.

一、围绕主题意义探究的迁移创新类活动设计

在课程内容六要素中，主题起到引领和统筹的作用，语篇是语言和意义的载体。有意义的语言学习必然以主题为引领，以意义探究为目的，依托语篇展开。[①] 在阅读教学中，教师应通过设计迁移创新类活动，引导学生探究语篇的主题意义。教师可设计推理与论证活动，引导学生深入理解语篇的主题意义；可设计批判与评价活动，引导学生对主题意义开展讨论与分析；可设计想象与创造活动，引导学生形成正确的价值观，理性地表达个人观点。

1. 把握语篇背后的价值取向，推断写作目的、观点或态度

在设计推理与论证类活动时，教师要把握语篇中的隐含信息，引导学生进行合理推断，并通过寻找语篇中的信息，支撑和论证自己的观点。针对记叙文语篇，引导学生推断人物的情感态度、事件的后续发展；针对说明文语篇，引导学生推断作者的情感态度和写作意图；针对应用文语篇，引导学生根据文章标题推断主旨，根据语篇类型和主旨推断作者的写作意图；针对说理类语篇，引导学生推断作者的情感态度；针对对话类语篇，引导学生推断人物关系、交际情境和对话的后续发展。

2. 赏析文体特征，评价作者的观点、态度

在设计批判与评价类活动时，教师要引导学生基于写作意图，谈论对事情的看法及原因，批判性地理解人物以及作者的观点。基于语篇类型，评价和赏析语篇的文体特征，如记叙文语篇的文体特征（如背景、人物、事件）、语言特点（如修辞手法）和写作手法（如叙事和描述的手法、对话的呈现）；说明文语篇的文体特征（如说明对象、说明方法）、语言特征和写作手法（如说明方法、数据、图片、图表等）；说理类语篇的文体特征（论点、论据、论证、论证结构）、语言特点和写作手法（论证方法）等。

3. 基于主题意义的理解，理性表达情感、态度和观点

在设计想象与创造类活动时，教师要鼓励学生基于对主题意义的理解，理性地表达自己的情感、态度和观点，形成正确的价值观。针对记叙文语篇，可以为故事创编对话，为故事续写结尾，创编一个新的故事；针对说明文语篇，可以为说明对象做海报、广告设计，在读后进行仿写；针对应用文语篇，可以提出新的解决方法，在读后进行续写或仿写；针对说理类语篇，可以依据作者的观点，提出新的观点或解决方案；针对对话类语篇，可以进行读后续写或创编一个新的对话。

【案例 1】围绕主题意义探究，设计迁移创新类活动

教学材料：《英语（人教版）》8 年级上册第 2 单元 What do No. 5 High School students do in their free time?

---

① 梅德明，王蔷 . 义务教育英语课程标准（2022 年版）解读 [M]. 北京：北京师范大学出版社，2022：86.

（一）教学内容

What——本课语篇为第五高中课余活动的调查报告。内容围绕该校学生运动、上网和看电视的情况，最后作者结合调查情况给出相关建议。

Why——作者通过展示调查数据，分析学生参与课余活动的情况，发现学生上网和看电视的频次过高，而运动的频次过低。通过分析运动的益处，引导学生合理安排课余活动，增加体育锻炼，形成积极向上的生活观念。

How——语篇分为三个部分。第一部分介绍调查内容，第二部分分三段介绍三类课余活动的调查结果，第三部分提出建议。第二部分运用频次和百分比等数据阐述学生参与活动的频次和人数占比。通过数据分析和对比反映出学生课余运动的比例和频次不高。

（二）教学目标

1. 通过阅读活动，获取、梳理调查报告的内容、结果和建议，运用图表呈现调查数据。

2. 分析调查报告的要素和结构，推断作者的观点。

3. 评价调查报告的观点，提出自己的建议。

（三）教学流程

环节	学习活动	活动目的
学习理解	根据标题，结合自己的课外活动，预测语篇内容	帮助学生激活并关联已知，做好学习准备
	整体阅读语篇，判断语篇类型，归纳语篇的主旨	引导学生依据语篇类型，获取语篇中的主要信息，归纳语篇主旨
	阅读语篇，梳理调查报告的内容、结果	
	阅读语篇，提炼作者的建议	
应用实践	再读语篇，运用图表呈现调研结果，阐释作者的观点	引导学生把握语篇的基本结构，运用图表梳理语篇内容
	分析语篇的结构，完善调研汇报	
迁移创新	分析用词特征，推断作者的观点	引导学生深入探究作者的写作意图和观点，批判性地看待作者的观点，并创造性地提出自己的观点
	评价调查报告的观点，提出自己的建议	

【案例分析】该案例围绕教学目标，设计了基于语篇的学习理解类活动、深入语篇的应用实践类活动和超越语篇的迁移创新类活动。本节课的迁移创新类活动体现了推理与论证、批判与评价、想象与创造三个方面的特征：通过分析用词特征，推断作者

的观点，引导学生整合、推导、论证观点，深入理解主题意义；通过评价调查报告的观点，提升学生批判性思维能力；基于主题意义的理解，引导学生创造性地表达自己的观点，提出解决方法，培养学生想象与创造的能力。

二、培养问题解决能力的迁移创新类活动设计

分析问题和解决问题是学生所需具备的关键能力之一。教学要以解决问题为基本特征，让语言学习为认识和解决学习、生活和社会中的问题而服务。为此，教师要认真研读语篇，基于语篇主题和内容梳理并提出每节课、每个单元学生要解决的问题，围绕问题，激发学生已有知识和经验，引导学生学习、整合和运用学科知识与技能去分析问题和解决问题。① 在设计听说教学的迁移创新类活动时，教师要关注语篇的交际情境，引导学生在情境中推断隐含意思、评价语用功能运用的适宜性，并在新的情境中创造性地解决问题。

1. 关注交际情境，推断说话者的观点、态度或意图

在开展听说教学时，教师要引导学生分析对话的情境，包括说话者的人物关系、说话场合、说话的目的等。在设计推理与论证类的活动时，教师要引导学生对说话者的言下之意进行合理推断，并基于交际情境和上下文语境，论证自己的观点。

2. 分析语篇语境，评价语用功能运用的适宜性

情境与语用功能之间有密切的关联。语言的表达方式会因为情境的不同而不同，因情境中说话人身份的不同而不同，也因具体情境正式程度的不同而不同。在设计批判与评价类活动时，教师可引导学生评价语言表达方式是否得体、语用功能运用是否适宜、交际策略的运用是否恰当等。

3. 基于交际情境，创造性地解决情境中的问题

在设计想象与创造类活动时，交际情境的创设至关重要。教师要基于语篇的主题意义，从学生认知和语言水平出发，创设贴近学生生活的情境，还要引导学生迁移运用所学的语言知识、语用功能、交际策略，创造性地解决新情境中的问题。

【案例 2】培养问题解决能力，设计迁移创新类活动

教学材料：《英语（人教版）》9 年级全一册第 1 单元 How can we become good learners? 2d

（一）教学内容

What——本课语篇为 Jack 和 Annie 之间的对话，内容围绕英语学习的方法展开。Jack 谈论到他在英语学习方面存在的困难，Annie 给出了相应的学习建议。

Why——作者通过描述 Jack 的学习困难和 Annie 的建议，使学生思考提高学习效率的方法，形成积极面对问题、合理解决问题的意识。

---

① 王蔷. 促进英语教学方式转变的三个关键词：“情境”“问题”与“活动”[J]. 基础教育课程，2016（3）：45–50.

How——该对话是比较典型的学生日常对话，涉及介绍英语学习方法的词汇，如 get the main ideas，read word groups，use a dictionary，guess a word's meaning 等。Annie 运用了祈使句和形容词、副词的比较级等提出建议。对话中运用了“安慰”“抱怨”“鼓励”等功能。

（二）教学目标

1. 在看、听、说的活动中，获取、梳理对话中所提到的学习困难和学习建议。

2. 识别对话情境，分析句子功能，归纳提建议的方法。

3. 评价对话中的学习建议，谈论自己的学习困难，并针对同学的困难提出建议。

（三）教学流程

环节	学习活动	设计意图
学习理解	基于图片和自己的英语学习经验，谈谈英语学习的有效方法	帮助学生激活并关联已知，做好学习准备
	听对话，识别人物关系，归纳对话主旨	引导学生获取语篇中的主要信息，归纳语篇主旨
	再听对话，获取 Jack 的学习困难，梳理 Annie 提出的学习建议	
应用实践	辨析、归纳对话中的语言功能	引导学生关注对话中的语言功能，运用所学的语言完成简单的对话
	根据所给的学习困难，配对学习建议，完成对话	
迁移创新	分析话语标记词，推断说话者的态度	引导学生评价语用功能运用的适宜性，并能在新的情境中创造性地解决问题
	评价对话中的语言表达和功能运用的适宜性	
	根据所给的情境，针对班级同学提出的学习困难，给出合理的建议： Situation 1: Your friend, Susan, has some troubles in remembering new words. Situation 2: You attend an English reading club for the first time. One club member wants to know how to improve reading in daily life.	

【案例分析】上述案例是一节 9 年级的听说课。迁移创新类活动通过基于交际情境的推理与论证，帮助学生深入理解说话者的态度和意图；通过批判与评价语用表达的适宜性，帮助学生理解语用功能与情境间的关联；再通过创设两个贴近学校生活的情境，帮助学生迁移所学的语言知识和语用功能。两个情境体现了一定的差异，交际对象不同、交际的场合不同，因此要求学生合理地运用语用功能，创造性地解决情境中的语言学习的问题。

三、注重评价与改进的迁移创新类活动设计

新版课程标准提出：教学评价应充分发挥学生的主体作用。教学过程中，教师应引导学生成为各类评价活动的设计者、参与者和合作者，帮助他们学会开展自我评价和相互评价。在设计写作课的迁移创新类活动时，教师可以通过批评与评价类活动，引导学生对写作初稿进行自评和互评；通过想象与创造类活动，指导学生迁移单元的语言、语篇知识和表达性技能，基于评价反馈，改进作文的内容、语言和结构。

1. 迁移语言、语篇知识和表达性技能，独立完成初稿

教师可通过设计想象与创造类活动，引导学生综合运用单元所学的语言知识、语篇知识和表达性技能，独立完成初稿。写作的话题和情境要围绕单元的主题，写作任务的设计与要求要基于学习理解类活动中学生所习得的知识与策略。

2. 根据写作自评表，对初稿进行自评和互评

在设计批判与评价类活动时，教师要引导学生运用写作自评表对初稿进行评价。写作自评表的评价维度可从内容、语言、结构等方面进行设计，体现出语言知识、语篇知识和表达性技能中学生所需运用的重点。在学习理解类活动和应用实践类活动中，教师要帮助学生理解评价标准，为自评和互评的实施打好基础。对于内容、语言和结构的修改建议要有理有据，教师可通过追问，引导学生形成客观、合理的观点。可通过结对活动，为学生之间的互评提供交流的平台，明确修改的建议。

3. 根据评价反馈，改进内容、语言和结构

在开展批判与评价类活动之后，教师要引导学生针对评价的反馈，进一步分析自己的初稿。教师要鼓励学生展开合理的想象，基于评价维度修改自己的初稿，并能说出修改依据。

【案例 3】注重评价与改进，设计迁移创新类活动

教学材料：《英语（牛津上海版）》9 年级第一学期第 1 单元 A soldier's story

（一）教学内容

主题与内容：本课语篇为记叙文，是从希腊士兵的视角转述特洛伊之战木马之夜的经过。

写作目的：作者通过转换视角叙述木马之夜的经过，丰富故事的内容，加深学生对事件发展的理解，鼓励学生开展合理想象，创造性地表达。

语篇结构：语篇共分四段，按时间顺序展开。第 1 段交代故事背景；第 2 段描述木马之夜的事件经过；第 3 段描述希腊士兵爬出木马后的事情发展；第 4 段要求学生合理地展开想象，为故事续写结尾。

语言特点：语篇运用一般过去时叙述事件发展。作者添加了所见所闻，丰富了故事内容，使叙述更为具体生动。

（二）教学目标

1. 从不同人物视角，以时间为主线，描述木马之夜。

2. 通过添加动作、描述、语言、见闻等细节，丰富故事的内容。

3. 基于合理想象续写故事。

4. 通过自评和互评，修改初稿的内容和语言。

（三）教学流程

环节	学习活动	设计意图
学习理解	通过回答问题，复习木马之夜的故事脉络	帮助学生激活并关联已知，做好学习准备
	分析所给的情境和写作视角，明确写作意图	引导学生根据写作意图，完整地叙述事件，并通过添加细节，丰富故事的内容
	根据所给的信息，运用一般过去时，叙述事件发展	
	为一个具体的事件添加动作、描述、语言、见闻等细节	
应用实践	为整个故事添加动作、描述、语言、见闻等细节	引导学生运用所学的语言，使叙述更为具体生动
迁移创新	合理地展开想象，添加细节，完成故事的结尾	引导学生借助写作自评表（表 3-3-2），评价并完善写作内容和语言
	根据写作自评表对初稿进行自我评价，并根据评价结果修改初稿，完成二稿	

表 3-3-2　写作自评表

Check list	
1. Do I add a possible ending?	□ Yes　□ No
2. Do I use the simple past tense to describe the event?	□ Yes　□ No
3. Do I use details?	□ Yes　□ No

【案例分析】该案例是一节基于单元话题和情境的写作课。教师通过设计迁移创新类活动，引导学生通过想象与创造，为单元阅读的故事续写结尾。同时，引导学生迁移本节写作课的写作策略，添加多样的细节，丰富结尾的描述。通过设计自评活动，引导学生对自己的初稿进行评价，并在评价工具的帮助下，修改完善内容和语言。写作自评表中的三个指标与本节课的教学目标吻合，体现了语言知识与语言能力的综合运用。

四、指向语法知识运用的迁移创新类活动设计

新版课程标准提出，语法教学要引导学生在语境中学会应用语法知识准确地理解他人和得体地表达自己。教师在设计语法课的迁移创新类活动时，要关注语法使用场合、基本意义、使用规则和语用功能，引导学生认识到语法形式的选择取决于具体语境。

1. 基于语法知识的理解，推断句子或语篇的隐含意思

在推理与论证的活动中，教师要引导学生基于对语法知识基本意义的理解，在情境中准确地推断句子或语篇所表达的隐含意思。例如，Cindy has lost her keys again. She is always losing them. 这里的现在进行时表示抱怨，可推断出说话者对 Cindy 总是掉钥匙的情况很不满意。

2. 基于语法知识的理解，评价语法运用的准确性

在批判与评价的活动中，教师可以通过提问，引导学生关注语篇中语法运用的准确性；通过比较不同语法知识所表达的不同意思，引导学生关注语法运用与情境之间的关联；通过评价语法运用的适宜性和准确性，引导学生加深对语法意义的理解，为语法运用奠定基础。

3. 运用语法知识，表达观点或解决情境中的问题

语境是语法教学设计的重要载体。在想象与创造类活动中，教师要引导学生在新的语境中，正确、恰当、得体地运用语法来解决问题，表达态度、阐述观点，促进能力向素养的转化。语境的创设要基于单元主题语境及相关教学内容，根据目标语法项目的语用功能，也可适度延展已有情境，或改编教材已有的语境，为学生准确、灵活地运用语言创造条件。

【案例 4】指向语法知识运用，设计迁移创新类活动设计

教学材料：《英语（外研版）》9 年级下册第 3 模块第 3 单元 Language in use

（一）教学内容

情态动词 can，can't，might，must，mustn't，should

（二）教学目标

1. 能在语境中理解情态动词 can、might、must、should 等的形式及其表达的意义。

2. 能运用情态动词为学校体育馆制订规则，提出合理的建议。

（三）教学流程

环节	学习活动	设计意图
学习理解	根据所给的图片，谈论并罗列野外活动的注意事项	帮助学生激活并关联已知，做好学习准备
	观察句子，归纳情态动词的肯定句、否定句和疑问句中的构成形式	引导学生归纳情态动词的构成形式及其表达的意义
	在对话情境中归纳情态动词所表达的意义	

续表

环节	学习活动	设计意图
应用实践	运用情态动词，描述标志，完成对话	引导学生在所给情境中初步运用情态动词
迁移创新	阅读语篇，推断作者的观点和态度，评价情态动词运用的适宜性	引导学生在情境中运用情态动词表达规则和建议
	运用情态动词，制订学校室内体育馆的规则，并提出合理的建议	

【案例分析】该案例是一节语法课，内容围绕情态动词的理解和运用。迁移创新类活动引导学生在阅读语篇的过程中，运用对情态动词意义的理解，推断作者的观点和态度，并对情态动词运用的适宜性提出自己的看法，鼓励学生批判性地看待语言表达的适宜性。想象与创造类活动的情境改编自教材中练习活动的情境，既符合单元的主题，也符合情态动词的语用功能，又贴近学生的真实生活，使学生能有效地迁移本课所学的语法知识，创造性地解决问题。

教学建议

在进行教学设计时，教师要体现迁移创新类活动与学习理解类活动、应用实践类活动间的逻辑关系，落实核心素养。同时，还要关注迁移创新类活动的评价设计。

第一，关注三类活动之间的逻辑性。

学习理解类活动、应用实践类活动和迁移创新类活动之间具有内在逻辑性，学习活动之间的任务设置应具有内在的相关性、统一性，共同构成一个任务链，统领于主题下。在进行活动设计时，教师要关注迁移创新类活动与学习理解活动、应用实践类活动之间的关联，在学习理解和应用实践的基础上，围绕主题，基于语篇学习，引导学生整合迁移所学的语言知识与技能，理性地表达观点，创新性地解决新的问题。

第二，注重对学生思维品质的培养。

在设计迁移创新类活动时，教师要注重对学生思维品质的培养，尤其要引导学生开展高阶思维的思辨和讨论。推理与论证类活动、批判与评价类活动、想象与创造类活动都与学生思维品质的培养有着密切的关联。要解决新问题，就需要有批判性和创造性的思维，因此迁移过程就需要学生对语篇背后的价值取向、作者的态度进行分析论证，深入探究文本背后所承载的价值取向，通过分析、批判、评价来辨别真善美，汲取文化精华。[①]

第三，关注迁移创新类活动的评价设计。

① 王蔷. 新版课程标准解析与教学指导（2022年版）初中英语 [M]. 北京：北京师范大学出版社，2022，8.

在进行迁移创新类活动的评价设计时，教师可根据活动的目的和形式，设计多样的评价方式。针对阅读课、听说课、语法课中的推理与论证、批判与评价等活动，教师可进行即时评价，根据学生所做的推断和提供的支撑信息，给予反馈和指导。针对写作课的批判与评价，听说课、语法课的想象与创造等活动，教师可引导学生进行自我评价，借助自评工具对自己写作的初稿中的内容和语言进行评价。针对阅读课和写作课的想象与创造类活动，教师可引导学生参与对同伴的评价，借助评价工具评价同伴的观点和作品，鼓励学生合作、探究、共同解决问题。

关键问题 3-3 解决方案实践分享

关键问题 3–4 如何设计结对活动和小组活动?

 问题提出

结对活动 (pair work) 和小组活动 (group work) 一直是初中英语课堂活动的主要实施载体，其形式、方法和技巧有助于教师开展以育人为导向、以学生为中心的教学，有利于提高课堂教学质量。

一、课程标准的要求

新版课程标准指出：核心素养是课程育人价值的集中体现，是学生通过课程学习逐步形成的适应个人终身发展和社会发展需要的正确价值观、必备品格和关键能力。英语课程应立足于学生核心素养的综合发展，通过创设一系列基于现实社会情境和跨文化交际语境，为育人提供真实情境，设计融知识、技能、态度、价值观于一体的英语学习活动，包括自主学习、合作学习、探究学习等，学生与他人互动，共同探索和解决问题，这一过程既是语言实践活动，也是思想与情感的交流，进而促进学生核心素养的逐步形成和有效提升。① 其中，合作学习是一种能体现学生自动、自主、自发、自我激励、自我探索、自我调控与监督的学习模式，初中英语课堂常见的合作学习活动主要有结对活动和小组活动。

二、教学现状

长期以来，在课堂教学中，教师很难照顾到学生的个体差异，合理运用结对活动与小组活动可以给学生提供更多语言实践的机会，能进一步面向全体学生，使他们转变学习方式，提高学生进行自发学习的积极性和信心。然而在实际教学中，依然存在教师对结对活动与小组活动的功能、选择认识不足的现象，在如何有效设计这些活动上存在着共性问题。

1. 活动目的不明确

结对活动和小组活动目的不明确，只追求活动的形式，活动设计与教学目标不符。

2. 活动缺少合作的必要性

活动缺少合作的必要性主要体现在三个方面：一是结对活动不存在“信息差”，缺少语言交际的必要性；二是活动可以由学生独立完成；三是活动中缺乏角色分工。

① 梅德明，王蔷 . 义务教育英语课程标准（2022 年版）解读 [M]. 北京：北京师范大学出版社，2022：37.

3. 任务要求不清晰

由于教师缺乏对活动“指令”的设计，导致学生不清楚何时应开展合作、如何开展合作、如何反馈等。

4. 评价缺乏建设性和指导性

在小组讨论中，教师多作为旁观者；在合作活动成果展示中，教师过度干预，导致学生缺乏“注意倾听”等意识。

由于教师缺乏科学的顶层设计，未对合作学习的外延及内涵进行深入、系统的学习与把握，导致对合作学习的恰当分组、时间把握与分配、课堂合作任务完成的有效性缺乏必要的把控。对这些问题的分析与改进，会促进教师反思课堂教学，更好地设计结对活动和小组活动等合作学习活动，营造更加合理的课堂学习关系。

问题分析

结对活动和小组活动是初中英语课堂最常见的合作学习。

一、合作学习

1. 合作学习的定义

合作学习是一种以学生学习为主体，以活动形式为载体，通过互动、合作、探究来完成某一项任务的学习方式。它强调突出学习过程的精细化，激发学生自主参与，增强自主学习动力，以提高人际合作互动为基本原则。①

2. 合作学习的意义

将现代社会心理学、教育学、认知学、教育教学技术作为理论基础的合作学习，是以目标设置为导入，依靠全员互动为基础作为驱动力，以小组讨论为基本的教学形式，对团体进行成绩评价，从而全面提高学生学业的成绩，使学生形成良好的心理品质以及社会技能，并且还能够改善班内的整体氛围。②

二、结对活动

1. 结对活动的定义

结对活动是指由两个学生组成一对，共同完成特定的任务而展开的语言交际活动，是服务于互动交流课堂的活动形式之一。

2. 结对活动的运用

在教学中，结对活动能满足不同类型的学习需要，如机械性操练、新知巩固操练、

---

① 张育青，程娟 . 中学英语口语教学策略与方法 [M]. 上海：上海交通大学出版社，2022：8.

② 王坦 . 合作学习的理念与实施 [M]. 北京：中国人事出版社，2002：1.

目标语言操练和交际性操练等，其形式有创编型对话、调查型对话、表演型对话等。结对活动比较适合应用实践类活动和迁移创新类活动，如结对看图问答、情景对话、表演课文对话等应用实践类活动，对课文对话进行拓展性练习、模拟采访、两人辩论等迁移创新类活动。

三、小组活动

1. 小组活动的定义

小组活动指由多个学生组成小组，共同参与、为完成特定的任务而展开的语言交际活动，是情境化教学的重要方式之一，学生通过合作在教师创设的任务情境中完成交际任务。

2. 小组活动的运用

我们所提倡的小组活动不仅有机械性与记忆性的反复操练，还有通过组织学生提出问题、解决问题、情景对话、分析讨论、公开演讲或者角色扮演等方式，不断创造语言交际场景，让学生在真实的语言环境中感知、体验，发展合作能力。在实际教学中，小组活动主要包括情景化的、游戏型的、问题解决型的、知识互助型的小组活动，多适用于迁移创新类活动环节。

问题解决

在设计结对活动和小组活动时，教师要思考三个问题：为什么要设计结对活动和小组活动，在哪些教学环节设计该类活动，以及如何设计。

一、设计的基本要素

结对活动和小组活动设计的要素包含活动目标、目标语言、活动情境、活动任务、合作形式、思维容量等。

1. 活动目标

教师先要对课时教学目标进行细化、分解，再明确课堂中的结对活动和小组活动的目标，如听说课中的结对活动和小组活动目标要聚焦听和说的技能培养，每一条活动目标均要呼应听说教学目标。以《英语（牛津上海版）》6 年级第二学期第 4 单元听说课 Health problems 为例，活动目标的设计如表 3–4–1 所示。

表 3–4–1　Health problems 活动目标设计

教学目标	1. To understand and use the new words to talk about health problem: problem, headache, stomach ache, toothache, fever, sore throat. 2. To get the information about health problems, causes and advice by listening to the dialogues.

续表

教学目标	3.To give causes by using “It’s because...” “I’m afraid...” and give advice by using “You should ...”
结对活动	Make a dialogue about “Visiting a doctor”.
结对活动目标	To encourage students to apply what they’ve learnt to a real situation. （呼应教学目标 1、3）

再以《英语（牛津上海版）》6 年级第二学期第 7 单元听说课 Travelling in ten years’ time 为例，活动目标的设计如表 3–4–2 所示。

表 3–4–2　Travelling in ten years’ time 活动目标设计

教学目标	1. To understand and use the words about means of transport and transport facilities: motorcycle, traffic light, tunnel, flyover, footbridge, pavement, crossing, railway, car park. 2. To strengthen the skills of listening for key words and the main idea. 3. To talk about changes in Shanghai in the near future with all/most/some/none of, more, fewer.
结对活动	Make a dialogue about travelling in Garden City in 10 years’ time.
结对活动目标	To guide students to use the words and patterns.
小组活动	Work in groups and make a report on changes in Shanghai in the near future.
小组活动目标	To help students to use the patterns learned in a new situation. （呼应教学目标 1、3）

2. 目标语言

目标语言包括词汇、词法、句法、话题等，目标语言的运用是合作类活动最重要的目的。① 结对活动和小组活动作为服务于互动交流课堂的活动，一定要体现语言的运用。新版课程标准语用知识内容要求三级标准提出：“在交际情境中，正确理解他人的情感、态度和观点，运用恰当的语言形式表达自己的情感、态度和观点。”其中，“运用恰当的语言形式表达”强调将语言知识放到具体的语言环境中去，紧密结合具体语境理解语言知识所传达的信息和表达的意义。教师要让学生能在完成真实任务的过程中正确理解语言，在有意义的语言表达过程中得体地运用语言，提高学生使用英语进行交际的能力。

以《英语（牛津上海版）》7 年级第二学期第 1 单元听说课 Tour suggestions 为例，教师设计了以下小组活动。

Suppose your uncle’s family, including a 5-year-old boy and a 12-year-old girl, is coming

① 赵尚华 . 初中英语合作类课堂活动的设计 [J]. 上海课程教学研究，2019（12）：32–36.

to Shanghai next weekend. You want to make a two-day tour around Shanghai for them. Discuss in groups and pick out three places at least in Shanghai for them to visit and give reasons.

该活动对应的教学目标是：

To give personal tour suggestions by analyzing a person's needs and places of interest.

小组活动目标是：

To guide students to use the sentence pattern to give suggestions based on background knowledge about places of interest.

这里的 sentence pattern 是指本文中所学的句型：They can go to ... ; It is on/in ... ; They can see/buy/visit ...

3. 活动情境

结对活动和小组活动的情境是学生完成合作学习活动的背景，学生以某种角色进入特定的时间和空间，完成规定的合作任务，包括：语言任务和交际任务，达到操练、巩固、运用目标语言的目的。情境创设的重要因素是"时空"和"角色"。时空指的是时间和地点；角色指的是完成合作任务需要的人物。

为了促使情境更有利于任务的完成，其内容应尽量贴近学生生活，激发学生的兴趣，促使学生主动参与。教师可以借助图片、文本、音频和视频等资源创设，尽可能营造良好的合作交际氛围，使任务指向目标语言运用能力的提高，学生在完成任务的过程中，经历参与、体验、互动、交流和合作等多种方式，完成语言输入、输出、交流互动、意义协商的全过程，调动已有的语言资源，思考、感知、认识和运用语言，分析问题和解决问题。

以《英语（牛津上海版）》8 年级第二学期第 6 单元 Speaking: Asking for and giving directions 为例，教师设计了以下结对活动。

Suppose you want to walk to Daning International Plaza after school this Friday afternoon. You are asking your friend, Jenny how to get there in the shortest time.

教师借助平面图和文本创设了情境，作为"设计最短步行路线"的活动背景，时间是"本周五放学后"，空间是"学校至大宁国际广场地区"，角色是"你的朋友，Jenny"和"你"。情境创设与学生已有的知识和经验紧密联系，充分考虑到了时间、地点、交际对象、人物关系和合作学习目的，学生以真实身份用"问路、指路"的目标语言询问信息，推进交际的延续，具有真实的交际意义。

4. 活动任务

要培养学生在真实生活中运用语言的能力，就要让学生参与和完成真实的学习任务。[①] 真实运用任务的考量标准为：是否具有语用目的，其互动交流、语义表达是否真实。结对活动和小组活动要根据学生的语言水平设置由易到难、由简到繁、层层合作的真实任务。任务的焦点是要解决某一交际合作问题，这一问题必须要具体、清晰、贴近学生生活和学习经历，能激发学生主动参与合作的欲望。

---

① 鲁子问. 中小学英语真实任务教学实践论 [M]. 北京：外语教学与研究出版社，2003：6-2.

在《英语（牛津上海版）》8年级第二学期第6单元 Speaking: Asking for and giving directions 结对活动中，教师可以设置基础任务：设计一条从学校到大宁国际广场的最短步行路线；还可以增加一项从学校去大宁国际广场且换乘多种交通工具的拓展型任务，追问实际生活中需要预知的路程、乘行时间和换乘地标等信息。学生结对后，依据各自的语言水平选择适合的任务，能更好地激发合作交际的欲望，真正做到学以致用。

5. 合作形式

根据活动目标、任务及学习需要，教师决定采用结对活动或小组活动的形式，并明确分工。在教学中，对于表演或模拟情景对话、相互补充信息等机械性操练、新知巩固操练、目标语言操练和交际性操练，可采用结对活动的形式开展。而短剧表演、小组讨论、调查等，尤其是需要组织学生提出问题、解决问题、分析讨论的活动，就可以选择小组活动的形式进行。

6. 思维容量

英语学习与思维能力提升的关系十分密切。英语学习活动中的思维品质及容量设计就显得尤为重要。教师按照学生的实际水平，有意识、有计划、有重点地通过不同层次的活动展开训练，在系统训练中不断提升学生的思维能力。[①] 在设计活动时，应尽量引导学生通过观察、判断、分析等思维活动，扩充活动的思维容量，促进学生发展逻辑、辩证和创新思维，发展语言表达能力和交际能力。

以《英语（牛津上海版）》9年级第一学期第6单元 Reading: Detectives 的结对活动为例，教师的指令如下：

According to the text: "So I questioned Mr Jones and, in the end, he admitted stealing his own vase." Work in pairs and make up a dialogue between Mr Jones and Ken to show how Ken made him admit the crime.

活动任务为"创编一组 Ken 如何审讯 Mr Jones 且引导他认罪的对话"，要求学生分别扮演侦探和罪犯，依据线索和证据，通过分析、综合和概括等逻辑方法进行理性的表达，即言之有物、言之有理，同时要敢于想象，能创造性地解决问题，即如何形成证据链并以此引导 Mr Jones 认罪。

二、结对活动和小组活动设计的流程

结对活动和小组活动设计的流程如图 3-4-1 所示。

图 3-4-1　结对活动和小组活动设计流程

① 梅德明，王蔷. 义务教育英语课程标准（2022年版）解读[M]. 北京：北京师范大学出版社，2022：68.

教师首先应确定目标，思考：学生是否能独立完成该活动？学生为何需要合作以及采用何种形式合作？明确这些问题后再创设情境，确定任务并进行合理分配，明确要求，细化指令要求，通过监控学生活动过程、组织活动反馈和评价实施活动。

以《英语（人教版）》8 年级上册 Unit 2: How often do you exercise?（3a–3c）的结对活动为例，设计步骤如下。

第一步，确定结对活动目标（表 3–4–3）。

表 3–4–3　结对活动目标

教学目标	1. To understand the main idea, analyze the structure of the sentences and the whole passage. 2. To write a passage to talk about "habit", use the proper conjunctions to make the passage logical and coherent. 3. To think about how to make yourself a healthier and better person.
结对活动	Make up a dialogue about "Jane's habits".
结对活动目标	To talk about Jane's habits by using the sentence patterns. （呼应教学目标 1、3）

该活动的目标为：用目标语言——频度副词（always/usually/often/sometimes ...）、句型（How often do you ...? I always/usually .../I once a week/twice a week ...）谈论 Jane 的习惯。

第二步，创设结对活动情境。

该活动要求学生将文本内容改编成对话，运用核心句型谈论 Jane 的习惯并能给出合理建议，本单元的话题是"课余活动"，教材文本介绍了 Jane 的各种生活习惯。教师创设"教室"场景，结对成员分别扮演 Jane 和 Jane 的同学。

第三步，分配结对活动任务。

基于活动目标及情境，设置任务"将文本内容改编成一段关于 Jane 的生活习惯的对话并表演"。同时增设了拓展型任务：对话内容除了围绕 Jane 的生活习惯还针对 Jane 的不良习惯提出解决问题的建议。结对活动前，要向学生明确任务分工（表 3–4–4）。

表 3–4–4　结对活动分工示例

学生	1	2
角色	Jane	Jane's classmate
任务	基础：扮演角色 Jane，根据文本内容创编对话	基础：根据文本内容共同编制对话，谈论 Jane 的习惯
	拓展：根据建议作出回应	拓展：针对 Jane 的不良习惯，给出合理建议

第四步，明确结对活动要求。

教师通过"指令"明确活动情境、任务、语用、何时合作、活动时间、反馈上述形式等，并使用简洁的句式，力求说一遍学生就能明白。指令内容如表 3-4-5 所示。

表 3-4-5 指令内容

内容	解释
活动形式	活动形式是结对活动还是小组活动
活动步骤	活动分几个步骤，每个步骤中每位学生具体要求合作做什么、怎么做
活动时间	活动完成需要的时间
反馈要求	活动以何形式反馈，是口头还是书面反馈？是小组代表反馈？还是小组组内成员都需要承担一定的反馈任务？

上述结对活动中，教师的指令如下：

Now we are going to make up a dialogue in pairs about "Jane' habits" according to the text. Remember to use the patterns "How often do you ... ? I always/usually .../I once a week/twice a week ..." when talking about Jane's habits and give advice to Jane's bad habits if possible. You're going to have 5 minutes to prepare for it. Please go ahead!

第五步，实施结对学习活动。

结对活动和小组活动实施流程如图 3-4-2 所示。

图 3-4-2 结对活动和小组活动实施流程

1. 实施自主搭配

结对活动可以让学生离开座位，自主灵活搭配组合，更有利于分层任务的完成，且这种形式更受学生欢迎。

2. 适时介入调控

在活动中，教师应充分发挥主导作用，做好活动的巡视者、指导者和启发者，进行适时调控。教师应确保学生理解活动要求，并予以示范，让学生能顺利开展。当发现学生对活动内容不感兴趣或讨论陷入僵局时，教师要及时介入，了解原因并做出适当调整，通过问题激活学生思维；当发现小组由于偏离主题进展缓慢时，教师可以提示学生忽略无关细节直奔主题。总之，教师要对进展情况做到心中有数，为后续反馈做准备。

3. 组织反馈分享

活动结束后，教师要尽可能多地让学生展示分享，促进学生相互学习，养成良好的学习习惯。倾听同伴发言是实现生生互动的前提，教师要事先提出具体的倾听要求，以提高倾听的有效性。例如，引导学生在他人展示交流时做到"目视展示者""记录相关要点""待展示结束才发表观点"等。教师在小组展示后可以提问，以检测倾听效果，如“What did he/she advise Jane to do?”要求其他学生进行转述，也可以针对学生分享的内容进行细节提问，如“How often did he/she advise Jane to have teeth cleaning?”；还可以请其他小组学生补充交流，如“Can you give Jane some more advice? Do you think these habits will help Jane grow better?”等。

4. 开展评价跟进

在活动结束后，教师要对学生的表现作出评价，但不能“包办”，应尽可能地引导其他学生对展示交流的学生做出评价。教师可以设置适切的评价标准，提供评价工具。上述结对活动反馈后，教师用结对活动检核表（表 3-4-6）引导学生进行评价。

表 3-4-6　结对活动检核表

Criteria	Comment on role play
1. Did they talk about all Jane's habits?	☐ Yes　☐ No
2. Did they use “How often do you...?” “I always/usually.../I once a week/twice a week...” to talk about Jane's habits?	☐ Yes　☐ No
3. Did they make proper suggestions on Jane's bad habits?	☐ Yes　☐ No

教师还可以适当地安排一些拓展任务，例如，在上述结对活动后，可以让学生根据对话内容完成一份关于 Jane's habits 的报告，有助于学生更好地理解和掌握学习内容。基于以上思考步骤，Jane's habits 的结对活动设计如表 3-4-7 所示。

表 3-4-7　结对活动设计

活动目标	To talk about Jane's habits by using the sentence patterns
目标语言	How often do you ... ? I always/usually ... /I once a week/twice a week ...
活动情境	■ 时间　■ 空间　■ 角色
活动任务	Make up a dialogue about “Jane's habits”
合作形式	■ pair work　☐ group work
活动反馈	■ 口头　☐ 书面　☐ 口头 + 书面
活动思维	■ 逻辑　☐ 辩证　■ 创新
活动时间	5 分钟

【案例 1】表演型对话的结对活动设计

教学材料：《英语（牛津上海版）》9 年级第一学期第 3 单元 Listening and speaking: Complaining and responding to complaints

（一）教学目标

在真实的情境中运用所学的目标语言（Excuse me, I want to complain about.../What's the problem?）及投诉流程，增强对话中注重礼节的意识。

（二）活动设计

Step 1. Work in pairs to role play as the customer, Ellen, and the manager, David, based on the conversation in A1. Then discuss the possible solution for the complaint and role play as the customer, Ellen, and the manager, David, if possible.

Step 2. Act out the role play before class.

Step 3. Ask the students to evaluate pair work in class.

【设计说明】活动情境为顾客因购买了腐烂的辣椒向经理投诉。结对活动目标：帮助学生在真实的投诉情境中运用所学的目标语言及投诉流程，增强对话中注重礼节的意识（表 3-4-8）。

表 3-4-8　结对活动目标

教学目标	1. To understand the conversation about making a complaint through listening; 2. To make a complaint by using proper sentence patterns and procedures; 3. To be aware of the importance of courtesy when making a complaint.
结对活动	Role play as the customer, Ellen, and the manager, David.
结对活动目标	To guide students to make a complaint by using proper sentence patterns and procedures and be aware of the importance of courtesy when making a complaint.（呼应教学目标 2、3）

本活动步骤一面向不同英语学习水平的学生，分为基础与拓展任务。基础任务要求学生根据文本进行表演，拓展任务延续课文情境，鼓励学生思考后续合理的解决方案，通过合作完成表演。在解决投诉问题的过程中，学生需要进行协商讨论，最终使顾客能接受经理提供的方案。教师应鼓励学生表达自己的观点，相互回应和衔接彼此的话语，呈现具有完整意义、连贯的口语语篇，指向培养学生的合作意识、逻辑和创新思维。步骤二学生借助表 3-4-9 进行评价，其中在第三条任务中，学生对解决方案表达自己的观点或给出其他方案，运用其辩证和创新思维。

表 3-4-9　结对活动检核表

Criteria	Comment on role play
1. Did they use the sentence patterns and complete procedures to make a complaint?	□ Yes　□ No
2. Did they make a complaint clearly and fluently with courtesy?	□ Yes　□ No
3. Do you think the customer will accept the manager's solution?	□ Yes　□ No

【案例 2】创编型对话的结对活动设计

教学材料：《英语（人教版）》7 年级下册第 10 单元 I'd like some noodles Section B (1a–1d)

（一）教学目标

根据本课所学的语言知识和自己的饮食爱好进行电话点餐。

（二）活动设计

Step 1. Create the situation: suppose you are having an extracurricular class at the weekend. It's lunchtime, and you need to order food on the phone by yourself.

Step 2. Guide students to use the sentence patterns learnt in Section A and make a dialogue based on the ORDER FORM in 1c. Or choose one of the following restaurants (e.g. fast food restaurant, pizza shop, noodle restaurant, etc.) and order food on the phone by adding more information to the dialogue.

Step 3. Let other students listen carefully and make comments about the dialogues based on the checklist.

【设计说明】 本课是第 10 单元 I'd like some noodles 的第 3 课时，学生在 Section A 的基础上进一步学习关于电话点餐的话题内容，并使用目标句型表达食物喜好。本活动创设了学生熟悉的情境：周末参加课外兴趣班，午餐进行电话点餐，鼓励学生将所学内容运用到生活实际中（表 3-4-10）。

表 3-4-10　结对活动设计

活动目标	To order food on the phone and express personal food preference
目标语言	What would you like? I'd like....
活动情境	■ 时间　■ 空间　■ 角色
活动任务	Create a dialogue about ordering food on the phone
合作形式	■ pair work　□ group work
活动反馈	■ 口头　□ 书面　□ 口头 + 书面
活动思维	■ 逻辑　□ 辩证　■ 创新
活动时间	5 分钟

由于学生学习水平不同，本活动设置了分层任务。选择基础任务的同学扮演顾客和服务员，根据 Section B（1c）的点单信息，运用关于点菜的语言知识，有礼貌地表达个人的食物爱好，创编点餐对话。选择拓展任务的学生可以在相同的情境下自选餐厅，如快餐店、比萨店、面馆等，并在对话中增加个性化问题，如食物送达的时间和支付方式等。最后，学生可以根据结对活动检核表（表 3-4-11 和表 3-4-12）对活动进行评价，对内容进行修改和完善。

表 3-4-11　结对活动检核表（基础任务）

Criteria	Comment on role play
1. Did the customer order all the food he/she needed?	☐ Yes　☐ No
2. Did the waiter/waitress ask what kind of food the customer would like?	☐ Yes　☐ No
3. Did the waiter/waitress and the customer talk politely?	☐ Yes　☐ No

表 3-4-12　结对活动检核表（拓展任务）

Criteria	Comment on role play
1. Did the customer order all the food he/she needed?	☐ Yes　☐ No
2. Did the customer ask more information than its food preference?	☐ Yes　☐ No
3. Did the waiter/waitress and the customer talk politely?	☐ Yes　☐ No

【案例 3】调查采访型的小组活动设计

教学材料:《英语（外研版）》7 年级上册第 7 模块 Computers 中的第 2 单元 When do you use a computer?

（一）教学目标

在真实情境中运用本课所学目标语言，增强高效使用电脑的意识。

（二）活动设计

Step 1. Ask each student to think of at least one Wh-question about computer usage and write it on the worksheet.

Step 2. Lead the students to share their questions in class and classify them into different aspects.

Step 3. Guide each group to choose one aspect and complete the question list.

Step 4. Let the students conduct the survey among the groups, take notes and give opinions/suggestions on the result.

Step 5. Ask the students to share the group's results and opinions/suggestions in class.

【设计说明】本课内容是学校就电脑使用情况对学生进行调查。基于本课教学目标确定小组活动目标：帮助学生在真实情境中运用本课所学目标语言，增强学生高效使用电脑的意识（表 3-4-13）。

表 3-4-13　结对活动目标确定

教学目标	1. To understand and use the words and phrases about computers such as share, Internet, check emails, search for information. 2. To grasp the general idea by skimming and get detailed information by scanning. 3. To use Wh-questions in simple tense to ask questions. 4. To raise students' awareness of using computers more effectively.
小组活动	Work in groups, conduct a survey on computer usage and share opinions on results.

续表

小组活动目标	To help students use the phrases and sentence patterns they learnt in a real situation and raise the awareness of using computers more effectively. （呼应教学目标 1、3、4）

本小组活动延续课文情境，鼓励学生使用特殊疑问句进行提问，并用本课所学的词（组）进行回答。学生根据调查结果讨论如何更高效地使用电脑，这有助于学生反思、改进学习策略。

整个活动聚焦扩充学生思维量的设计，分为五个步骤。

第一步，全班进行头脑风暴，思考一个特殊疑问句作为热身。学生之间信息互补，不同的问题类型与视角能激发创新思维。

第二步，教师借助思维导图引导学生对其所提出的问题进行归类，如 time，purposes，preferences 等，有助于锻炼学生的逻辑思维能力，也为下一步确定调查重点铺垫。至此，学生已充分发散思维，进入第三步小组活动。

第三步，在编制小组问卷过程中，学生确定小组调查重点，完成如下问题列表。

1. When do you use a computer?
2. What do you do on a computer?
3. ________________________________
4. ________________________________
5. ________________________________

教师先给出两个问题，学生在此基础上增加个性化问题，由于每个小组的调查重点不同，开放的任务使小组汇报内容也呈现差异化，有助于学生多角度了解电脑使用情况现状，引发深度思考。

第四步，依据“责任到人”的原则，组内每位成员均需使用目标语言互相调查。学生有明确的任务分工（表 3-4-14），根据自身特点选择合适的角色，共同完成任务。

表 3-4-14　小组活动任务分工表

学生	S1: Leader	S2: Secretary	S3: Spokesman	S4: Time controller
角色	组织讨论与审核问题列表	数据采集与整理	语言组织与汇报	时间控制与提醒
任务	1. 领导组员确定调查主题并对问卷进行审核确认 2. 进行调查、记录 3. 就调查结果组织讨论	1. 进行调查、记录 2. 将组员的调查结果进行汇总、整理	1. 进行调查、记录 2. 根据组员整理的数据进行汇报	1. 根据活动顺序进行时间安排，并在活动进行时观察进展与时间，以便做出提示和调控 2. 进行调查、记录

第五步，小组讨论调查结果并作汇报。内容涵盖调查过程中所得的事实信息、信息处理后的数据以及讨论所得的观点或建议。小组代表汇报时，其他同学可根据检核表（表 3-4-15）进行评价，指向学生的批判性思维。

表 3-4-15　小组活动检核表

Criteria	Comment on report
1. Does the reporter use words or phrases we learnt today?	☐ Yes　☐ No
2. Does the report contain the data?	☐ Yes　☐ No
3. Is the group's suggestion reasonable / Is the group's view clear?	☐ Yes　☐ No

教学建议

为了能提升合作学习的有效性，我们在设计结对活动和小组活动时还要关注以下几方面。

第一，创造良好的合作学习条件。

首先，教师要引导学生形成倾听的意识，养成倾听的习惯。在语言交流中，有效合作的前提是倾听。只有认真倾听，才能听懂、理解对方的意图，才能做出合适的反应，达到语用目的。其次，信息差是交际开始和延续的重要条件。结对双方存在信息差进行对话，才能完成信息的交换和分享，这样才有进行语言交际的必要。最后，互动是合作学习的保障。无论采用何种合作形式，教师都要注意引导学生互相探讨、互相交流，只有在积极的互动中才能实现合作学习的价值。

第二，在典型课例中正确运用结对活动和小组活动开展合作学习。

结合应用实践类和迁移创新类活动的表现特征，结对活动和小组活动在不同课型中的活动示例如表 3-4-16 所示。

表 3-4-16　结对活动和小组活动在不同课型中的活动示例

课型	阅读课	听说课	写作课	语法课
应用实践类	• 引导学生把握语篇知识与语篇结构，如针对语篇主题进行**结对**采访、讨论 • 引导学生利用和复述语篇信息，如就语篇主要观点展开**小组**辩论、演讲	• 引导学生理解语用功能和表达方式，如**结对**表演课文对话 • 引导学生运用所学完成简单的口头表达，如**小组**讨论并形成方案		• 引导学生运用语法规则表达观点、态度，如在所给语境中**结对**创编对话

续表

课型	阅读课	听说课	写作课	语法课
迁移创新类	• 引导学生 加深对主题意义的理解，评价作者或主人公的观点和行为，如**结对**讨论作者写作意图、分享观点	• 引导学生 基于交际情境，创造性地解决情境中的问题，如问题解决型的**小组**活动	• 引导学生 根据写作自评表，对初稿进行**结对**互评	• 引导学生 基于语法知识的理解，评价语法运用的准确性，如**结对**互评语法运用是否合理恰当 • 引导学生 运用语法知识，表达观点或解决情境中的问题，如**小组**讨论、辩论

以阅读课、听说课和语法课的迁移创新类活动为例，小组活动设计要求如表 3-4-17 所示。

表 3-4-17　小组活动设计要求

迁移创新类活动	设计要求	小组活动内容例举
阅读课	围绕主题意义探究，促进阅读体验积累	讨论评价文本内容和形式、作者的思想、补全文中主要人物的观点等
听说课	运用真实和凸显交互性的交际活动，创设真实运用语言的情境是关键	用目标语言创造性地解决真实情境中的问题
语法课	指向语法知识运用的迁移	运用语法知识，表达观点或解决情境中的问题

第三，开展促进学生发展的结对和小组活动评价。

问题解决类小组活动设计案例

学生是学习主体，也是评价主体。在评价中，学生应是积极的参与者和主动的合作者。评价内容和方式的选择都应以促进学生发展为目标。学生应使用适当可行的评价工具，了解评价标准和学习进程，发现和分析学习中的问题，主动反思和调控自己的学习策略，从而认识自我、树立自信，不断明确自己的努力方向。评价量表是目前课堂里使用频度较高的工具，它的作用不是简单评判，而是要告诉学生“做什么”“怎么才能做得更好”。因此，评价量表鼓励学生和教师共同参与制订、共同完成。学生参与制订评价量表，明确评价量表的指向，就会按照评价标准开展任务，用评价量表进行自评和互评，从而提升主动学习、自我反思的能力。

关键问题 3-4 解决方案实践分享

关键问题 3–5　如何设计综合实践活动?

问题提出

新版课程标准提出通过开展英语综合实践活动，促进学生核心素养的全面发展。综合实践活动的综合性和实践性，加强了课程内容、社会生活与学生经验的联系，培养学生在真实情境中综合运用知识解决问题的能力。但在实际教学中，教师缺乏对综合实践活动的思考，很少去设计并实施。

一、课程标准的要求

新版课程标准指出：教师应基于一定的课程目标，以学生的兴趣和直接经验为基础，以与学生学习、生活密切相关的各类现实性和实践性问题为内容，本着“学用结合、课内外结合、学科融合”的原则，开展英语综合实践活动，把学生的学习从书本引向更广阔的现实世界。开展英语综合实践活动，提升学生运用所学语言和跨学科知识创造性解决问题的能力。引导学生结合个人生活经验和社会生活需要，围绕特定主题，由真实的问题或任务驱动，综合运用其他相关课程的知识自主开展项目学习。

二、教学现状

现有的英语教材中很少有单元综合实践活动设计和实施的要求，可借鉴的案例和成果资料较少，因此教师不清楚如何设计和实施综合实践活动，开展综合实践活动的意识较为淡薄。

1. 对综合实践活动的内涵理解不够深入

教师往往会将综合实践活动和作业相混淆，设计时常常忽视活动的特点。有的活动一人就可以完成，学生之间没有合作学习；有的活动缺乏有意义的探究过程，学生无法提升思维品质和学习能力；有的活动脱离学生的生活实际，没有真实的情境，无法调动学生的兴趣和积极性。

2. 缺乏综合实践活动目标设计或目标设计不清晰

综合实践活动的设计需要教师有较强的目标意识和目标导向。但是有些教师在设计综合实践活动时，只设计活动，不设计目标，活动开展得很热闹，但不清楚为什么要这么做；有些教师对活动目标缺乏整体规划，没有从核心素养的维度进行设计，导致活动的设计无法有效促进活动目标的达成。

3. 综合实践活动评价内容和方式单一

新版课程标准明确提出，实施英语综合实践活动评价时，要全面评价学生在学习过程中的实际获得，既要对知识技能进行评价，也要将同伴合作、问题解决、创造性思维等纳入评价范围。在教学实践中，很多教师只评价活动成果，缺乏对学生活动探究过程表现的评价，更没有将学生和同伴纳入评价主体，评价内容和方式单一。

问题分析

一、综合实践活动的内涵

1. 综合实践活动的定义

新版课程标准指出：在英语综合实践活动中，确立并引导学生围绕复杂的、来自真实情境的主题，自主、合作参与实践和探究，用英语完成设计、计划、问题解决、决策、作品创作和成果交流等一系列项目任务。在此过程中，学生运用所学语言进行有意义的思考、建构、交流和表达，呈现和展示最终的学习成果，实现学以致用、学用一体。

结合英语课程的特点及目标，英语综合实践活动课是指学生以英语学科的知识与技能为主要媒介，结合自身的经验和社会生活需要，采取主题形式，以真实的问题或任务为驱动，综合运用各学科知识自主开展的实践性、综合性、开放性的课程。①

本书将英语综合实践活动定义为在单元或模块的主题下，依托单元语篇，围绕一个真实的问题或任务，以小组合作的形式，运用英语语言知识、语言技能、文化知识和学习策略，自主开展探究式学习活动，在学习过程中完成各项任务，最终汇报学习成果，旨在落实学生核心素养的养成。

2. 综合实践活动的特征

综合实践活动具有“项目化学习”的特征，以项目来呈现学习任务。项目化学习要求设计真实、富有挑战性的问题，引导和指导学生在一段时间内进行持续探究，尝试创造性地解决问题，形成相关项目成果。因此，综合实践活动具有综合性、实践性、合作性和自主性等特征。

（1）综合性

综合实践活动能促进学生核心素养的全面发展。学生在听、说、读、看、写的过程中，综合运用语言知识、语言技能和学习策略，通过各种活动促进思维品质和学习能力的发展。有些综合实践活动需要学生综合运用其他课程内容或跨学科知识。如为家人制作一道特色菜需要结合劳动课程，编排课本剧需要综合运用音乐、戏剧、美术知识，探究家乡文化需要综合使用地理、历史知识等。

（2）实践性

综合实践活动以“问题解决”的形式呈现学习任务，学生要在真实语境中学习和

---

① 王蔷. 新版课程标准解析与教学指导（2022 年版）初中英语 [M]. 北京：北京师范大学出版社，2022：8.

运用语言，不但要解决语言的问题，而且要采用多样化的方式，通过实践解决学习或生活中的问题。这就要求学生积极参与各项活动，如采访、调查、拍摄、查阅、整理、争辩、写作、策划、统计、信息收集与处理等，强调学生对实践活动过程的亲历和体验，学生在活动中发现、分析和解决问题，发展实践创新能力。

（3）合作性

综合实践活动的完成对学生的学习方式提出了更高的要求。学生不是独立完成所有任务，而是在独立思考的基础上与他人合作，通过合作的方式对所要解决的问题进行探究。以小组为单位的活动形式，有助于学生获得深刻的情感体验和沟通技巧。

（4）自主性

综合实践活动为学生提供了开放的学习空间，有助于学生充分发挥自主性。当学生面临一个复杂的有挑战性的问题时，需要根据自己的能力，在活动任务分配中，自主选择适合自己的任务，以不同的方式进行自主探索。小组成员发挥个人优势、取长补短、互相合作，共同有效地解决问题。在成果汇报时，小组可以自主选择成果汇报的形式。

二、综合实践活动的设计原则

综合实践活动不是一节课，也不是一项作业，而是以单元为单位的一个整体性活动。单元可以是教材中的一个单元、两个关联的单元或一个模块。一般可以在单元教学结束后设计综合实践活动，也可以设计单元整体教学下的综合实践活动。英语综合实践活动的设计遵循以下原则。

1. 整体设计

综合实践活动需要呼应单元学习内容，是培养学生核心素养的重要体现。活动目标要从语言能力、思维品质、文化意识和学习能力四个维度进行设计，体现英语学科课程整体的育人要求，与教学形成互补。综合实践活动的设计要考虑到教学时空的限制，在不增加额外课时的情况下，利用学生的课余时间，给予学生充分的自主、合作、探究的时间。

2. 内容融合

综合实践活动是课程内容六要素的综合表现，融合语言知识、语言技能等学习内容。语言知识包括灵活运用单元教材中的词汇和句型，语言技能包含听、说、读、看、写等技能。同时，综合实践活动将英语学科知识和有意义的活动相融合，将英语学习和学生的真实体验相融合，实现学以致用、学用一体。

3. 能力导向

综合实践活动有利于提升学生的思维品质，培养学生的学习能力。综合实践活动的设计，既要关注学生独立解决问题能力的培养，又要重视与他人合作能力的培养。要求学生合理运用认知策略和元认知策略展开自主、合作、探究学习，选择恰当的学习资源，初步形成解决问题的思路，并运用交际策略与他人合作完成活动任务。

4. 要求明确

综合实践活动包括名称、情境、目标、步骤、任务、形式、成果等要素，教师在设计综合实践活动时，要有清晰的路径，在活动开展时，要让学生明确这些要求。

问题解决

为确保综合实践活动的有序实施，教师要制订详尽的计划，明确要求，可以参考图 3-5-1 所示的综合实践活动设计流程。

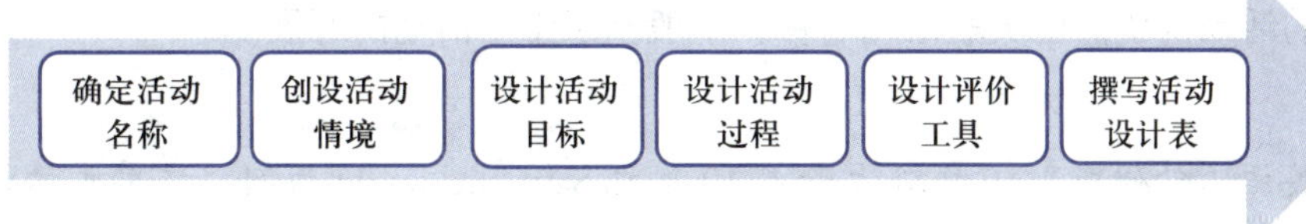

图 3-5-1 综合实践活动设计流程

一、确定活动名称

1. 指向活动成果

活动名称为学生的探究活动提供目标和内容，是任务驱动。它指向活动成果，即让学生经过一系列的学习活动后最终得出一个什么成果。因此，在确定活动名称时要先明确活动成果。常见的活动成果有动手制作类，如海报宣传手册的绘制、视频拍摄配以英语旁白等；合作表演类，如课本剧表演、合唱、汇报、辩论等；设计策划类，如策划一次国际美食节、设计社区改造方案等；调查问卷类，如开展访谈或设计问卷进行调查，并统计、分析数据形成报告等；职业体验类，如在实际岗位或模拟情境中见习、体验职业角色等。

2. 凸显主题意义

活动名称要基于单元主题背后的单元大观念，把握文化知识，凸显主题意义。单元大观念融合话题语境和语用，体现单元教学内容的教育价值。主题为语言学习和课程育人提供语境范畴，主题意义是关于主题的陈述性表述。

【案例 1】

以《英语（外研版）》8 年级上册第 10 模块 The weather 为例，本模块主题属于新版课程标准“人与自然”范畴下的“自然生态”主题群。子主题内容为“天气与日常生活；季节的特征与变化，季节与生活”。单元大观念为：发现天气与日常生活、季节和城市旅游的关系，了解世界各地的气候特点，激发对地理学科的兴趣及对自然生活的热爱。确定该单元的综合实践活动名称为：美丽中国——手绘最佳游览地图。

【案例分析】活动名称中“手绘最佳中国游览地图”明确了成果形式，属于动手制作类。游览地图需要学生结合模块主题群下的子主题和单元大观念，了解季节和城市旅游的关系，了解天气与城市旅游的关系。活动名称中“美丽中国”加深了学生对中华文化的理解和认同，增强民族自信，凸显主题意义。

二、创设活动情境

创设情境时，教师应当将情境建立在富有感染力的真实事件或真实问题的基础上。教师创设真实的或模拟真实的活动情境，这些情境与学生的学习生活或与社会现实生活密切相关，可以调动学生参与活动的主动性和积极性，增强学生探究兴趣和情感体验。这里的活动情境需要关联活动名称，一般基于学生活动的开展。

【案例 2】

以《英语（外研版）》9 年级上册第 12 单元 Save the world 为例，该单元的综合实践活动名称为：爱绿护绿，美化家园——给社区居委会的一封小区环境改造建议书。创设该活动情境为：学校开展“爱绿护绿，美化环境”活动，鼓励学生们走进自己或周边的小区，了解小区存在的环境问题，提出切实可行的改造建议，完成给社区居委会的一封小区环境改造建议书。

【案例分析】该活动属于设计策划类，情境从学校活动着手，体现学校育人、活动育人的理念，让学生走进自己小区进行环境问题探究。帮助学生加深对社会生活的认识和感悟，真实地体验在现实生活中人们是怎么解决问题的，激发探究兴趣。

三、设计活动目标

综合实践活动的目标是对单元学习结果的描述。即在整个学习活动过程中，以培养核心素养为目标，从语言能力、思维品质、文化意识、学习能力四个维度，对学生预期的学习结果进行设计。通过目标设计引领学生开展活动，体现目标导向。

目标应呼应单元大概念，体现教学价值。一方面要深入研究单元教材，理解单元的组织逻辑，另一方面又要跳出教材，站在英语学科素养培育的要求和学生学情的角度，思考如何建立更能促进学生学习的活动目标。目标的表述一般采用分项的形式。

【案例 3】

以《英语（牛津上海版）》9 年级上册第 7 单元 Escaping from kidnappers 为例，该单元大观念为：了解连环画艺术的制作过程和要点，赏析漫画作品，理解感悟优秀文化作品的内涵，有正确的价值观、健康的审美。活动名称为：我是小小漫画家——英语连环画创作”。活动目标如下：

1. 能理解并运用本单元所学的连环画的制作技巧和语言设计一份连环画。
2. 查阅书籍资料，能够选择恰当的文本进行艺术形式的改编。

3. 通过小组合作，基于自己的特长，合理分工完成漫画制作。

4. 能够合理评价漫画作品，理解感悟优秀文化作品的内涵，有正确的价值观、健康的审美。

【案例分析】本活动目标呼应单元大观念，赏析漫画作品，感悟文化作品内涵，活动任务为创作漫画作品，围绕核心素养设计了四个目标。目标 1 指向语言能力，目标 2 和目标 3 指向学习能力和思维品质，目标 4 指向思维品质和文化意识。

四、设计活动过程

1. 设计活动任务

综合实践活动任务的设计要让学生经历有意义的学习实践，让学生在与学习生活紧密联系的真实生动的情境中展开学习活动。活动设计一般采用两种方式。

（1）单元教学结束后的综合实践活动

此类设计不需要划分课时，但需要明确活动形式，并说明活动是在课内还是课外完成，活动设计步骤如图 3-5-2 所示。

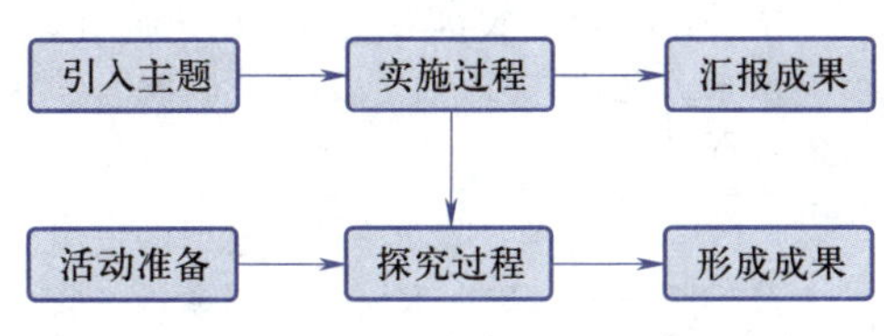

图 3-5-2　单元教学结束后的活动设计步骤

① 引入主题

引入主题等同于日常教学中的导入环节，教师要事先准备好介绍综合实践活动的演示文稿，明确活动的主题内容。引入主题可以有很多方式，如讲一个故事、看一段视频、读一篇阅读、来一场头脑风暴等。通过情境创设，架起知识与实际生活的桥梁，激发学生的好奇心和参与活动的热情。

② 实施过程

实施过程是核心环节，指教师根据活动成果设计一系列的实践探究任务，引导学生分组进行自主、合作、探究活动，开展信息查找、调查采访、策划撰写、设计创作等活动，最终以小组为单位形成活动成果。在这个过程中，教师帮助学生建构知识、形成能力，将情境任务和学生已有的知识、经验形成关联，活动过程体现多样化的学习方式和多渠道的学习途径。

③ 汇报成果

汇报成果不仅要呈现做出来的东西，如一封建议书、一份调查报告分析、一次活动策划方案、一个视频作品等，还要体现自己和团队在活动过程中的深入理解和探究，即汇报活动成果的真实呈现及学生的探究过程与收获。一般以小组为单位在班级进行交流和展示。

【案例 4】

以《英语（外研版）》9 年级下册第 8 模块 My future life 为例，该单元的单元大观念为：正确认识自我，表达表述自己对未来的畅想，悦纳自己；倾听他人毕业前的感受，珍惜同学之间的深厚友谊，培养对母校的热爱之情。该单元的综合实践活动名称为：Wonderful memories——制作班级电子毕业纪念册。综合实践活动设计如表 3-5-1 所示。

表 3-5-1 综合实践活动设计

<table>
<tr><th colspan="2">活动任务设计</th><th>活动内容</th><th>活动形式</th><th>课内课外</th></tr>
<tr><td colspan="2" rowspan="2">引入主题</td><td>① 演示文稿：学校即将开展“9 年级毕业季”系列活动，播放自制视频——四年来的活动掠影</td><td></td><td>课内</td></tr>
<tr><td>② 开展头脑风暴——毕业之际，我们能为母校留下什么？引入主题——制作班级电子毕业纪念册</td><td>自主探究</td><td>课内</td></tr>
<tr><td rowspan="7">实施过程</td><td rowspan="3">活动准备</td><td>① 分组：六人一组</td><td></td><td>课内</td></tr>
<tr><td>② 通过组内成员头脑风暴，确定电子毕业纪念册的关键要素，如个人简介、未来的规划、初中生活的难忘瞬间、师长寄语等</td><td>合作探究</td><td>课内</td></tr>
<tr><td>③ 组内分工：收集毕业纪念册的资料及排版样式，整理素材并绘制模板，收集师长寄语，汇总填写信息</td><td>合作探究</td><td>课外</td></tr>
<tr><td rowspan="2">探究过程</td><td>① 完成纪念册中个人部分的关键要素填写</td><td>自主合作探究</td><td>课外</td></tr>
<tr><td>② 根据组内分工，完成收集、整理、汇总信息等合作任务</td><td>自主合作探究</td><td>课外</td></tr>
<tr><td rowspan="2">形成成果</td><td>① 综合考虑合理性与可行性，结合班级特色，确定最终排版</td><td>合作探究</td><td>课内</td></tr>
<tr><td>② 组内成员相互合作，完成纪念册的信息填写</td><td>合作探究</td><td>课内</td></tr>
<tr><td colspan="2">汇报成果</td><td>成果展示，各个小组面向全班同学进行展示，展示内容包括：
① 介绍小组分工及活动过程
② 展示电子毕业纪念册并进行讲解
③ 评选最有创意的班级电子毕业纪念册</td><td>合作</td><td>课内</td></tr>
</table>

【案例分析】 该单元综合实践活动让学生在真实生动的情境中展开学习活动。通过视频引入主题，激发学生的学习兴趣。在活动准备中，小组成员讨论纪念册制作要素，通过合作学习，对这些要素进行筛选优化，并进行任务分工。在探究过程中，先进行

自主探究，完成个人简介等任务；再进行合作探究，完成收集素材、绘制模板等任务；最后小组商讨决策排版，填写信息，制作完成具有班级文化特色的电子毕业纪念册。学生运用模块所学短语与从句结构，表达自己对未来的畅想和毕业感受；运用美术知识进行模板绘制、排版和制作；通过同伴互助合作形成学习成果，有效促进了语言能力、学习能力等协同发展。

（2）单元整体教学下的综合实践活动

此类综合实践活动设计是以单元为教学单位，强调单元以整体形式呈现，注重构建单元各板块、各课型的内在联系，根据设计的需要，重组单元教学内容，把综合实践活动的任务分解到单元教学中，进行整体性的设计。活动任务设计流程与单元教学结束后的综合实践活动略有不同，需要从课程内容六要素，即主题、语篇、语言知识、文化知识、语言技能和学习策略这六个方面进行详细的文本分析，还需要划分课时和确定课型，每个课时的学习任务应尽可能明确，并说明活动是在课内还是课外完成。

【案例 5】

以《英语（牛津上海版）》7 年级下册第 8 单元 A more enjoyable school life 为例，活动名称为：更好的学校、更好的自己——给校长的一封建议书。[①] 文本解读和活动过程如表 3-5-2 所示。

表 3-5-2　综合实践活动设计表

文本材料	A more enjoyable school life			
文本分析	1. 主题：单元名称“更愉快的校园生活”属于“校园生活” 2. 语篇：对话、图表、报告等 3. 语言知识：与“校园生活的改变”以及“提建议”“询问观点”“表达观点”相关的词汇与句型、反身代词等 4. 文化知识：为学校建言献策的主人翁意识、服务校园的责任意识 5. 语言技能：能读懂、听懂关于“校园生活的改变”的对话；能对学校提一些建议，并表达自己的看法和建议的理由；能归纳合理的建议，撰写一份建议书 6. 学习策略：能选择访谈、问卷等方式做调查；能运用图表呈现调查结果；能通过讨论与合作完成实践任务			
课时	课型	活动任务	活动形式	课内 / 课外
1	阅读	学习与“校园生活的改变”以及“提建议”相关的词汇与句型	自主	课内
2	听说	讨论对我校校园生活的改进建议；探究如何设计问卷；各小组课后开展问卷调查并统计数据	自主 合作 探究	课内 课外
3	听说	学习如何对建议表达观点，并从必要性、合理性和可行性等角度给出支持的理由；小组讨论给校长的建议	自主 合作 探究	课内 课外

① 案例提供：上海民办兰生复旦中学，黄磊。有改动。

续表

课时	课型	活动任务	活动形式	课内 / 课外
4	口语	答辩：各小组汇报调查结果，呈现将要递交给校长的建议；接受同伴提问并答辩；同伴相互提出改进建议	自主 合作 探究	课内
5	写作	学习如何撰写给校长的建议书；课后以小组为单元完成建议书	自主 合作 探究	课内 课外
6	成果汇报	展示探究成果；分享探究过程的收获，学习经验，互相学习	合作	课内

【案例分析】该单元教材共三课时，一节阅读课，一节听说课，一节写作课。教师在设计综合实践活动时，对单元内容进行重组，共设计六课时。学生的学习成果是写出基于调查结果的一份建议书，在活动过程中，学生探究如何设计问卷，小组开展问卷调查并统计数据的合作活动，具有现实意义，体现了语言学习的实践性和应用性。学生在听、说、读、看、写的活动中，运用与校园生活有关的语言，学习如何表达观点、建议和理由，进行讨论、决策和答辩，体现了活动的综合性。

2. 明确活动形式

综合实践活动以学习任务为主导，注重实践活动。学习活动可以是个体的，也可以是小组协作的。活动形式主要有自主学习、合作学习和探究学习。学生通过实践活动的过程进行深度学习。

（1）自主学习

综合实践活动鼓励学生在独立思考的基础上与他人进行团队合作。它是一种主动的、构建性的学习过程。学生主动选择学习策略，拓展学习渠道，通过独立分析、探索、实践、质疑、创造等来实现学习目标。通过自主学习，凸显学生的主动性和独立性。

（2）合作学习

合作学习是指学生为了完成共同的学习任务，有明确的责任分工的互助性学习。学生在自主探索的基础上，以学习小组为单位，充分展示自己的想法并相互交流，把小组中的不同思路进行整合优化，以群体智慧来解决问题。通过合作学习，凸显学习的互动性和分享性，培养学生合作的精神、团队的意识和集体的观念。

（3）探究学习

探究学习是一种研究性学习，是一种以问题为依托的学习，是学生通过主动探究解决问题的过程。学生通过自主、合作的学习方式，增强探究和创新意识，发展综合运用知识的能力；通过探究学习，形成内在的学习动机、批判的思维品质和思考问题的习惯。

五、设计评价工具

综合实践活动中的评价对促进学生核心素养的发展具有重要作用，应贯穿整个活动的全过程并充分发挥学生的主体作用。教师应依据活动目标和活动内容，量化评价标准，设计相应的评价工具。评价工具有助于教师对学生活动的评价，也有利于学生开展自评和互评。

1. 评价指向活动目标的达成

综合实践活动评价工具的设计，要依据活动目标，具有目标—实践—成果—评价的一致性。它对活动的开展发挥着目标导向、过程激励、问题反馈、优化发展等作用。

2. 评价多元化

多元化评价能激发学生学习的兴趣和积极性，帮助学生梳理、反思学习过程中的收获。评价结果又能发挥评价的激励作用，保护和鼓励学生参与学习和实践的积极性。

（1）评价主体多元化

教师评价、学生自评和互评是综合实践活动常用的三种评价方式。在活动评价中，教师不仅要评价学生个人和小组，还应积极鼓励学生自我评价、小组自我评价、小组成员间相互评价和小组间互相评价。

（2）评价内容与时机多元化

综合实践活动的评价不仅针对语言，即学生对单元语言知识和语言技能的运用，还针对学习策略，如学生设计一个问卷、组织一次采访、收集整理信息等。评价不仅发生在活动成果展示课上，也发生在活动过程或各课时学习过程中，即可以对活动的全程进行评价。换言之，单元综合实践活动需要评价学生的学习过程和学习结果，评价学生的语言和学习策略运用。

【案例 6】

以《英语（牛津上海版）》8 年级下册第 4 单元 A new newspaper 为例，该单元的综合实践活动，要求学生制作英语板报《同伴与爱》（Peers and love）。

（一）活动目标

1. 能在实践中综合运用所学语言知识，并在实践过程中将习得的知识转换成运用这些知识的能力。

2. 能从收集到的报纸上获取有关资料，并加以分析，准确有效地运用到实践中。

3. 能通过资料收集和学习，了解时事热点，学会观察身边的人和事以及学会如何发表观点和科学评价项目，发现问题并提出有效的解决方案。

4. 能在活动的过程中，通过合作探究、实践体验，将知识内化吸收，从而使语言实际应用能力得到锻炼。

（二）评价工具

根据上述目标，设计以下几类评价工具①。

① 案例提供：上海民办尚德实验学校，方楠。有改动。

1. 针对评价内容，设计教师用评价工具，如表 3-5-3 所示。

表 3-5-3　综合实践活动内容评价工具

评价内容	赋分（1—5）
1. 能正确使用与报纸模块和报社架构相关的词汇表达	
2. 能使用情态动词和宾语从句进行讨论	
3. 能表达祝贺，评论和同情，并且学会如何组织一次采访	
4. 能恰当地发表观点并对他人的活动进行评价	

2. 针对活动过程和活动成果，设计学生用评价工具，如表 3-5-4 所示。

表 3-5-4　英语报纸制作评价工具

评价内容	评价标准	自评	组内互评
活动进度	1. 时间点和人员分工明确，进度按节点完成		
	2. 有简单的时间点和人员分工，基本按节点完成		
	3. 时间点不清晰，人员分工不明确，到节点未能完成任务		
报纸设计初稿	4. 主题丰富，内容丰富，表现形式丰富多样		
	5. 有主题，有内容，有一定的表现形式		
	6. 主题不明确，内容杂乱，表现形式混乱		

【案例分析】教师用评价工具（表 3-5-3）属于过程性评价，其指标 1 和 2 指向语言，指标 3 和 4 指向学习策略。过程性评价在活动过程中成为学生自主学习和合作学习的“路标”。学生用评价工具（表 3-5-4）中，活动进度指向活动过程，评价学生活动能力；报纸设计初稿指向活动成果，评价活动成效。

六、撰写活动设计表

在综合实践活动设计之后，活动正式实施之前，教师需要填写单元综合实践活动设计表（表 3-5-5），理清设计思路，并用“问题链”进行检验。

表 3–5–5 单元综合实践活动设计表

单元				
主题				
单元大观念				
活动名称				
活动情境				
活动目标				
活动任务设计		活动内容	活动形式	课内 / 课外
引入主题				
实施过程	活动准备			
	探究过程			
	形成成果			
汇报成果				

用以下问题链对活动设计进行检验：

1. 活动名称是否凸显主题意义？
2. 活动情境是否真实？
3. 活动目标是否清晰、合理？
4. 活动是否体现自主、探究与合作？
5. 评价工具是否指向活动目标？

教学建议

第一，管理学生的学习过程。

综合实践活动的开展对学生的学习基础、毅力和耐心等都提出了较高的要求。教师要有效指导学生选用科学的活动方法，合理安排活动进程，正确开展小组活动，学会自我管理，培养独立能力和协作能力。例如，小组分组不能一成不变，教师可以基于主题和学生的兴趣和需求，指导学生均衡分组，使学生拥有适当的选择权和发言权；课堂上有合理的个人和小组活动时间，既有全班讲解，也有小组辅导；使用小组管理工具，如小组任务分工表，明确组长和组员职责，用活动进度表设定可行的时间检查节点和截止日期；在团队合作时，关注学生如何进行有效的沟通和合作。教师参与和指导的策略能激发学生的内驱力，帮助他们实现自己的学习目标。

第二，为学生提供学习支架。

搭建学习支架，支持活动中的各项任务，为每位学生成功完成任务并达成学习目标创造了条件。[①] 学习支架分为资源型支架，如提供与任务相关的图文、视频、自主学习网址、调查问卷样卷等，拓展学生认知；交流型支架，如相关话题、新闻报道等，激发学生交流动机，打开设计思路；活动型支架，提供跨学科活动情境，将美术海报设计等学科知识与技能融入实践活动；任务型支架，如学习单、记录单、评价单等，帮助学生自主建构知识，进行创新性思考和批判性思考。

第三，指导并评价学生的成果展示。

成果展示是活动过程和活动成果的真实呈现，学生需要在成果汇报课之前，利用课外时间进行排练。交流一般采用小组汇报的形式，小组成员人人参与。成果展示要体现学生能力的发展，展现个人和团队的成长。因此，教师要指导学生不仅展示活动成果，还要交流活动过程中的具体做法及收获。除了关注成果的内容，教师更要关注小组成员在成果汇报中的表达能力、协作能力和思维能力的体现。此外，运用评价工具可以帮助学生明确改进的方向，因此教师可以设计针对成果汇报阶段使用的评价表（如小组成果展示效果评价表）来帮助学生反思和改进，促进学生在综合实践活动中达成各项活动目标。

关键问题 3-5 解决方案实践分享

① 浙江省教育厅教研室．重新定义学习：项目化学习 15 例 [M]. 北京：教育科学出版社，2020：9.

第四章

评价的设计与实施

教学评价发挥着监控教学过程和效果的作用，为促教、促学提供了参考和依据。因此，评价的设计与实施是初中英语教学关键问题之一。评价作为落实“教—学—评”一体化设计与实施理念的重要一环，应贯穿英语课程与教学的全过程。然而，初中英语教师对英语教学“为什么评”“评什么”“怎么评”等问题的认识仍然存在一定的局限或误区，评价形式不丰富、评价流程不规范、评价的年级特征不明显、评价标准不具体等问题较为普遍。本章的五个关键问题依托相关评价案例，解析各类评价的要素、路径和策略，帮助教师进一步理解评价的作用，明确评价应遵循的原则，引导教师基于评价目标选择评价内容和评价方式，并将评价结果应用到改进教学和提高学生学习成效上，逐步形成主体多元、方式多样、素养导向的初中英语课程评价体系。

关键问题 4-1 如何开展课堂活动评价？

问题提出

课堂活动评价是教学评价的重要组成部分，具有不可替代的功能。教师在教学中应充分发挥课堂活动评价的监控、指引、激励作用，使之服务于教学目标的达成，促进学生核心素养的发展。然而在实际教学中，课堂活动评价的实效还有待提高。

一、课程标准的要求

1. 课堂活动评价是促进学生核心素养培养的重要渠道

新版课程标准提出，评价应以核心素养培养为导向，教师应把学生核心素养发展水平作为评价的目标和依据。课堂活动评价能有效促进学生的语用能力发展，学生可以在活动评价中学会尊重他人，提升欣赏与鉴别能力。此外，评价也有助于学生逻辑思维与批判思维的发展，有利于学生养成反思学习过程、评价学习效果和改进学习方法的学习习惯，从而提升学习能力。

2. 课堂活动评价是落实“教—学—评”一体化的重要手段

在英语课程实施过程中，教、学、评是不可割裂的三个部分，三者相互依存、相互影响、相互促进，发挥协同育人功能。在课堂教学中落实“教—学—评”一体化就是要通过整体设计保持教学目标、教学活动与活动评价之间的高度一致，协同发挥作用。教学目标是教学的引领，教学活动是落实教学目标的载体，活动评价既是教学目标达成的重要保障，同时也是检验教学活动有效性的重要途径，更是学生学习的过程。因此，课堂活动评价应伴随课堂教学全过程，是落实“教—学—评”一体化设计必不可少的重要手段。

二、课堂活动评价中存在的问题

在日常教学中，低效的课堂活动评价影响课堂教学目标的达成。教师在开展课堂活动评价时还存在一些问题。

1. 课堂活动缺乏有效的评价设计

有些教师在进行教学设计时忽视了活动评价的价值，错误地认为评价只是教学活动的附属，只是一种简单的反馈，没有将课堂活动评价作为课堂教学的一部分进行整体设计，以至于活动评价流于形式。

2. 评价缺乏学生的有效参与

在一些课堂教学中，教师是评价的唯一实施者，学生在评价过程中只是被动地接受教师的评价反馈。由于欠缺主动参与，评价维度单一，学生无法理解评价的目的与内容，也失去了深入思考、自我认知、相互学习的机会。

3. 评价后缺乏有效的教学改进

课堂活动评价并非教学的终点，而是后续教学改进的开始。然而，一些教师却止步于活动评价，未能继续依据评价结果有针对性地改进后续教学。

问题分析

课堂活动是合理组合和安排各种活动要素，为优化教学效果而制定的学生学习方案。课堂活动是为了帮助学生建立学习过程，达成既定的教学目标。课堂活动评价就是针对特定的学习过程所开展的评价。

一、课堂活动评价的概念

依据新版课程标准，教学评价是指在教学过程中，师生进行的评价活动。课堂活动评价是教学评价活动的一种，具有过程性、发展性与形成性的特征，是针对课堂教学活动所开展的评价，是师生共同对课堂教学中开展的学习活动进行分析与评估的过程。

二、课堂活动评价的功能

新版课程标准指出，课堂活动评价具有监控、指引、激励等功能。

首先，课堂活动评价有助于教师掌握学生的学习状态。通过评价，教师可以获取学生的学习信息，了解学生的学习方式与专注度，及时发现学生遇到的学习障碍，把握学习活动目标的达成度等。

其次，课堂活动评价具有指引教学的作用。一方面，通过评价，学生能够了解自己的学习进展，明确学习方向，有助于学习方式与策略的优化。另一方面，教师可以通过评价结果分析活动效果，为后续的教学优化提供必要的依据。

最后，课堂活动评价有助于激励学生学习。有效参与评价能提升学生参与课堂活动的热情，促进学生形成合作学习的积极态度。积极的评价反馈也有利于学生建立学习自信。

三、课堂活动评价的内容

新版课程标准提出，学生是课堂活动的主体，学生在课堂中通过参与不同类型的活动开展语言学习。课堂活动评价也应聚焦学生，关注学生的学习状况与学习效果。在实施评价时，教师应重点关注以下三个方面的内容。

1. 课堂活动的活动成果

活动成果直观反映学生的学习结果与教学效果，反映预设的课时教学目标的达成度。评价活动成果就是评估学习效果，了解学习结果与预期目标之间的差距。

2. 学生在课堂活动中的过程性表现

课堂活动评价不仅要关注活动成果，还要关注活动过程，如活动中学生语言知识与技能的运用、学习策略的运用、思维能力的体现等。教师可以根据教学需求，评价学生活动表现的不同方面。

3. 学生在课堂活动中的参与度

学生在活动中的参与度直接影响课堂活动的有效性。忽略了学生的活动参与度，评价就不能如实反映学生的学习状态与成果。此外，学生的活动参与度也直观反映了学生的学习兴趣与动机，以及他们在课堂活动中的投入程度。

问题解决

一、开展课堂活动评价的基本路径

课堂活动评价的基本路径主要由评价设计与评价实施两部分组成（图 4-1-1）。

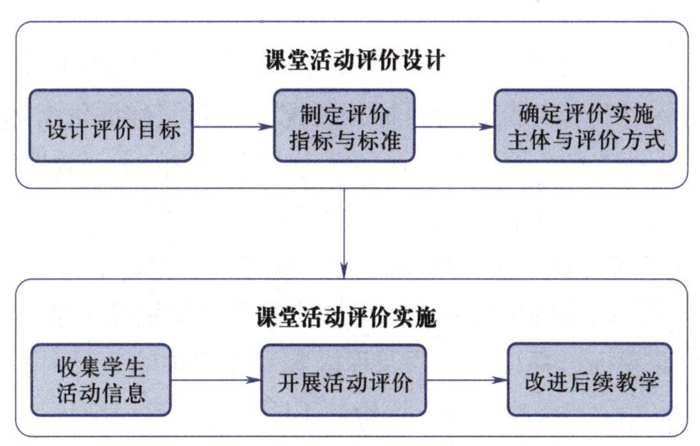

图 4-1-1 课堂活动评价的基本路径

1. 设计评价目标

课堂活动评价以活动为基础，为课堂活动服务，促使课堂学习任务更有效地完成。评价目标应与活动目标相呼应，共同指向课时教学目标。评价目标与活动目标有一定的相似度，但两者存在差异，侧重有所不同。活动目标通常是为了引导学生进行学习活动而设定的。而评价目标侧重于评价学生是否达到预期学习效果，是衡量学生在课堂活动中所需达到的语言能力水平、知识水平、学习水平、思维水平等方面的目标。

【案例 1】评价目标的设计

教学材料：《英语（牛津上海版）》7 年级第一学期第 4 单元 Reading：Different people and different jobs

课时教学目标：

1. 通过阅读语篇 Different people and different job，了解不同职业者在事故救援中发挥的作用。

2. 根据故事情节合理预测故事结局。

3. 通过模拟采访，提升对不同职业重要性的感知。

活动名称：采访。

活动描述：结合故事内容，完成有关事故的采访对话。

活动目标：学生扮演不同职业者接受采访，从职业角度谈自己在事故救援中发挥的作用以及如何看待自己的工作。

评价目标：

1. 评价学生能否描述所扮演的角色在事故救援中做的事。

2. 评价学生能否从职业角度表达对所从事职业的看法。

【案例分析】该案例需要达成的活动目标是根据故事内容完成模拟采访的情景对话。活动核心内容是有关事故的采访。教师根据活动目标与活动内容，设计了评价目标，体现了学生在活动中所要达到的预期活动成果。评价目标与课时教学目标 1、3 呼应，重点指向学生将故事内容内化后的语言输出。

2. 制定评价指标与评价标准

（1）细化评价指标

评价目标是评价活动的引领，评价指标是评价目标的具体细分，解决“评什么”的问题。教师要确保评价指标与评价目标相匹配。只有明确评价指标，才能有针对性地获取不同维度的活动信息，更全面地评估学生在活动中的学习效果。

评价指标是多元化的，可以是语言技能或知识，也可以是学生的活动参与度，还可以是学生的学习方式。在细化评价指标时，教师要充分结合评价目标、活动内容、学生水平等因素，确保指标的可检测性、可操作性及可识别性。基于学习要求的不同，教师可以参照新版课程标准提出的英语课程内容六要素中的四项内容要素（语言知识、文化知识、语言技能、学习策略）确定评价的不同维度并逐级细化具体的指标。

（2）确定评价标准

评价标准是评价指标的具体化描述，一般包括标准的描述和标准的等级。

评价标准的描述要清晰，能准确反映评价指标，能帮助师生理解标准含义并指导师生开展评价活动。评价标准的描述也可以参考英语课程内容六要素的内容要求与学业质量标准。

评价标准的等级是评价指标的具体量化，反映了评价指标的达成度，体现了学生表现的不同层次。评价等级有助于提升评价的客观性，也有助于更清晰地反映学生在课堂活动中的表现。评价等级可以有不同的形式，常见的有打钩、分值、等第和文字表述等形式。教师在选择评价等级的形式时，既要考虑其与教学目标的匹配度以及评价内容的复杂程度，又要兼顾学生的年龄特征与兴趣。

【案例 2】评价指标与评价标准的制定

教学材料：《英语（牛津上海版）》7 年级第一学期第 4 单元 Reading：Different people and different jobs

评价目标：

1. 评价学生能否描述所扮演的角色在事故救援中做的事。

2. 评价学生能否从职业角度表达对所从事职业的看法。

情景对话评价标准如表 4-1-1 所示。

表 4-1-1 情景对话评价标准

指标	维度	评价标准	星级
内容	作用描述	1. 准确介绍自己的工作 2. 准确、全面地描述所扮演的角色在事故救援中的作用 3. 基于对职业的理解，描述更多在语篇中未提及的作用	☆ ☆ ☆ ☆ ☆ ☆ ☆ ☆ ☆
	观点表达	清晰地表达对自己职业的看法	☆ ☆ ☆
	创意联想	发散思维，描述更多在语篇中没有提及的作用	☆ ☆ ☆
语用	准确度	正确运用本课学到的与职业相关的词汇和句型	☆ ☆ ☆
	流畅度	语音语调基本正确，表达流利自如	☆ ☆ ☆
学习策略	合作	角色分配明确，协作完成采访	☆ ☆ ☆

注：三颗星为很好；两颗星为好；一颗星为待提高。

【案例分析】在本案例中，教师根据评价目标的描述确定了内容、语用、学习策略三个指标。教师在制定相应的评价标准时参考了英语课程内容六要素的三级学习要求以及三级（7~9 年级）学业质量标准中 3–9 和 3–10 的相关描述。本课为 7 年级第一学期教学内容，采用打星的方式更有利于 7 年级学生理解标准、参与评价。

3. 确定评价实施主体与评价方式

（1）确定评价实施主体

新版课程标准指出，教师与学生都是教学评价的主体，都可以作为评价者。评价主体多元化可以为学生的发展提供多角度、多层面的评价信息。教师作为评价者，要运用自己的专业知识与经验对学生进行准确、客观的评价，并能给予有针对性的建议与指导；学生作为评价者，有利于提高自身在评价中的主体地位，促进自主学习能力与评价能力的养成。

在教学中，教师要根据活动的难易度、评价目标以及评价内容确定合适的评价者。需要注意的是，当学生作为评价者实施评价时，教师要充当助手与指导者的角色，发挥引导与辅助的作用，帮助学生顺利开展评价。

（2）确定评价方式

针对不同的课堂活动选择合适的评价方式是评价设计的重要部分。学生在课堂活动过程中的表现以及学生活动结果往往具有即时性特点，教师要及时跟进评价，发挥评价的积极作用。王蔷教授列举了 9 种不同的教学评价方式[①]，其中课堂观察、互动提

① 王蔷 . 新版课程标准解析与教学指导（2022 年版）初中英语 [M]. 北京：北京师范大学出版社，2022：8.

问、课堂反馈（口头与书面）、自评互评等方式都适用于日常课堂活动评价。

然而，每种评价方式都有其局限性。例如，课堂观察可以为教师提供最为真实的评价信息，但实施者往往是教师，学生很难参与评价。自评与互评虽然能积极推动学生参与评价，但受限于学生的认知与评价能力，需要教师进行有效的组织与指导。口头反馈是课堂活动中最为常见的评价方式之一，但口头反馈受教学时间的限制，内容往往较为简短，且只能针对个别学生，很难反映班级整体的表现。

因此，教师可以根据教学需要采用多种评价方式相结合的方法，提高评价的准确性和全面性。此外，可以结合学习档案、反思日志、师生访谈、问卷调查等评价方式，在课后开展评价，作为对课堂评价的补充。

4. 收集学生活动信息

收集学生活动信息是实施活动评价的第一步。有效的课堂活动信息具有以下特点：

（1）相关性。收集的学生活动信息应能指向评价目标，准确地反映学生的学习活动状况与能力水平。

（2）典型性。收集的学生活动信息应能反映班级中学生普遍的活动状况与水平，要具有一定的代表性。

（3）多样性。获取多样的学生活动信息有助于提高评价的全面性与客观性。

（4）即时性。活动评价往往发生在课堂活动之中或之后。学生活动信息如果不能及时收集或者评价不能及时跟进，其有效性会随时间的推移而降低，可能会影响评价的准确性，也不利于后续的教学改进。

适用于评价的活动信息都来源于当下开展的课堂活动，需要评价者在活动过程中有策略地通过多渠道获取。以下是一些较为常见的活动信息获取渠道：

（1）活动观察。通过观察获取的活动信息包括评价者看到和听到的信息。例如，学生语言表达的流畅度，小组合作中的专注度，以及在活动过程中遇到的困难与障碍等，都可以通过观察获取。

（2）互动提问。互动提问既是一种评价方式，也是获取课堂活动信息的渠道。与活动观察相似，在互动提问中，评价者需要对学生的回答做出即时分析与判断，获取有价值的信息。通过提问，可以了解学生的思考过程、解决问题的方法、对所学内容的理解程度等多方面的信息。

（3）学生作品。许多英语课堂活动会以学生作品作为活动成果，如调查报告、校园海报、角色扮演剧、自创小故事等。这些作品能体现学生的学习水平、能力水平和学习效果。

（4）学生自评与互评。自评与互评是常见的评价方式，同时也是学生学习的过程。学生在评价中的表现可以为教师提供更全面、准确的活动信息，学生评价的效度在一定程度上能反映学生的学习成效。

5. 开展活动评价

开展活动评价会受诸多因素的影响，是一个相对复杂的过程。评价者可能受到偏见或主观因素影响，导致评价缺失公正性；评价可能会耗费过多时间，导致评价效率降低；评价者可能会忽略预设的评价标准，导致出现无效的评价。为了确保评价的有效性，评价工具的运用非常有必要。

评价工具指用于记录、分析、评价和反馈学生在教学活动中的表现的工具。评价工具的种类有很多，如评价量表、评价清单、观察表、问卷、测验、反思日志等。

评价量表是英语课堂教学中使用率最高的评价工具之一。它是对学生学习过程及效果进行指标性衡量的依据，它所呈现的不是标准答案，而是评价标准。[①] 评价量表可以视为评价标准的可视化呈现，通常由评价指标、级别特征描述与测量等级等部分构成。在课堂活动评价中使用评价量表可以起到以下作用：

（1）活动参照。评价量表有助于师生对评价标准达成共识，更加明确所要达成的学习目标与评价要求。

（2）评价定量化。评价量表能将学生表现转化为具体的分数与等级，使评价更为客观。

（3）评价系统化。评价量表可以涵盖不同指标，使评价更全面、系统，实施评价更有条理。

（4）促进学生参与。评价量表是学生参与评价的助手，可以起到引导作用。在自评与他评中使用评价量表可以指明评价的方向，提高学生评价的精准度。

评价清单与评价量表相似。它通常以简单明了的方式列出评价内容，采用打钩或问答的方式进行评价。与评价量表相比，评价清单更易于理解，操作方便，有助于快速给予学生活动评价反馈。但使用评价清单也可能出现评价不够详细、全面，忽略一些重要细节等情况。

不同的评价工具都有其优势与不足，教师需要根据教学需求，选用适合学情、有助于提高评价效度的工具。

【案例 3】评价量表与评价清单在看图讲故事中的运用

教学材料：《英语（人教版）》8 年级下册第 6 单元 An old man tried to move the mountains

活动名称：看图讲故事。

活动描述：根据图片内容讲述故事。

活动目标：能根据观察到的图片内容，运用所学语言知识，完整、连贯地讲述故事。

活动评价量表及评价清单见表 4–1–2 和表 4–1–3。

表 4–1–2　看图讲故事评价量表

评价指标	等级描述	打分
故事内容	内容完整充实，情节连贯，有丰富的细节描述（5 分）	
	内容基本完整，情节基本连贯，有一些细节描述（3 分）	
	内容有所缺失，情节完全不连贯，没有细节描述（1 分）	

① 梅德明．普通高中课程标准（2017 年版）教师指导：英语 [M]. 上海：上海教育出版社，2019.

续表

评价指标	等级描述	打分
语言表达	表达流畅，发音、用词和语法基本正确（5 分）	
	表达基本流畅，存在部分发音、用词或语法错误（3 分）	
	表达不流畅，有较多发音、用词或语法错误（1 分）	
总分	10 分	

表 4-1-3　看图讲故事评价清单

Checklist	Yes or No
Did he/she tell a complete story?	Yes □　No □
Did he/she use the simple past tense properly?	Yes □　No □
Did he/she tell the story fluently?	Yes □　No □

【案例分析】该案例中的评价量表和评价清单都可用于看图讲故事活动评价。

评价量表明确了 2 个评价指标，对每个指标下的标准做了 3 个陈述式的层级描述，评价者以打分的方式开展评价。评价量表标准的覆盖维度更广，评价者在评价中需要关注的点更多。因此，它适用于整体要求较高的看图讲故事活动，可供教师或具备一定评价能力的学生在活动中使用。

评价清单的标准描述采用了提问的方式，关注了内容的完整性、一般过去时态使用的准确性以及表述的流畅度，评级采用打钩的方式。清单中的标准简洁易懂，关注点少于评价量表，更为聚焦，评价方式也更简单。因此，评价清单更适用于要求相对较低的看图讲故事活动，也更有利于学生在自评与他评时快速做出判断。

6. 改进后续教学

评价的核心目的是改进教学。通过活动评价，教师可以发现教学过程中的问题，及时调整教学方法与内容；学生则可以了解自己的不足，明确学习重点，及时调整学习策略。在课堂中，实施教学调整是一个非常快速的过程。教师需要有准确判断能力、快速反应能力和良好的教学能力，也需要与学生建立良好的互动和沟通。如图 4-1-2 所示，教学调整可以遵循一定的实施路径。

首先，教师要根据评价结果快速做出分析，判断活动效果并迅速找出需要改善的核心问题，还要善于发现学生的学习兴趣与需求。针对问题，教师要重新审视教学目标，调整教学方案，其中包括教学活动目标、内容、形式等。在开展新的教学活动时，教师要持续关注学生的表现与反馈，以便再次做出调整。完成调整后，教师应继续实施评估，确定调整是否取得预期效果。如果效果不理想，教师应及时反思，尝试新的教学策略，再次优化教学方案。根据课堂活动评价进行教学调整是一个反复迭代的过程，不应仅局限于同一节课中的教学活动，教师应结合单元教学中的其他内容综合考虑。

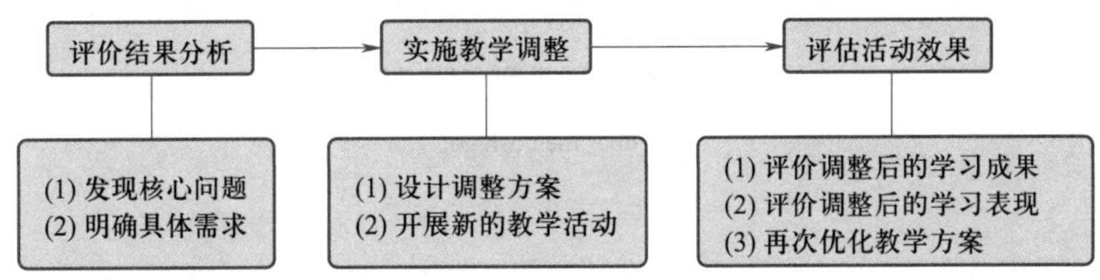

图 4-1-2　依据评价改进教学的基本路径

【案例 4】宾语从句教学活动中的教学调整

教学材料：《英语（牛津上海版）》8 年级第二学期第 3 单元 Grammar: Object clauses

活动名称：Convey the message

活动描述：Students need to tell the class what his/her desk mate says or asks about pollution by using object clauses.

活动目标：提升学生转述过程中正确使用宾语从句的能力。

教学实录：

Teacher：May，what did your friend say?

Student1：Jack told me that water is a kind of important resource.

Teacher：Yes，Jack is right. What did May tell you，Jack?

Student2：May wanted to know how could we use less electricity.

Teacher：I know what you mean，but I think there is something wrong with the word order. Can you try again?

Studnet2：May wanted to know how we could use less electricity.（教师在学生回答时用疑问句语序在黑板写下：I want to know how can we use less electricity.）

Teacher：Correct.

……

（教师在黑板上记录了 4 位同学的回答，其中包括陈述句和特殊疑问句。）

Teacher：You've shared a lot of information and questions about pollution in the class. I want to know something else about pollution，too.（教师在记录的内容前写下 I don't know，并补充了另外 2 个特殊疑问句。）

Teacher：We have six sentences on the blackboard. Obviously，some of them are wrong. Which of them need a change in word order? Discuss with your desk mate and write them down in correct order，please.（如图 4-1-3 所示。）

I want to know
- how can we use less electricity.
- factories and cars can make the air dirty.
- when did people start taking pollution seriously.
- too much light at night can hurt animals.
- why is plastic in the ocean a problem.
- where does the trash go.

图 4-1-3 课堂活动板书

【案例分析】在这个教学活动中，教师采用观察与提问的方式了解学生对宾语从句的掌握情况。在评价过程中，教师发现学生在使用宾语从句时对何时更换语序存在问题。当学生发生错误时，教师先采用引导的方式帮助学生及时纠正，随后对后续活动进行了调整。教师记录了部分学生的回答，并补充了两个例句供学生开展二次训练，要求学生与同桌进行讨论，共同完成句子改写。在学生完成任务后，教师再次结合学生的回答，梳理宾语从句中语序转换的要点，给予评价反馈。

二、课堂活动评价的实施策略

1. 内化标准，提升学生认知

学生对评价标准的认知直接影响活动评价的效度，甚至还会影响学生的活动表现。提升学生对评价标准的理解可以更好地帮助学生明确课堂活动的目标与要求，提高活动目标的达成度。通过对照标准，学生能更好地了解自己在活动中的表现，提升反思能力。在课堂教学中，教师可以运用以下策略帮助学生内化评价标准。

（1）梳理教学重点，为形成评价标准做好预设

评价标准与教学重点紧密相关。教学重点是课堂教学的核心内容，评价标准的作用是检验学生是否掌握这些核心内容，所以它们的聚焦点是一致的。因此，教师可以通过梳理教学重点帮助学生逐步明确评价标准。

例如，在《英语（人教版）》8 年级上册第 9 单元 Write an invitation to a party 的相关写作教学中，可以运用以读促写的教学策略，引导学生梳理邀请函的基本要素，分析语篇结构，归纳符合邀请礼仪的表达方式。教师可以发挥板书的作用，明晰教学重点，为后续写作活动评价标准的呈现做好准备。

（2）学生参与制定评价标准，师生达成共识

学生只有认同评价标准才能更有针对性地在活动中提升自己的表现。通过参与制定评价标准，学生将更明确自己需要关注的内容，也可以增强参与的积极性和自主性。参与制定评价标准的过程既是明晰标准的过程，同时也是学习的过程。学生可以尝试表达自己的意见与建议，学习如何与他人沟通合作达成共识。在师生共同制定评价标准时，教师要注意引导，充分尊重学生的意见，营造积极的评价氛围。

【案例 5】写作教学中师生共同制定评价标准

教学材料：《英语（人教版）》8 年级上册第 9 单元 Write an invitation to a party。

活动名称：邀请函写作。

活动描述：学生尝试写一封完整、清晰、符合礼仪的聚会邀请函。

活动目标：了解邀请函的用途；掌握邀请函的基本结构与内容；在写作中运用适切的表达方式。

教学实录：

在完成范文分析后，教师结合黑板上的记录，与学生展开有关评价标准的对话。

Teacher：Could you tell me how we can write a party invitation?

Student1：We should tell people date，time，and location.

Teacher：Good point! Basic information is very important.

Student2：We should tell people what kind of party it is and what they need to bring.

Teacher：Great! An invitation should have all basic details，theme of the party，and special instructions.（教师同时板书第一条评价标准。）

Teacher：How about the structure?

Student3：We should write things one by one.

Teacher：Excellent. We need to organize the information in a logical way.

Student4：I think the invitation should have a good title.

Teacher：Do you agree? Is it necessary to catch people's attention?

Students：Yes，it is.

Teacher：Great suggestion！An invitation should have an attractive title and clear structure.（教师同时板书第二条评价标准。）

Teacher：What else should we consider?（教师用手指向板书中留下的单词与短语。）

Student 5：We should make sure the invitation is easy to understand.

Student 6 And no mistakes.

Teacher：Absolutely! Don't forget to use polite expressions. So，an invitation should use polite and understandable language and correct grammar and spelling.（教师同时板书第三条评价标准。）

Teacher：Now we have three standards，shall we start writing?

【案例分析】教师采用了讨论的方式与学生共同制定写作活动的评价标准，同时引导学生关注板书中梳理的文本要点。学生在教师启发下从内容、结构与语言三个方面提出了自己的建议。教师概括后重新表述，呈现了指向三个不同指标的评价标准。在讨论中，有学生提到要给邀请函加一个标题，这一点虽然没有在教材中出现，但得到了班级同学的认同，因此教师也将其作为一个评价点，以此鼓励学生，激发他们的参与热情。

2. 指导学生自评，提升评价参与度

自评是学生参与课堂活动评价和培养评价能力的重要途径。自评是一种反思性学

习活动，是学生自我检查和发现问题的过程，有助于学生基于自己的不足设定个人学习目标，提高学习效果。然而，由于缺乏评价能力与经验，学生在自我评价时可能会出现不够客观、忽视自己的不足等问题。因此，教师在学生开展自评的过程中需要担当指导者。除了前文提及的帮助学生提升对评价标准的认知以外，教师还可以通过以下方法提高学生自评的效度：

（1）指导学生使用评价工具

评价工具是学生开展自评的重要辅助手段。教师可以在学生自评前指导学生如何使用评价工具。教师可以针对工具结构、内容、评价标准等信息进行互动解释；根据评价难度的不同，教师也可以提供示范，带领学生模拟评价，并提醒使用过程中的注意事项。在学生自评时，教师应持续关注学生表现，给予必要帮助。

（2）组织学生合作探究

在学生自评前后，教师都可以组织学生开展互动讨论，共同探究评价工具的使用方法，或分享自评的经验与体会。此外，在一些需要合作完成的课堂活动中，教师也可以让学生以组为单位完成自评。

【案例 6】教师指导学生开展自评

教学材料：《英语（牛津上海版）》7 年级第二学期第 5 单元 Reading: The happy farmer and his wife。

活动名称：课本剧表演。

活动描述：根据故事内容，以 4 人为一组进行创作表演。

活动目标：学生综合运用本课所学内容与组员合作完成课本剧表演，并根据表 4–1–4 进行自评。

表 4–1–4　课本剧表演自评表

Criteria	Score
Language: The group used appropriate language.	
Creativity: The group added some new ideas to the story.	
Acting: The group used appropriate facial expressions and body language.	
Teamwork: Each group member contributed a lot in the performance.	

Please rate by using the following scale: Excellent (3)，Good (2)，Fair (1)。

教学实录：

Teacher: We are going to start preparing for our short play based on the story “The happy farmer and his wife”. We will use a self–evaluation sheet to assess our performance. Please take a moment to discuss the content of the sheet with your group.（教师发给每组一份自评表。）

Student1: We are not sure about the meaning of appropriate language.

Teacher: It means using words and phrases that are suitable for the story and the audience.

For example, using polite language when the farmer is talking to the Luck Fairy.

Student2: When can we use this sheet?

Teacher: After your performance, you will take some time to discuss and then complete the sheet. Also, you will evaluate the other groups by using the same sheet. I'm looking forward to your show!

【案例分析】教师布置了以组为单位开展的自评任务。学生讨论后提出了他们共同的疑问，聚焦在评价标准的内容与评价时机。教师解释了“appropriate language”，并提供了一个具体实例帮助学生理解。最后，教师还提醒学生此自评表也将用于表演后的互评。通过指导，学生明确了自评表的内容，为后续开展互评做好充分的准备，同时，自评表也为学生更好地完成演出起到了指引作用。

3. 关注课堂活动动态，及时调整评价策略

在开展评价时，教师应根据实际情况和需要及时调整与修改评价策略，以确保评价的有效性。需要调整的内容可能涉及评价的任何方面，包括评价目的、评价标准、评价方式、评价时机、评价实施主体等。学生在课堂活动中的表现以及在评价过程中的表现，是教师调整评价策略的重要依据。教师要时刻关注学生学习状态的变化。当出现以下情况时，教师要相应调整评价策略。

（1）当学生水平与预设评价标准不匹配时，教师要修正评价标准。如果评价标准要求过高，学生容易产生挫败感；如果评价标准要求过低，学生也可能失去学习目标，不知如何继续提升自己的表现。

（2）当学生不适应预设的评价方式时，教师要调整评价方式。例如，如果学生对口头表达缺乏自信，那么采用口头反馈的互评方式可能会让学生产生畏惧感。在这种情况下，教师可以考虑增设讨论活动，帮助学生做好评价准备。

（3）当学生在活动过程中出现与预期不符的表现时，教师要提前或延后评价。评价过早可能导致学生活动表现不充分；评价过晚可能无法及时发现和纠正学生在活动中出现的问题。例如，在写作活动中，学生的审题失误可能导致活动成果与要求完全不符，此时教师就应及时评价。

（4）为了有效达成教学目标，有时课堂活动会发生调整，教师必须重新规划评价。教师要重新快速确定评价目标与标准，选取与新目标和标准匹配的评价方式，并在评价后有针对性地给予学生评价反馈与建议。

教学建议

新版课程标准提出了英语学习观的概念，倡导教师基于三类活动的递进层级确立活动目标，设计活动内容与形式，明晰设计意图，制订活动评价方案。[①] 由此可见，活动评价是落实“教—学—评”一体化实施的重要环节之一，应从英语学习活动观的视

---

① 王蔷. 新版课程标准解析与教学指导（2022 年版）初中英语 [M]. 北京：北京师范大学出版社，2022：8.

角审视课堂活动，保持活动评价与课堂活动的统一，使两者相互依存，共同促进学生核心素养的发展。

三类活动都指向教学目标的达成，且相互关联，层层递进，但它们在课堂中的定位、作用、功能是不同的。教师可以依据活动设计意图与活动难度设计活动评价，从而实现课堂活动的“教—学—评”一体化设计。

第一，依据设计意图设计评价。

依据设计意图设计评价

设计意图是设计者所期望达到的目的，体现了通过课堂教学活动来实现教学目标的具体计划和思路。在课堂中，不同类型活动的设计意图是有所区别的，对应教学中不同的学习目标和要求。教师的评价设计要与设计意图产生关联。在评价活动效果时，评价目标与评价标准应能准确体现设计意图，所采用的评价方式与评价工具也应有助于设计意图的实现。

第二，依据活动难度设计评价。

依据活动难度设计评价

课堂教学中的三类活动逐层进阶，体现了从知识到能力再到素养的转化过程。每次活动进阶意味着活动难度的递增。在进阶活动中，学生将面对更为多样的情境，需要具备更高阶的思维能力，更综合地运用语言知识与技能解决问题。

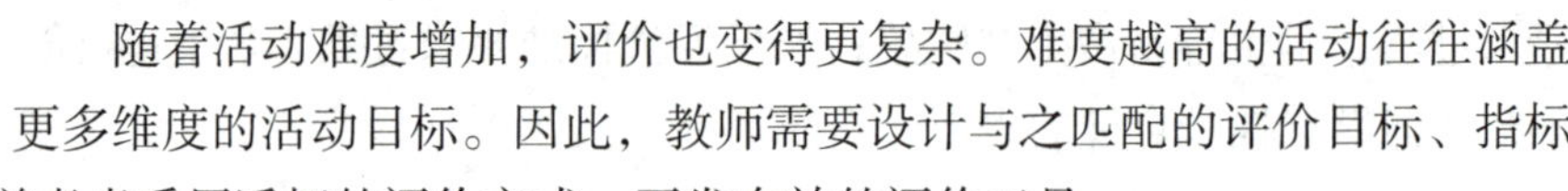

随着活动难度增加，评价也变得更复杂。难度越高的活动往往涵盖更多维度的活动目标。因此，教师需要设计与之匹配的评价目标、指标与评价标准，并考虑采用适切的评价方式，开发有效的评价工具。

关键问题 4-1 解决方案实践分享

关键问题 4-2 如何整体设计单元作业？

问题提出

新版课程标准提出：作业的设计既要有利于学生巩固语言知识和技能，又要有利于促进学生有效运用策略，增强学习动机。但在实际教学中，教师整体设计单元作业的能力还有待提高。

一、课程标准的要求

新版课程标准指出：教师应根据不同学段学生的认知特点和学习需求，基于单元教学目标，兼顾个体差异，整体设计单元作业和课时作业，把握好作业的内容、难度和数量，使学生形成积极的情感体验，提升自我效能感。教师应创设真实的学习情境，建立课堂所学和学生生活的关联，设计复习巩固类、拓展延伸类和综合实践类等多种类型的作业，如朗读、角色扮演、复述、书面表达、故事创编、调研采访、海报制作、戏剧表演、课外阅读等，引导学生在完成作业的过程中，提升语言和思维能力，发挥学习潜能，促进自主学习。课程标准还明确了整体设计单元作业的设计依据、设计要求与作业类型等。

二、教学现状

在日常教学中，单元作业主要体现在两个方面的问题：一是教师对单元作业缺乏认识，单元作业的概念不清；二是教师对单元作业缺乏整体设计。

单元作业缺乏整体设计具体表现在以下几个方面：

1. 单元作业设计缺乏整体性

教师在设计单元作业时，往往会忽视单元作业目标，或单元作业目标设计不合理；各课时作业之间缺乏内在的逻辑联系，仅是单课时练习的简单堆砌。

2. 单元作业类型缺乏多样性

单元作业类型单一，以复习巩固类的机械训练作业居多，缺乏拓展延伸类和综合实践类作业。

3. 单元作业水平缺乏层次性

低水平作业居多，高水平作业缺失，各水平作业占比不合理。

问题分析

整体设计单元作业有助于达成单元教学目标，落实“教—学—评”一体化，对促进学生核心素养的发展具有重要作用。明晰单元作业及整体设计单元作业的内涵、价值与原则，是教师整体设计单元作业的前提和基础。

一、单元作业的内涵

单元作业是学生在一个教材单元学习过程中所完成的所有课外练习。单元作业不仅仅是课时作业的累加，教师应基于单元教材教法分析和单元教学目标，根据学生学习需求，综合规划单元作业内容、作业类型、作业水平和作业时间。

二、整体设计单元作业的内涵

单元作业作为单元教学设计的一部分，应从单元整体出发，规划作业内容、作业类型、作业水平和作业时间。单元作业目标要基于单元教学目标来设计，逐条分析单元教学目标，确定哪些目标需要通过作业来巩固，整体设计作业水平，确定作业形式、作业时间等，并根据课时教学目标将这些作业合理分配到具体的课时。[①] 从单元视角围绕特定情境与要求设计作业，不仅有助于相关要求的持续落实，也可以依托单元对作业类型进行跨课时的整体安排。

三、整体设计单元作业的价值

第一，整体设计单元作业有助于教师从单元视角进行整体规划，对作业目标、作业内容、作业水平、作业类型、作业形式、作业难度、作业完成时间等进行整体设计与统筹安排，更好地实现作业的育人性，作业之间的整体性、关联性和递进性。

第二，整体设计单元作业能体现知识的结构性，有助于学生在巩固已有知识、技能的基础上，自主建立知识结构，逐步构建起知识的内在联系，做到前后知识内容的逐步深化、不断提高。

第三，整体设计单元作业有助于教师从单元整体的视角，推动“教—学—评”一体化设计与实施。基于单元教学目标，对教学、评价、作业等进行系统思考，思考作业和教学、评价等的相互关系，发挥作业与教学、评价等的协同作用。

第四，整体设计单元作业有助于教师提高作业设计与实施能力，提升作业设计整体质量，增强作业实施的效果，最终促进学生成长。

四、整体设计单元作业的原则

1. 目标导向

整体设计单元作业的基础，是分析单元教学目标。教师可以通过直接转换、部分

① 上海市教育委员会教学研究室 . 初中英语单元教学设计指南 [M]. 北京：人民教育出版社，2018：56.

转换或整合后转换单元教学目标的方式，合理设计单元作业目标。

2. 整体规划

单元作业应在单元作业目标的基础上进行规划。单元作业规划的核心是明确单元作业的结构，包括内容结构、水平结构、类型结构、形式结构、难度结构和时间结构。

3. 主题引领

整体设计单元作业时需关注各类型作业占比，体现单元作业整体设计的架构，增强单元各课时作业之间的主题意义和语境的关联，凸显育人价值。

问题解决

一、单元作业整体设计流程

单元作业整体设计流程如图 4-2-1 所示。

图 4-2-1　单元作业整体设计流程

1. 分析单元教学目标

单元教学目标是学生学习某一教材单元以后行为或状态的预期变化，是学生完成单元学习后应达到的行为或状态的具体描述。单元教学目标是单元作业设计的基础，分析单元教学目标是整体设计单元作业流程的起点。

2. 确定单元作业目标

单元作业目标呼应单元教学目标，并为之服务。单元作业目标要从单元整体的角度进行描述，体现育人性、整体性、关联性和递进性。单元作业目标不能是课时作业目标的简单累加，具体有以下基本要求。

（1）对于教学过程中已经实现，而且没有必要通过作业来巩固强化的内容要求，可以不作为单元作业目标。单元作业目标描述的是必须通过作业环节来巩固、拓展、提高或综合应用的内容要求。

（2）需要凸显素养导向，综合反映语言能力、文化意识、思维品质和学习能力等方面的要求，切忌单元作业目标仅指向知识与技能。

（3）要聚焦单元教学重点、学生学习难点内容。

（4）数量要合理。

（5）避免过于琐碎或过于宏大的目标描述。

（6）对于前后关联、具有递进性要求的目标，尽可能按照一定的顺序描述。

（7）设计数量合理、要求恰当的跨学科作业目标、差异性作业目标和长周期作业目标。①

3. 完成单元作业规划

根据单元作业目标，整体规划单元作业内容、单元作业水平、单元作业类型、单元作业形式、单元作业难度及单元作业完成时间等要素。

4. 形成单元作业框架

整体规划单元作业，结合单元作业内容，挖掘单元主题意义，形成单元作业主题意义框架。

5. 设计课时作业

根据每一条单元作业目标，设计一条或一组作业，兼顾作业类型、作业水平、作业完成时间及作业评价形式等要素，最终形成单元作业。

二、整体设计单元作业的策略

1. 以分析单元教学目标为起点设计单元作业目标

单元作业设计以单元教学目标为起点。单元作业目标要基于单元教学目标来设计，大部分的单元教学目标均可转换为单元作业目标，一般有以下三种方式：

（1）直接转换，即一条单元教学目标转换成一条单元作业目标。

（2）部分转换，即一条单元教学目标中的部分内容转换成一条单元作业目标。

（3）组合后转换，即几条单元教学目标重组后成为一条单元作业目标。

【案例 1】以分析单元教学目标为起点设计单元作业目标

教学材料：《英语（人教版）》9 年级全一册第 12 单元 Life is full of the unexpected

教学目标与要求如表 4-2-1 所示。

表 4-2-1 教学目标与要求

话题 Topic	难以预料的事情（Unexpected events）
功能 Functions	能讲述过去发生的事情（Narrate past events） When I woke up, it was already 8:00 a.m. Before I got to the bus stop, the bus had already left. As I was waiting in line with the other office workers, I heard a loud sound. By the time I got to the airport, my plane to New Zealand had already taken off.
语法 Grammar	1. 了解过去完成时（Past perfect tense） 2. 语法复习（Review of key structures） 能正确使用由 when, before, as, by the time 引导的时间状语从句表达过去发生的事情 When I got to school, I realized that I had left my backpack at home. By the time I got back to school, the bell had rung. Before I got to the bus stop, the bus had already left. As I was waiting in line with the other office workers, I heard a loud sound.

① 教育部基础教育司义务教育高质量基础性作业体系建设项目组．学科作业体系设计指引 [M]. 北京：教育科学出版社，2022：13–14.

续表

话题 Topic	难以预料的事情（Unexpected events）
词汇和常用表达 Words & expressions	1. 能正确使用以下词汇（Curriculum words） backpack, block, worker, airport, cream, pie, bean, market, fool, discovery, lady, officer, oversleep, ring, burn, cancel, disappear, unexpected, alive, believable, above, till, west 2. 能正确使用以下常用表达（Useful expressions） by the time, give...a lift, in line with, show up, by the end of, costume party, sell out 3. 能认读下列词汇（Non-curriculum words） stare, disbelief, burning, workday, costume, embarrassed, announce, spaghetti, hoax, embarrassing, New Zealand, Italy, Mars
学习策略 Strategies	1. 利用本单元听力图片信息，预测听力内容 2. 根据语篇中的段落首句，激活相关背景知识，预测文章内容
文化知识 Culture	了解国外愚人节风俗

经过单元教学内容研读与分析，确定单元教学目标如表 4-2-2 所示。

表 4-2-2　单元教学目标

序号	单元教学目标
1	了解过去完成时的结构及使用规则
2	能正确使用由 when, before, as, by the time 引导的时间状语从句表达过去发生的事情
3	能正确使用 backpack, block, worker, airport, cream, pie, bean, market, fool, discovery, lady, officer, oversleep, ring, burn, cancel, disappear, unexpected, alive, believable, above, till, west 等词汇
4	能正确使用 by the time, give...a lift, in line with, show up, by the end of, costume party, sell out 等常用表达
5	能认读 stare, disbelief, burning, workday, costume, embarrassed, announce, spaghetti, hoax, embarrassing, New Zealand, Italy, Mars 等词汇
6	听懂或读懂关于"难以预料的事情"及"愚人节发生的出人意料之事"的语篇，获取事情的主旨大意以及关于事情起因、发展和结果的细节信息
7	能讲述过去发生的事情
8	利用本单元听力图片信息，预测听力内容
9	根据语篇中的段落首句，激活相关背景知识，预测文章内容
10	了解国外愚人节风俗，认识到生活中常常发生难以预料的事情，学会坦然面对

通过分析单元教学目标，设计单元作业目标如表 4-2-3 所示。

表 4-2-3 单元作业目标

序号	单元作业目标	对应单元教学目标	目标转换方式	核心素养
1	理解与“难以预料的事情”话题相关的词汇 oversleep，ring，unexpected 等，以及常用表达 by the time，show up 等的意义并能简单运用	3，4，5	C	语言能力
2	运用过去完成时以及由 when，before，as，by the time 引导的时间状语从句描述过去发生的事情	1，2	C	语言能力
3	听懂关于“难以预料的事情”及“愚人节发生的出人意料之事”的语篇，借助图片信息进行听前预测	6，8	C	语言能力 学习能力
4	读懂关于“难以预料的事情”及“愚人节发生的出人意料之事”的语篇，学会借助背景知识激活旧知，读懂故事的发生、发展和结果	6	B	语言能力 学习能力
5	运用本课所学词汇和句型进行口头和书面表达，叙述过去发生的事情	1，2，3，4，7	C	语言能力 思维品质
6	根据语篇中的段落首句，激活相关背景知识，预测文章内容	9	A	语言能力 思维品质 学习能力
7	通过单元学习，了解国外愚人节风俗，认识到生活中常常发生难以预料的事情，能坦然面对生活中的意外	10	A	文化意识

【案例分析】该案例中，单元教学目标 9 和 10 直接转换成单元作业目标 6 和 7；单元作业目标 4 是由单元教学目标 6 的部分内容转换而来；单元教学目标 3、4 和 5 均指向词汇与常用表达，通过组合后转换成单元作业目标 1；单元教学目标 1 和 2 均指向句法，通过组合后转换成单元作业目标 2；单元教学目标 6 与 8 组合后转换成单元作业目标 3；单元教学目标 1、2、3、4 和 7 通过重组后成为单元作业目标 5。

案例中的单元作业目标凸显素养导向，其中有 6 条单元作业目标指向语言能力，1 条单元作业目标指向文化意识，2 条单元作业目标指向思维品质，3 条单元作业目标指向学习能力。单元作业目标数量合理，描述准确，体现学科育人，存在内在逻辑并呈递进关系。

2. 依据单元作业目标，梳理完成单元作业规划

单元作业目标是单元作业规划的依据，单元作业规划的核心是明确单元作业的结构，包括内容结构、水平结构、类型结构、形式结构、难度结构和时间结构。单元作业规划既有助于确立不同课时作业的重点，也有助于增强课时作业之间的整体性与关联性。

（1）单元作业的内容结构

规划单元作业的内容结构应结合核心素养及课型特征。单元作业的内容结构应考

虑各学习内容模块的知识、技能所占的比例，尤其是重点学习内容的覆盖率。要依据单元作业目标选编、改编和创编作业内容。作业内容应覆盖所有的单元作业目标，要从整体上规划作业内容，做到充分、均衡、合理地反映单元作业目标。

（2）单元作业的水平结构

《初中英语单元教学设计指南》提出："基于《教学基本要求》中的英语学科核心能力矩阵和学习水平分类表，将作业水平界定为熟悉（含积累）、巩固、运用和综合四个级别，分别用 A、B、C、D 来表示。"[①]

（3）单元作业的类型结构

作业类型根据作业目标，按照完成方式，可分为听说类、书面类及综合实践类等三种类型。听说类作业包含听力作业和口语作业；书面类作业包含词汇、语法、阅读和写作等典型作业类型。初中英语学科的综合实践类作业注重与生活的融合，将单元话题和学生的生活实际相结合，将语言知识与技能、语用与语感、情感与文化等融合在作业中。各个类型的作业分布要合理，题目之间应有内在意义上的联系，一组题目之间应构成关联性和层进性，类型呈现应具有可检测性。

（4）单元作业的形式结构

单元作业按其完成形式，可以分为个人、结对和小组三种形式。

（5）单元作业的难度结构

作业难度一般可分为"容易""适中""较难"。作业设计要贴近学生实际学习的认知水平，适度安排不同难度的作业内容。单元作业的整体设计难度要适宜，不同难度的作业题量分布要合理，题目与题目之间要体现难度的阶梯性。

（6）单元作业的时间结构

单元作业设计要整体规划作业时间。针对单元目标整体设计作业时要有时间总量的控制。作业时间与作业形式相关。[②] 根据"双减"政策，小学三至六年级书面作业平均完成时间不超过 60 分钟，初中书面作业平均完成时间不超过 90 分钟。一般来说，英语学科每个课时的书面作业时间应控制在 20 分钟以内。

教师在进行单元作业整体设计时可利用表 4-2-4 进行单元作业规划。

表 4-2-4　单元作业规划属性表示例

课时	课型	单元作业目标	单元作业内容	单元作业水平	单元作业类型	单元作业形式	单元作业难度	单元作业时间
1								
2								
…								

① 上海市教育委员会教学研究室．初中英语单元教学设计指南 [M]. 北京：人民教育出版社，2018：61.

② 上海市教育委员会教学研究室．初中英语单元教学设计指南 [M]. 北京：人民教育出版社，2018：57.

【案例 2】依据单元作业目标，梳理完成单元作业规划

教学材料：《英语（牛津上海版）》6 年级第一学期第 6 单元 Going to school

单元作业目标如表 4-2-5 所示。

表 4-2-5　单元作业目标

序号	单元作业目标
1	熟悉连读和不完全爆破的读音规则并正确朗读
2	在语境中熟悉并运用与出行相关的词汇及常用表达
3	听懂或读懂有关距离远近、出行方式、路程耗时和沿途所见的语篇，能提取关键信息
4	在语境中运用本单元所学内容，口头或书面描述到达不同地点的耗时及沿途所见，树立时间观念
5	通过查找资料、调查等方式了解社区周边设施远近、出行方式、路程耗时，绘制社区生活圈示意图并书面描述，培养合理规划出行的意识，提升观察身边事物的能力

单元作业规划如表 4-2-6 所示。

表 4-2-6　单元作业规划

课时	课型	单元作业目标	单元作业内容	单元作业水平	单元作业类型	单元作业形式	单元作业难度	单元作业时间
1	阅读	1、2、3	词汇 阅读 思维品质	A、B	口语 语法 阅读	个人	容易 适中	约 100 分钟
2	听说	1、2、3、4	听力 口语 思维品质	A、B、C	听力 口语 语法	个人	容易 适中	
3	阅读	2、3、4	词汇 阅读 思维品质	A、B、C	口语 词汇 语法 阅读	个人	容易 适中	
4	写作	2、4	写作 学习能力	A、B、C	词汇 语法 写作	个人	容易 适中	
5	复习	1、2、3、4、5	词汇 阅读 口语 写作 思维品质 学习能力	A、B、C、D	口语 语法 阅读 综合实践	个人	容易 适中 较难	

【案例分析】本案例依据单元作业目标，开展单元作业规划，从作业内容、作业水平、作业类型、作业形式、作业难度和作业时间等维度进行了系统梳理，有效整合了单元语言知识和技能，各课时有不同侧重，体现了单元作业的整体性和关联性。从上述案例可发现，本单元教学设计依据教材教学内容，共分为5课时，分别是2节阅读课、1节听说课、1节写作课和1节单元复习课。单元作业内容对标学科核心素养，对语言能力进行了细化，分为听力、口语、词汇、阅读和写作。

3. 挖掘单元主题意义，凝练形成单元作业框架

有意义的语言学习必然是以主题为引领、以语篇为依托、以意义探究为目的而展开的。在学习过程中，教师引导学生学习和运用语言技能与学习策略，获取和加工语言知识与文化知识，理解语言背后的文化内涵与价值取向，在提高语言技能与学习策略的过程中，加深对语篇结构和主题意义的深层理解，形成正确的价值判断，达到提高语言能力、理解文化意涵、提升思维品质、形成正确价值观的目的。[①]

对单元主题意义的探究不仅在课堂教学中，同样可以通过作业设计延伸到课堂之外。立足单元整体的视角，通过主题意义的串联，创设单元作业主题情境，架构课时作业之间的联系，单元作业设计要围绕单元主题语境，突出学生思维品质的培养，结合课堂所学，合理突破教材内容，以发展学生英语学科核心素养为宗旨，实现学生从基础掌握到整体能力的阶梯提升。

教师在进行单元作业整体设计时可利用图4-2-2进行单元作业主题意义架构。

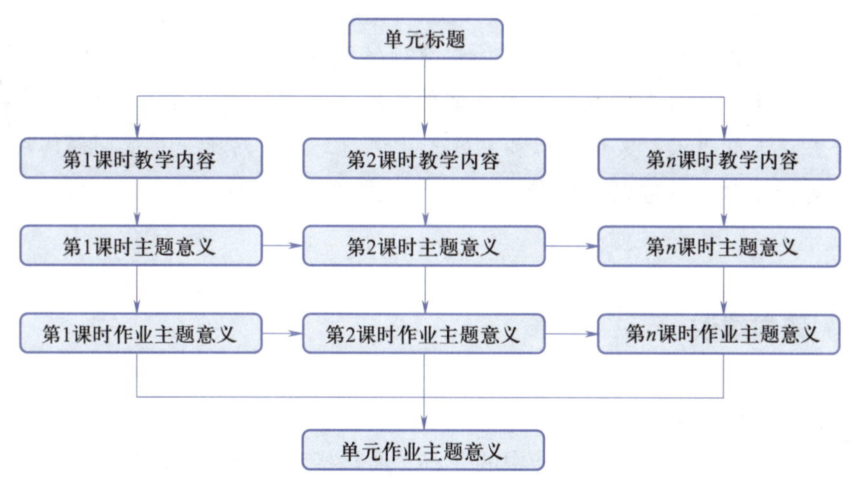

图4-2-2　单元作业主题意义框架

【案例3】形成单元作业主题意义框架

教学材料：《英语（牛津上海版）》7年级第二学期第6单元 Hard work for a better life

通过挖掘单元主题意义，形成单元作业主题意义框架（图4-2-3）。

---

① 王蔷.新版课程标准解析与教学指导（2022年版）初中英语[M].北京：北京师范大学出版社，2022，31.

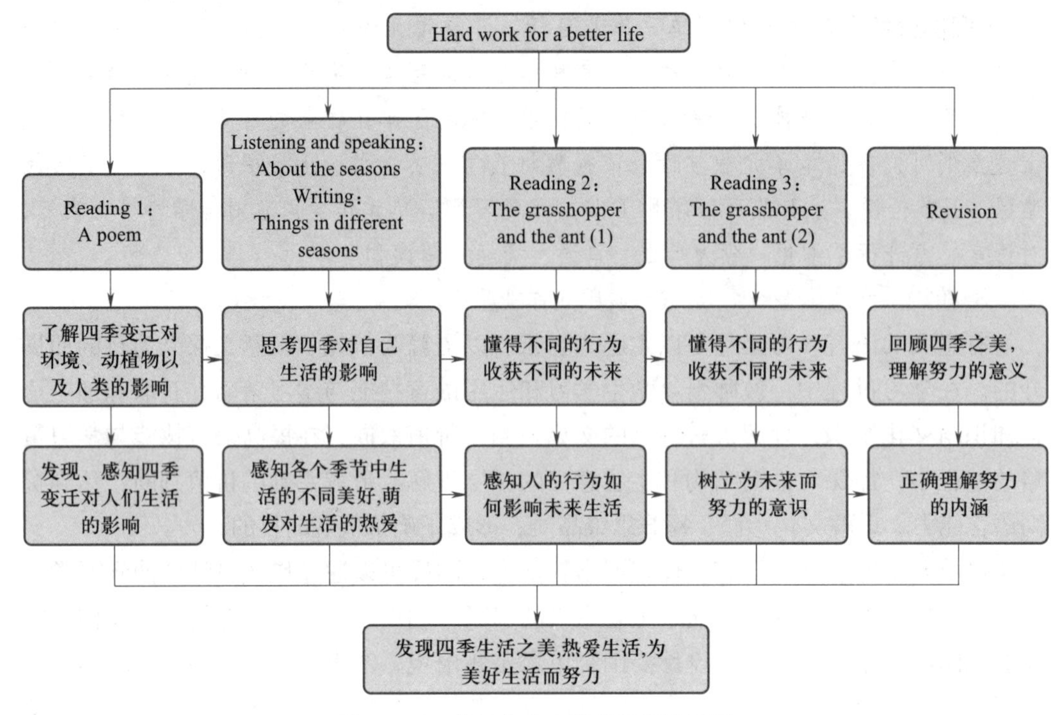

图 4-2-3　单元作业主题意义框架示例

【案例分析】本案例依据教材教学内容，规划 5 个课时，分别是 3 节阅读课、1 节听说课及 1 节单元复习课。基于各板块教学内容，挖掘课堂教学中探究的主题意义，通过单元作业整体设计，将主题意义的探究延续到课堂之外，教师基于单元作业主题语境开展作业设计，引导学生在多种技能的实践过程中，整合多个语篇学习获得主题词汇、语法、语篇知识、文化知识和主题表达视角，通过对比分析或问题解决等活动，表达自己对主题意义的理解与评价，最终产生主题意义，实现由个人意识到个人行为的转变。

教学建议

第一，设计视听作业。

新版课程标准指出：语言技能中的“看”通常指利用多模态语篇中的图形、表格、动画、符号，以及视频等理解意义的技能。理解多模态语篇，除了需要使用传统的阅读技能之外，还需要观察图表中的信息，理解符号和动画的意义。因此在整体设计单元作业时，有必要综合考虑单元内视听作业的设计，同时提出新的技能内容要求，如“课外视听活动每周不少于 30 分钟”等，有必要在整体设计单元作业时，综合考虑视听作业的设计。

对于“看”的技能发展，教师要在教学中指导学生通过观察、分析、思考，获取图表、动画、符号及视频等媒体信息，并通过所学语言解读信息。教师还要引导学生学会运用图形、符号等方式组织和传递信息，表达观点和看法等。

随着信息技术与教学、生活的深度融合，教师应充分发挥现代信息技术对英语教学的支持与服务功能，可以合理、创新使用数字技术和网络资源，在单元作业设计中融入视听作业，提供学生多渠道学习方式，满足学生个性化学习需要。

第二，分解综合实践类作业。

新版课程标准指出：教师应创设真实的学习情境，建立课堂所学和学生生活的关联，设计复习巩固类、拓展延伸类和综合实践类等多种类型的作业，引导学生在完成作业的过程中，提升语言和思维能力，发挥学习潜能，促进自主学习。

单课时综合实践活动分步骤完成案例

基于主题意义，设计综合实践类作业，能从单元整体出发，根据单元所承载的核心素养要素，整体设计实践作业，以此促成学生与生活实际的对话，提升语用和综合实践能力。

较为成熟的综合实践类作业有三种，即动手操作类、编剧表演类及调查探究类。[①] 三种类型的综合实践作业均强调操作性，教师如何通过作业设计进行实践指导至关重要。为促成学生有效开展综合实践作业，有必要将单元综合实践作业进行分解。分解方式可以根据综合实践作业的跨度而定，即单课时综合实践活动分步骤完成，以及跨课时综合实践活动分课时完成。

跨课时综合实践活动跨课时完成案例

关键问题 4-2 解决方案实践分享

① 马琳．单元主题视角下的初中英语综合实践类分层作业设计 [J]. 上海课程教学研究，2018（1）：20-23.

关键问题 4–3 如何设计与实施课时作业？

问题提出

新版课程标准指出：坚持以评促学、以评促教，将评价贯穿英语课程教与学的全过程。教师应根据不同学段学生的认知特点和学习需求，基于单元教学目标，兼顾个体差异，整体设计单元作业和课时作业，把握好作业的内容、难度和数量。作业评价是教学过程的重要组成部分。从单元视角对作业整体规划后，考虑到日常教学是以课时为单位开展的，教师需要将单元作业的整体设计具体落实到各课时作业设计中。因此，在各课时作业的实施中开展单元的持续性评价，及时将评价结果应用到改进教学和提高学生学习成效上，才能有效落实“教—学—评”一体化。

教育部《关于进一步减轻义务教育阶段学生作业负担和校外培训负担的意见》指出：“全面压减作业总量和时长，提高作业设计质量，减轻学生过重作业负担。”这就要求教师用心设计、精心布置课时作业，做到减“量”提“质”。然而，在实际教学中，教师对课时作业的设计与实施能力还较为薄弱。

1. 课时作业设计的问题

有些教师缺乏单元整体性设计意识，主要表现为：课时作业未呼应单元教学目标和课时教学目标；各课时作业之间的关联性不高；作业内容不利于学生内化迁移、循序渐进地学习。有些教师重视书面作业的设计，忽视非书面作业的实践功能。还有些教师设计的作业缺乏层次性和选择性，忽视学生的个体差异。

2. 课时作业实施的问题

有时教师匆忙布置作业，没有明确作业要求和评价标准，导致学生对作业要求不明确而造成完成困难。有时教师从头到尾、不分详略地讲评作业，费时费力却收效甚微。部分教师采用的作业评价形式单一，以指出错误为主，缺乏与学生的有效互动，造成学生学习兴趣下降。

问题分析

一、课时作业的概念界定

1. 定义

课时作业是指在某一课时教学后，“学校教师依据一定目的布置并且由学生利用非教学时间完成的学习任务。”[①] 其中包含以下内涵：①课时作业是针对具体课时的，有很强的时效性和针对性；②课时作业强调有一定目的，即强调教师有意识地设计；③课时作业可以是学生个人完成，也可以是学校布置的团队任务。

2. 功能

课时作业具有反馈巩固学科知识的功能。《教育大辞典》对“作业”是这样表述的：“它是课堂教学的延伸，有助于巩固和完善学生在课内学到的知识、技能。”[②] 通过课时作业，教师能及时获取课时教学效果的反馈。

课时作业还具有育人功能。教师在隐身状态下，通过作业来引导学生开展自主学习活动。课时作业能培养学生的学习独立性，在做出决断、进行比较、培养责任心和加强自我修养等方面为学生提供宝贵经验，还能培养学生的学习兴趣与积极的情感态度，发展学生问题解决和创新实践的能力。可见，课时作业对学生全面发展起着重要的助推作用，是落实立德树人的有力载体。

二、课时作业的关键要素

在单元整体设计下，课时作业是单元作业的组成部分。各课时作业既独立又关联，旨在帮助学生循序渐进地掌握语言知识和文化知识，发展语言技能和学习策略，提升思维品质和学习能力。在设计课时作业时，教师应关注课时作业的目标、类型、形式、难度、水平和时间等要素。

1. 课时作业目标

课时作业目标是开展课时作业设计的基础，应与课时教学目标呼应，紧扣课时教学内容。在确定课时作业目标时，教师可将单元作业目标进一步细化，分解到课时作业目标中，并根据学情做适当调整。课时作业目标应既体现语言知识的巩固，又兼顾阅读、听说或写作等技能提升和学习策略养成，指向学生核心素养发展。

2. 课时作业类型

从呈现形式上，课时作业可以分为书面作业和非书面作业。书面作业通常包含词汇作业、语法作业、阅读作业和写作作业，非书面作业包含以听和说为形式的听力、口头或听说作业和实践作业。教师应综合考虑各种作业类型，避免同一类型作业多次重复而降低学生学习兴趣。

3. 课时作业形式

根据学生作业完成的形式，课时作业主要分为个人完成、结对完成和小组完成三种。教师可根据课时作业目标及内容，选择恰当的作业形式。书面作业多由学生个人独立完成，而采访、课本剧等非书面作业可选择结对或小组合作完成，让学生在合作中交流，发展沟通能力与综合语言运用能力。

---

① 王月芬．重构作业：课程视域下的单元作业 [M]. 北京：教育科学出版社，2021：9–10.

② 顾明远主编．教育大辞典 [Z]. 上海：上海教育出版社，1990：212.

4. 课时作业难度

课时作业难度一般依据班级平均学习水平学生的学习基础而定，建议容易、适中和较难的比例为 6∶3∶1。教师在设定难度时，应综合考虑课时作业的内容、类型与完成形式，避免出现难度过高或过低的极端现象。

5. 课时作业水平

作业水平可以界定为熟悉（含积累）、巩固、运用和综合，分别用 A、B、C、D 来表示，如表 4-3-1 所示。[①] 教师应减少背诵课文等“低水平高难度的作业”，适当增加仿写等 B 水平作业以及体现思维含量的复述课文等“高水平低难度的作业”。

表 4-3-1　作业水平及其含义

作业水平	含义
熟悉（含积累）(A)	指培养良好的英语学习习惯和增强语感，如词、句、篇的抄写、朗读、背诵、跟读等练习
巩固（B）	指加深对语言知识和语言技能的认识与理解，如对关键语言知识或语言技能进行模仿或变式练习
运用（C）	指将语言知识与语言技能迁移到新语境中，如就日常生活中的话题进行口头或书面交际
综合（D）	指培养自主创新思维和合作意识，灵活运用语言知识与语言技能，如调查并撰写报告、制作海报等

6. 课时作业时间

根据“双减”实施意见，初中学生书面作业平均每天完成时间不超过 90 分钟，因此英语学科作业完成时间应控制在 20 分钟以内。教师应关注书面和非书面作业的比例，关注学生自主作业的时间，从而合理预估作业时间。

问题解决

课时作业要解决两个重要问题，一是如何设计，二是如何实施。设计要依据一定的流程，灵活使用凸显课型特征、复现核心内容、丰富作业类型等策略。实施要关注作业的指导、布置、批改、讲评与辅导，采用恰当的实施策略，落实“教—学—评”一体化。

一、课时作业设计的流程

课时作业设计的流程以规划单元作业为起点，包含确定课时作业目标、选择课时

---

① 上海市教育委员会教学研究室 . 初中英语单元教学设计指南 [M]. 北京：人民教育出版社，2018：61.

作业资源、编制课时作业题目、填写作业属性表四个环节，如图 4-3-1 所示。

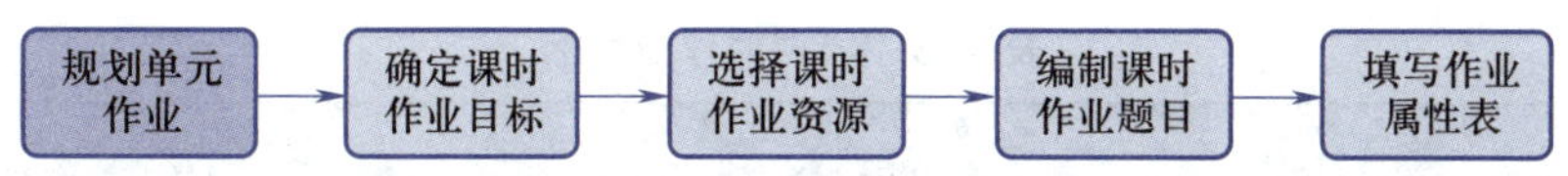

图 4-3-1　课时作业设计流程

规划单元作业是课时作业设计流程的起点，是课时作业设计的基础。首先，通过分解单元作业目标，结合课时教学目标和学情，确定课时作业目标。其次，根据课时作业目标，教师要合理选择课时作业资源，编制相应的课时作业题目。最后，综合分析课时作业的关键要素，填写作业属性表，再进行调整。

1. 确定课时作业目标

在确定课时作业目标时，教师应基于单元作业整体规划，细化分解单元作业目标，同时呼应课时教学目标，并为之服务。大部分单元作业目标均可转换为课时作业目标。转换的方式有以下三种：

A. 直接转换，即一条单元作业目标直接转换成一条课时作业目标。

B. 部分转换，即一条单元作业目标中的部分内容转换成一条课时作业目标。

C. 分解后转换，即一条单元作业目标分解成几条课时作业目标，出现在不同的课时中，其学习水平要求也不同。

【案例 1】

教学材料：《英语（牛津上海版）》6 年级第二学期第 1 单元 Great Cities in Asia 第 3 课时 Reading：Great cities in Asia

本课时阅读材料围绕单元主题“城市”，介绍了北京、东京和曼谷三个不同的亚洲城市。单元作业目标如表 4-3-2 所示。

表 4-3-2　单元作业目标

序号	单元作业目标表述	对应核心素养
1	巩固与城市主题相关的词汇	语言能力
2	理解表示方位的短语、方位副词的意思和用法	语言能力
3	运用特殊疑问句，就城市间距离、出行方式及行程时长等相关信息做口头询问与应答	语言能力 学习能力
4	阅读并获取关于城市风貌、人口及饮食等信息，理解指代的意思	语言能力 文化意识
5	运用单元核心词汇和句型，口头或书面完成描述自己喜爱的城市等交际任务	语言能力 思维品质
6	通过观察、比较的语言学习方式，对所学内容进行归纳和整理，提升思维品质，并尝试反思自己的学习过程	学习能力 思维品质
7	运用本单元所学，设计介绍亚洲城市海报的长周期作业，提升综合语言运用能力和跨文化交际意识	学习能力 文化意识

本课为第 3 课时，基于单元作业目标确定本课时作业目标如表 4-3-3 所示。

表 4-3-3　课时作业目标

课时	课型 / 内容	课时作业目标	对应单元作业目标	目标转换方式
3	阅读：Great cities in Asia	1. 巩固与城市主题相关的词汇	1	A
		2. 阅读并获取关于城市风貌、人口及饮食等信息	4	B
		3. 理解指代的意思	4	B
		4. 归纳城市介绍的一般方法	6	C

2. 选择课时作业资源

在选择作业资源时，教师应考虑主题的一致性、内容的相似性、语言的地道性等。根据学情，教师可对文本、音频、视频等资源做适当调整。例如，针对课时作业目标 2，教师选取《英语（人教版）》8 年级下册第 9 单元的阅读材料，并进行改写，如图 4-3-2 所示。

Making Notes

After reading, write down three or more things you have learned. We always remember things better if we take time to reflect.

Singapore — A Place You Will Never Forget!

Have you ever been to Singapore? For thousands of tourists from China, this small island in Southeast Asia is a wonderful and safe place to take a holiday. On the one hand, more than three quarters of the population are Chinese, so you can simply speak Putonghua a lot of the time. On the other hand, Singapore is an English-speaking country, so it's also a good place to practice your English!

Have you ever tried Chinese food outside of China? Maybe you fear that you won't be able to find anything good to eat when you travel. In Singapore, however, you'll find a lot of food from China; you won't have any problem getting rice, noodles or dumplings. Singapore is also an excellent place to try new food. Whether you like Indian food, Western food or Japanese food, you'll find it all in Singapore!

Most large cities have zoos, but have you ever been to a zoo at night? Singapore has a Night Safari. It might seem strange to go to a zoo when it's dark. However, if you go to see lions, tigers or foxes during the daytime, they'll probably be asleep! A lot of animals only wake up at night, so this is the best time to watch them. At the Night Safari, you can watch these animals in a more natural environment than in a normal zoo.

One great thing about Singapore is that the temperature is almost the same all year round. This is because the island is so close to the equator. So you can choose to go whenever you like — spring, summer, autumn or winter. And, of course, it's not too far from China!

Singapore is a small country in Southeast Asia. "Lion City country" Singapore is also a city with about 5.6 million people and four official（官方的）languages: Chinese,English, Malay（马来语）and Tamil（泰米尔语）.Malay is the national language and English is the language of business.

Many people travel to Singapore to see some interesting places. For example, most large cities have zoos, but have you ever been to a zoo at night? Singapore has a Night Safari. A lot of animals like lions, tigers or foxes only wake up at night, so this is the best time to watch them.

Here you can try some delicious food from all over the world, such as Hainanese chicken rice, Chili crab（辣椒螃蟹）and so on. Whether you like Indian food, western food, or Japanese food, you'll find it all in Singapore!

The temperature（气温）in Singapore is almost the same all year around. You can choose to go whenever you like – spring, summer, autumn or winter.

图 4-3-2　课时作业资源改写前后对比

3. 编制课时作业题目

根据课时作业目标，教师可选择以下方式来编制课时作业题目。

（1）选编，指依据课时作业目标从教材、教材配套的练习册等材料中挑选合适的内容作为课时作业。

（2）改编，指依据课时作业目标修改相关材料的练习成为课时作业。

（3）创编，指依据课时作业目标来编写作业，含作业要求、题干、选项等。

以上述环节中的改编材料为例，教师可以设计如图 4-3-3 所示的阅读作业。

Fill in the blanks by using the information from the passage. Write ONE WORD for each blank.（根据短文内容填写，每空一词。）

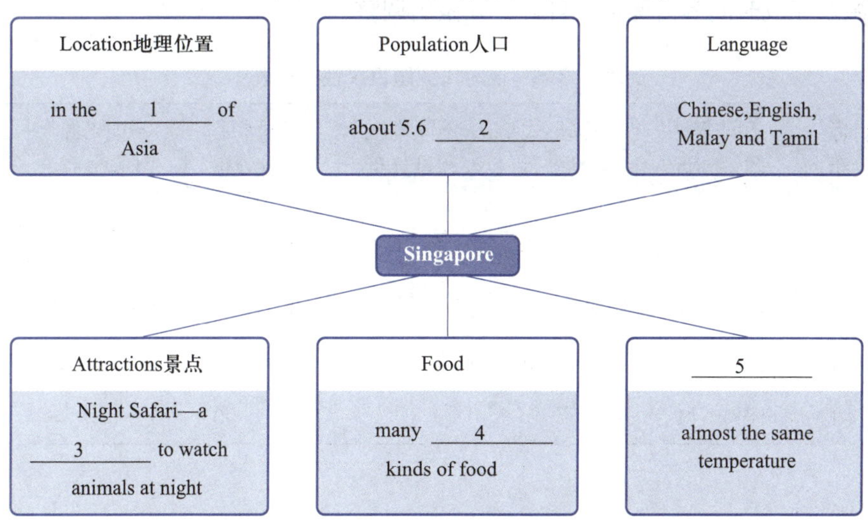

图 4-3-3　阅读作业示例

【答案】

1. southeast　2. million　3. zoo　4. different　5. Weather

【设计说明】这是一篇关于新加坡的阅读语篇，借助思维导图对文本信息进行整合，拓展城市的多维度介绍，帮助学生形成有效的学习策略。五个填空题均关注语篇的关键信息，较全面地评价学生阅读并获取信息的能力，如细节提取能力、推断能力和概括能力。

4. 填写作业属性表

为提高作业设计的解释性，教师应使用作业属性表来核查课时作业的关键要素。一条作业属性表指向作业的内涵品质，涉及作业目标、类型、形式、难度、水平、预估时间、来源等要素，如表 4–3–4 所示。

表 4–3–4　一条作业属性表示例

作业编码	对应课时作业目标	作业类型	作业形式	作业难度	作业水平	预估作业时间	作业来源
Z3003	3–2	□词汇 □语法 ☑阅读 □写作 □听力 □口语 □实践	☑个人 □结对 □小组	□容易 ☑适中 □较难	□A ☑B □C □D	6 分钟	□选编 □改编 ☑创编

基于课时作业目标，教师依次完成本课时所有题目的编制。在填写各条作业属性表后，依据前期规划好的单元作业框架，从易到难合成课时作业。同时，教师可以使用课时作业题目属性统计表（表 4–3–5），对课时作业的题量、类型、形式、难度、水平、来源及完成时间等情况进行自查，并做出调整。

表 4–3–5　课时作业题目属性统计表

不同目标题量分布		不同类型题量分布		不同形式题量分布		不同难度题量分布		不同水平题量分布		不同来源题量分布		完成时间
3–1	1	词汇	1	个人	4	容易	1	A	1	选编	1	20 分钟
3–2	1	语法	1	结对	0	适中	3	B	2	改编	1	
3–3	1	阅读	1	小组	0	较难	0	C	1	创编	2	
3–4	1	口语	1					D	0			

二、课时作业的设计策略

1. 凸显课型特征

课时作业与课堂教学两者相辅相成，共同促进学生英语学习能力的发展。根据听说课、阅读课、写作课等不同的课型，作业设计也应有所不同、有所侧重。教师应根据课型特点进行设计，紧密结合课时教学目标进一步巩固学生听、说、读、看、写等技能，提高学生迁移运用语言技能、学习策略及解决问题的能力。

【案例 2】

教学材料：《英语（人教版）》9 年级全一册第 10 单元 You're supposed to shake hands. 第 1 课时听说：Section A 1a–2d

课时作业目标：

1. 听懂谈论文化礼仪的对话，运用听前预测、听中记笔记等策略，捕捉关键信息。

2. 运用本课时所学语言知识和句型结构，口头介绍各国礼仪。

课时作业内容[①]：

1. Daniel and Jenny are talking about British customs on the radio. Listen to the dialog and tick what British people do.（丹尼尔和珍妮正在广播中谈论英国日常习俗。请听录音，并在方框中打"√"。）

Greeting:	**At home:**
□ 1. say "hello" or "nice to meet you"	□ say "please" and "thank you" all the time
□ 2. shake hands	
□ 3. usually greet with a kiss	
□ 4. talk about the weather, holidays, music or books	**In public:** □ shout or laugh loudly
□ 5. talk about age, weight or money	

2. After listening to Jennie's interview, let's try to introduce British customs in English.（听过了珍妮的采访后，试着用英语介绍一下英国人的习惯吧。）

You may begin like this:

British people say "hello" or "nice to meet you" and shake your hand when they meet you for the first time ...

【答案】

☑ Greeting 1，2，4　☑ At home

【设计说明】通过听说教学，学生学会听前预测、边听边做笔记，根据笔记验证预测，并能模仿输入的语言，针对各国初次见面的礼节、聚餐礼仪等恰当地进行表达。围绕"文化礼仪"的主题，教师设计了有关中英文化差异的作业，用于加强听力技巧训练。教师还为学生创设了真实的语境，引导学生口头复述。通过课时作业，帮助学生学会举一反三、迁移运用策略，切实提高学生的听说能力。

① 案例提供：同济大学附属实验中学，吴晓月。

附：听力材料文本

Script: *Daniel is hosting the school radio show this week. He is interviewing Jenny, a Grade 9 student, who has recently visited the UK.*

Daniel: Hi, everyone. Today we've invited Jenny to talk about manners in the UK. What's the proper way to greet people there, Jenny?

Jenny: Well, British people say "hello" or "nice to meet you" and shake your hand when they meet you for the first time.

Daniel: Do they greet people with a kiss?

Jenny: No. British people only greet relatives or friends with a kiss.

Daniel: How do people start a conversation?

Jenny: They talk about the weather, holidays, music, books or something else. But please avoid subjects like age, weight or money.

Daniel: British people are very polite at home as well, aren't they?

Jenny: Yes. They say "please" and "thank you" all the time!

Daniel: Any other tips for us if we're going to the UK?

Jenny: Let me see. Oh, keep your voice down in public. British people don't like to shout or laugh 1oudly.

Daniel: OK.Thanks, Jenny. Now we've learnt more about manners in the UK. I'm sure they're helpful to us.

Jenny: I hope so. Just as the saying goes, "When in Rome, do as the Romans do."

2. 复现核心内容

语言学家内申（Nation）指出，语言的复现率越高，学习者的记忆负担越小，对语言的掌握越好。① 在单元整体视角下，教师应遵循语言学习规律，将单元重点词汇、语法等核心内容融入各个课时作业中，层层递进、不断复现，让核心内容在不同的语境中，在听、说、读、看、写等不同的语言实践中得到高频复现，从而不断加深学生对语言的掌握。

【案例 3】

教学材料：《英语（牛津上海版）》6 年级第二学期第 8 单元 Windy weather

课时作业目标：如表 4-3-6 所示。

表 4-3-6　课时作业目标

课时	课型 / 内容	课时作业目标	对应课时作业内容
1	听说： Windy days	巩固副词如 quickly，tightly，slightly 的用法	作业 1
2	阅读①： The typhoon	巩固形容词转换成副词的基本方式	作业 2
5	复习： Revision	巩固副词的用法，并能在语境中运用副词	作业 3

① NATION I S P. Learning vocabulary in another language [M]. Cambridge: Cambridge University Press, 2001.

课时作业内容 1：

Look at the pictures and describe them by using proper adverbs in the box.（看图 4–3–4，使用方框中恰当的副词描述图片。）

quickly, tightly, slightly, strongly

Tip: Use the sentence pattern
I can see ... doing... when there is a ...

____

图 4–3–4

【答案】

1. I can see leaves blowing strongly when there is a strong wind.

2. I can see flowers swing slightly in the field when there is a gentle wind.

课时作业内容 2[①]：

Fill in the blanks with the words in the box in their proper forms. Each word can be used only once.（用方框中所给单词的适当形式填空。每词限用一次。）

happy, careful, gentle, tight, slow, fierce

After listening to the reports of my classmates, I find that most of them like gentle winds. When there is a gentle wind, the wind blows (1) ____________ and the windmills move (2) ____________. People can enjoy many outdoor activities (3) ____________, such as flying kites and having a picnic. None of my classmates likes typhoons. When there is a typhoon, the wind blows so (4) ____________ that many trees fall down. People hold their raincoats (5) ____________ and walk very (6) ____________ in the street.

【答案】

(1) gently (2) slowly (3) happily (4) fiercely (5) tightly (6) carefully

课时作业内容 3：

Complete the passage with proper adverbs. The first letter is given.（用恰当的副词完成短文。首字母已给。）

In the United States, there are over 1000 tornadoes every year. The city with the most tornadoes is Oklahoma City. I will never forget the day I saw a tornado there!

One afternoon in May, I was walking through Oklahoma City with my friend, Bob. At first, the wind blew (1) g ____________ and we felt a little hot. (2) S ____________, we saw a huge, dark cloud turning across the sky. Bob shouted (3) i ____________, "Look out! A tornado is coming! Let's get to the Tornado Cellar (地窖)!" We (4) q ____________ ran

① 案例提供：上海市松江区九亭中学，付薇团队。

to a safe place, and sat in a corner as it (5) f ___________ came closer and closer. It was very violent (猛烈的) and dangerous. I couldn't even hear myself breathing! In the end, it gradually passed by. (6) L ___________, no one was hurt!

【答案】

(1) gently (2) Suddenly (3) immediately (4) quickly (5) fiercely (6) Luckily

【设计说明】围绕单元主题，核心内容“副词”在几个课时作业内有规律地、由浅入深地循环复现。第1课时通过看图辨识风力，添加恰当的副词描述自己所见的景象；第2课时将形容词构成副词的三种基本方式融合在语段中；第5课时将副词融入首字母填空中。在单元作业整体设计的框架下，核心内容结合听说、阅读等技能训练复现，在真实语境中多次呈现。通过“滚雪球”式的课时复现最大限度地提供学生运用副词的机会，从而更高效地掌握核心内容。

3. 丰富作业类型

基于单元整体设计，教师应将各种类型和不同周期的作业融入课时作业中，统筹兼顾难度、时间等关键要素。除采用书面或听说作业夯实学生的语言知识和技能以外，教师还应注重学生的实践能力。通过实践性、跨学科、长周期等综合实践类作业，培养学生合作、探究、创新、问题解决等能力。

【案例4】

教学材料：《英语（人教版）》9年级全一册第9单元 I like music that I can dance to

作业安排课时：第1课时听说，第4课时阅读，第5课时复习

课时作业目标：运用本单元所学，完成与音乐主题相关的综合实践活动，提升综合语言运用能力，如音乐问卷、音乐分享演示文稿等。

课时作业内容：

【Project — Making a PowerPoint Presentation】

You're going to join a hobby group — Enjoying Music Together. Please make a PowerPoint presentation to share your favorite kind of music. 你打算参加“一起听音乐”兴趣小组，请制作一份演示文稿分享你最喜爱的音乐类型。

1. Complete the questionnaire about your favorite kind of music. 完成一份关于你最喜爱的音乐类型的问卷。(第1课时)

Questionnaire

1. What kind of music do you like best? 你最喜欢什么类型的音乐？

☐ Pop music ☐ Country music ☐ Rock music

☐ Light music ☐ Folk music ☐ Classical music

☐ Others ________

2. Why do you like this kind of music? 写一写你喜欢的理由。

I like ... best because I prefer music that ...

2. Collect some relevant information about your favorite kind of music and write an outline of your presentation. 收集你最喜爱的音乐类型的相关信息，并撰写你的演讲大纲。(第 4 课时)

Step 1: Read the outline questions and build an outline of your presentation.

Step 2: Collect the relevant information, such as the typical songs, musicians, stories behind the songs, etc. The type of information can be text, pictures, videos, sounds, etc.

Step 3: Do self-check. If you have collected the relevant information, please tick "Yes". If you haven't collected the relevant information, please tick "No".

Outline questions	Yes or No
• What's your favorite kind of music? Why?	☐ Yes ☐ No
• What's your favorite song? Why?	☐ Yes ☐ No
Who was the composer?/Who wrote the lyrics?/	☐ Yes ☐ No
How do you feel when you listen to the song?	☐ Yes ☐ No
• Why do you think others should listen to it?	☐ Yes ☐ No

3. Make a PowerPoint presentation according to your outline. 根据你的大纲，制作一份演示文稿分享你最喜爱的音乐类型。(第 5 课时)

• Introduction
  Hello, everybody. I am going to talk about ...
• Body
  Write your notes according to the outline.
• Conclusion
  I recommend it because ... Many thanks for your attention.

Tips:
1. A PowerPoint presentation should have a title, text (文本), pictures, videos and sounds.
2. You'd better use proper fonts (字体) and colors to highlight important information.
3. You should add speaker notes (备注) to your slides.

【设计说明】以"我最喜爱的音乐类型"为主线，教师设计了一个综合实践类作业，作业时间跨度为一周。学生通过问卷确定最喜爱的音乐类型、收集相关信息、制作演示文稿来完成音乐分享，并在班级内展示分享。基于单元整体视角，教师将整个项目拆解为三个小任务，落实到第 1、4、5 课时作业中，逐步引导学生开展实践。在完成任务的过程中，学生需要调动信息技术学科的知识与技能。同时，综合实践类作业增加了作业的综合性和开放性，为学生的自主学习能力提升创造了条件。

三、课时作业的实施策略

1. 明确作业要求，加强作业完成指导

在布置作业时，教师应对学生明确作业的各项要求。一是作业内容，明确是阅读、

写作、听力或其他典型作业。二是作业要求，明确学生怎样完成，是单独完成还是合作完成。三是作业完成时间，要求当天、隔天或隔一段时间等。

教师应留有足够的时间对作业加以说明，还应加强作业完成指导，给予学生及时的帮助。例如抄写作业要书写认真、字迹端正，并写上完成作业的日期。又如口头复述课文，教师可给出供参考的关键词、问题或思维导图等支架帮助学生提高完成度。总之，清晰明确的作业要求与恰当的作业指导有利于学生顺利地完成作业，有利于培养学生良好的学习习惯。

2. 重视作业批改，善用数据分析诊断

（1）作业批改

作业不仅能检验课堂教学效果，帮助教师了解学生学习情况，也为教师进行自我反思与改进教学提供重要依据。因此，教师应重视作业批改。一要及时批改，在短时间内了解学生作业完成情况，发现学生存在的问题，以便及时调整教学。二要多样批改，采用教师全批、抽批、面批或学生自批、互批等不同的方式调动学生学习的积极性。三要规范批改，通常有圈错误、给批语和等第、写日期、注订正等要素。教师应多用“√”少用“×”，使用批改符号提示学生问题或错误，常用批改符号如表 4-3-7 所示。教师还应多使用个性化批语与学生进行沟通，进一步发挥作业的激励功能。

表 4-3-7 英语常用批改符号

符号	意思	示例
SV	subject-verb agreement 主谓一致	Mary like eating fruit.（SV）
SP	error in spelling 拼写错误	Where do you come form?（SP）
Col	error in collocation 搭配错误	Are you listening at me?（Col）
G	error in grammar 语法错误	I happily am playing.（G）
T	error in tense 时态错误	We will go to the park yesterday.（T）
CE	Chinese English 中式英语	I very like English.（CE）
∧	Missing word 缺词	I ∧ going to have a picnic tomorrow.
?	Not clear/ Ask me/ I don't understand 意义不明	I'm sorry but your mistake.（?）

（2）分析诊断

在作业批改过程中，教师要养成记录和统计学生完成情况及错误情况的习惯，统

计的内容包括学生完成作业的态度、质量、典型错误或普遍性问题及进步情况等。教师可以边批边记录，也可以运用信息技术进行分类统计。通过对批改数据的科学分析，教师要找出共性问题和个别问题，归纳总结错误的原因。在分析诊断后，教师应形成典型作业问题，设计举一反三的跟进练习，提供有针对性的反馈，从而激励和指导学生不断取得进步，促进教学的改进。

【案例 5】

教学材料：《英语（人教版）》9 年级全一册第 6 单元 When was it invented? 第 3 课时 语法：Section A 4a–4c

课时作业目标：巩固一般过去时被动语态的结构和用法，并能在语境中简单运用。

课时作业数据统计与分析：以语法课时作业为例，某班 40 名学生的作业错误情况统计如表 4–3–8 所示。

表 4–3–8 作业错误情况统计示例

序号	典型题目	错误统计	错误分析
1	选择题 Students ________ to read the history of tea carefully before they answered the questions. A.asked B.are asked C.were asked	选 A，16 人	不能区分主动语态和被动语态
		选 B，5 人	无法区分时态
2	句型转换 Lu Yu wrote the book *Cha Jing* about tea a few thousand years ago. The book *Cha Jing* about tea ____________ by Lu Yu a few thousand years ago.	written 拼写错误，15 人	过去分词掌握情况不佳

跟进练习 1：

Fill in the blanks with the verbs in their proper forms. 用所给动词的适当形式填空。

1. Some flowers ____________ for her mother by Mary yesterday. (buy)

2. ____________ the famous novel *Oliver Twist* ____________ by Charles Dickens in 1827? No，he ____________ it in 1837. (write)

3. Mrs. Smith ____________ Geography in our school two years ago. (teach)

4. Who ____________ *the Mona Lisa*? (paint)

5. Personal computers ____________ until 1976. (not invent)

【答案】

1.were brought; 2.Was，written，wrote; 3.taught; 4.painted; 5.weren't invented

跟进练习 2：

Tom is writing a passage about inventions. Please help him complete the passage with the correct tense and voice. Tom 正在写一篇关于发明的文章，请帮助他完成，注意使用正

确的时态和语态。

Our lives are made better every day thanks to inventions. But sometimes, inventions can make our lives worse. For example, Alfred Nobel, a Swedish scientist, invented a strong explosive in 1867. It ___1___ (call) dynamite (炸药). After its invention, many bridges, tunnels and other structures ___2___ (build). The dynamite completely ___3___ (change) the world of engineering. However, dynamite was also used to kill people in wars. This made Nobel upset. Before his death, Nobel decided to use the money from his famous invention to make the world a better place. A special fund ___4___ (start) in Nobel's name. Every year, Nobel Prizes ___5___ (give) for excellent work in science, medicine, literature (文学) and the promotion of world peace.

【答案】

1. was called; 2. were built; 3. changed; 4. was started; 5. are given

【设计说明】根据作业批改统计结果可知，该课时作业中有两个典型作业问题。从学生的错题答案中，教师可以诊断错误原因。由此，教师可以确定重点反馈内容，即被动语态的学习难点。在分析讲解题目后，教师应提供针对性的练习。跟进练习 1 帮助学生区分主动语态和被动语态，加强易错过去分词的拼写；跟进练习 2 是综合性更强的语篇练习，涉及不同的时态、语态及过去分词，帮助学生在完整的语境中体会和运用被动语态。针对典型作业问题，教师提供了形式多样、指向明确的跟进练习，持续关注学生是否改正了作业中的错误，进一步巩固反馈效果。

3. 实施多元评价，落实“教—学—评”一体化

作业评价是教学过程的重要组成部分，教师应明确建立课堂上教什么、为什么教、怎么教和课后作业怎么评的关联，将评价结果用于改进教师教学和提高学生学习效果，才能有效落实“教—学—评”一体化。

在实施课时作业反馈评价时，教师要注意以下几点。

（1）多主体

作业评价应以“学生”为本，避免教师的“一言堂”，让评价成为教师和学生共同参与的活动。通过学生自评、学生互评、教师评价等，使学生获得多角度的反馈信息，促进反思与改进，从而提高学习效果。如学生本人、同伴和教师均可评价作业的完成情况。评价主体的多元化，不仅有利于实现师生互动、生生互动，更有利于学生全面了解自己的学习过程与结果。

（2）多内容

在确定“谁来评”后，还要明确“评什么”，即作业评价内容。评价内容应依据课时作业目标而定，结合学生的学习水平确定相应的内容及标准。基于核心素养的评价内容不局限于对结果和语言知识的评价，还包括学习兴趣、情感、策略发展状态，相应学段所学语言知识和技能的掌握情况，综合语言技能运用能力等。例如在设计评价表时，教师可以适当增加评价维度，促进学生的全面发展。

（3）多形式

关于“怎么评”，教师应使用形成性评价，关注学生展示学习过程和思维过程。从评价的反馈形式来看，大致可分为书面反馈、口头反馈和信息技术平台反馈。教师可以借助评价量表、调查问卷、师生访谈、成长档案袋等方式开展评价，也可以综合运用多种评价方式，发挥不同方式的优势，全面获取和掌握学生核心素养发展的相关信息，进一步发挥作业评价的激励和改进功能。

【案例 6】

教学材料：《英语（牛津上海版）》6 年级第二学期第 1 单元 Great Cities in Asia 第 4 课时写作：Writing: Quiz cards

课时作业目标：通过整理思路、谋篇布局，合理准确地介绍一个城市（如地位、人口、景点、推荐方式等），激发学生对亚洲城市的热爱。

课时作业内容：

The Smiths from Los Angeles are going to visit a great Asian city. They are asking a travel agent some questions on WeChat. Please help the travel agent introduce one city with 5 to 7 sentences. 来自洛杉矶的史密斯一家要来亚洲旅行，他们正在通过微信咨询旅行社工作人员。请你帮助导游用 5~7 句话介绍一个城市。

Self-check list	Yes or No
Did you cover different aspects of a city? (location，population，attractions and food，etc.)	☐ Yes ☐ No
Did you check your spelling and grammar?	☐ Yes ☐ No
Did you use correct pronouns to connect sentences?	☐ Yes ☐ No
Did you show your love to the city?	☐ Yes ☐ No
My favourite:	
Suggestions for myself:	

【设计说明】布置写作任务时，教师要引导学生用所学语言和句型结构多维度地介绍城市，激发学生对亚洲城市的热爱。学生完成作文初稿后，可以根据评价表中的内容、语言、结构和情感四个评价维度进行自评，尝试自我反思和修改。接着，借助评价表进行同伴互评修改，引导学生之间互相取长补短。最后，由教师批改后给出书面或口头反馈，还可以搭建作业交流展示平台，邀请学生分享习作。

在整个作业实施的过程中，教师可以使用成长档案袋，有计划、有组织地收集学生作文，开展增值评价。成长档案袋中有学生自评作文初稿、同伴互评修改稿和教师批改后形成的终稿等，它们清晰、全面地记录了学生写作中的点点滴滴，使学生能看到自己的进步，从而激发学生的学习动力。

教学建议

正如教育心理学家布鲁姆所说，“有效的教学始于准确地知道期望达到的目标”，有效的作业同样如此。在设计与实施课时作业时，教师要将结果评价转化为过程评价，及时给予学生反馈，促进核心素养发展。在落实“教—学—评”一体化时，教师还应注意以下几个方面。

第一，合理使用多方资源。

基于课堂输出活动，教师可以设计书面作业延伸课堂，给更多学生表现的机会。对于教材及配套音频、练习册等资源，教师可进行二次开发和设计，加深教材理解，体现“用教材教”的理念。随着教育信息化的不断发展，教师还可以利用优质数字教育资源（如空中课堂），从中寻找匹配的作业资源，打造校本化作业，提高作业的针对性和有效性。

第二，提高作业的选择性。

具有选择性的作业设计案例

学生是课时作业的执行者，但同一班级中学生的英语基础存在较大差异。因此，教师应针对个体差异设计作业，让学优生“吃得饱”，让中等生“吃得好”，让学困生“吃得了”。对于同一课时作业目标，教师可以设计不同类型、形式、难度和水平的作业，让学生进行自主选择。这样既满足不同学生的需求，也符合最近发展区理论，让不同基础的学生均能学有所获。

第三，培养自主学习能力。教育家叶圣陶提出“教是为了不教”，教师一边“教”，一边要逐渐为“不需要教”打基础。在设计与实施课时作业时，教师应意识到，作业本质上是学生自主学习的过程，应积极为学生的自主学习架设思维支架，引导学生主动解决问题，关注学生核心素养的发展。对于学生来说，在完成作业的过程中，要巩固内化所学内容，形成自己的知识架构，由“要我学”变为“我要学”。

关键问题 4-3 解决方案实践分享

关键问题 4-4 如何开展单元评价？

问题提出

一、课程标准的要求

新版课程标准提出，要加强单元教学的整体性，推动实施单元整体教学。教师要强化素养立意，围绕单元主题，充分挖掘育人价值，确立单元育人目标和教学主线；深入解读和分析单元内容各语篇及相关教学资源，并结合学生的认知逻辑和生活经验，对单元内容进行必要的整合或重组，建立单元内各语篇内容之间及语篇育人功能之间的联系，形成具有整合性、关联性、发展性的单元育人蓝图；引导学生基于对各语篇内容的学习和主题意义的探究，逐步建构和生成围绕单元主题的深层认知、态度和价值判断，促进其核心素养综合表现的达成。素养导向的课程、教学和评价必须超越孤立课时和碎片知识，因此单元是落实核心素养的落脚点。

新版课程标准强调教师要树立“教—学—评”一体化的观念，其中“评”要为促教、促学提供参考和依据，因此单元评价的研究是撬动素养导向课程改革的突破口，单元评价的规划与落实是促进课时联动、培养核心素养的基本前提和必要保证。

二、教学实践中的问题

1. 单元评价未能体现阶段性

从评价的周期看，对学生学习的评价包括学段评价、学年评价、学期评价、单元评价、课堂评价等，单元评价作为中观层面的评价，应体现其阶段评价的特点，既要对学期评价目标进行有计划的分解和落实，又要对课时评价目标进行统整和呼应，在宏观层面与微观层面的评价之间起到承上启下的纽带作用。教师在设计单元评价时如果缺乏对不同周期评价的整体规划，会导致评价碎片化，而学期或学年等长周期的评价也会缺乏过程评价的支撑。

2. 将单元评价孤立于教与学之外

不少教师的单元评价缺乏“教—学—评”一体化的整体规划，将评价孤立于教与学之外，评价目标与单元教学目标脱节，评价时机未能融入阶段性教学活动周期，评价常被简单地置于单元学习之后，无法实现对教学过程的及时调节和持续改进作用，因此未能充分发挥评价的“促学”和“促教”功能。

3. 单元评价的考查维度片面单一

由于缺少基于核心素养的整体规划，不少教师设计的单元评价片面、单一地聚焦于语言知识或技能，未能涉及文化意识、思维品质和学习能力等素养维度，未能以综合的角度判断学生的素养发展情况。

4. 单元评价的方法和工具单一

不少教师设计的单元评价常局限于单元纸笔测试，也有部分教师虽然认识到单元评价的多维性和多样性，但是由于缺少丰富的评价方法和工具，导致单元评价的实施过于单调、片面和局限。

问题分析

一、单元评价的涵义

英语学科单元评价是依据指向素养的单元教学目标，采取不同类型的评价形式，对学生的单元学习过程和单元学习结果进行及时、多维的信息搜集和反馈，综合评估学生在单元学习中的语言能力、文化意识、思维品质和学习能力，为学生提供建设性的学习反馈意见，并及时优化教学内容和方法。单元评价是介于学期评价和课时评价之间的中观层面的纽带，既要体现对学生整个学期英语学习的过程评价，从不同角度系统地落实学期总体评价目标，也要体现对课时评价的统领和整合。

二、单元评价的要素和原则

1. 单元评价目标：多维综合

新版课程标准指出，教学评价应以学生核心素养的全面发展为出发点和落脚点。“单元”与“素养”都内含整体和系统的概念，因此素养导向的单元评价目标应该是多维综合的，必须超越对碎片化知识与技能的检测，既要考虑到核心素养的不同方面，还要明确不同评价内容所对应的学习水平。

2. 单元评价方法：灵活多样

不同单元学习内容与学习水平需用不同的评价方法。在单元评价中，教师应该灵活运用适切的评价方式和手段，对不同单元学习内容与学习水平进行有效的评估和反馈。

除标准化纸笔单元测试以外，实施英语单元评价方法还包括问卷调查、作品展示、项目实践、口头考查、学习日记等，体现课程标准所要求的多渠道、多视角、多层次等评价特点，全面、准确、灵活地收集与单元学习相关的证据，及时、有效地优化“教”与“学”的环节。

3. 单元评价主体：多元共评

单元评价的主体不应局限于教师，而应该是多元的。新版课程标准指出，教师要发挥学生的主观能动性，引导学生成为各类评价活动的设计者、参与者和合作者，自觉运用评价结果改进学习。学生是单元评价的重要主体，也是评价结果反馈的关键对象。因此，学生应与教师共享单元评价目标和单元评价工具，参与针对自身和同学的单元学习评价，实现对单元学习的自我引导、自我监控、自我反思和自我调节。此外，家长、学习项目相关专家等角色也可以为单元学习提供辅助评价。

4. 单元评价时机：全程规划

新版课程标准指出，教师要将评价贯穿英语课程教与学的全过程。学生在英语学习中，语言能力、文化意识、思维品质和学习能力的形成是一个长期的过程，在这个过程中，教师需要进行持续的跟踪和调控。

因此，单元评价不应局限于单元学习结束阶段，而应贯穿单元学习初始阶段、单元学习过程和单元学习结束阶段，从学习过程与学习结果两个维度监控和评价学生在单元学习过程中和单元学习结束后的综合表现，并据此为学生提供及时的、具有建设性的反馈、指导和帮助；同时，教师也要根据所发现的问题，反思、优化和调整教学内容、教学方法。

对于单元评价时机的规划应该遵循全程性、连续性和进阶性，以此达到以评促学和以评促教的目的。

问题解决

单元评价的设计和开展可以参考图 4–4–1 所示的路径，该路径遵循“教—学—评”一体化中“目标导向、评价伴随”的总原则。

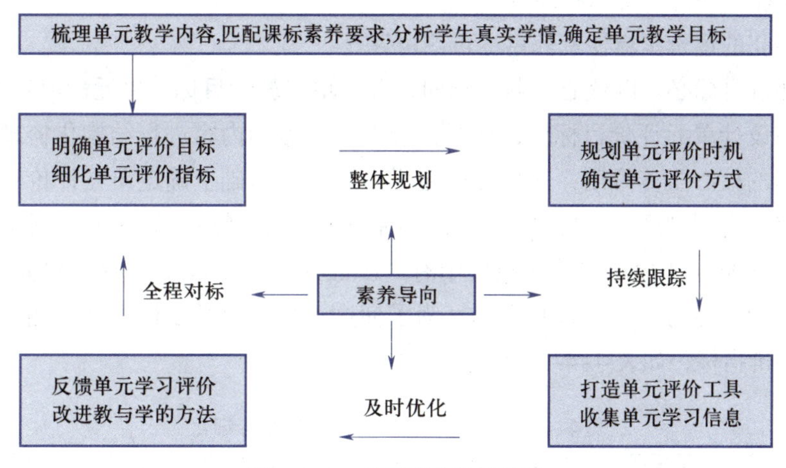

图 4–4–1　单元评价设计路径

单元评价设计首先应该对课程标准与单元教学内容进行研读，再根据实际学情确定单元教学目标，在此基础上形成可评可测的单元评价目标，然后针对评价目标及其指标规划单元评价时机，选择适合的评价方式，形成相应的评价工具。师生在单元学习的过程中应共享单元评价目标，共同参与有关单元学习过程与单元学习结果的信息收集和信息分析，共同依据评价反馈改进教与学的方法。下面着重讨论单元评价的目标、方式和工具。

一、明确单元评价目标，细化单元评价指标

1. 以明确的评价目标让单元教学方向清晰

单元评价目标与教学目标、学习目标应该是三位一体的，单元评价目标的确定是单元教学过程中师生明确努力方向的重要保证。

教师可以采用“问题链”的方式设计合理的单元评价目标。《初中英语单元教学设计指南》为教师提供了“问题导向”，本文加以改编，如表 4–4–1 所示。

表 4–4–1　确定单元评价目标的问题导向

考虑角度	确定单元评价目标的问题
教学目标	本单元的教学目标是什么？
	评价目标是否与教学目标相呼应？
教学内容	评价目标是否紧扣教学内容？
学生学情	评价目标是否符合学情？
课程标准	评价目标是否对应课程标准中的核心素养要求？

单元评价的重要功能是让学生学会自我监控、自我调整。因此，在确定了单元评价目标后，教师可以让学生在单元学习之初明确这些评价目标，有助于学生对学习进行计划、监控、评价、反思和调节。

2. 以细化的评价指标让素养目标可测可评

单元评价目标必须以核心素养为导向，并与单元教学目标、单元学习目标相匹配、相一致，在设计单元评价目标前，教师需要对单元教学内容进行结构化梳理，并为之匹配要培养的核心素养维度，然后在确定学生起点的基础上确定单元评价目标。单元评价目标还要细化为可测可评的指标，即单元评价观测点。如在《英语（牛津上海版）》7 年级上册第 1 模块与第 2 模块中有“Using your dictionary”这一单元教学内容，可以对标“学习能力”这一核心素养，为了使这一单元教学目标可评可测，我们可以逐步细化评价指标，如表 4–4–2 所示。

表 4–4–2　单元评价目标确定和指标细化

核心素养维度	表现	单元评价目标	单元评价观测点（细化指标）
学习能力——选择与调整	能借助资源学习英语	会查词典，会使用词典查阅生词	能按字母顺序找到目标单词； 能用字典中词性、词义、搭配和例句学习生词； 形成查字典的意识和习惯

在确定了单元评价目标及其观测点后，教师可以选择合适的单元评价方法和单元评价工具。

二、规划单元评价时机，确定单元评价方式

1. 以合适的评价时机让单元评价循序落实

英语课程要培养的学生核心素养包括语言能力、文化意识、思维品质和学习能力等方面，这些都不是一蹴而就的，也不是割裂发展的。因此，在单元教学过程中，教师需要通过整体规划的评价，把核心素养的落实有机地融进具体的教学内容和评价时机中，同时对学生的单元学习进行持续的跟踪和调控。

（1）设计整体统整的单元评价规划表

单元评价中，核心素养的落实必须依托具体的、适切的评价目标、评价方式和评价时机。新课标强调，教师要强化素养立意，围绕单元主题，充分挖掘育人价值，确立单元育人目标和教学主线；深入解读和分析单元内容各语篇及相关教学资源，并结合学生的认知逻辑和生活经验，对单元内容进行必要的整合或重组，建立单元内各语篇内容之间及语篇育人功能之间的联系，形成具有整合性、关联性、发展性的单元育人蓝图。

因此，教师可以设计单元评价整体规划表，基于单元内各语篇的具体内容和主题意义，引导学生建构围绕单元主题的深层认知、态度和价值判断，促进其核心素养综合表现的达成。通过对评价时机的规划，教师能以单元视角对课时评价进行统整，也能基于单元学习过程设计单元整体评价，兼顾单元整体评价的过程性和结果性，实现整体单元的“教—学—评”一体化。

比如，《英语（人教版）》9 年级全一册第 2 单元的单元整体话题为“中西方节日”，可分为三个课时：第 1 课时话题为中国传统节日，包括春节、端午节、泼水节、中秋节等；第 2 课时话题为西方传统节日，包括万圣节、圣诞节、复活节等；第 3 课时为中西方文化比较。教师针对单元教学目标，设计了 5 个评价目标，评价形式主要为活动评价，评价时机为某课时或单元末，单元末的评价是指单元学习结束时的单元总体评价，如单元纸笔测试、单元长作业评价等，具体安排详见单元评价规划表（表 4–4–3）。

表 4–4–3　单元评价规划表

核心素养	对应单元评价目标	主要评价内容	主要评价时机	评价方式
语言能力	1. 能够介绍中西方节日文化 2. 能按一定顺序表述事件发展	1. 感叹句： What fun...! How fantastic...!	第 1 课时及单元末	活动评价 纸笔测试
		2. 描述泼水节庆祝过程的动词	第 2 课时及单元末	
		3. 宾语从句： I guess / think / know / learn that...	第 3 课时及单元末	
文化意识	3. 了解中西方节日文化		各课时及单元末	活动评价

续表

核心素养	对应单元评价目标	主要评价内容	主要评价时机	评价方式
思维品质	4. 能辩证地看待事物的两面性		各课时，主要为第 3 课时	活动评价
学习能力	5. 能利用网络查询更多节日信息，合作完成节日派对海报		各课时及单元末	作品展示

单元评价规划表在具体操作中需要注意的是，评价时机这一列不是局限性的，核心素养的落实不是割裂式地匹配某课时，而是着重在某课时的落实。基于素养目标设计整体规划表，目的是有效地帮助教师以学生素养的全面发展为出发点设计单元评价、指导单元教学，从而避免只见树木、不见森林的碎片式教学。

（2）设计指向素养的单元评价连续体

核心素养的培养并非一蹴而就，素养目标具有综合性、复杂性和高阶性，这要求单元评价的设计也必须具有整合性、连续性、多元性和循证性。

“循证评价连续体”可以帮助教师锚定素养，以连续、多元、整合、循证的评价搭建学生的学习支架和思维阶梯，实现以“评”促学，落实核心素养。

如图 4–4–2 所示，评价目标包括低阶思维、中阶思维、高阶思维、元认知能力核心素养等层级，不同的评价目标需要不同的评价方式，这些不同层级的评价目标及其相应的评价方式能够依循证据，引导教与学的逐步进阶，铺就通向核心素养的路径，最终提升学生在真实情境中解决复杂问题的能力。

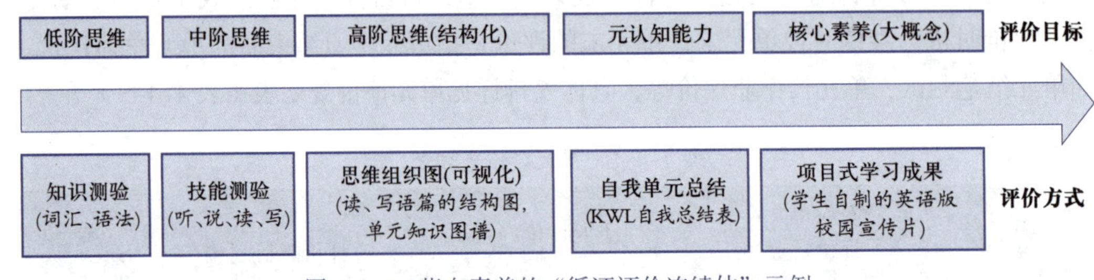

图 4–4–2 指向素养的“循证评价连续体”示例

2. 以适切的评价方式让单元评价促学促教

单元评价的方法必须多样化，才能真正有效地实现单元评价的“促学”和“促教”功能。除了传统的单元纸笔测试外，教师应该灵活地运用其他适切的评价形式，对不同单元学习内容与学习水平进行有效的评估和反馈，如问卷调查、作品展示、项目实践、口头考查、学习日记等。在这里主要讨论单元纸笔测试和表现性评价这两种典型的单元评价方式。

（1）单元纸笔测试

单元纸笔测试仍是十分重要的单元评价方法。其一，标准纸笔测试能包含多种题型，容纳多种评价任务，检测多元的评价目标，因此仍是单元评价中使用最为普遍的方法。其二，与学期测试和学年测试相比，单元纸笔测试可以赋予教师和学生更多的主动性和自主权，是保证“教—学—评”一体化的重要评价方式。其三，与课时即时评价相比，单元纸笔测试往往更能引起学生和家长的重视，因此不失为巩固阶段所学的有效方法。

传统意义上的单元测评卷一般指知识测验和技能测试，常用于学习评价。知识测验一般是针对低阶思维的评价方法，以封闭型试题（如填空题、选择题等）为主，以知识点为主要考查目标，以机械化的识记与简单的理解为考查方式；而技能测试一般是针对单一技能的评价方法。

随着新版义务教育课程方案和课程标准的发布，单元纸笔测试也应该有相应的改进。

首先，单元纸笔测试应以核心素养发展为目标。以核心素养为导向的单元测评卷应设置合理、真实的情境，包含具有整合性、开放性的学习任务，在考查学生知识技能掌握情况的同时，也考查其解决问题的能力。

其次，单元纸笔测试卷应该更好地体现教、学、评一致性。教师可以逆向设计的思路，在单元学习之初对测试卷进行框架建构和内容布局，并且把考查目标与学生共享，让学生明确学习重点和难点所在，自主地进行关注和强化。

最后，单元纸笔测试卷的及时反馈是落实学期教学目标的重要途径，可以及时反拨教学，使后续的“教”与“学”不断改进。

（2）表现性评价

表现性评价是在 20 世纪 90 年代的美国兴起的一种评价方式，是指教师让学生在真实或模拟的生活环境中，运用先前获得的知识解决某个新问题或创造某种东西，以考查学生知识与技能的掌握程度，以及实践、问题解决、交流合作和批判性思考等多种复杂能力的发展状况。项目实践属于典型的表现性评价任务，综合程度高。

例如文化主题的项目化学习就是很好的单元评价任务。下面的案例根据文化意识素养培养要求，以 7 年级学生为对象，以《英语（牛津上海版）》中的文化元素为背景，设计了“对中华文化的了解与传播”系列项目化学习主题，探究实践的展开以项目组为单位，每个项目组由对相同文化元素感兴趣的同学组成。探究主题包括对中国工艺品艺术的探究和介绍，对中华书画文化的探究和介绍，对中国武术的探究和介绍，对中华传统音乐的了解与介绍，对中国体育强项的了解与介绍等。活动内容如表 4–4–4 所示。

表 4–4–4　项目学习的单元评价任务

项目内容初设	学生解决的具体问题	教师提供的学习支架	评价目标
1. 开题实施	由学生自行组合，组成不同的探究课题组，专攻不同文化元素；制订小组的活动计划和人员分工	利用文化拓展课以及教室宣传阵地铺垫背景知识，组织小论坛，让学生介绍自己熟悉的文化物件；帮助学生合理分工、计划	积极探究中华传统文化；主动与同学交流，寻找合作伙伴

续表

项目内容初设		学生解决的具体问题	教师提供的学习支架	评价目标
2. 项目过程	了解中华文化	通过网络搜索、图书馆查阅、实地考察等方法收集中华文化图片和资料，购买文化物件	辅导资源搜索方法；为不能在家上网的同学提供上网机会；补充推荐实地考察地点和文化物件	提高资源搜索能力，领略祖国灿烂文化，激发民族自尊心和自豪感
	学用英语表达中华文化，制作传播文化的材料	利用自己拍摄或收集的照片、图片和资料，分工制作介绍中华文化的演示文稿和书面小册子，并配以英语介绍	引导学生学会利用传统词典、电子词典、网络词典及翻译软件等多种工具自主编写文化的英语介绍，并帮助其修正和优化	提高英语自学能力，为国际交流和文化传播做好语言和材料方面的准备
	向美国笔友班级的中学生传播文化	中美学生交换文化礼物、信件等，制作文化内容的演示文稿；并在指导教师设置的网络平台上进行更为快捷的交流	联系美国中学，设计中美学生合作方式，达成合作协议，辅导中美学生学会在论坛开展安全的交流，帮助学生纠正语法错误	提高英语书面表达能力，积累传播中华文化的经验和能力
	向来到中国的外国友人面对面传播文化	采访外国友人，调查他们对中华文化的了解程度、途径等，并向他们口头介绍或赠送文化小册子等，用多种方式传播文化	制作并授予学生“学校小记者”证件；帮他们修改自制的调查问卷和文化小册子中的语法错误；提醒他们注意态度、礼仪及精神面貌	能用英语进行口头交流，能展现良好的精神面貌，能积极探索文化传播方式
	向中国的中学生宣传和呼吁	在本校和附近同类型学校的宣传栏和电台等平台定期介绍文化及其英语表达；利用升旗仪式发出弘扬文化的倡议等	校正宣传画报和册子，帮助学生改进倡议书，指导学生投递相关文章给报刊；出具介绍信，方便学生在校外进行活动	能以自己的行动带动更多中学生加入到了解中华文化、传承中华文化的行列
3. 项目结题		展示成果	搭建成果展示的平台	形成总结和反思能力

单元学习是素养导向的重要学程，项目化学习作为素养落地的重要载体，应该成为单元评价的重要方式之一。如表 4-4-5 所示，项目化学习的单元评价是伴随项目实施过程展开的，让师生可以在项目实施过程中及时调整方向。

表 4-4-5　项目学习全过程的单元评价

阶段	评价目标	学生自评	学生互评	教师评价
开题实施	找到感兴趣的中华文化项目主题（10 分）			
	找到有共同文化兴趣的小组成员（10 分）			
	制定文化项目的目标和活动计划（10 分）			

续表

阶段	评价目标	学生自评	学生互评	教师评价
项目过程	积极参与小组的交流与合作（10分）			
	自主搜索中华文化相关资料（10分）			
	精心制作中华文化传播材料（10分）			
	积极参与中华文化传播活动（10分）			
项目结题	生动呈现中华文化传播材料（10分）			
	清晰呈现中华文化传播过程（10分）			
	被选为示范成果或特色成果（10分）			

三、打造单元评价工具，收集单元学习信息

教师打造的评价工具能反映其课程理念和教学能力，评价工具的类型和质量在一定程度上代表着教师课程领导力。教师打造的单元评价工具绝不能局限于传统的、封闭的考题或习题，而应对标素养目标中的高阶认知、元认知、情感态度等维度，评价方式和评价工具应该是多元、多样的。师生应该开发师生共享的评价工具，形成单元评价“工具箱”，即单元评价工具资源库，随时以适切的评价工具为单元教学提供必要支架和及时反馈，依循证据动态提升教与学的成效，实现教、学、评的一致性。

单元评价工具的设计必须以细化的单元评价目标为依据，要基于学情，呈现学习的阶梯递进和螺旋上升，并让学生了解评分标准，同时在单元评价工具的共建共享中纳入学生的创造力和主动性，实现对学生单元学习的全程引导和持续改进。

1. 以评价工具实现对学生单元学习的全程引导和持续改进

评价工具包括促学性评价（又称学习性评价），通过设置“学习准备”“学习过程”“学习成果”等维度把过程评价和结果评价结合起来，每个阶段都有明确的指标，学生和教师都可以参照评价指标展开及时评价、反思和修正。

如表4-4-6“单元知识图谱绘制评价单”所示，评价不仅关注学习成果，还关注学习的初期阶段、成果的优化过程、学习的参与态度。通过评价工具，学生不仅能了解学习目标和成果标准，还能知道如何逐步推进学习，达到目标。

表4-4-6 单元评价工具示例：单元知识图谱绘制评价单

阶段	评价	学生自评	学生互评	教师评价
初始阶段	完成单元知识图谱绘制（10分）			
	单元知识图谱内容完整（10分）			
	注重建立知识间的联系（10分）			

续表

阶段	评价	学生自评	学生互评	教师评价
更新过程	积极参与同伴互动与交流（10分）			
	对他人图谱提出改进建议（10分）			
	虚心聆听同伴的改进建议（10分）			
	认真地优化单元知识图谱（10分）			
最终呈现	单元知识内容完整并清晰呈现（10分）			
	知识间的联系正确并清晰呈现（10分）			
	被评选为示范图谱或特色图谱（10分）			

2. 以评价工具激发学生在单元学习中的主动性和创造力

首先，教师可以让学生参与评价工具的制作，引导学生“以评促学”，学会自我反思、自我评价、自我调适，以评价促进自主学习能力的提升。例如，在打造项目化学习的评价工具时，教师可以在评价内容部分留白（表4-4-7），留给学生自主思考、发挥创意的空间，让学生成为评价工具的共建者。当学生拥有对“评价”的发言权和自主权时，学生的自主意识、创新意识、自省能力都能得到明显提升，为教学带来更多的惊喜。另外，单元评价工具可以通过设置自评、互评、师评把学生自我引导和教师引导相结合，让学生从被动的评价接受者转换为主动的评价参与者，同时反观自己的学习过程，调整学习方式，推进学习，从而实现“以评促学”。

表4-4-7　项目化学习中“留白式”的单元评价表

评价维度	评价内容	自评	互评	师评
开题实施	教师预设推荐			
	教师预设推荐			
	学生创意补充 ______ ______			
项目过程	教师预设推荐			
	教师预设推荐			
	学生创意补充 ______ ______			

续表

评价维度	评价内容	自评	互评	师评
项目结题	教师预设推荐			
	教师预设推荐			
	学生创意补充 ________________ ________________			

3. 以评价工具改进教师的单元评价手段和单元教学效益

开发评价工具箱能够丰富教师的评价手段，引导教师以适切的方式对学生核心素养的发展进行评估与检测，并依据评价动态，及时地对单元教学进行反思与改进，不断提升教师的课程评价力。一张思路清晰、逻辑正确、易于操作、依循证据的评价表蕴含着教师的课程理解力、课程设计力、课程执行力和课程评价力，其中的教学智慧有时比大段的文字更多，也使教师经验和智慧易于理解、易于借鉴、易于传播。

仅靠单元纸笔试卷无法全面检测与评价学生素养，教师需要更有效、更多元的评价工具来评价一个单元教与学的成效，如档案袋、活动评价单、思维组织图等。

教学建议

第一，增进师生在单元评价中的同频互动。

为了让评价更好地整合“教”与“学”，老师和学生在单元评价中应该增进同频互动。比如，在单元评价工具的打造和使用过程中，师生可以这样实现同频互动：教师搭建评价框架，学生完成评价指标；教师呈现单元评价工具，学生理解评价工具；教师用工具收集评价信息，学生用评价工具引导学习；教师反馈评价信息，学生改进学习方式。

第二，思考如何反馈单元评价结果。

单元评价也必须遵循“让学生受益”这个核心原则，因此教师必须谨慎选择反馈单元评价的方式、时机、对象、范围等。

单元评价的反馈需要教师精心准备。例如，单元纸笔测试后，教师可以为每位同学作细致的质量分析，这是反馈单元评价的必要功课，其重要性丝毫不比备课少，值得教师花费精力。

单元纸笔测试反馈前的准备示例

单元评价的反馈形式要因人而异。对于在单元评价中取得好成绩或在原有基础上取得进步的学生，可以进行公开反馈，这既是对其本人的表扬和激励，也是对其他同学的榜样示范；而对于有待提高而又比较敏感的学生，其评价情况要个别反馈，可以是面对面的沟通，也可以通过留言的方式。教师给予学生的及时反馈，既要有鼓励性的反馈，也要有内容性的反馈，即能够促进学生学习的、具有指导性和建设性的意见和建议。

此外，如果评价方式涉及同伴互评，教师要培养学生良好的评价素养，使学生形成欣赏他人的意识，一般先对同伴的表现给予肯定和鼓励，再给出自己的意见和建议。

关键问题 4-4 解决方案实践分享

关键问题 4–5 如何开展期末评价？

问题提出

新版课程标准指出，教学评价应贯穿英语课程教与学的全过程。期末评价作为教学评价的重要组成部分，教师要充分理解期末评价的作用，掌握期末评价应遵循的原则，基于评价目标选择期末评价的内容和形式，将期末评价的结果应用到进一步改进教学和提高学生学习成效上，理解与领会期末评价作为落实“教—学—评”一体化设计与实施理念重要环节的意义所在。

在初中英语日常教学中，期末评价常存在以下问题：

（1）期末评价主要采用纸笔测试和人机对话的形式进行，评价形式不够丰富。

（2）期末评价各个环节往往是教师“唱主角”，学生很少作为评价者参与其中，评价主体较为单一。

（3）期末评价多采用标准化的学业水平考试题型，评价的年级特征不明显。

（4）期末评价脱离日常教学活动，未能实现教学相长、教评匹配和学评结合。

（5）期末评价随意性较大，评价目标不明确、评价流程不清晰、评价标准不具体的现象普遍存在。

（6）期末评价仅关注学生的英语语言能力，而对学生文化意识、思维品质及学习能力等方面评价的重视程度明显不足。

问题分析

课程标准的要求与教学实际的差异体现出研究如何开展期末评价的价值。要回答“如何开展期末评价”这个问题，掌握期末评价的概念、要素及原则是基础。

一、期末评价的概念

新版课程标准在“课程实施”中指出，期末评价是对学生一个完整学期学习情况的评价。期末评价要综合考虑课程目标、课程内容和学业质量要求，采用不同类型的综合性和表现性评价方式，全面有效地考查学生在学期结束时核心素养发展的实际水平。

二、期末评价的要素

从期末评价的概念分析可知，目标、内容、标准、形式和资源等是设计和实施期末评价过程中值得重点关注的要素。

1. 期末评价的目标

期末评价旨在全面考查学生学期学习结束后核心素养（语言能力、文化意识、思维品质和学习能力）的综合发展情况。

2. 期末评价的内容

期末评价应覆盖学期所学主要内容，包括人与自我、人与社会和人与自然三大主题范畴，以及语言知识、语言技能、文化知识、学习策略等内容。

3. 期末评价的标准

期末评价应参考学业质量的基本水平，结合学段、年级具体内容和要求，科学描述优秀、良好和合格等不同水平学生的具体表现。

4. 期末评价的形式

期末评价应采用不同类型的综合性和表现性评价等形式进行。常见的评价形式包括测试（含纸笔测试和非纸笔测试）、建立学习档案袋和与学生访谈等。

5. 期末评价的资源

期末评价资源主要包括素材和技术。素材的选择应体现正确的价值导向，其语言应尽可能真实、鲜活，内容应贴近学生生活。技术的合理使用能够为学生创设熟悉的情境和任务，更好地体现交际的真实性。

三、开展期末评价的原则

为确保评价目标的达成，初中英语期末评价可以参考学业水平考试命题原则进行设计，其设计过程应遵循导向性、科学性、规范性和适宜性等原则。

1. 导向性原则

强化英语课程的育人导向，应注重评价的素养立意，在真实情境中，评价学生在解决真实问题、完成真实任务的过程中体现出的语言能力、文化意识、思维品质和学习能力；发挥评价对教学的导向作用，引导教师积极探索将教学目标、教学内容、教学方法、教学过程、教学评价聚焦于培养和发展核心素养的育人模式上。

2. 科学性原则

期末评价应严格依据课程内容和学业质量标准，确保评价框架、任务情境、水平等准确体现课程目标；根据评价内容特点，深入理解核心素养内涵，科学选取包括纸笔和非纸笔两种形式的评价方法，以具体情境为载体，设计典型、多样的问题任务，突出试题的基础性、代表性、综合性、探究性和开放性。测试类试题符合教育测量学的指标，具有考试的信度和效度。

3. 规范性原则

期末评价应做到命题流程规范，确保评价框架合理、内容准确、问题情境真实、水平要求恰当、评价结果有效。

4. 适宜性原则

期末评价应严格遵循课程内容要求和学业质量标准，评价内容应紧密联系社会实际和学生的生活、学习经验，符合学生身心发展特点和认知水平，重点评价学生的价值观、文化意识、思维过程，以及综合运用英语解决问题的能力水平和成就表现。

基于上述原则，教师在设计期末评价时要综合考量课程标准、教材和学情等内容。

第一，课程标准是英语教学的重要依据，也是期末评价内容确定的主要标准。评价的内容应基于课程标准，聚焦学生核心素养的发展情况，按需确定评价形式，充分发挥测试、访谈、学习档案袋等形式的优势，并形成相互补充、科学开展基于标准的评价。

第二，教材是学生日常学习的主要载体。期末评价的内容要紧密围绕教材内容展开，在教材内容的基础上，根据评价目标和真实学情适当调整。评价内容与教材内容脱节很可能会影响学生的发挥，降低学生参与热情，导致评价结果失真等。

第三，期末评价应基于学生的实际情况来展开。评价的内容要基于学生的年段特点和认知水平来设置，应与学生的接受能力相吻合，难度过高或过低均不能反映出学生的真实英语学习成就。教师应充分基于学情设计期末评价，避免直接使用现成的试卷、试题等。

问题解决

为了回应新版课程标准对期末评价的新要求，解决现有评价中存在的问题，教师在进行英语期末评价时可以采取以下策略。

一、评价流程完整清晰

期末评价，作为教学评价的一个重要组成部分，必须有一个完整的、清晰的、规范的流程，以确保评价的信度与效度。期末评价设计与实施的主要过程如图 4-5-1 所示。

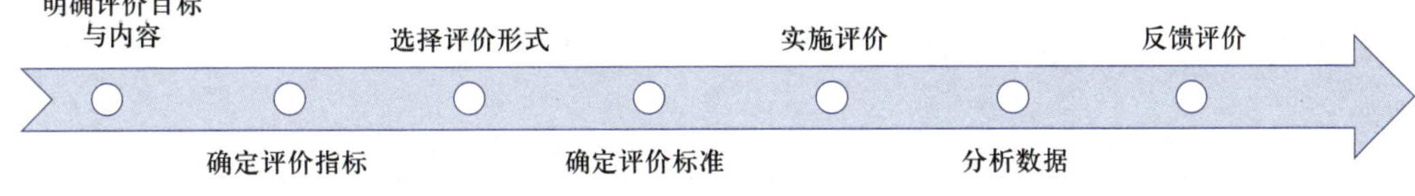

图 4-5-1　期末评价设计与实施流程图

上述流程可以分为评价前、评价中和评价后三个阶段。

评价前是设计阶段。在此阶段，教师最重要的任务是要“明确评价目标与内容”，它是后续实施步骤的逻辑起点。不同的评价目标会确定不同的评价指标，选择不同的评价形式。例如，期末评价的目标是了解学生对自己学习情况的感受和看法，肯定学生的进步，发现学生学习中存在的问题，教师就可以选择师生面谈的形式进行评价。

此外，教师如果选择“测试”作为期末评价形式的话，则需要在设计测试时进一步预估测试的难度和水平、确定测试的题型与比例、设计情境与任务。规范确定评价标准则是在设计评价的过程中容易忽视的，而评价标准不明确（如测试中开放性试题标准含糊）会在很大程度上影响期末评价的开展。

评价中和评价后则是实施和反馈阶段。期末评价往往会采用两种甚至两种以上的形式进行综合评价，在评价实施过程中，教师要做好合理安排，从而保证评价的科学。例如，教师可以通过学生学习档案袋评价确定测试评价的重点，并在测试的基础上与学生进行有针对性的交谈。评价数据的分析与处理也是期末评价过程中不可缺失的步骤。通过数据分析，发现教与学过程中的问题，为评价反馈提供证据的支撑。而评价反馈则是开展期末评价整个流程中的落脚点。评价的目的在于促进教师更好地教、学生更好地学，因此评价反馈必须呼应评价目标。

二、评价框架凸显年级特征

期末评价的评价框架要有较为鲜明的年级特征，具体可以表现在评价的目标、内容和形式等方面。

1. 明确评价目标与内容

在整个期末评价的框架中，评价目标与内容是核心。因此在确定评价目标与内容时，教师要重点关注以下两个问题。

（1）期末评价的覆盖面要广泛

由于期末评价是对学期所学内容的综合评价，因此其覆盖面应较广，涉及整个学期各单元的语言知识、语言技能、文化知识、思维要求和学习能力等，不可将评价过于集中在某一个或者某几个单元。教师可以开发相关工具判断评价覆盖面广泛与否。

【案例 1】《英语（牛津上海版）》7 年级上册期末评价（口语测试）双向细目表

在测试类评价前，教师可以使用“双向细目表”对评价内容做出整体规划。以口语测试类型的评价为例，表 4-5-1 呈现的“双向细目表”明确了口语评价的题型、考查内容、水平要求、主题（子主题）以及分值。“双向细目表”的填写帮助教师对评价内容做到“心中有数”，确保评价内容有较广的覆盖面。

表 4-5-1 《英语（牛津上海版）》7 年级上册期末评价（口语测试）双向细目表

题号	项目	分值	题型	考查内容	水平要求			主题 / 子主题	所属单元
					A	B	C		
1	Part1 朗读	0.5	朗读音标	国际音标识别	√			—	—
2		0.5	朗读音标	国际音标识别	√			—	—

续表

题号	项目	分值	题型	考查内容	水平要求			主题 / 子主题	所属单元
					A	B	C		
3	Part1 朗读	0.5	朗读音标词	国际音标识别	√			—	U5
4		0.5	朗读音标词	国际音标识别	√			—	U6
5		0.5	朗读单词	读音识别	√			—	U8
6		0.5	朗读单词	读音识别	√			—	U7
7		0.5	朗读词组	读音识别	√			—	U9
8		0.5	朗读词组	读音识别	√			—	U10
9		4	朗读短文	节奏识别	√			人与自然 / 与自然和谐共生	U2
10	Part2 快速应答	1	应答	语言功能：询问		√		—	U4
11		1	应答	语言功能：偏爱		√		—	U3
12		1	应答	语言功能：请求		√		—	U6
13		1	应答	语言功能：建议		√		—	U10
14	Part3 情景交际	2	根据情景做表达	口语对话理解		√		人与社会 / 和谐家庭生活	U1
15		2	根据情景做表达	口语对话理解		√		人与自我 / 职业启蒙	U3
16	Part4 短文回答	2	听短文回答问题	关键信息识别与表达			√	人与自我 / 跨文化交流	U9
17		2	听短文回答问题	关键信息识别与表达			√	人与社会 / 公共秩序	U7
18	Part5 话题表达	5	话题表达	话题表达能力			√	人与自我 / 身心健康	U8

（2）期末评价重点和难点要突出

覆盖面广并不意味着“平均主义”，期末评价必须突出重点和难点，以了解学生核心素养的发展水平。教师要进行语言能力、思维品质、文化意识和学习能力的综合评价，任何年级的期末评价不能局限于对语言知识的评价，而应将评价的重点放在学生的语言运用能力、思维能力，以及学习策略的运用上。因此，教师在评价时要合理确定“内涵把握”类试题与“问题解决”类试题的比例。两类试题的内涵与表现如表 4–5–2 所示[①]。

表 4–5–2 “内涵把握”类试题和“问题解决”类试题的内涵与表现

内容	内涵把握	问题解决
内涵界定	识别、解释语言知识和语言现象的能力	运用语言知识完成交际任务的能力
考查内容及学习水平	考查内容为语言知识和听力、阅读等语言技能，语言知识学习水平为 A（识记）和 B（理解），听、读技能的学习水平为 A（提取信息）和 B（理解）	考查内容为阅读和写作，学习水平为 C（运用），包含归纳、推断、评价、描述、表达等
表现举例	• 识别语言现象 • 解释语言现象 • 在语篇中识别、解释词汇 • 运用句法规则造句 • 运用听力策略获取、记录信息 • 运用阅读策略理解语篇，形成解释 • 与他人进行简单对话 • 用两三句话描述事物	• 处理信息 • 运用信息完成任务 • 推断语篇的写作意图 • 对语篇作出评价 • 表达观点，并说明理由 • 对事物进行生动的描述

以纸笔测试为例，教师平时常用的语法、词汇选择题、按要求改写句子、听对话选择正确的答案、听短文填入所缺的单词、阅读完形填空等题型均属于“内涵把握”试题范畴，而阅读中的开放型问题（如评价与表达观点）以及写作则是常见的“问题解决”类试题。就初中英语各年级期末评价而言，“内涵把握”类试题一般控制在 70%~80%，而“问题解决”类试题的比例一般控制在 20%~30%。

2. 丰富评价形式

就期末评价而言，评价的主体主要是教师和学生。教师评价与学生评价应相互结合并相互补充。目前，教师评价的形式越来越丰富，技术越来越成熟。除纸笔测试外，教师往往还会采用非纸笔测试、学习档案袋以及面谈等形式对学生学期英语学习情况进行评价。与此同时，教师也应该关注学生评价，让学生评价在英语期末评价中发挥

① 赵尚华 . 绿色指标中学英语学业水平测试框架、上海学生表现及教学改进方向 [J]. 上海课程教学研究，2020（51）：35–43.

作用。以学生为主体的评价主要包含自我评价和同伴评价，两者作为重要的形成性评价，能够引导学生主动进行自我判断、自我监控及自我反思；或是通过同伴之间的讨论学会评价他人，进而加深对自身学习过程的理解。当然，学生评价并不是教师完全放任不管。相比教师评价，学生评价更需要教师提供合适的评价“脚手架”，如易于理解的评价标准、基于真实情境的评价任务、可供参考的评价样例、在过程中给学生提供及时的描述性反馈等[①]，让学生参与的期末评价真正实现其功效，使学生英语自主学习能力得到培养。

【案例 2】《英语（人教版）》8 年级下册期末评价（非纸笔测试）

1. 评价形式

学校与英国某校结成友好学校。教师开展了以“向外国同学讲中国”为主题的项目活动评价。评价采用非纸笔测试的形式，并通过教师评价与学生评价相结合的方式进行。

2. 评价目标

根据新版课程标准中的三级（7~9 年级）学业质量标准和《英语（人教版）》8 年级下册教材内容，确定如下评价目标：

能用所学英语，通过书面语篇运用较为得体的语言形式简单介绍中国的传说或历史故事，语义基本连贯。

3. 评价内容

用邮件的形式向英国学生介绍中国的传说或历史故事。学生通过介绍自己所熟悉和喜欢的中国传说或历史故事，表达对中国传统文化的认同。

4. 评价标准

（1）能用所学英语围绕“中国传说或历史故事”和外国学生进行得体的交流并开展邮件互动，评为 5 星。

（2）能用简单的英语围绕“中国传说或历史故事”和外国学生进行较为得体的交流并能回应英国学生的问题，评为 4 星。

（3）能用简单的英语围绕“中国传说或历史故事”用英语和外国学生进行交流，评为 3 星。

【案例分析】在上述评价案例中，学生通过向英国同学展示生动的中国形象，形成跨文化沟通与交流的意识和能力。通过对优秀传统文化的介绍，引导学生在使用外语了解世界的同时，懂得传承和发扬中华民族优秀文明成果，运用中国元素讲好中国故事，增加文化自信，在考查学生语言能力等英语学科必备能力的同时，将爱国教育融入其中。在学生自评和互评过程中，学生自我反思、相互学习的学习策略也得到了一定的体现。

3. 突破题型限制

为凸显期末评价的年级特征，教师在进行测试类评价时要有突破学业水平考试等

① 周琳，周文叶 . 形成性评价：促进学生自我调节学习能力的养成 [J]. 上海教育科研，2020（2）：53-57.

标准化考试题型的意识。教师应考虑不同年段学生实际情况，针对不同学年制定不同的命题思路和试题类型。初中低年级（如“五四”学制的6年级和“六三”学制的7年级）学生正处于小学与初中衔接的过渡阶段，教师在评价他们时就不宜照搬初中学业水平考试的题型，而应该采用更适合学生年级特征的题型。以表达性技能（写）的评价为例，教师可以采用根据情境写单句的题型对初中低年级学生进行评价，而针对高年级学生则可以采用根据情境写段落的题型开展评价。

然而，从各地测试类评价的试题来看，分离式知识点考试题型仍然在客观性试题中占有较大比例。分离式知识点考试题型即离散式测试题，是我国英语教学中广为采用的一种测试方法，它的特点是把语言知识分解成一个个独立的部分，然后以非系统化的方式加以测试。①

这种题型的优势是评分客观，教师可以清楚地了解学生语言知识、语言技能等方面的掌握情况。但是，这种题型也存在它较大的弊端——无法有效考查学生的实际语言运用能力。

【案例3】语法单项选择题分析

1. Tourists enjoy ________ in the sea at the beautiful beaches in Bangkok.

A. swim　　B. to swim　　C. swimming　　D. swum

2. Tom would like ________ his grandparents this weekened.

A. visit　　B. to visit　　C. visiting　　D. visited

【案例分析】上述案例是两道语法单项选择题，考查学生的语言知识运用。该题型被广泛地使用在各地各类的书面测试评价中。这两道题虽然提供了一定的语境，但学生答题却与语境几乎没有关系，学生只要知晓短语 enjoy doing sth. 和 would like to do sth.，就能完全忽略语境做出正确选择。而学生作答正确并不意味着他们已经掌握了非谓语动词作宾语的用法。

新版课程标准指出，教师在评价时，基于核心素养的发展目标，以及主题、语篇、语言知识、文化知识、语言技能、学习策略等课程的内容要素，确定试卷的题型（如选择题、填空题、判断题、匹配题、简答题、写作题等）及其比重，确定听、说、读、看、写等语言理解、表达的形式和比例；积极采用综合应用知识和技能、体现能力与情感态度水平的试题，避免采用机械记忆类试题，控制答案唯一试题的数量，摒弃纯语言形式转换类的试题，提高综合性、探究性、开放性试题的比例。

核心素养背景下的初中英语试题，应控制分离式知识点考试题型的比例，增加考查学生问题分析与解决能力的试题，增大输出型表达性技能的考查力度。

仍以非谓语动词做宾语的考查为例，教师可以采用以下评价形式，了解学生对该语言知识的掌握情况：

Ⅰ. Complete the answers to the questions.

1. Have you ever been to the UK?　　No, but I'd like ________________ one day.

① 常双. 指向核心素养的初中英语命题原则与策略 [J]. 大连教育学院学报，2020，36（2）：10-13.

2. Do you often travel by train? Yes, I enjoy ______________________.

Ⅱ. Complete the following sentences to write about yourself. Using to ... or –ing.

1. I enjoy ____.

2. If it's a nice day tomorrow, I'd like ______________________.

因此，教师应敢于突破题型限制，理解题型只是测试的承载体而非内容，利用试题引导初中英语教学和学生学习体现核心素养的培养。在确定题型时，要充分考量初中不同年级学生的实际情况，不可盲目一味采用中考题型作为初中不同年级学生的考查题型。

三、试题命制规范、科学

测试（包括纸笔和非纸笔测试）是期末评价的重要组成部分，测试试题命制的科学性与规范性将直接影响期末评价的有效性。

1. 考查目标明确

期末评价的考查目标是学业质量标准的细化与具体化。教师在确定期末评价的考查目标时，应结合教材和学情，将课程标准规定的学业质量标准进行细化和具体化，使考查目标指向更明确、针对性更强。

【案例 4】基于学业质量标准确定期末评价的考查目标

新版课程标准中的三级（7~9 年级）学业质量标准（3–11）要求学生“能用所学英语，通过口语或书面语篇简单介绍中外主要文化现象（如风景名胜、历史故事、文化传统等），语义基本连贯”。该条学业质量标准明确了 9 年级学生参加初中学业水平考试时表达性技能（说和写）应该达到的水平。这条标准并不适用初中学段的所有年级，更不能作为每个年级期末评价的考查目标。因此，基于教材与学情，教师需将其进行分解。以《英语（牛津上海版）》（7~9 年级）内容为例，可以将此条标准细化，如表 4–5–3 所示。

表 4–5–3　年级考查目标细化

年级	考查目标
7 年级	能用 5~6 个句子，通过对话或海报等形式，模仿课文语篇结构，简要交流中国或外国的城市的地域文化、寓言故事、历史故事和诗歌，语言基本正确，内容基本连贯
8 年级	能用 6~7 个句子，通过独白或日记等形式，借助思维导图工具，描述中国或外国的地域文化特征、历史名人、文学作品、哲学思想启蒙等，语言基本正确，内容基本连贯
9 年级	能用 7~8 个句子，通过各种口语或书面语篇，简单介绍中国或外国的传统技能、文学作品、传统建筑风格等，语言基本正确，内容基本连贯

期末评价的考查目标应具有“可测量、可参照、可比较、可操作”的特征，它应该是学业质量标准的细化与分解，其分解策略主要有以下四种方式。

（1）添加条件。以上案例明确了不同年级进行口语或书面表达的句子数量（如7年级“5~6个句子”），从而体现不同年级评价要求的差异。增加完成要求的限定也可以细化考查目标，如7年级评价目标增加了“模仿课文语篇结构”的条件表述，8年级增加了“借助思维导图工具”，与9年级的评价要求区别开来。

（2）调整动词。目标中行为动词的使用往往体现水平的要求。如上述各年级评价的考查目标中使用了“交流”“描述”和“介绍”等不同的行为动词，以体现水平的差异。

（3）运用留白。例如“主要文化现象（如风景名胜、历史故事、文化传统等）”是存在一定留白的。这为学业质量标准的分解提供了空间，不同年级根据教材的不同内容将“主要文化现象”具体到“城市等地域文化、寓言故事、历史和诗歌”“地域文化特征、历史名人、文学作品、哲学思想启蒙”“介绍中国传统技能、文学作品、传统建筑风格”。

（4）内容切割。以8年级考查目标为例，根据其表述中的并列结构，又可分解为“能用6~7个句子，通过独白的形式，简单介绍中国或外国的地域文化特征、历史名人、文学作品、哲学思想启蒙等，语言基本正确，内容基本连贯”和“能用6~7个句子，通过日记的形式，简单介绍中国或外国的地域文化特征、历史名人、文学作品、哲学思想启蒙等，语言基本正确，内容基本连贯”等细化指标。同样地，也可将“中国或外国的地域文化特征、历史名人、文学作品、哲学思想启蒙”分别罗列。

2. 素材与任务真实

新版课程标准在“课程实施”中指出，试题素材的选择应体现正确的价值导向，语言应尽可能真实、鲜活，内容应贴近学生生活，情境和任务应为学生所熟悉，体现交际的真实性。

评价情景的真实性，是指评价任务的情景与现实生活中完成类似交际任务的场景的相似程度。情景的真实性很大程度上取决于任务的真实性。情景都是完成任务的场景，任务都是在一定的场景下发生、完成的，两者不可分割。[①] 评价的真实性原则从命题素材或命题情境的选择就开始体现，英语评价也应依据真实的生活情境或素材。

【案例5】命题素材真实性分析

某校7年级期末评价的阅读素材如下。

The Learning Centre, Toronto

We have evening and weekend *workshop* on ...

test preparation　　**friendship and meeting people**　　**travel and language learning**

① 程晓堂. 基于问题情境的英语考试命题理念与技术[J]. 中国考试，2018（12）：1–8.

续表

1. ***Get good grades!*** Do you forget information and do poorly on tests? In this workshop, learn to ... • remember more (95% of what you read) • think quickly and read fast (400 words a minute!) • do well on tests and get high scores	2. ***Find true love today!*** Are you single and shy? Is it hard for you to talk to people? In this workshop, learn to ... • talk to people: start a conservation with a man or a woman • be friendlier and more outgoing • understand a person's "body language"	3. ***See the world for free!*** Travelling is expensive. But you can see the world for very little money! In this workshop. learn how to ... • get discounts (50%~80%) on plane tickets. • travel with your friends for free. • see the world by cruise shop for $1 a day!

该命题素材呈现内容为某学习中心的招生广告，其语言基本符合广告类素材的特征，它用简洁的语言描述了各课程的基本内容。然而，从真实性来看，素材仍有一定的改进空间，如学习中心的联系方式（电话或电子邮箱）、报名的时间、课程的价格及适合的年龄等重要信息未能在素材中体现出来。

选择使用生活中真实的语言素材是现在英语教学评价的趋势。就初中英语评价而言，选择源自英美国家学生生活的素材进行设计，使评价素材语言纯正、内容贴近切合实际，使评价也成为学生接触、学习语言的机会。

除素材的真实性外，教师还要关注评价任务的真实性。这就要求教师在命题过程中，不仅提供真实的试题情境，还要提供真实的问题解决任务。[①] 命题时，教师要设身处地从学生的角度出发，思考语篇呈现给学生时学生有可能探究的问题，只有这样才能有效命制评价试题，既不会脱离学生的思维层级，又能有效考查学生的核心素养。设问是试题的常见呈现形式，而指向核心素养的试题设问，应指向真实问题性任务。设问不仅影响评价任务所指向的建构的性质，设问方式还会影响任务的蕴含性。教师在考虑设问时，需要充分考量素材的类型、主题、逻辑、层级，还要有针对性地对试题设问角度和结构进行改造，利用较开放的设问，引导学生运用语言、技能、策略解决英语问题。

教师选择语篇的过程，需要综合考量语篇的主题、语篇的育人价值、难易度、公平性、指向性等问题，在处理语篇的过程中，要注意处理语篇的关键性信息和边缘性信息，对于会影响到情境（或任务）的、对目标行为或表现具有引发特征的信息（关键性信息），要做到应留尽留；对所测建构没有重要影响的情境（或任务）特征信息（边缘性信息），则需要通篇考虑后进行简化或调整。教师在对语篇进行处理时，应注意区别这两种信息的重要特征是否对任务情境有影响，在为学生设定任务后，应再次考虑在语篇中不同信息的真实性和重要程度。

3. 评分标准清晰

评分标准也是决定期末评价信度的一项关键内容。明确的评分标准有助于教师更

① 常双. 指向核心素养的初中英语命题原则与策略 [J]. 大连教育学院学报，2020，36（2）：10–13.

精准地对学生表现做出评价。

规范的评分标准应该包括三个成分：评价框架、表现水平和表现样例。① 评价框架是真实反映不同水平学生在解决问题过程中所展示的各种结果、表现以及背后的思维特征和探究方式的指标。表现水平是在框架所界定的维度和指标上，不同素养水平学生在解决任务中所表现出来的具体特征。表现样例是指不同水平学生在该任务上的实际表现，表现样例起到例证评价标准，使描述具体化，易于理解和操作的作用。

研制评分标准可以采用演绎方式，依据学业质量标准引出当前任务的表现标准，将学业质量标准的不同水平表述结合当前任务加以具体化；也可以采用归纳方式，通过分析学生对开放性任务的各种反应，揭示不同个体的关键特征和理解方式，归纳为不同类型或等级，作为当前任务的评分标准。期末评价评分标准的研制往往会采用两者结合的方式进行，从而提高评分标准的解释性。

【案例 6】写作试题的评分标准制定

上海市初中学业质量绿色指标英语学科测试，依据《义务教育英语课程标准（2022 年版）》和《上海市初中英语学科教学基本要求》，具体描述义务教育阶段 8 年级学生英语学业成就的基本标准，从内容和能力两个维度选择部分观测点，考查 8 年级学生的语言综合运用能力，了解初中学生英语课程的学习成效，为学校英语课程教学的改进提供反馈信息。

该测试评分标准以及其开发过程值得教师在期末评价中加以借鉴。本案例呈现的是上海市 2021 年绿色指标中学英语学业水平测试的写作试题及其评分标准。

（一）写作试题

In 50-80 words, write a passage about "A camping trip" according to the pictures.（根据所给图 4-5-2，写一篇关于"野营"的短文，词数为 50 至 80，标点符号不占格。）

图 4-5-2

（二）写作评分标准

为了提高评分标准的解释性，表 4-5-4 呈现的作文评分标准的制定经历了命题组内部研讨、范文试批后的修改、听取阅卷教师意见后的修改和定稿的过程。本评分标准对写作评价具有一定的指导作用。该评分标准共包括内容、语言、结构和书写四个维度，每个维度包含 3 至 4 个等级的学生表现水平描述，语言简洁，易于理解，便于操作。

① 杨向东 . 指向学科核心素养的考试命题 [J]. 全球教育展望，2018，47（10）：39–51.

表 4-5-4　写作评分标准

采分点	满分	得分	表现水平
1. 内容充实，覆盖要点（内容、信息全面）	6 分	5~6	描述 3~4 幅图片，且内容合理、丰富
		3~4	描述 1~3 幅图片，内容较合理
		1~2	描述 1 幅图片，内容不合理
		0	没有作答，或描述内容与主题无关
2. 用词适切，语法正确，语言地道（词汇、语法、句型）	6 分	5~6	用词适切，基本或完全没有语言错误，语言地道
		3~4	用词基本适切，有少量语言错误，但不影响理解，语言较为地道
		1~2	有部分语言错误，在一定程度上影响理解
		0	有大量语言错误，影响理解
3. 结构紧凑，意思连贯（语意、连词、指代）	2 分	2	行文基本连贯，连接词使用恰当，指代清晰
		1	行文部分连贯，看得出学生有使用连接词语的意识，但不够恰当，指代不够清晰
		0	没有连贯的意识
4. 书写规范，字数适宜（标点符号、大小写、字数）	1 分	1	大小写、标点基本正确，词数达标
		0.5	大小写、标点有部分错误，词数达标
		0	大小写、标点错误较多，语言应用不规范，词数不足
补充说明	1. 以下情况得 0 分 （1）作文部分空白，学生没有回答 （2）学生所写作文与题目毫无相关 （3）学生的作文为抄写作文，包括：抄写阅读部分的文字、抄写题目等 2. 试题中各图片呈现的主要内容 图片 1：in the country; put up a tent；图片 2：on the river bank; go fishing；图片 3：put out the campfire；图片 4：collect rubbish		

教学建议

第一，期末评价结果的呈现。

期末评价结果的科学呈现具有“激励”和“促进”的作用。教师应通过期末评价发现学生整个学期英语学习的进步，帮助学生树立英语学习的自信心，鼓励学生继续学习。同时，教师还应让期末评价结果的呈现成为学生进行自我反思的契机，引导学生运用相关学习策略，调控自己的英语学习进程，从而提升学生英语自主学习的能力。

英语学科期末评价结果宜采用“等第”和“评语”相结合的方式呈现。“等第”可以让学生了解自己的英语学习水平，而“评语”一方面能为学生提供诊断，另一方面也为教师鼓励学生提供了一定的空间。评语的撰写一般遵循真实、精准、积极等原则。

第二，期末评价结果的运用。

期末评价结果在教学和教研中的运用主要体现在以下两个方面：一是为评价反馈（如试卷讲评）提供数据的支撑，使评价反馈活动基于实证，言之有物；二是反思课堂教学存在的问题，为后续教学改进、教学研究活动的开展提供依据。就初中英语期末评价而言，教师应从核心素养培育的视角综合运用评价结果，从语言能力、文化意识、思维品质和学习能力四个维度分析评价结果，并在后续教学中加以运用。

关键问题 4-5 解决方案实践分享

第五章

技术运用与资源选择

技术运用与资源选择是有效实施英语课程的重要保证，是初中英语教学的关键问题之一。课程标准明确提出，要提升信息技术使用效益，积极开发与合理利用课程资源，深化信息技术与英语课程的融合。然而，在当前教学实践中，初中英语教师对于如何运用信息技术、如何合理选择教学资源来提升英语教学效果等尚缺乏系统深入的研究。本章的五个关键问题中，前三个问题聚焦听说教学、教学评价和个性化学习，旨在帮助教师了解信息技术服务于课堂教学的功能、场景与具体路径，引导教师将信息技术与传统教学有机结合，拓展教学时空，丰富学习路径，完善评价方式，更好地满足学生的个性化学习需求；后两个问题聚焦阅读、视听两种资源，旨在帮助教师合理选择教学资源、充实教学内容，在巩固、发展学生语言能力的同时，激发学生的学习兴趣，培养学生的思维品质，持续提升学生的学习能力。

关键问题 5-1 如何运用信息技术提高听说教学的效益?

问题提出

新版课程标准明确了要推进信息技术与英语教学的深度融合，重视教育信息化背景下英语课程教与学方式的变革。在信息时代的背景下，传统的英语听说教学方式已经很难满足现代化教育事业的发展需求。

一、课程标准的要求

新版课程标准指出：要积极关注现代信息技术在英语教学应用领域的发展和进步，努力营造信息化教学环境，基于互联网平台开发和利用丰富的、个性化的优质课程资源，为学生搭建自主学习平台。要将“互联网 +”融入教学理念、教学方法、教学模式中，深化信息技术与英语课程的融合，推动线上线下学习相结合，提高英语学习效率。

课程标准在教学建议中提出要提升信息技术使用效益。在听说教学中，信息技术不仅提供了多模态的手段、平台和空间，更是丰富了听说资源，提供了更多跨时空的语言学习和使用机会。

二、教学现状

在日常听说教学中，初中英语教师更多关注学生对语篇中的词汇、语法和句型的掌握，容易忽视对学生听说语言技能的培养。随着课程改革的深入，越来越多的教师意识到培养学生语言技能的重要性，但有时因为经验不足，英语听说课常常流于形式，且缺乏必要的现代信息技术支持。

1. 听说教学素材不能满足需求

无论是教师的教，还是学生的学，都离不开教学素材。选择好的教学素材能为学生的英语学习提供真实的语用情境和地道的语言，能使学生通过听觉和视觉等多感官获得直观、形象的信息，加深对所学知识的印象，促进思维发展，从而帮助学生更好地理解和记忆。目前，听说教学素材的主要来源是课本教材和配套录音光盘练习等教辅资料，很明显，这些是远远满足不了信息时代背景下教师和学生对英语听说课的需求，缺乏语言交流情境会直接导致听说教学效果不佳，甚至会给学生听说能力的提高造成一定障碍。

2. 听说教学过程互动不强

在听说教学活动中，有很多形式的互动，如师生互动、生生互动、人机互动等。相对而言，目前用得最普遍、开展得最频繁的是师生互动，生生互动虽然也开展，但效果不佳。然而，由于课堂时间有限，师生互动经常无法深入开展，或者和教师互动的总是少数几个学生，对于大部分学生来说，互动性不强，参与度不高，达不到预期效果。有不少师生互动仅停留在一问一答的层次上，不利于激发学生的学习积极性、主动性和创造性。

3. 听说教学模式单一

尽管学校很多教室都配备了各种多媒体设备，但教师对这些设备的使用大都停留在课件的展示上，没有充分利用其强大的功能。教师对学生英语听说能力的培养方式也较为单一，如在组织学生进行听力练习时，常常将重点放在单词和句型的讲解上，很少引导学生进行自我思考和总结，从而导致学生对英语的运用仅限于课文背诵、重点句式操练等简单模式，缺乏用英语进行情景式的实践训练。单一的教学模式已经不能满足现代化教育的发展，会导致学生综合运用语言的能力受到限制，不利于学生核心素养的培养。

4. 听说教学成效较难判断

在听说课堂上，不管是听力练习还是口语表达，由于课堂时间有限，且学生人数较多，教师无法当堂检查所有学生完成听说任务的情况，无法及时了解教学成效和学生的学习情况，这就导致接下来的教学不能针对存在的问题进行及时调整，听说教学的成效在课堂上较难判断，教师只能通过在课后批改学生练习和作业、检查背诵情况等方式，来了解学生对知识的掌握程度，听说教学效率不高。

问题分析

一、核心概念

1. 听说教学

听和说是学习和运用语言必备的两项基本技能。其中，听是“输入”，是分辨和理解话语的能力，属于理解性技能；说是“输出”，是运用口语表达思想、传递信息的能力，属于表达性技能。两者在语言学习和交际中相辅相成、相互促进。语言技能的培养是初中英语课程的核心目标，对学生而言，听和说的学习可以是分开的，也可以是先后发生或者同步发生的；对教师而言，听力教学和口语教学既可以相互独立，也可以相互融合。

听说技能的培养是持续和渐进的过程，学生只有在学习活动中不断实践，才能掌握和运用。此外，听说教学是中小学英语教学的基本课型，在初中英语教学中占据着重要地位。初中英语听说教学一般具有以下五个特点。

（1）真实性：贴近学生生活实际，以日常生活（个人生活、学校生活、家庭生活、社会生活）为主要内容。

（2）开放性：由课本知识向实际生活延伸，充分体现语言的语用原则。

（3）启发性：能启发学生积极思考，培养学生的正确价值观、必备品格和关键能力。

（4）创造性：注重培养学生的创新能力、思维能力、观察判断能力。

（5）趣味性：融生活趣味和知识趣味于一体，激发学生的兴趣、好奇心和求知欲。

2. 信息技术

信息技术被定义为能够完成信息的获取、传递、加工、再生和使用等功能的一类技术，也被定义为感测、通信、计算机和智能以及控制等技术的整体。现代信息技术是一门综合性很强的高技术，它以通信、电子、计算机、自动化和光电等技术为基础，是产生、储存、转换和加工图像、文字、声音及数字信息的现代高技术的总称。其中，计算机技术是现代信息革命的先导，也是现代信息技术的核心。

信息技术与英语学科的整合会给英语听说教学带来巨大的变化，可以大大改变传统的英语课堂教学，实现听说教学过程的可视化、互动化和个性化，使课堂活起来，有利于促进学生自主学习，培养学生的创造精神和实践能力。利用信息技术，可以改变传统听说教学模式，优化教学环节，扩大课堂容量；利用信息技术，可以创设语言学习情境，激发学生的英语学习兴趣，丰富文化背景知识，提供和谐、高效的英语听说互动氛围。

二、在听说教学中常用的信息技术

1. 大数据平台提供数据处理

大数据平台是一种通过内容共享、资源共用、渠道共建和数据共通等形式来进行服务的网络平台。它可以容纳海量数据，为人们提供数据分析处理功能，提供数据支持，实现人工智能的自动化测评和自动分析反馈，实现多终端、情境化教学模式，集教、学、练、测、评于一体。在数字时代，大数据平台推动了教学变革，为教育教学提供数据支持，帮助教师更好地掌握学生的学习动态，为教师开展有效教学提供技术保障。在听说教学中，英语教师经常使用大数据平台来统计学生听力练习或者口语表达的正确率，了解学生在听力和口语上的薄弱环节，及时分析并加以指导。此外，大数据精确记录了每位学生的学习情况，保证了过程性评价的客观性。

2. 网络提供听说资源

网络资源主要是指借助网络环境可以利用的各种信息资源的总和。它通常以电子数据的形式将文字、图像、声音、动画等多种形式的信息存放在网络平台等非印刷型载体上，并通过网络通信、计算机或移动终端再现出来的信息资源。网络资源表现形式多样，内容丰富，信息量巨大，传播速度快、范围广，具有交互性。在英语听说教学中，教师可以利用网络资源提供听说训练的情境和资源，创设良好的英语学习环境，激发学生的学习兴趣。课后，学生也可以利用网络资源进行拓展学习，提高自主学习能力。

3. 学习软件提供人机交互

学习软件以其虚拟情境创设、知识图谱构建、人机自然交互、智能学习诊断与评价等特征成为新型语言学习的利器。学习软件不仅可以下载到电脑上，还可以下载到智能手机上，让学习随时随地进行，满足不同的学习需求。例如，发音不准的学生可以下载音标学习软件；想练习口语的学生可以选择口语练习软件；想练习听力的学生可以选择专门的听力练习软件；想复习课文的学生可以下载与课文配套的学习软件。有了学习软件的辅助，学生能够充分利用零散时间进行英语听力和口语训练，提高语言能力。

4. 交互式白板保障师生互动

交互式白板是由硬件电子感应白板和软件操作系统组成的，它的核心组件由电子感应白板、感应笔、计算机和投影仪构成。其中，电子感应白板是一块具有正常黑板尺寸、在计算机硬件支持下工作的感应屏幕，目前在部分地区的课堂上已经大量应用，取代了原来的黑板，教师或学生可以直接用感应笔在白板上进行操作。交互式白板还自带学科素材库和资源制作工具库，是一个兼容各种教学软件的智能操作平台，教师可以在白板上随意调用各种素材或软件开展教学活动，使用起来非常方便。

三、影响听说教学效益的因素

1. 学生之间存在差异

在学习活动的开展过程中，学生与学生之间的差异是现实存在的，学生在个人喜好、学习习惯、自信心及自制力方面都存在个体差异。尤其在初中英语听说教学中，由于学生学习英语的起点和学习能力存在差异，即便是同一个班级的学生，其英语听说水平也参差不齐，听说教学成效也就因人而异。

2. 教师教学观念有待更新

部分教师的教学观念较为陈旧，在进行听说教学时往往注重给学生讲解和灌输大量的英语知识，而忽视了对学生语言文化、语用能力和思维的培养。在英语听说教学中，学生不仅要了解单词、句型的用法，更要学以致用，形成英语实际应用能力。但大部分教师依然将学习重点放在书本和习题上，以成绩来检验学生的听说能力，导致学生英语综合能力得不到提升。

3. 听说教学资源缺乏

听说资源即听说教学中所使用的资源，主要由听力资源和口语资源组成。听力资源包括教材资源、听力材料（文本）、音频、视频等，也包括训练听力技能的题目；口语资源包括情景、信息、任务等。教师应科学合理地设计听说教学目标和听说活动目标，并据此来选择恰当的听说资源，有目的地对资源进行加工和运用，充分发挥听说资源的使用价值，使之更有效地为提高听说课的教学效益服务。

4. 学生思维培养有待提高

传统的听说教学缺少对学生语言能力和思维品质的有效培养。听说教学常采用“话题引入—播放录音—完成练习—核对答案—知识点讲解—句型操练”的流程，强调听力技能训练，而忽视听后话题延伸的口语输出训练；重视句型结构讲解，而忽视在情境中的运用和创新。这样下去，学生被动地开展听力训练和机械地进行口语操练，思维得不到激活，听说活动参与度不高，听说教学的效果很难保证。

问题解决

一、信息技术为听说教学提供丰富的教学资源

首先，信息技术可以提供丰富的教学资源，用十分纯正的英语口音对学生的口语进行纠正，并辅之以人机对话、网络连线等形式，提升学生学习英语的兴趣，增加学生开口的机会，增强学生听说学习的效果。其次，信息技术可以提供大量的、适合初中学生使用的图像、动画、音频、视频等资料，如时政要闻、经典电影片段等。教师可以根据学情对这些资料进行筛选，将与课文相关的主题或内容作为学生的听说素材。有效利用丰富的听说素材，既可以锻炼学生的听说能力，又能开阔学生的视野，增进学生对语言文化的理解，从而更好地培养学生的核心素养。

【案例 1】利用视频资源促进学生思维（教学片段）

教学材料：《英语（牛津上海版）》6 年级第二学期第 7 单元 Travelling in Garden City 听说第 2 课时

（一）教学目标

1. 能够朗读并且知道单词和词组的意思，如 perhaps，traffic jam，flyover，pavement，tunnel 等。

2. 能够利用 "Perhaps ... of the people will travel by ..." 和 "Perhaps there will be more/fewer ..." 等句型来谈论未来的交通方式，以及自己对未来交通的展望和畅想（减少交通堵塞的新型交通方式）。

（二）教学过程

活动 1: Watch a video clip about future travelling and answer the question.

呈现视频中未来的交通工具的图片示例，如图 5-1-1 所示。

What can you see in the video?

flying car

flying boat

shared skateboard

flying skateboard

图 5-1-1　未来的交通工具

【设计说明】本节听说课的学习难点在于如何激发学生思维，运用所学句型来表达自己对未来交通方式的看法和观点。在听力环节中，学生学习了各种常用的交通工具和城市公共设施的表达，以及本课的重点句型。在口语环节中，要想让学生对未来交通方式有新的设想，就必须先激活他们的发散性思维，因此教师通过播放一段未来的交通工具视频，补充新的单词，为接下来的口语表达做好铺垫。

活动 2: Work in pairs. Talk about future travelling by using the sentence pattern.

【设计说明】本节听说课的教学重点是运用所学句型“Perhaps ... of the people will travel by...”和“Perhaps there will be more/ fewer ...”，结合视频中所展示的未来交通出行工具，学生的学习兴趣一下子被激发出来，教师就结合上述句型询问学生：“What will travelling in our city be like in the future?”“Will people travel by flying car?”并指导学生就此话题开展结对活动，在情境中操练重要句型，在应用实践中初步运用所学的语言知识。学生在结对活动中参与度很高，而且在口语表达中都愿意运用刚刚学到的新单词和句型，在这个过程中，学生体会到学习的乐趣。

活动 3: Group work. Share your ideas about future travelling that can reduce the traffic jams.

Discuss with your group members and think about the following two questions. Each group chooses one student to make a report. (Please use different sentence patterns.)

1. What kind of transport may reduce (减少) traffic jams?

2. What will travelling in 10 years' time be like?

【设计说明】为了进一步运用所学知识，加深学生对本单元主题的理解，教师设计了小组讨论活动，用两个问题引导学生思考未来减少交通堵塞的出行方式，并发表自己对未来出行方式的看法。有了之前的视频和结对活动的铺垫，学生打开思路，在课堂上各抒己见，本节听说课的教学目标得以达成。

（案例提供：严婷怡，上海市北虹初级中学）

二、信息技术为听说课互动活动提供平台

随着信息时代的到来，英语听说课堂应该充分利用“互联网 +”技术给教育领域带来的契机，开展线上线下相融合的教学互动活动。信息技术能为听说课里的互动活动提供平台，能使处在不同空间的人在相同的时间节点进行即时交流。例如，班里有一个学生因病不能来学校，英语教师就可以利用信息技术提供的平台开展线上教学，此时，在线下上课的学生和在线上上课的学生一起参与英语听说学习互动，线上的学生和线下的学生一起进行师生互动和生生互动，互动活动不受空间的束缚。

此外，教师可以利用信息技术提供的互动平台，把自己制作的课件、微课、慕课等资源和练习传上去，学生课后可以根据自己的需求随时下载收看，同时把自己的一些学习感受和完成的练习发到平台上，在平台上和教师进行互动。

三、信息技术为学生提供听说课学习路径

在“互联网+”时代背景下，为提高初中英语听说课的实效，推动学生开展自主学习，拓展学习能力，教师应把信息技术运用于课前、课中和课后三个阶段，构建线上线下混合式教学模式，为学生提供有效的英语听说课学习路径。

1. 课前：任务驱动，自主学习，在线检测，发现问题

课前，教师布置相关任务，学生开展自主学习，在这个过程中，教师可以把录制的微课、学习资源、检测试题或任务要求等通过在线平台推送给学生。学生自学微课内容或查看相关学习资料后，完成相应的试题或任务并上传平台，这时系统会自动批阅试题，教师可以根据学生系统统计的错题数据以及学生的任务完成情况，找出学生存在的疑问或者共性问题，为后面的听说教学设计提供可靠的依据。

2. 课中：问题导向，情境教学，难点突破，互动互评

在课堂上，教师根据课前的数据，归纳出学生存在的共性、典型问题以及个体差异，然后基于问题组织学生开展听说活动，让学生在课堂上运用信息技术对重点单词和句型进行朗读训练、情境化操练以及迁移创新，通过人机对话、小组活动、互相点评等形式，由浅入深、层次递进地引导学生主动参与听说学习和运用语言解决实际问题。在这过程中，教师给予学生适当的指导与点拨，帮助学生突破重难点，组织学生对整堂听说课的综合表现开展自评和互评。

3. 课后：在线复测，查漏补缺，延伸探究，拓展视野

在下课前五分钟，教师可以借助网络平台发送相关检测题，检查学习成效，了解学生真实的学习情况，并对本堂课进行归纳和总结，查漏补缺，同时用信息技术布置课后听说作业（如录制一段音频），让学生利用网络查找相关资料，完成听说作业后上传到平台，教师对学生的作业进行有针对性的指导和点评，并把优秀的听说作业作为示范在平台上展示。通过这种课后的延伸探究，学生既能复习在听说课中学的知识点，又能根据自己掌握的知识点进行灵活运用，增进对知识的拓展学习。

【案例 2】信息技术在英语听说课的课前、课中和课后的运用

教学材料：《英语（牛津上海版）》7 年级第一学期第 8 单元 Growing healthy，growing strong 听说 Good habits or bad habits 第 3 课时

（一）教学目标

通过本课学习，学生将能够：

1. 在听力活动中获取有关 Joe 的健康问题及其成因等有效信息。

2. 运用一般过去时描述过去的行为习惯。

3. 运用 too many，too much 或 not...enough 描述不良习惯，并用 less，fewer 或 more 对不良习惯提出改进建议。

（二）教学过程

环节	学生活动	教师活动	信息技术的应用
课前活动	1. 完成上节课作业，上传到作业平台。教师选出优秀作业进行展示，对共性问题进行作业讲评	帮助学生回顾前一课时所学知识，及时纠错，以旧带新，引入今日话题	用“作业平台”反馈的数据，分析学生作业中的典型问题
听力活动	1. 根据课文配图，预测 Joe 的健康问题	激活学生所学知识	电子白板展示
	2. 听对话，选择 Joe 的症状	引导学生了解 Joe 的健康问题	学生运用平台上的互动功能“多选题”，通过平板电脑上传答案。教师快速了解学生听力活动的完成情况并给予引导和鼓励
	3. 再听对话，记录可能引起 Joe 的健康问题的原因	引导学生在听中获取有效信息并初步判断造成问题的原因	学生通过平板电脑“拍照上传”至平台。教师通过对比了解学生的不同看法，鼓励多样化思维
	4. 结对活动：根据一周日常生活记录表，谈谈 Joe 过去一周的行为	鼓励学生用一般过去时描述过去的行为习惯	学生运用平台上的互动功能“分组对话”录制对话并将其上传到平台。教师用智能评价方式快速了解学生表达的情况，跟进分析讲评
	5. 听对话，记录胡老师的想法及 Joe 将要做出的改变	帮助学生关注对不良习惯及其改进方式的描述，理解相关词汇的意义及用法	—
口语活动	1. 根据一周日常生活记录表，总结 Joe 的不良习惯	鼓励学生运用 too many, too much 或 not...enough 描述 Joe 的不良习惯	—
	2. 根据 Joe 的不良习惯的总结报告，为 Joe 提出改进建议	鼓励学生运用 less, fewer 或 more 对不良习惯提出改进建议	—
	3. 结对活动：找出记录表中的不良习惯并进行描述，给出改进建议	引导学生进一步运用本课所学知识，解决生活中的实际问题	教师运用平台上的互动功能“分组对话”收集学生对话内容，用互动任务“评价”引导学生关注他人展示内容，并做出客观评价

续表

环节	学生活动	教师活动	信息技术的应用
课后作业	学生在“作业平台”中完成以下作业任务： 1. 听录音并准确、流利地跟读教材中的对话。 2. 采访一位同班同学，了解其生活方式，找到其不良习惯并给出改进建议，以口头汇报的方式上传总结报告和改进建议	教师对学生作业进行评价和展示，根据作业情况及时指导学生并调整教学	教师用“作业平台”的评价功能，对作业1进行智能评价，鼓励学生多次尝试，准确流利地跟读；对作业2进行音频收集，鼓励学生主动发现问题、总结问题、解决问题，并从中选出优秀作业，在平台上展示

（案例提供：江韵，上海市江湾初级中学）

四、信息技术为听说课评价提供数据支撑

随着信息技术与英语听说课堂的不断融合，数据在初中英语听说教学过程中发挥着极为重要的作用。它能够给教师带来较大的教学便利，在减轻教师负担的同时，提高英语听说教学的效率；能够帮助教师及时掌控班内全体学生的学习情况，从而有针对性地进行评价，而且这种评价有数据支撑，是依托大数据平台所进行的自动化测评和分析反馈。有了信息技术提供的数据支持，教师可以根据听说课的需要开展小组任务、投票、问卷调查、头脑风暴、当场测试等听说活动，鼓励学生积极参与、自由表达观点，培养学生的发散性思维，提高英语听说学习效率。

【案例3】利用教学软件的投票和录音功能，及时评价反馈（教学片段）

教学材料：《英语（人教版）》7年级上册第9单元 My favourite subject is science 听说第1课时

（一）教学目标

1. List the subjects you learn in the school.

2. Talk about your subject preferences and give reasons.

（二）教学过程

活动1：Listen to the dialogue and choose the best answers.

设计说明：学生戴上耳机，听一遍听力录音，并用教学软件的投票功能把自己的答案上传到平台。平台直接显示所有学生答题情况的数据，即哪些学生选A，哪些学生选B，帮助教师及时掌握每位学生听力学习情况，及时进行有针对性的评价。

活动2：Listen again and choose the right sentence structure.

设计说明：学生再次戴上耳机，再听一遍听力录音，选出表达询问喜好学科的句

型，并将其上传到平台。平台直接显示所有学生的答题情况，帮助教师快速掌握每位学生的听力理解情况，及时进行评价，为完成后续教学任务做好铺垫。

活动 3：Work in pairs and talk about your favourite subjects and give reasons

设计说明：学生两人一组，运用录音功能，把自编对话的音频内容上传到平台。教师在平台上点击几组学生上传的对话音频并进行评价，同时邀请其他学生进行评价，在此过程中，提升学生的学习兴趣，也鼓励更多学生参与听说活动。

活动 4：What's your favourite subject?

设计说明：学生运用投票功能，在平台上选出自己最喜欢的学科。教师根据平台统计的数据，有的放矢地让不同的学生运用所学句型谈一下喜欢某个学科的原因，并对学生的回答进行教师点评，让学生进行互评。在这过程中，引导学生发现每个学科的魅力，认识到影响个人喜好的因素，鼓励学生发表自己的观点。

（案例提供：刘燕，上海市北虹初级中学）

五、信息技术为听说课作业布置和反馈提供保障

在实际听说教学中，由于课堂时间有限，教师往往通过布置课后听说作业来加强和巩固听说课的教学内容，听说课作业的布置和反馈是对课堂教学的延伸，对培养学生的课内外英语听说习惯、提高学生的听说能力起着非常重要的作用。有的学生对听说课作业缺乏兴趣，教师对听说课作业也很难做到及时、全面和有针对性地评价和反馈，究其原因除了听说作业难以监控、记录和保存之外，还与教师的精力和时间有限等因素有关。随着信息技术的不断发展，作业 APP 和在线作业平台能够有效解决上述问题。

通过作业 APP，教师可以根据不同学生的特点，有针对性地布置相应的听说课作业，且听说课作业的种类也比原来更加丰富，除了原来的朗读、背诵、听后复述等，还新增了配音、录视频和音频等，不仅能满足学生的个性需求，还能提升学生对听说课作业的兴趣。通过在线作业平台的及时反馈功能，教师可以随时查看每位学生听说课作业的完成情况，并有针对性地进行反馈，该功能也可对学生英语听说过程中的每一步进行实时反馈，如哪个单词读错了，哪个地方没注意连读，都会被平台记录下来并进行提示和正确示范，学生立刻就能知晓存在的问题，及时进行纠正。教师也能从在线作业平台上选择优秀的听说课作业作为示范展示，提高学生学习的积极性。信息技术的辅助不仅能减轻教师的负担，也能提高学生完成听说课作业的兴趣，为听说课作业的布置和反馈提供保障。

教学建议

第一，信息技术在听说互动中的有效运用。

信息技术在资源提供、数据支持和互动性提升等方面具有明显优势，能有效地提

高英语听说教学效益。传统的听说互动形式包括师生互动、生生互动。信息技术被引入听说课堂之后，互动形式在原有的基础上新增了学生与设备之间的互动、学生利用设备与其他学生之间的互动，以及学生利用设备与教师之间的互动。听说课堂上经常使用的互动方式有拍照上传、音频上传、投票、判断、单选和多选题等，很多学习平台还根据教师的想法和教学设计不断开发新的互动方式。有了这些信息技术的支持，英语听说课堂和原来相比变得更加生动、活跃和形式多样，学生的学习积极性、主动性也越来越高。英语教师应以创新的思路去探索与研究，在信息技术支持下哪些互动形式和互动方式更适合英语听说课堂，使用起来更能调动学生的主观能动性，从而取得更好的学习效果。

第二，注意信息技术在听说教学中的运用误区。

随着新版课程标准的实施，借助信息技术推动教育观念更新、教育模式变革已成为当前教育教学改革研究的重要课题，信息时代向英语教师提出了严峻的挑战。英语教师必须更新教学观念，树立终身学习观，充分运用信息技术对英语听说教学进行辅助，改进教育教学方法和手段，进一步推动初中英语听说教学模式的变革。然而，信息技术在听说教学中应起到什么作用？是不是听说教学所有环节都要运用信息技术呢？很多教师对信息技术的运用还存在一定的误区。首先，信息技术是作为技术手段来为英语听说教学服务的，运用信息技术是为了提升听说课的效益，而不能反客为主。其次，并不是听说教学的所有环节都需要使用信息技术。教师要从提升听说课效益的角度来考虑哪些环节适合使用信息技术，如引入环节、生生互动环节、评价环节比较适合运用信息技术，其他环节不一定适合。

在信息化大背景下，教师要做到与时俱进，努力提升自身的信息素养，将信息技术运用于日常备课和听说教学活动中，不断提升听说教学的实效。

关键问题 5-1 解决方案实践分享

关键问题 5-2 如何运用信息技术提高评价的效益？

问题提出

一、课程标准的要求

新版课程标准指出：评价与考试旨在评测学生核心素养的发展水平，促进学生全面、健康而有个性地发展。教学评价应采用多种评价方式和手段，体现多渠道、多视角、多层次、多方式的特点。检测和衡量学生在相关学段的学业成就，使评价全面、准确和灵活。新版课程标准还重视教育信息化背景下英语课程教与学方式的变革，充分发挥现代信息技术对英语课程教与学的支持与服务功能。随着信息技术的发展及其在教育教学中的广泛应用，利用信息技术来提高教育评价的科学性、专业性、客观性，从而提高评价的效益，是落实课程标准、深化教育改革的时代要求。

二、教学评价的现状

随着课程改革的不断深入，教师们逐渐意识到教学评价的重要性。评价是教学过程的重要组成部分，对教学质量的监控有重要作用。但在日常教学中，教学评价仍存在以下问题。

1. 评价形式和维度单一

教育评价是确定教育目标实现程度的过程，需要通过各种评价手段来检查教育效果。[①] 只有通过多元化的评价方式，才能实现教育评价的目标。目前教学评价形式和维度较为单一，主要表现在评价以纸笔测试（考试成绩和书面作业准确率）为主要形式，以分数作为评价反馈的内容，缺乏口头或书面实质性的建议，忽视对课堂评价、单元评价及核心素养各维度的评价。这些问题的出现，究其原因，就是教师未能了解评价在培养学生核心素养方面的重要作用，缺乏对多元化教学评价形式的认识。信息技术赋能教育评价可以推动“以评促学、以评促教、以评促改”理念的落实[②]，将评价各要素融入学习活动，丰富评价形式。

---

① 邱均平，王碧云，汤建民. 教育评价学：理论 · 方法 · 实践 [M]. 北京：科学出版社，2016：16–17.

② 焦丽珍，钟晓流，宋述强，等. 技术促进教育高质量发展研究前沿和重要议题：兼论《现代教育技术》2022 年选题策划 [J]. 现代教育技术，2021，（12）：5–11.

2. 评价主体单一

教学评价的一个重要指标是评价主体。一个健全的评价体系要求评价主体多元化，既有教师评价，也有同伴互评、自我评价及现代信息技术评价，使评价更为科学有效。当前英语教学存在评价主体单一化的问题，即评价以教师评价为主，忽略了学生是被评价者的同时也是自评者和互评者，导致学生缺乏参与学习评价的机会，容易造成教学评价的片面化，降低学生参与课堂的积极性。人工智能、大数据等现代信息技术可以帮助教师创新评价工具，提高评价的多元化、客观性和有效性。

3. 评价缺乏数据支撑及数据利用不足

长期以来，因教育评价注重标准化纸笔测试，获得的教学数据多为偏重知识和技能的考试成绩，缺乏课堂评价等学生过程性学习的数据，更无学生核心素养维度评价的数据，评价信息模态较为单一，教育评价反馈较为滞后。即便随着信息技术的发展，个别学校有条件获取部分数据，教师也不知如何处理和分析这些数据，以及如何将其运用于教学改进。评价数据的缺乏及数据利用率低下，制约了教育现代化的发展。

问题分析

在研究如何运用信息技术提高评价的效益之前，教师应先明确教学评价的内涵，分析信息技术在教学评价上的优势，以及信息技术可以从何维度辅助教学评价。

一、教学评价的内涵

新版课程标准指出教学评价对促进学生核心素养的发展具有重要作用，应以学生核心素养的全面发展为出发点和落脚点。

1. 教学评价的内容

教学评价主要包括课堂评价、作业评价、单元评价和期末评价等。现代信息技术可运用于教学评价的各个方面，有效提高教学评价的效益。

2. 影响教学评价效益的因素

（1）教师的评价理念

评价理念是主导教育评价过程与方法的基本思想，决定了教育评价的形式。依据新版课程标准，教师应准确把握教、学、评在育人过程中的不同功能，落实“教—学—评”一体化。如果教师可以摒弃传统的诊断性评价理念，落实“以评促教、以评促学”，在重视利用信息技术优化结果评价的同时重视学生学习的过程性评价，将评价的学习性和诊断性相结合，鼓励学生参与评价，就可以促使学生根据评价反馈改进学习，从而提升评价效益。

（2）信息技术

信息技术为完善评价体系、促进学生发展提供了平台，在促进教学评价方式拓展、评价工具创新、评价内容深化等多方面都发挥着重要作用。在没有信息化技术支持的情况下，教师难以对班级学生进行即时精确的指导，而基于大数据的信息技术，教师可以全过程采集并随时查看每个学生的学习数据，方便师生动态实时评价，也有利于教师及时调整教学策略。信息技术的应用促使教育评价将关注点从学业成就逐步转向综合素质发展，从终结性评价逐步转向过程性评价，落脚点从单一评价结果转向精准提供个性化发展建议，极大地提高了评价的效益。

二、信息技术赋能教学评价

1. 信息技术在教学评价中的特点

应用于教学评价的信息技术主要有多点、面广、快速、数据可分析等特点。

“多点”即信息技术考查的点多。不同形式的课堂活动可以借助信息技术来实现评价，如用信息技术评价朗读活动、听力活动等。在评价看图说话时，可以设置内容完整度、语言连贯性、语言正确性和主题意义等多个考查维度。

“面广”即评价对象范围广。在传统课堂中，教师在提问后往往只能抽取个别同学回答并给出评价，但信息技术可以呈现每位学生的回答，不论笔头还是口头均可上传平台赋分，帮助教师第一时间获取数据。

“快速”指学生上传答案至平台后，平台基于提前设置的评价标准和范例快速给出数据，方便教师开展后续教学。

“数据可分析”指教师可以分析学生在不同单元之间相同维度学习内容上的表现，从而整体了解学生的学习困难和进步。

2. 信息技术在教学评价中的作用

首先，信息技术可以实现精准诊断分析，提高教学评价的科学性。传统教学评价存在评价方式单一、评价过于依赖主观经验等问题，影响了评价的精准度。而信息技术支持的教育评价可以覆盖每位学生，落实全程评价，发挥评价的诊断、激励和调节作用，为教学赋能。

其次，信息技术可以提高评价的有效性。在传统教学评价中，评价经常滞后，评价结果时效性不能保障。而信息技术实现了数据呈现和回放点评，教师可以合理地评价数据、获取信息技术生成的现场资源，优化课堂教学。在反馈时间上，信息技术使评价更为及时；在反馈范围上，精准到位、覆盖面广，学生能实时了解学习情况，教师能及时调整教学进度和策略。①

因此，信息技术能提高评价的效益，推动传统教育在评价上的变革。教师可以运用人工智能、大数据等技术的优势，创新评价工具，优化评价形式，收集过程性评价数据及核心素养维度方面的数据并进行分析处理，推动信息技术和教育评价深度融合，提高评价的客观性、科学性、可视化和回溯化。

---

① 张家华，胡惠芝，黄昌勤．多模态学习分析技术支持的学习评价研究 [J]. 现代教育技术，2022（9）：38–45.

问题解决

新版课程标准要求：教师要注重各教学要素相互关系的分析，设计并实施目标、活动、评价相统一的教学。明确“教—学—评”一体化设计的内涵和要求，建立相互间的关联，体现以学定教、以教定评，使评价成为教学的有机组成部分。信息技术运用于英语教学，可以提高课堂评价、作业评价和结果评价的效益。

一、运用信息技术，提高课堂评价的效益

教学评价与课堂教学活动是一个不可分割的有机整体。课堂是英语教学的主阵地。相较于作业、测试等评价形式，课堂活动更容易用信息技术来评价，更具意义和价值。在进行课堂评价时，教师需要思考：课堂评价是否有互动，是否高效？信息技术能辅助哪类课堂活动的评价？如何设计这类课堂活动，怎样突出信息化？

1. 信息技术助力朗读活动评价

语音是语言知识的重要组成部分，新版课程标准在语音知识二级和三级要求中指出学生应使用正确的语音、语调朗读对话和内容，根据重音、意群、语调与节奏等语音方面的变化，感知和理解说话人表达的意义、意图和态度，并借助这些变化来表达不同的意义、意图和态度。对初中起始年级学生而言，语音知识是学习语言的基础，朗读是常见的课堂活动；对高年级学生而言，口语考试成为多省市初中学业水平测试的一部分，朗读词组和句子是口语测试的内容之一。利用信息技术可以实现朗读活动的智能评价。教师将评价标准及示例（如单词重音正确、元音发音饱满有力，词组和句子连读以及意群的停顿，不同句子种类的升降调等）提前输入到信息技术平台供学生学习，平台能实现对朗读活动的实时评价。

【案例 1】信息技术助力朗读活动的实时评价（教学片段）

教学材料：《英语（牛津上海版）》9 年级第一学期第 7 单元第 5 课时 Listening: “Help me!”

（一）活动目标

话题导入，引入课时词汇，并熟悉口语测试标准。

（二）活动设计

活动 1：学生在智能设备上朗读以下词汇、词组和句子。

kidnap, Police Headquarters, a dangerous journey,

The helicopter is searching Green Island.

Why do you always get the boring jobs?

信息平台呈现即时评价结果（图 5-2-1），教师给予评价。

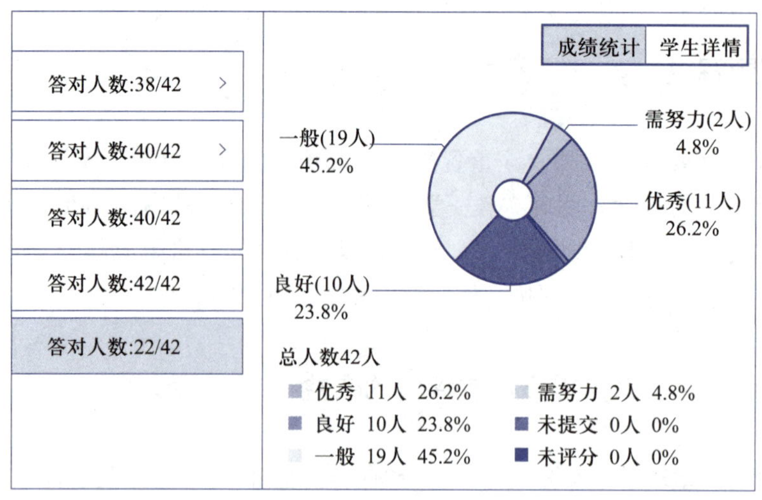

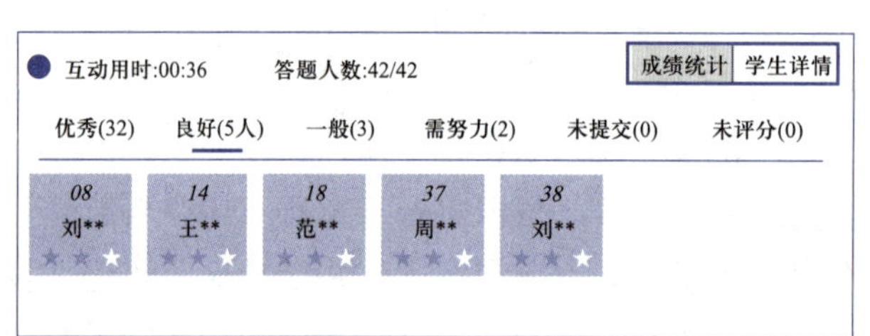

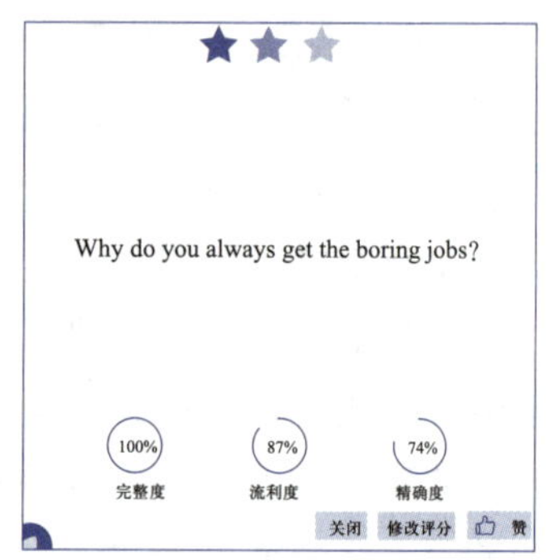

图 5-2-1 平台即时评价结果

通过点击得分率最低的第 5 题，教师分析该题主要问题是特殊疑问句的语调。

活动 2：教师择优播放学生的录音，引导学生跟读正确发音，巩固练习。

（案例提供：吕晨，上海外国语大学附属双语学校）

【案例分析】该案例完整呈现了信息技术对朗读活动的即时评价。平台从“准确度、流畅度、完整度”三个维度进行评分，将班级答题人数、答对人数、各等第人数等信息一目了然地呈现出来。师生能看到每位学生的完成情况以及在三个维度的得分情况，实现了精准快速的评价。教师通过评分可以找出完成度较低的学生，并对其发音进行有针对性的纠正。相较于传统课堂以全班朗读课文或个别学生回答问题的形式检测学生掌握情况，借助信息技术，教师可以通过更多维度关注学生，如哪些学生没参与、哪些学生掌握得相对薄弱等，从而及时指导学生和调整教学。

2. 信息技术助力听力活动评价

“听”是一项重要的理解性技能。新版课程标准对语言技能的三级内容要求中，学生应能识别听力语篇的情境，推断说话者的身份，对听力文本内容有选择地记录信息和要点。信息技术可以通过平台的单选题和填空题功能，快速获取学生的答题数据，检测学生对听力内容主旨大意、人物身份、说话场景及听力语篇的细节掌握程度。教师可以及时找出学生在词汇学习方面的错误进行纠正，也可以迅速了解学生对文本信息的获取情况。例如，在《英语（人教版）》7 年级下册第 10 单元 I'd like some noodles

Section A 1b 听力训练中，教师可以设计单选题检测学生对听力对话材料的人物关系（顾客和餐厅服务员）的判断，设计填空题来了解学生对顾客点餐内容的细节以及点餐这一交际情境用语的掌握，为后续 Section A 1c“说”的产出做好准备。

3. 信息技术助力听说课结对活动的评价

结对活动，又称对子活动，是初中英语课堂中常见的活动形式。传统课堂中，因时间和技术受限，教师无法听到每一组学生对话的内容，甚至无法确定所有学生是否都在规定时间内完成对话任务。依托信息技术强大的数据收集和评价功能，教师可以关注到每位学生口语输出的数量和质量，提升了评价的有效性。

【案例 2】利用信息技术，对口语活动进行学生互评（教学片段）

教学材料：《英语（牛津上海版）》7 年级第一学期第 8 单元 Growing healthy，growing strong 第 3 课时 Listening and speaking：Good habits or bad habits

（一）教学目标

在听力活动中，获取有关 Joe 的健康问题及其成因等有效信息；运用一般过去时描述过去的行为习惯；运用 too many，too much 或 not...enough 描述不良习惯，并用 less，fewer 或 more 对不良习惯提出改进建议。

（二）口语活动设计

活动 1：根据一周日常生活记录表，总结 Joe 的不良习惯。

活动 2：根据 Joe 的不良习惯的总结报告，为 Joe 提出改进建议。

活动 3：结对活动，选出记录表（表 5-2-1）中的不良习惯，进行描述并给出改进建议。

Tell your deskmate about your bad habits.

Talk about them and try to make changes.

S1: Do you have any bad habits?

S2: Yes，I do.

S1: What ____________?

S2: I ____________ on ____________.

S1: You ____________.

S2: I should ____________.

表 5-2-1 记 录 表

Checklist	Yes or No
We asked and answered questions about the things that happened in the last 5 days correctly.	Yes ☐ No ☐
We found out the bad habits and used *too much*，*too many*，*not ... enough*，*less*，*fewer*, *more* to talk about them and give suggestions correctly.	Yes ☐ No ☐
We gave proper suggestions according to the habits.	Yes ☐ No ☐

（1）学生两人为一组在信息平台中完成对话。

（2）教师抽取一组学生音频播放，其余学生根据评价维度在平台中评价该组对话。

维度 1：We asked and answered questions about the things that happened in the last 5 days correctly.

☐ Yes　　☐ No

维度 2：We found out the bad habits and used too much, too many, not ... enough, less, fewer, more to talk about them and give suggestions correctly.

☐ Yes　　☐ No

维度 3：We gave proper suggestions according to the habits.

☐ Yes　　☐ No

（3）班级 40 个学生互评结果（表 5-2-2），教师选取选择评价结果为“No”的学生解释原因并给予反馈。

表 5-2-2　各维度学生互评人数统计

评价	Yes	No
维度 1	32	8
维度 2	37	3
维度 3	39	1

（案例提供：江韵，上海市江湾初级中学）

【案例分析】该案例呈现了学生互评结对口语活动的过程。教师在布置口语任务后提供了自评维度，便于学生自评。在学生互评时，教师尤其关注了未作答的学生和有不同意见的学生，并请他们解释原因，帮助学生把握评价标准。学生互评的评价方式，方便学生比较各组的对话，思考自己存在的不足及创新点，有助于提高参与度、活跃思维。信息平台在这一过程中发挥了重要作用，促成了高效的学生互评。

4. 信息技术助力看图说话活动的评价

新版课程标准学业质量标准 2–13 指出，能用简单的语言描述图片内容，意义连贯，句子形式基本正确。在思维品质三级学段目标的“观察与辨析”中指出，学生应辨识信息之间的相关性。语言技能三级“表达性技能”中指出，学生能利用所给提示（如图片、图表、海报、实物、文字等），围绕相关主题口头表达个人的观点和态度，并说明理由。

看图说话活动有机地将这些技能和要求结合在一起，其评价标准一般有以下维度：内容完整充实、表达流畅连贯、语言结构和用词基本正确。初中高年级学生的看图说话突出育人价值，要求学生根据图片的情境简要讨论主题意义，除了描述图片信息、讲清人物的行为和感受外，还要对人物行为做出简单点评。

信息技术除了对答案较为固定的选择题和填空题作出智能评价、助力学生互评外，在教师提供评价量表和范例（sample）后，还能学习评价量表，对较为开放的口语表达题进行评价。

【案例3】利用信息技术，评价看图说话活动（教学片段）

教学材料：8年级看图说话（图5-2-2）

（一）教学目标

能够关注图片细节内容并准确使用相关语言进行描述；能够关注图片的主题意义并进行口头表述；能结合评价表和作答表现开展自评、互评并梳理出看图说话的流程和方法。

（二）活动设计

活动1：读图了解图片细节后，听取前一节课6年级案例，并使用信息技术对案例进行生生互评。

图5-2-2　看图说话

活动2：依据对图片的了解和互评结果生成8年级看图说话评价量表（增加图片描述细节并就图片主题意义展开简单评论）。

活动3：结合8年级评价量表，使用信息技术对图片内容进行多维观察角度的口头表达。

活动4：听取同伴的表达并依据评价量表简单评论。

活动5：梳理8年级看图说话的流程和方法。

（案例提供：车颖达，上海市进才实验中学）

【案例背景说明】本教学片段系浦东新区智慧共生课堂——英语教学在数字化转型中的“智”变（初中英语教学数字化转型调研活动）的第二个教学展示片段，与前一教学展示片段（6年级）使用同一个多模态素材。

两节课因学生年级特征不同，学习困难有差异。基于平台反馈数据，6年级学生看图说话的主要问题为词汇量不足、句子不完整、语法错误、句子逻辑不连贯，因而部分教学目标设定为“描述正确、表达有序”；而8年级学生的问题集中在难以构造完整句、缺乏主题意义、表达方式单一，因而部分目标设定为“描述生动，提炼主题意义”。

在6年级看图说话教学活动片段中，教师引导学生观察并说出图片中的who，when，where，what四要素，关注看图说话中的语序问题；学生在尝试描述图片之后，通过信息技术平台分享评价，关注并总结看图说话任务的思路与语言组织。

【案例分析】该案例的评价素材来源有两个，一是前一节课平台中6年级学生的看图说话数据，二是活动3后生成的8年级学生看图说话的数据。学生通过观察图片，讨论需要口头输出的要素，通过学生互评6年级学生看图说话，找出不足，在教师的引导下增加“主题意义”要素，形成评价量表。第二次评价则是信息平台基于教师给定的评价维度：complete elements，thematic meaning，correct and fluent language

给出的智能评价。学生体验了不同的评价形式，也明确了看图说话的标准。

数字化转型背景下，有了信息技术的加持，课堂的教和学发生了变化，教学评价得以有效开展。信息技术丰富了课堂活动的评价形式，智能评价提高了课堂评价的效率和准确性，也解决了课堂数据缺失的问题，使个性化教学评价数据可查找，评价后数据的留存和再利用，对教学后续跟进和教学研究具有很大作用，也能促进学生学习反思，实现自我成长，成为乐学善学的学习者。

二、运用信息技术，提高作业评价的效益

英语作业是英语课程实施的组成部分，是英语教学的重要环节，也是影响英语教育质量的重要因素。英语作业可以帮助学生巩固知识、形成能力、培养习惯，帮助一线教师检测英语教学效果并改进教学方法。

新版课程标准要求：作业评价应根据需要采用集体讲评、个别讲解和书面评语等方式，提供有针对性的反馈，激励和指导学生不断取得进步。教师还要对学生的作业进行跟踪评价，不仅关注学生是否改正了作业中的错误，还要关注学生成长进步的过程，以及良好习惯和态度的养成。

1. 作业设计

作业是课堂教学的有效拓展与延伸。在传统课堂中，口语作业由于难以收集和评价，往往较难布置。随着信息技术的发展，学生可以通过软件和硬件录制口语内容，提交到平台供教师批阅。低年级听说课可以设计课文词汇、句子和段落的朗读作业。例如，《英语（牛津上海版）》7 年级第一学期第 8 单元 Growing healthy，growing strong 第 3 课时听说课 Good habits or bad habits，教师可以设计作业："听录音并准确、流利地跟读教材第 61 和 62 页的对话。"利用信息技术平台不仅能进行智能评分，还能鼓励学生准确流利地跟读。高年级听说课可以布置复述或发表观点等学习水平或思维含量较高的作业。例如，《英语（牛津上海版）》9 年级第一学期第 7 单元第 5 课时 Listening: "Help me！"，教师可以设计作业："假设你是 Rita，描述你的经历与感受，并将其上传到平台。"由教师批阅，或让平台智能批阅，或鼓励学生互评，实现评价形式的多元化。

课堂活动中积累的数据信息不仅是课堂评价的基础，也是判断学生学习是否真正发生的依据，而且为课后跟进作业创造了更多可能性。教师可以基于课堂中学生生成的录音资源来设计课时作业，还可以在课后分析学生的学习效果，为输出活动的教学改进和教研提供依据，这在传统课堂中是无法实现的。

【案例 4】利用课堂活动数据，设计课时作业（教学片段）

教学材料：《英语（牛津上海版）》7 年级第二学期第 4 单元 Let's go shopping 第 4 课时 Listening and speaking：Trying on clothes

（一）教学目标

通过听力活动，获取关于衣服尺码的信息；在试穿衣服这一交际情境中，礼貌地表达请求并作出回应；使用目标句型 Can I ...，Do you have ...，Certainly，Sorry 等在真

实情境中礼貌地表达请求和回应请求。

（二）输出活动设计

活动1：讨论在现实生活中试穿衣服后如何回应售货员。

活动2：结对活动，角色扮演售货员和顾客，操练并录制对话上传至平台。

活动3：基于口语活动评价表（表5–2–3），对现场展示的一组同学在平台中打星评价。

表5–2–3 口语活动评价表

Checklist	
Did they speak loudly and pronounce correctly?	☆☆☆
Did they use the words "right, loose..." to describe problems of the clothes?	☆☆☆
Did they use the sentence patterns "Can I..." "Do you have..." "Certainly", "Sorry, ..." to make requests and responses?	☆☆☆
Did they use their own words and thoughts to make up the dialogue?	☆☆☆

（三）活动评价

教师根据学生提出请求并给出回应的准确性给予反馈和指导；观察学生在交际情境中是否具有对象意识，对购物这一交际情境中的细节进行追问，并根据学生在表达中语言的适切性进行指导。鼓励学生借助评价表对所表达的内容进行同伴互评。

（四）作业设计

在平台中挑选两组对话，运用评价量表作出评价。

（案例提供：朱虹雪，上海市淞谊中学）

【案例分析】该案例充分利用课堂活动中生成的对话数据，扩大了教学资源，要求学生调取课堂上其他同学扮演顾客和售货员的对话，训练获取信息的听力技能，复习表达请求及作出回应的功能意念，根据评价表进行互评，也激发了学生自主学习的积极性，促进了学生核心素养的发展。

2. 作业发布与完成

教师将设计好的作业发布到信息平台。随着技术的发展，目前不少信息平台上汇集了多个版本英语教材的同步配套数字化资源。教师既能选用平台已有的作业资源进行布置，也能上传并发布自己设计的课时作业。学生在平台学生端完成作业，点击提交。

3. 作业评价与反馈

对上传平台的作业，主要有三种评价形式：平台智能评价、教师评价和学生互评。在信息平台中，教师可提前设置客观题和答案相对固定的语音题的答案，对于部分主观题较强的口语题目，教师也可以给平台提供评价标准及示例，由平台进行实时评价，这在一定程度上为教师批改和讲评作业提供了便利。

【案例 5】基于平台智能评价数据，开展班级作业评价与反馈（教学片段）

教学材料：《英语（牛津上海版）》7 年级第一学期第 8 单元 Growing healthy，growing strong 第 2 课时 Reading：How to be a healthy child?

（一）作业目标

使用目标句型 should 就他人的不健康习惯提出建议。

（二）作业设计

根据表 5-2-4 列出的 4 位学生的问题说出你的建议，上传平台。

表 5-2-4　学生信息示例

Name	Information
Joe	likes junk food such as hamburgers and chips
Jill	goes to bed at 12 p.m. and gets up at 9 a.m. every day
Peter	never does exercise on weekdays
Kitty	drinks 5 glasses of water every day

（三）作业评价设计

活动 1：教师呈现信息平台作业评价结果，并进行分析。

活动 2：选取 2 位不同等第的学生作业（良好、需努力），播放音频，请同学分析原因，教师进行总结。

Student A (recording script 1)：Joe should not eat too much sweet food or drink too many soft drinks.（良好：2 星）

Teacher: What's his problem?

Student 2: It doesn't mention "Joe likes eating sweet food or drink soft drinks".

Teacher: What will you suggest?

Student 2: Joe should eat more healthy food.

Teacher: Excellent. When we do our homework，we shouldn't depend much on our textbooks but pay more attention to the information in the exercises. Student A，I think you will do better next time. Let's look at another student's answer. Student B doesn't get a star in Exercise 2.

Student B (recording script 2): Jill goes to bed too late and gets up too late every day.（需努力：0 星）

Teacher: What's the problem?

Student 3: He didn't use "should".

Teacher: Why do we use "should"?

Student 3: We use "should" to give suggestions.

Teacher: Good. What will you suggest?

Student 3: Jill, you should go to bed early and get up early every day.

Teacher: Well done. When we give suggestions, we should use "should". Are you clear, Student B? I hope you will do a good job next time.

（案例提供：江韵，上海市江湾初级中学）

【案例分析】该案例呈现的是教师帮助学生回顾上节课作业，基于智能平台反馈的个性化数据，分析学生作业中出现的典型问题。教师发挥教学机智，针对内容作出反馈，"不照搬照抄教材内容，而要依据题目灵活作答"这个点挖掘得很好，能引发学生思考。在评价过程中，教师注重和学生的互动，引导学生指出同伴的问题，教师随后进行小结，表扬发言的同学，同时给犯错的同学予以鼓励并提出希望。教师提供了有针对性的反馈，激励和指导学生不断取得进步，使学生形成积极的情感体验。

除了平台和教师评价外，学生的互评功能也是重要的作业评价形式。例如，学生在平台完成作业后可以查看其他同学上传的作业，并在页面中进行评价、语音留言反馈等。互评作业趣味性较高，有利于激发学生的自主学习与评价，也使评价主体和形式多元化，提升了评价的效益。

此外，信息技术还可实现学生自主作业测试，自动记录学生作业完成情况，评价学生的进步情况与存在的问题，还可以将多媒体报告、图片、学生自己录制的小视频等整理好，建立电子学习档案袋，[①]记录学生学习的过程性资料，注重学生学习过程中的反思。

三、运用信息技术，提高结果评价的效益

《深化新时代教育评价改革总体方案》提出了"改进结果评价，强化过程评价，探索增值评价，健全综合评价"，其根本任务是保障教育评价的科学有效，提升教育评价的专业性、科学性。结果评价为学生学业成就或者教育效果达到什么水平提供了证据，属于正式评价并有较高的利害性，评价设计和实施都相对严谨严格。[②]信息技术可以优化测评流程，实现从组卷、阅卷到数据分析等各方面的整体提升。

1. 运用大数据，优化命题和组卷

为确保结果评价的效益，实现测评的目的，测评要依据教学目标、教学内容、学生学情等开展命题。信息技术平台提供了强大的组卷功能，教师可以根据学情或专项进行智能组卷，选定试卷类型（如阶段练习），设定得分率范围，还可以选用全国各地的优秀模拟题，基于学生的实际情况进行智能组卷。

2. 技术平台半自动化阅卷，提升阅卷效率

利用信息技术可以实现技术平台半自动化阅卷，将客观题答案或将全卷扫描上传至平台，平台根据事先录入的评价标准进行机阅，一方面降低了人为阅卷失误的概率，

① 刘道义，何安平．英语教学资源的开发、利用与评价 [M]. 南宁：广西教育出版社，2021：16.

② 任春荣．"四个评价"的概念辨析与历史任务 [J]. 中国民族教育，2021（6）：17–20.

另一方面将教师从繁重的阅卷工作中解放出来，可以集中查阅主观题的批阅或二次核阅。人机配合阅卷的模式，极大地提升了阅卷效率和精准度，提高了结果评价的效益。

3. 智能收集并分析考试数据，调整教学

除了阅卷评分外，成绩查询、数据分析等环节都可在信息技术平台实现。平台可以给出平均分、最高/低分，班级成绩分布、每题的得分率等信息，还能提供高频错题数据，方便教师重点查阅，后期还能将错题放入错题库留作后续巩固复习。此外，教师还能查阅每位学生所有题目的答题情况，开展精准分析，方便教师调整教学策略，提高评价的效益。

教学建议

在运用信息技术提高评价效益的过程中，教师还应注意以下方面。

第一，找准信息技术运用于课堂评价的契机。

新版课程标准指出：要合理、恰当使用现代信息技术，避免完全代替师生课堂上真实而鲜活的人际互动、观点碰撞、情感交流的语言活动。并非所有的课堂活动都需要或都能借助信息技术来互动评价。教师应研究课堂活动中哪些内容适合用信息技术进行评价，找准评价的点，基于单元视角设计需要信息技术进行评价的内容。

第二，分析整合教学数据，反拨教学，提高评价的效益。

以人工智能、大数据等为代表的信息技术能带来精细化、多模态、全方位的数据采集，教师应重视数据的处理和运用。采集到的数据主要分为两类：一类是课堂活动即时生成的数据，如学生作答提交后呈现的班级完成率和正确率，或教师在课堂上查阅并评价的学生答案等。教师基于活动数据了解学生掌握情况，并作出即时评价。另一类是延后的数据，如在课上未评价的学生个性化表达的数据、学生作业数据等。教师可以在课后基于信息技术平台收集的数据，回溯整节课的活动或单元内几个课时的活动，以及作业中体现出来的数据，从单元层面对数据进行分析和整合，对学生整个单元的学习进行评价，将课堂评价延伸到单元评价，提高单元评价的效益。

此外，在评价过程中，教师还应提升数据意识，对借助信息技术手段获取的评价数据持谨慎科学的态度。一方面，理性解读教学数据，融入自己的经验判断，以学生为本，不给学生贴标签，提高技术赋能教育评价的有效性。另一方面，健全教育评价保障机制，正视信息技术应用的数据安全问题，做好数据维护，确保教育评价工作正常运行。

关键问题 5-2 解决方案实践分享

关键问题 5–3 如何运用信息技术满足学生个性化学习需求?

问题提出

一、学科育人的要求

尊重学生的个性差异，挖掘学生的个性潜能，引导学生独立而完整的个性生长，已成为教育的重要目标之一。2018 年教育部印发《教育信息化 2.0 行动计划》，2019 年中共中央、国务院印发《中国教育现代化 2035》，对此提出明确要求。新版课程标准提出：要推进信息技术与英语教学的深度融合；重视教育信息化背景下英语课程教与学方式的变革；充分发挥现代信息技术对英语课程教与学的支持与服务功能，鼓励教师合理利用、创新使用数字技术和在线教学平台，开展线上线下融合教学。党的二十大报告倡导教育数字化和教育公平，要求关注到每一个学生，满足学生个性化的需求。[①]

二、教学现状

1. 照顾学习差异的需求

学习差异属于心理学范畴，指受内外环境的交互影响，在认知、思维、心理等方面表现出不同于他人的学习特点。[②] 尊重学生的学习差异，因材施教，个性化学习使学生在自己的最近发展区内都能获得成长。

2. 培养学生能力的需求

不同学生的自主学习能力不同，导致需要的资源和进阶的方式也有所不同。个性化学习可以帮助学生获取自主学习的资源，提供个性化学习的路径，辅以个性化的学习指导，从而帮助学生提升学习能力，将所学融会贯通。

3. 信息技术与课堂教学深度融合的需求

教与学方式的变革，需要信息技术与课堂教学的深度融合，通过实施个性化的学习目标、学习内容、学习路径、学习方法、学习策略，使学生获得个性化的学习体验，促进学生个性化发展。此外，信息技术的使用可以实现教学目标和学习个性化的统一，

① 林崇德. 对教育与发展的几点思考：学习党的二十大精神 [J]. 心理与行为研究，2022，20（6）：721–723.

② 张鹏，吕立杰，林智中. 照顾学习差异促进教育公平的香港地区经验及反思 [J]. 教育科学研究，2018（5）：79–84.

在实现“学”的个性化同时，实现“教”的精准化。[1]

问题分析

一、个性化学习需求未能获得满足的原因

第一，从教师的维度来看，部分教师由于长期习惯于传统教学方式，对学生个性化学习的概念与内涵缺乏认识。通过相关问卷与访谈发现，教师对信息技术的运用，大多局限于辅助教学的多媒体、大储存量的电子白板以及投影功能使用等，教师对信息技术服务于个性化学习的功能、场景及方式等缺乏研究与了解，因此没有强烈的动机去实施个性化学习。

第二，从学生的维度来看，教师针对学生差异设计不同的学习任务和活动，从表面看，学生似乎依据其需求和特点实现了“定制化”，但这样的学习过程仅仅是信息的传递，而非意义的构建，学生仍处于被告知的位置，自主性难以得到真实的体现。[2]

第三，从环境的维度来看，一方面，学校之间信息化的配置有差别，学校设备条件无法做到人人随时随地使用；另一方面，无论是学生家长还是学校，对大数据网络平台的课程化、常规化使用仍存疑虑，认为教师个性化“教”远比学生个性化“学”更便捷。

二、个性化学习的特点

1. 个性化学习的内涵

个性化学习是综合个性化学习外系统和个性化学习内过程的、以培育具备个性人格的学习主体为目的的学习模式。[3] 它更多关注学习方式与学习爱好，体现的是一种主动关系。个性化学习特征包括：目标差异化、内容定制化、方法自主化、环境泛在化、成果多样化、评价即时化。[4]

2. 个性化学习与传统教学的区别

个性化学习是教与学改革的产物，其在教学模式、学习方式、时间空间、学习评价、师生角色等方面与传统教学有显著的区别（表 5-3-1）。[5]

---

① 高琳琦．“双减”背景下的个性化学习推荐策略研究 [J]. 天津师范大学学报（基础教育版），2022（6）：38-43.

② 何薇．小学高年级学生个性化学习现状的调查研究 [D]. 金华：浙江师范大学，2017.

③ 韩雪童．大数据时代个性化学习的技术曲解．本源廓清与突围路径 [J]. 电化教育研究，2022，43（6）：25-31.

④ 孔晶，郭玉翠，郭光武．技术支持的个性化学习：促进学生发展的新趋势 [J]. 中国电化教育，2016（4）：88-94.

⑤ WOLF M A，BOBST E，MANGUM N. Leading personalized and digital learning: a framework for implementing school change[M]. Cambridge，Mass.: Harvard Education Press，2017.

表 5-3-1　个性化学习与传统教学的区别

维度		传统教学	个性化学习
教学模式		大规模教学	大规模个性化定制
		统一授课，基于共同步调的教学模式	自主学习，基于不同步调的学习模式
学习方式	时间空间	统一场所（学校内部）统一时间	打破时空壁垒，实现随时随地学习
	学习目标	统一的学习目标	差异化的学习目标
	学习内容 / 资源	纸质或统一的学习资源	有针对性 / 定制化的学习资源
	互动方式	师生面对面学习	混合式学习
	学习评价 / 档案	阶段性评价所形成的纸质学习报告	持续跟踪的学习数据形成电子学习档案袋
	师生角色	教学内容的讲授者	学生自主学习的指导者

三、信息技术与个性化学习

1. 信息技术与个性化学习的关系

在"互联网 + 教育"的背景下，信息技术给予个性化学习四大支柱，包括学习者档案袋（learner profiles）、个人学习路径（personal learning paths）、灵活的学习环境（flexible learning environments）和基于能力的发展评价（competency-based progression），从而为学习者确立个性化学习目标、学习内容、学习路径、学习方法和学习策略等。

2. 实现个性化学习的信息技术

（1）人工智能

人工智能是研究如何模拟以及延伸人类智能的计算机科学分支，为个性化学习提供物理和社交环境。包括语音识别、图像识别、自然语言处理、大数据技术、机器人以及专家系统等。①

（2）自适应教学系统

自适应教学系统是一种基于学习者表现不断适应与改变的系统。② 通过自适应教学，可以对学生的知识水平进行推测，以及对学生的行为及推断出来的知识进行适应。

（3）个性化学习推荐方法

个性化学习推荐方法通过判断学习者的需求、兴趣或偏好等，辅助学习者在学习

---

① 王莉，宋兴祖，陈志宝．大数据与人工智能研究 [M]. 北京：中国纺织出版社，2019.

② 冷静，付楚昕，路晓旭．人工智能时代的个性化学习：访国际著名在线学习领域专家迈克·沙普尔斯教授 [J]. 中国电化教育，2021（6）：69–74.

进程中以合理的方式发现与其相匹配的学习资源，克服“信息过载或迷失”，从而保持积极性，有效地完成学习活动。①

四、信息技术的个性化学习功能

1. 建立学习者档案袋

学习者档案袋，是学习数据个性化集成的产物，它包括学习者学习过程的记录数据，能体现学习者优势与劣势、动机和目标、学习风格及其他与学习经历和需求有关的数据。②

2. 推送个性化学习内容

个性化学习推荐，是指通过智能推送技术为学习者推送个性化的学习内容。例如，采用协同过滤推荐技术为学生推荐能为其扫清知识盲点的微视频，在学生想要进行知识延伸时推送拓展学习资源，等等。

3. 生成个性化学习路径

学习路径，是指学习者在学习过程中系列学习活动的统称。③ 要实现真正的个性化学习，需要根据学习者的学习起点，结合其学习特征，生成满足其个性化需要的学习路径，并给予学习者选择与调整的主动权。

4. 形成个性化学习评价

个性化的学习评价有助于教师和学习者及时掌握学习情况，调整学习节奏和路径，将知识进行迁移运用，实现对知识的深层理解。个性化学习不是简单的数据汇总分析，而是通过智能录播技术和图像识别技术，对学习者的多元表现进行混合式综合评判，并根据学习者特点，实现个性化内容推送和个性化教学辅导，从而实现从分析到干预的转化。

问题解决

一、依托信息技术，实现精准的“教”与个性化的“学”

1. 记录学情，形成学习者档案

学习者档案由测试分析、错题整理和解析、成长指南、个性化推题等部分组成，基于学生每次学习任务的完成情况，获取学生的学习数据，形成学生画像。通过学生的答

---

① 吴正洋，汤庸，刘海 . 个性化学习推荐研究综述 [J]. 计算机科学与探索，2022，16（1）：21–40.

② SHEMSHACK A，SPECTOR J M. A comprehensive analysis of personalized learning components[J]. Journal of Computers in Education，2021，8（4）：485–503.

③ KARDAN A A，EBRAHIM M A，Imani M B. A new personalized learning path generation method: Aco–Map[J]. Indian Journal of Scientific Research，2014，5（1）：17–24.

题数据，获得学生知识点分布数据；依据大数据平台积累的学生数据，对照整个班级和年级学生的答题情况，形成基础题库、错题库、高频错题库等；采用推荐系统为学生的每道错题匹配最佳的变式练习；最后将学生各部分数据融合排版形成学习者档案。通过这些数据，教师可以精准地掌握学生学情，针对性地开展后续教学，实现工作师生之间的高效互动。这其中，成长指南是基于学科素养的成长性数据库，可以通过历次测试或答题的得分率分析学生的学习表现，使学生对自己的学习情况有准确的认知。

教师可以利用大数据平台，完成大部分的教学过程，包括布置课前导学或预习任务、线上与学生互动、推送课堂小测、布置课后作业等。学生在学习终端完成学习任务后，系统会自动批改客观题，将主观题推送给教师批改，并分析积累形成相关数据和学习报告。

2. 根据学情，实现个性化资源推送

根据学生学习过程中积累的大数据、人工智能技术及信息化平台的优质教学资源，可为每个学生精准匹配最合适的资源。例如，A 是学习基础较好的学生，B 是学习有一定困难的学生，在资源推送时就会考虑他们的学习情况、学习能力、学习习惯等因素，给 B 推送一道巩固题，给 A 推送一道巩固题和一道拓展题。不再是简单的“以题推题”，而是实现“以人推题”，力求避免出现 A 学生“吃不饱”，B 学生“吃不消”等现象。①

此外，基于主题的语篇学习是英语学习的重要内容。例如，在初中毕业年级需要保证课外视听活动每周不少于 30 分钟，课外阅读量累计达到 15 万字以上。这就需要根据教学目标和学生学情，推送符合学生需要的视听和阅读资源，并基于各年级对应语言知识、语言技能和文化知识学习目标，开展学习活动和诊断练习，循序渐进，查漏补缺，以不同的学习路径，达成共性和个性兼顾的教学目标。

【案例 1】依托信息技术的课外阅读个性化学习案例

（一）案例背景

新版课程标准要求：在初中毕业年级需要保证课外视听活动，课外阅读量累计达到 15 万词以上。教师运用相关信息系统探索开展分级阅读，根据学生不同的阅读水平推荐不同程度的阅读资源，学生可以按照自己的阅读习惯来制订阅读计划，实现个性化学习（如图 5-3-1）。

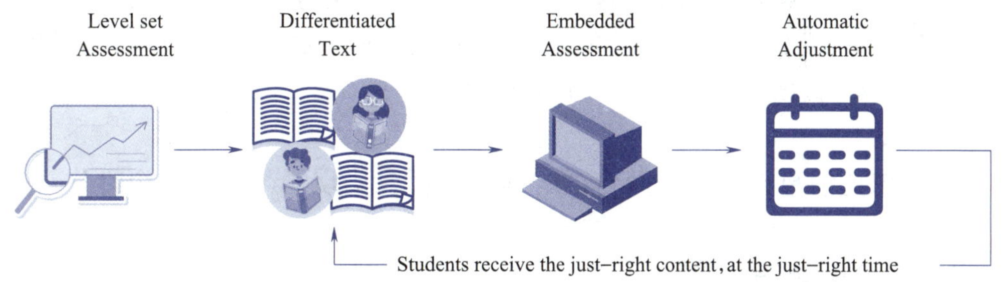

图 5-3-1

① 胡存兵，张喜鲜 . 大数据助力大规模个性化教育实践探索 [J]. 中国教育技术装备，2021（6）: 34-37.

(二)场景再现

阅读前，学生使用英语阅读分级系统，测出自己的阅读水平。教师可以结合课堂中所学主题选择合适的阅读材料推送给学生；阅读材料系统根据学生不同的语言水平，推送不同阅读水平的文本；学生也可根据自己的阅读兴趣和阅读水平选择适合的书目进行课外阅读。学生可以设置每天阅读的时长、字数、每日单词数、每篇阅读可查生词数，具体步骤如下。

步骤1：阅读前环节，学生需要回答一个问题，激活学生的旧知。例如，In the popular video game Minecraft, you can always replenish your supplies if you know how to mine materials and craft the items you need. What do you think about this statement?

步骤2：阅读后环节，学生完成阅读、词汇和语法等针对性练习。系统根据学生的学习情况，进行练习内容和难度的调整。客观题系统进行自动批改，开放性问题系统递交给教师端进行批改。

步骤3：反思环节，学生就读前相关问题进行再次思考。例如，There's no end to what you can do with Minecraft. Now that you have read the article. What do you think about this statement and why? 教师可以关注学生是否通过阅读改变了想法及其背后的原因。

步骤4：以读促写环节，学生基于阅读材料进行短文写作。例如，Suppose you could design your own structure in Minecraft. What would it be? Write a story about it and describe what you want to build. 写作问题的难易度也会根据学生的实际语言能力进行调整。例如，对于阅读水平较低的学生，写作任务是：What do you think of this game? Please use the details in the reading material to support your idea. 问题指向学生批判性思维能力的培养，有助于学生深度学习。根据学生完成情况，系统会判定学生应继续学习还是需要复习讲解或个性化辅导。

经过一段时间的阅读积累，系统会记录阅读水平、阅读内容、阅读理解情况、阅读时间、完成课程等，形成学生学习档案，帮助学生更好地了解自己的学习情况，同时，有助于教师根据学情就共性问题进行课堂讲解，或根据学生学习情况调整和推送适合的阅读任务。

此外，系统根据学生的阅读理解表现会推荐适合学生的阅读技能微视频，学生可通过观看微课提升自己的语言综合能力，并将问题及时上传，使教师及时了解学生的学习困难，据此优化课堂教学或开展个性化辅导。

二、依托信息技术，推荐合适的学习路径，实现学习过程的个性化

1. 设计个性化的学习目标

个性化学习目标是学生自主设定（或在教师指导下设定）要完成的内容或要达到的标准，强调学生的自主性。不同的学习者有不同的学习需求和个性化的学习目标，借助信息技术可以了解学生的学习特征，如起点水平(已有知识和能力基础)、认知结

构、学习风格、学习动机、学习态度等。

2. 提供可选择的学习路径

个人学习路径是个性化学习的一个核心特征。信息技术可以为学生创建灵活且多元的学习路线。根据个性化的学习目标，学生可以选择自己的学习节奏以及适合的学习活动，自主决定如何获得学习内容，以及如何对学习成果进行展示和评价。

要给学生提供个性化的学习路径，教师需要熟练运用信息技术。首先，教师应根据教学内容，以及学生初态诊断情况确定教学目标。其次，教师应针对重难点设计不同水平的学习活动，将相关资源进行信息化处理，或选择能达成教学目标的信息技术平台。以听说教学为例，学习活动中听力资源的播放速度、字幕提醒等，都需要教师根据学情进行设置。最后，教师要基于教学目标设定课时诊断性测评，检测学生是否基本达到教学目标，了解到学生个性化学习成效，帮助学生在“最近发展区”内获得成长。

3. 鼓励个性化的成果呈现

借助可视化结果反映学习轨迹、表征学生目标达成情况，既可以是反映学生知识能力结构的成绩、作业等，又可以是反映学生心智结构的思维导图结构梳理图、单元项目作品、英语短剧表演等。

4. 实施个性化的学习评价

教师在设定评价项目时不仅要关注学生的语言能力，也要借助信息技术的数据追踪、收集及分析功能来体现对思维品质、学习能力、跨文化理解等学科核心素养的关注。信息技术使得个性化学习的评价手段和形式不断创新，教师不再是评价的唯一主体，学生和家长都可以参与其中。信息化设备的使用，也使得评价过程消耗更少，结果更客观，如智能书写仪能记录学生的思维过程，红外线感知仪能分析学生的专注力水平等。

【案例 2】依托信息技术的课中听说个性化学案

教学材料：《英语（牛津上海版）》9 年级第二学期第 3 单元 Going places 听说 Making a phone call for information

课前通过线上问卷调查等形式检测学生初始水平，设定共性学习目标和个性化学习目标。

（一）学习目标

1. 在听力活动中，获取电话询问信息的有效方式。

2. 能通过电话询问或给予有关城市项目的信息。

3. 能关注到通话礼仪。

个性化学习目标 1：在前测中表现较好的学生

1. 在听力活动中，能通过笔记准确转述对话内容。

2. 能用得体的通话礼仪来询问或给予相关项目的信息。

个性化学习目标 2：在前测中有一定学习困难的学生

1. 在听力活动中，能听懂对话大意，并能获取有关城市项目的信息。

2. 能掌握相关句型，并借助句型礼貌地询问或给予有关城市项目的信息。

（二）学习过程

环节	学习活动	活动目的	信息技术的运用
准备环节	学生完成线上讨论任务（至少一项），准备 2 分钟，回答 2 分钟。 Task 1: If you want to visit a city, what parts are you interested in? Task 2: If you want to collect information about a project, what will you do? Task 3: What is your experience of using a telephone for asking information? 教师选择愿意分享的学生回答，进行生生评价和师生评价	复习旧知，激活新知	运用线上讨论功能： 学生可以选择任务的数量和难易度；学生可以选择是否公开自己的回答
听力活动	1. 听对话前介绍部分，回答问题。 2. 听对话，回答主旨问题。 3. 听对话，回答与城市有关的细节问题。 4. 听对话，找出通话中询问或给予信息的相关句型。 5. 学习微课：电话礼仪的基本规则。 选择性活动 1：听对话，复述对话内容。 选择性活动 2：听补充对话，回答问题。 选择性活动 3：阅读对话文本，找出通话中询问或给予信息的相关句型。 选择性活动 4：听对话，补充适当的对话内容，使得对话完整。 教师根据系统反馈的学生学习进度，对学生进行个性化辅导	在听力活动中，获取电话询问信息的有效方式	1. 使用相关软件将教材文本制作成分层听力文本。 2. 通过教学系统，学生可以选择听力的次数和速度，并回答相关问题。 3. 系统根据学生听力活动的完成情况，推送选择性任务。 4. 使用英语听说学习软件补充同话题、同语言功能听力资源，并根据学生实际，推送基础 / 迁移 / 运用 / 综合等学习活动
产出活动	1. 小组讨论，制作询问单。 2. 结对活动，根据所给信息，能用得体的通话礼仪来询问或给予相关城市项目的信息。 选择性活动 1：头脑风暴，罗列体现通话礼仪的句型与短句。 选择性活动 2：问题解决，在真实情境中获取所需要的项目信息。 选择性活动 3：能借助笔记或句型提示，通过人机角色扮演，复述课文中对话。 教师选择愿意分享的学生的回答，进行生生评价和师生评价	能通过电话询问或给予有关城市项目的信息，并能关注到通话礼仪	1. 小组面对面讨论时，使用共享文档，将各自的想法进行罗列。 2. 在结对活动中，通过教学系统将对话内容录音，并选择是否分享。 3. 通过相关软件完成真实情境中的角色扮演，帮助不同程度的学生巩固运用已学知识。 4. 教师制作评价单，通过教学系统实现活动评价
课后作业	在作业系统中完成以下任务： 1. 听录音，跟读模仿教材中的对话。 2. 电话询问一位同学近期的整本书阅读完成情况，并以口头汇报的方式上传到作业系统。 选择性作业 1：结对作业，借助笔记，复述教材中的对话内容。 选择性作业 2：结对作业，编制一组与城市旅游局工作人员的对话，从中获取该城市的相关信息	巩固所学，对知识进行迁移运用	1. 利用语音系统对作业 1 进行智能评价，提升学生的语音语调与流利度。 2. 提供不同的口语作业展示方式供学生选择，鼓励学生进行生生互评，在分享区写下评语。 3. 通过作业系统对优秀作业进行展示，辅以评价音频，让学生了解评价标准

（三）个性化学习路径对比

	个性化学习路径 1	个性化学习路径 2
准备活动	任务 1—3	任务 1
听力活动	第一遍听：完成文本大意和细节问题回答	前三遍听：完成文本大意和细节问题（最后一遍听 0.75 倍速）
	第二遍听：用笔记记录句型，并依靠系统提示，人机对话复述对话	阅读听力对话文本，找出关键句型，并完成系统推送的相关句型操练活动
	观看有关电话礼仪的微课，完成相关问题	观看有关电话礼仪的微课，听教师进行教学讲解
	听补充听力文本 1~2 遍，完成相关问题，补充体现通话礼仪的句型与短句	再次重温听力文本，进行角色扮演，巩固所学句型，关注电话礼仪
产出活动	小组讨论，制作询问单	小组讨论，制作询问单
	结对活动，根据所给信息，能用得体的通话礼仪给予有关城市项目的信息	结对活动，根据所给信息，在同伴的帮助下使用相关句型询问城市项目的信息
	头脑风暴：罗列更多体现通话礼仪的句型与短句	能借助笔记或句型提示，进行人机角色扮演，全面复述课文中的对话
	问题解决：在真实情境中获取所需要的信息	
课后作业	1. 电话询问一位同学近期整本书阅读的完成情况，并以口头汇报的方式上传到作业系统。 2. 结对作业，编制一组与城市旅游局工作人员的对话，从中获取该城市的相关信息	1. 听录音，跟读模仿教材中的对话。 2. 根据所给信息，人机互动，能用相关句型得体地询问或给予有关城市项目的信息

三、依托信息技术，拓展辅导的时空和路径，实现学生辅导的个性化

1. 基于课前个性化学习诊断的辅导

课前个性化学习诊断。通过对知识点进行拆分，以知识粒度为内容，将学生的认知水平定位在某一个具体的知识状态中，诊断出学习者已经掌握的知识，以及相对薄弱的知识点和能力点，并初步界定学习者下一步的学习内容。[①] 教师需要关注学生的诊断结果，确定教学内容和教学目标，设计教学活动和诊断试题。对于基础较为薄弱的学生可以提前推送个性化学习内容。学生可以在课前通过观看视频等方式弥补知识漏洞，再辅以个别辅导，为课堂教学的有效实施奠定基础。

2. 基于课中个性化数据反馈的辅导

课堂教学中，根据课前个性化学习诊断，依托信息技术的个性化学习系统，聚焦

① 周琴，文欣月．从自适应到智适应：人工智能时代个性化学习新路径 [J]. 现代教育管理，2020（9）：89–96.

到学生薄弱点，推荐最佳学习路径。针对不同内容设置数量不同、难度不同、形式不同的典型习题，及时记录每个学生的学习情况，并根据反馈提供相应的学习内容和途径供学生选择。教师通过集体授课的方式对共性问题进行讲解，同时在学生进行人机学习时，通过系统随时关注学生的学习进度，了解学生的个性化学习需求，并给予个性化辅导。

3. 基于课后个性化作业布置的辅导

根据学生学习差异，借助信息系统为学生布置个性化作业。例如，对上课内容已基本掌握的学生，可以布置指向问题解决的综合实践类作业；对于仍需进一步巩固的学生而言，则需要加强基础性作业，帮助学生从理解、运用到综合逐步提升。[①] 此外，信息系统对单元作业的布置更有优势。个性化数据的及时记录，可以避免以课时为单位导致的零散、孤立、割裂等问题。针对学生散落在不同课时的薄弱点进行个性化作业布置，更有助于知识的结构化、问题解决的综合化，也有助于核心素养的落实。

4. 基于学习困难的个性化学习辅导

信息技术拓展了学习辅导的时空与方式。学生无论是不理解作业要求，还是预习、复习遇到瓶颈问题，都能获得个性化的课后辅导；通过线上、线下人机协同的方式，构建了学习系统、教师和学生“三位一体”的智慧学习模式，形成师生之间、生生之间的知识共生体。而当学习系统无法给予学生满意的指导时，学生也可以在系统中递交问题，教师根据自身的实际情况设置答疑时间，收集学生的学习反馈，找出学生学习的重点和难点，并以语音或视频的方式给予个性化辅导。

【案例 3】依托信息技术的个性化辅导学案

（一）确定辅导对象和个性化辅导点

1. 单次练习或作业反馈（如图 5-3-2）

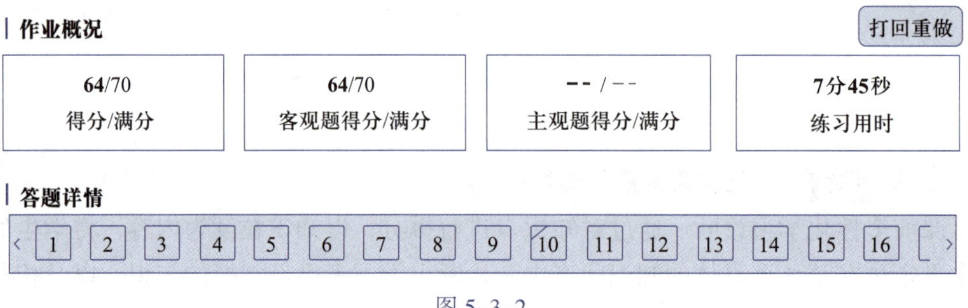

图 5-3-2

2. 阶段性知识点反馈（表 5-3-2）

表 5-3-2　知识点掌握情况

知识点	个人得分率 /%	年级得分率 /%
lately 用于现在完成时	0	83.78

① 赵尚华 . 初中英语作业设计的七个建议 [J]. 基础教育课程，2022（14）：58-64.

续表

知识点	个人得分率 /%	年级得分率 /%
形容词词义辨析	0	85.57
不定式作宾语	0	72.16
反义疑问句及其回答	25.0	46.74
被动语态的形式	25.0	46.74
副词的比较级	25.0	46.74
说明文	32.14	35.43
议论文	33.33	40.03
必备词汇	35.71	53.02
宾语从句	46.3	52.77

3. 阶段性成绩趋势（如图 5-3-3）

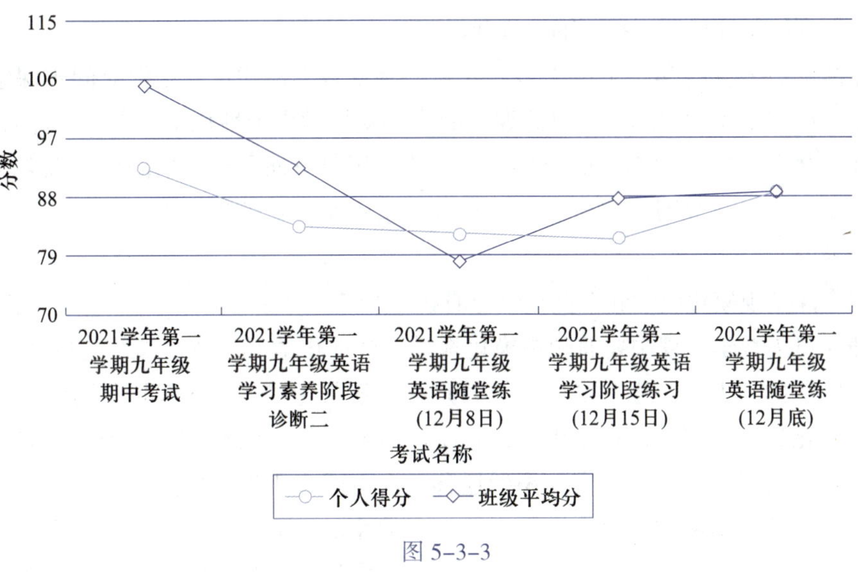

图 5-3-3

（二）多模态个性化辅导

1. 基于微课

通过微课视频和课后作业错因分析结合的方式，借助信息工具实现个性化辅导。例如，在“动词的时态”教学中，教师可以让学生利用网络学习空间中的微课展开针对性学习。如果学生在做“过去将来时”和“现在完成进行时”相关题目中错误率较高，就需要额外观看这两个知识点的微课。

2. 基于直播教室

对学生个性化问题，教师可以借助直播教室这一技术手段，实现线上教学。直播教室采用一些互动功能模拟真实的教室氛围，如举手、提问、禁言、送小红花、笑脸等，特别是鼓励学生提问，以提高学生参与度。这有助于教师开展个性化辅导，激发学生的主动性，帮助学生获得成就感。

3. 基于语音聊天工具

教师在通过教学及作业系统对学生的回答或作业进行批阅时，可以利用语音系统就学生的个性化问题进行点评或指导。尤其在英语口语活动中，教师的语音示范、语音互动对学生而言是非常好的辅导方式，能够起到引导、解释、讲解、督导等作用。

教学建议

第一，立足“四个强调”，培育个性化学习主体。

强调学生的主体性，鼓励提升学生的选择能力、质疑能力，使其在主动学习的过程中增强自信，收获成长；强调学习的深层性，鼓励学生深度思考，积极探寻学习的意义；强调学习的生成性，鼓励学生走出舒适区，突破发展阈限，激发学习潜能；强调学习的互动性，鼓励学生跨界融合，通过与教师、同学的合作，借助信息化工具创造性地解决问题。

第二，开展微课云课支持下的个性化学习。

构建能够有效支持学生个性化学习的新型课堂教学模式：一是针对同步课堂教学中所存在的局部知识学习问题，以微课程的形式支持学生个性化学习；二是针对单元、阶段性及寒暑假等复习中知识梳理总结和系统应用等方面所存在的问题，以名师云课方式支持学生个性化复习，智慧教育平台有国家中小学智慧教育平台、上海空中课堂网课平台等。

第三，课堂规模化教学和个性化学习有机结合。

教师在英语教学过程中要兼顾规模化教学和个性化学习，做到“人机共生”。在弱人工智能阶段的“人机共生”是以人类教师的“教”为主，机器起到辅助作用，在保证课堂规模化教学的同时，在学生个性化学习方面进行不断尝试与突破。例如，多模态音视频教学增强学生个体语言知识的迁移；沉浸式人机交互提升学生个体语言综合应用能力；智慧型学习方式促进学生个体学习策略的养成；教学过程多元化提升学生个体高阶认知能力。而当未来进入强人工智能阶段后，教师和机器则更有可能实现协同教学，机器在模仿人类教师的基础上可以发挥机器教师的优势，更大程度地帮助学生实现个性化学习。

关键问题 5-3 解决方案实践分享

关键问题 5-4 如何合理选择阅读资源？

问题提出

一、课程标准的要求

英语教学的特点之一是要使学生尽可能多地从不同渠道、以不同形式接触、学习和使用英语。亲身感受和直接体验英语的运用，对提高英语学习的效果至关重要。因此，在中小学英语教学中，除了合理有效使用教材外，还应该积极利用其他课程资源。① 其中阅读资源作为课程资源的重要组成部分，是有效实施英语课程的重要保证，也是提高教学质量的重要基础。新版课程标准对初中学生的课外阅读量提出了明确要求：学生课外阅读量应累计达到 15 万词以上。同时还强调，教师要引导学生尽可能通过不同渠道、以不同形式学习英语。英语教学中，在合理、有效使用教材的基础上，教师应积极利用和开发学校的各种资源，增强英语学习的真实性、鲜活性和实用性。

基于以上要求，围绕单元主题开展阅读教学是英语教师落实新版课程标准的重要途径之一，而合理选择阅读资源是成功开展单元主题阅读教学的重要保障。

二、阅读资源选择的现状

首先，许多教师过于依赖教材中的阅读资源，“教教材”的教学观念没有得到根本的改变。教师在对教材高度信赖的基础上养成了对教材的高度依赖性，同时一部分教师也理所当然地把教师用书、教辅资料当成最重要的或者唯一的课程资源。

其次，虽然随着时代不断发展，教师能够获得的阅读资源越来越丰富，但是由于一线教师缺乏理论指导和选材标准，在阅读资源的选择上往往比较主观、随意。有时所选材料局限于阅读练习题、模拟考试题等学习材料；有时所选阅读语篇不符合学生的学习特征和认知发展水平，难易度与学生能力不匹配，材料主题与单元主题不贴切，体裁也比较单一重复。

可见，教师应从理论和实践层面对英语课程资源开发和利用进行研究，进而才能做到合理选择阅读资源。

① 梅德明，王蔷．义务教育英语课程标准（2022 年版）解读 [M]. 北京：北京师范大学出版社，2022.

问题分析

一、概念界定

根据课程资源的分类，阅读资源是指以语篇形式存在的素材性资源，进入英语教学中，支持教学开展并有助于实现教学目标的英语课程资源要素。单元阅读资源是指除教材之外，能辅助学生完成单元学习活动的补充资源。同其他单元资源一样，单元阅读资源的选择和应用以教材教法分析和单元教学目标为依据，为开展单元学习活动服务。

二、合理选择阅读资源的意义

1. 达成单元教学目标

教师合理选择阅读资源可以帮助学生达成单元学习目标。阅读是英语学习的重要环节，通过阅读可以提高学生的词汇量、语法知识、阅读理解能力和写作能力等。因此，选择适合学生水平和学习目标的阅读材料对学生的学习成果会产生重要的影响。通过合理选择阅读资源，教师可以提高学生的阅读兴趣和积极性，帮助他们掌握英语语言知识和技能，从而更好地实现教学目标。

2. 补充单元教学内容

在单元教学中，教师可以通过选取与课程内容相关的阅读材料，帮助学生巩固和扩展所学知识。例如，如果教师正在教授某个主题的课程，那么可以选择相关的文章、故事或文学作品来帮助学生深入了解该主题。通过阅读这些材料，学生可以加深对所学知识的理解和记忆，同时也可以提高他们的阅读能力和语言表达能力。此外，补充阅读资源还可以为学生提供更多的语言输入和学习资源，帮助他们更好地学习和应用英语知识。因此，在单元教学中补充阅读资源是非常有益的，可以帮助学生更好地实现学习目标。

3. 丰富单元学习活动

在单元教学中，除了补充阅读材料之外，教师还可以设计相关的阅读活动，如阅读理解、词汇练习、讨论和写作练习等，来帮助学生进一步掌握和应用所学知识。通过丰富的阅读活动，学生不仅可以提高阅读能力和语言表达能力，还可以更好地理解和应用所学知识，从而更好地实现学习目标。因此，教师为学生选择阅读资源可以丰富单元学习活动，帮助学生更好地学习和应用英语知识。

三、影响选择英语阅读资源的因素

1. 文化因素

英语作为一门国际语言，在世界各地都有使用者和使用环境，不同的文化背景和社会环境会影响英语的使用方式和语言表达方式。因此，选择不同文化背景的阅读材料对学生的学习和理解非常重要。一方面，如果阅读材料过于远离学生的文化背景，可能会使学生产生困惑，影响他们对英语的学习和理解。另一方面，如果阅读材料过于晦涩难懂，可能会降低学生的学习兴趣和阅读体验。因此，在选择英语阅读资源时，教师需要根据学生的文化背景和英语水平，选择适合的阅读材料，使学生能够更好地理解和应用所学知识，同时也能够体验到阅读的乐趣和价值。

2. 语言因素

通过阅读，学生可以接触到不同形式和难度的英语文本，提高阅读能力和语言表达能力。然而，对于不同的英语学习者而言，阅读材料的难度和语言要求也是不同的。因此，在选择英语阅读资源时，教师需要根据学生的英语水平和学习目标，选择适合的阅读材料，以便学生掌握更多的英语知识与技能，逐渐提高阅读能力。

同时，教师还应注意阅读材料的语言质量和表达方式。英语阅读材料的质量和难度直接影响学生的阅读体验与学习效果。因此，在选择英语阅读资源时，教师应注重选择具有一定难度但不会过于晦涩难懂的阅读材料，以提高学生的阅读兴趣和学习效果。另外，教师也可以通过设计相关的阅读活动，如词汇练习、阅读理解题、写作等，帮助学生更好地理解和应用所学英语知识，提高阅读能力和语言表达能力。

3. 学习能力因素

学生的学习能力因人而异，不同水平的学生需要选择适合的阅读材料。如果阅读材料过于难懂，可能会使学生产生挫败感和无助感，从而降低学习积极性；如果阅读材料过于简单，可能会使学生感到无聊，也会影响学习效果。因此，教师需要根据学生的英语水平和学习能力，选择适合的阅读材料，以帮助学生逐渐提高阅读能力和语言表达能力。教师可以根据学生的学习水平和兴趣爱好，选择不同形式和难度的阅读材料，并提供相应的辅助材料和指导，帮助学生更好地理解和应用所学英语知识。此外，教师还可以通过设置适当的阅读任务和活动，如讨论、写作、阅读笔记等，促进学生的阅读理解和语言表达能力的提高，以达到更好的学习效果。

问题解决

一、选择阅读资源的原则

选择阅读资源一般要遵循一致性、多样性和思想性原则。

1. 一致性原则

首先，阅读资源的选择应与单元主题一致。

对主题意义的探究是英语课程的核心任务，主题具有联结和统领课程内容要素的作用，教师可以通过主题整合学习内容，引领学生核心素养各个方面的融合发展。因此，阅读语篇与单元主题保持一致是选择阅读资源的首要原则。所选阅读语篇应与单元主题相契合，依托单元主题下的多个语篇的协同，可以帮助学生学习和运用语言知识与技能策略，从多角度分析问题和解决问题，建构围绕特定主题相对稳定的知识结构、情感态度和价值判断。

其次，阅读资源的选择应与学生认知水平一致。

认知水平是人们对事物的构成、性能、与他物关系、发展动力、发展方向及其基本规律的把握能力。简单来讲，认知水平体现在认识、感知外界事物，获取更多知识，进而总结经验、规律，形成自己的认知结构。选择阅读资源时需要考虑学生的认知水平，因为学生的认知水平决定了他们对信息的理解能力和吸收能力。教师要通过学情分析了解学生的英语水平、学习方式、文化背景等，选择适合学生的阅读材料，使学生改善阅读体验、增强阅读兴趣、提升阅读能力。

2. 多样性原则

首先，教师应丰富阅读资源的呈现类型。语篇类型的多样性对学生的英语学习具有重要意义。不同类型的语篇包含不同的语言结构和词汇，学生在阅读不同类型的语篇时，可以更好地学习英语语言知识，使用不同的语言技能，从而增强学生的语言综合能力。

其次，教师应从不同的视角选择阅读资源，使阅读语篇既与教材单元语篇融为一体，又深化单元主题，成为教材的有机组成部分。不同视角的语篇能够丰富学生的语言知识，提高学生的语言能力。同时，教师还可以选择主题相同、内容不同的阅读语篇，让学生通过比较阅读感受其异同，加深对教材内容的理解，使学生在单元学习过程中获得多样化的、积极的心理体验。

3. 思想性原则

阅读资源的选择应突出英语学科的育人价值，有机融入社会主义核心价值观，将立德树人根本任务落到实处。无论是语篇和主题的选择，还是相应的教学活动设计，都要树立正确的价值观和审美观。教师也可以选择包含不同思想和价值观的阅读资源，鼓励学生多角度思考和探究。多元化的阅读资源可以帮助学生拓宽视野，增强对不同思想和文化的理解与尊重，提高跨文化交际能力。另外，阅读资源的选择应从学生实际出发，深入浅出，寓教于乐，既要有利于学生了解外国文化的精华和中外文化的异同，还要有利于引导学生提高文化鉴别能力，树立民族自尊心、自信心和自豪感。

二、选择难度适宜的阅读资源

对于外语学习者来说，使用与其语言水平相适应的语篇有助于其语言能力的发展，[①] 使用明显低于或高于其语言水平的语篇都将不利于甚至阻碍其语言能力的发展。[②]

---

① CROSSLEY S A，ALLEN D，MCNAMARA D S. Text simplification and comprehensible input: a case for an intuitive approach［J］. Language Teaching Research，2012，16: 89–108.

② BROOKHART S M. Developing measurement theory for classroom assessment purposes and uses［J］. Educational Measurement，Issues and Practices，2003，22: 5–12.

因此教师在选择阅读材料时，应将语篇的复杂程度与学生的语言水平进行适度匹配，才有可能取得良好的学习效果。为此，教师可对语篇的复杂程度进行量化计算，从而判断其难度，并在此基础上对语篇进行适当改编以调整其复杂程度。这个过程大致可以分为两个步骤。

1. 判断阅读语篇难度水平

难度适中的读物不仅能让阅读者通过阅读获取知识，丰富阅历，享受阅读的乐趣，又能为他们提供挑战自己的机会，从而提高他们的阅读能力，并帮助阅读者发展独立阅读所需要的阅读技巧与策略。① 但是将不同难度的语篇与不同水平等级进行匹配是一项非常困难的任务，即使对于教学经验丰富的英语教师来说，也是极具挑战性的。在阅读资源难度调整的过程中，教师往往只凭借教学经验或者个人直觉来选取和改编真实语篇。

随着技术的发展，目前已产生了一些可以判断文本可读指数或难度分级的标准。各类评估标准将文本中的词汇和句子作为主要测量指标，为不同水平阶段划定参考取值范围，通过公式计算的结果判断文本难度等级。这些技术手段为教师选取语篇提供了参考，但是并未涉及语篇的类型、体裁、主题等要素，这些要素可能对阅读语篇难度的判断产生不同程度的影响。这时，教师根据具体的教学情境和学生的现有水平对语篇难度做出判断就尤为重要。

以技术手段作为参考的基础上，教师综合考虑语篇的类型、体裁、主题等要素，结合学生的实际情况，可将阅读材料的难度水平大致分为独立阅读水平（independent reading level）、指导阅读水平（instructional reading level）和挫折阅读水平（frustration reading level）。对于独立阅读水平的语篇，学生能够轻松理解 95% 以上的内容。阅读此类语篇有利于增强学生的阅读自信心，提升表达的流利度。它是静默阅读和独立阅读的理想语篇。对于指导阅读水平的语篇，学生能够理解 90%~95% 的内容。这意味着他们阅读这类语篇时需要教师的指导或同伴的互助。这一难度的语篇中常会出现新的词汇或概念，因此它适合作为课堂教学或小组学习的阅读资源。挫折阅读水平的语篇难度较大，包含言外之意、生词和难以理解的概念，阅读此类语篇时，学生容易产生畏难情绪，因此对于这类语篇的选择需要慎重。

2. 根据需要改编阅读语篇

改编阅读语篇的流程如图 5–4–1 所示。

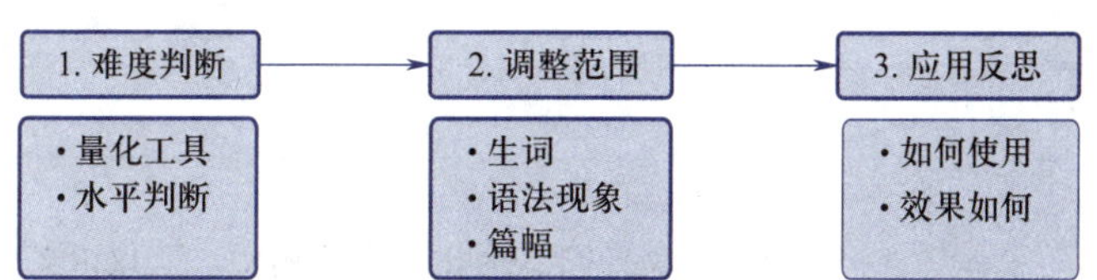

图 5–4–1　改编阅读语篇的流程

① FOUNTAS I C，PINNELL G S. Leveled books(K–8): matching texts to readers for effective teaching [M]. Portsmouth: Heinemann，2006.

难度判断方面，教师可以在量化工具的基础上发挥主观能动作用，对语篇的难度进行水平判断，回答“这篇语篇是否需要改编？”的问题。确定语篇需要改编之后，教师需要明确语篇的调整范围，包括生词、语法现象和篇幅等。这时，教师要回答“如何对这篇语篇进行改编？”的问题。一般情况下，可以采用合并、删除、替换、扩充以及插入等方法对语篇难度进行调控。最后，教师要思考改编后的语篇应用于单元教学的哪个环节，即如何使用的问题；使用后还要反思该语篇使用的效果如何，从而进一步对阅读资源进行调整和整合。

三、形成单元阅读资源的路径

1. 形成单元阅读资源的流程

形成单元阅读资源的流程如图 5–4–2 所示。

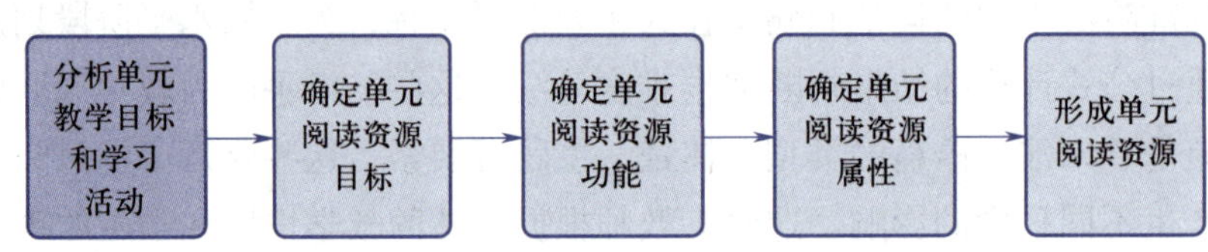

图 5–4–2　形成单元阅读资源的流程

分析单元教学目标和学习活动是单元阅读资源设计的基础。确定单元阅读资源目标是开展单元阅读资源选择和评估单元阅读资源有效的依据。单元阅读资源目标的确定应基于单元教学目标及单元学习活动分析，明确阅读资源使用的目的。确定单元阅读资源功能是指基于资源目标，明确单元阅读资源可以为单元学习活动展开提供怎样的教学辅助。确定单元阅读资源属性是指在选择单元资源时，明确单元学习过程中学生使用的阅读资源应该包含的核心要素。形成单元阅读资源是指在单元阅读资源设计时，收集、整理单元资源，并对单元整体阅读资源进行反思和调整。

2. 检核单元阅读资源的属性表

教师可以在确定单元目标、功能和属性步骤之后使用单元阅读资源属性表（表 5–4–1）检核单元阅读资源设计环节。

表 5–4–1　单元阅读资源属性表

阅读资源名称	
对应的单元教学目标	
阅读语篇的类型	□ 连续性文本： □ 记叙文　□ 说明文　□ 应用文　□ 议论文　□ 对话 □ 歌曲　□ 诗歌　□ 其他 □ 非连续性文本： □ 图表　□ 图示　□ 网页　□ 广告　□ 其他
阅读语篇的主题 / 子主题	

续表

阅读语篇的词数	
生词	
阅读资源功能	□ 创设情境　□ 补充背景知识　□ 提供学习支架 □ 拓展话题　□ 其他________
阅读资源的来源	□ 教材　□ 报刊　□ 杂志　□ 原版读物　□ 分级读物 □ 数字平台　□ 其他________
使用环境	□ 课内　□ 课外
使用形式	□ 个人　□ 结对　□ 小组　□ 全班

【案例 1】通过教材阅读激发阅读兴趣

教学材料:《英语(牛津上海版)》9 年级第一学期第 6 单元补充阅读课 An extract from the further adventures of Sherlock Holmes

该语篇节选自《福尔摩斯探案集》。故事中,华生医生叙述自己对罗纳德·阿德尔被杀案件的分析,试图找到凶手。由于教材语篇为故事节选,学生并没有从阅读内容中得知谁才是真正的凶手。因此,教师以此为契机,挖掘教材的留白资源,把教材留白转化为教学活动,为学生创造解决问题(破案)的机会,让学生通过想象、推理、分析、推断、探究、比较等思维技能去填补阅读语篇中空缺的信息。学生不仅在填补语篇留白中发展语言能力和思维品质,而且阅读兴趣也被激发了出来。课后,教师推荐原著的简化插图版阅读材料(The adventure of the empty house)以满足学生的阅读需求。

【案例 2】巧用教材外阅读材料反拨课堂教学

教学材料:《英语(牛津上海版)》7 年级第一学期第 8 单元阅读课 Health camp

新版课程标准指出,教材的语篇为学生提供多样化的文本素材。教师在课堂教学时,将信息单中的健康建议进行细分,让学生为每一个建议提出更加具体可行的做法。由于学生对健康话题比较熟悉,在阅读教材文本之后,他们会自然而然地联系自身,提出保持健康的建议,表达各自的想法。然而在表达时,教师发现阅读文本中的信息不足以支撑学生想要表达的内容。为了让学生的表达更有质量、更有深度,教师补充阅读材料 Brett's boot camp。该材料的内容包括锻炼营的广告和两位参与者的感受。学生通过阅读文本,对如何合理正确地锻炼有了进一步的感性认识,从而也加深了对健康话题的认识。

【案例分析】在这个案例中,阅读材料对教材阅读的内容起到了补充作用。在语言上,学生通过阅读补充材料能够丰富表达。同时,通过讨论等活动引发学生深入地思考什么是健康生活,如何做到健康生活。可见,补充阅读材料不仅激发了学生的阅读兴趣,也培养了学生的阅读自觉性。

教学建议

第一，多渠道选择阅读资源。

1. 英语教材

英语教材通常是按照不同的学习阶段和水平设置的，可以为学生提供合适的阅读材料，使学习过程更加系统和有序。英语教材包含的阅读材料通常涉及各个方面的语言和文化信息，如词汇、语法、历史、文学、社会等，这些都可以为学生提供广泛的阅读资源，使学生了解英语国家的文化和习惯，提高他们的文化意识。因此，英语教材是一种非常重要的英语阅读资源，可以为学生提供多种语言技能的训练，帮助学生建立阅读习惯，提高英语综合能力。

2. 报纸杂志

英语报纸杂志具有内容丰富、涵盖面广、即时性强等特点，通常包含各种类型的文章，如新闻报道、专栏、评论、科技文章、文化报道等。这些文章的主题广泛，可以使学生了解不同领域的知识和观点。选择学生感兴趣并且适合他们英语水平的报刊杂志有助于激发学生的阅读兴趣和动力。此外，在选择英语报纸杂志时，教师不仅要关注内容和主题，还要注意质量和可靠性，应选择一些知名度高、品质高、信息可靠的英语报纸杂志。

3. 原版读物、分级读物

原版读物是指以英语为母语的作者所写的英语原版书籍，这些书籍包含丰富的文化背景和语言表达方式。对于英语水平较高的学生，阅读原版读物可以提高阅读能力，有助于他们更好地理解英语语言和文化。

分级读物是专门为学习英语的学生设计的，根据学生的英语水平和阅读能力分成不同难度的等级，使学生能够逐步提高阅读能力。分级读物内容丰富、结构简单，有助于学生提高阅读和表达能力。

教师在选择原版读物或分级读物作为英语阅读资源时，要考虑学生的英语水平和阅读能力，以确保选择的读物适合学生的阅读水平。

4. 数字学习平台

数字学习平台上有大量的英语阅读资源，涵盖了不同领域、不同主题的英语阅读材料，学生可以根据自己的兴趣爱好和阅读目的选择合适的阅读材料。数字学习平台上的阅读材料可以通过手机、平板电脑等设备进行访问，非常方便易用。在使用数字学习平台上的英语阅读资源时，教师需要确保所选平台具有良好的信誉度和质量保证，以确保学生获得高质量的英语阅读材料。同时，教师也可以利用数字学习平台的特点，设计丰富多彩的阅读活动，以激发学生的阅读兴趣，提高学生的阅读和表达能力。

第二，合理使用阅读资源。

1. 阅读资源在课堂教学中的使用

（1）通过教材阅读激发阅读兴趣。新版课程标准指出教师要深入研读教材，在教学中根据学生的水平和教学需要，有效利用和开发教材资源，激发学生的学习兴趣，开阔学生的视野，拓展学生的思维。

除了提供多样化的阅读材料之外，教师应充分利用多媒体资源，使教学更加生动有趣。例如，可以在阅读文章时使用音频或视频来帮助学生理解和掌握文章内容。在阅读故事时，为了让学生更好地参与语篇学习，可以让学生扮演故事中的角色。通过教学活动设计，促进学生之间的交流和分享，在更好地理解和掌握教材语篇内容的同时，激发他们的阅读兴趣。

（2）巧用教材外阅读材料反拨课堂教学。使用教材之外的阅读材料可以帮助学生深入理解课堂所学知识，并且能够让学生在课后继续独立学习和探究。

2. 阅读资源在课堂之外的使用

（1）在评价中使用阅读资源。这里所说的评价主要指作业评价和单元评价。教师在评价中使用阅读资源可以遵从以下的路径（图 5-4-3）。

图 5-4-3　在评价中使用阅读资源的路径

教师应根据教学目标选择阅读材料。学生的英语水平和阅读能力，阅读材料的长度、难度、主题、内容、呈现形式和文化背景等都是教师需要考虑的因素。在改编阅读材料时，需要保持原始文章的核心思想和主题，同时适当调整语言和结构，以适应学生的阅读水平和英语学习需求。在改编过程中还需要保持文章的准确性和合理性，避免扭曲原始意思和信息。在对语篇进行命题时，需要考虑多个因素，包括命题目的和形式、命题内容、命题难度、评分标准等，以确保命题的有效性，同时满足教学目标和评价标准。在分析评价结果时，教师需要综合考虑多个因素，如得分情况、评分标准、评价工具的有效性等，以便得出准确的结论。根据分析结果，教师可以总结出改进方案，以便在下一次教学和评价中更好地实现教学目标和评价标准。

（2）提供阅读资源促进学生自主学习。教师可以通过提供丰富的阅读资源、学习工具、互动讨论、个性化反馈等方式，激励学生积极参与，促进学生自主学习。这些措施不仅可以提高学生的英语水平和阅读能力，还可以培养学生的学习兴趣和自主学习能力。

教师可以提供多样化的英语阅读材料来鼓励学生自主学习。例如，分级读物、新闻报刊、科普文章等多种类型的阅读材料，满足学生不同的阅读兴趣和需求。教师也可以提供相关的学习工具，如在线词典、翻译软件等，以便学生查阅和参考。阅读材料后，教师应鼓励学生进行互动讨论，提出问题和疑惑，分享自己的理解和见解，以促进学生之间的交流和合作。此外，教师还可以利用在线平台或社交媒体等工具，为学生创建互动平台，以方便学生进行讨论和交流。针对学生的阅读表现，教师可以提供个性化的反馈和建议，鼓励学生改进自己的阅读技能和策略。例如，教师可以对学生的阅读理解、词汇掌握、阅读速度等方面进行评估，并给出相应的建议和指导。

关键问题 5-4 解决方案实践分享

关键问题 5-5 如何合理利用视听资源？

问题提出

一、课程标准的要求

新版课程标准指出：积极开发与合理利用课程资源是有效实施英语课程的重要保证。英语课程资源包括教材及有利于学生学习和教师教学的其他教学材料、支持系统和教学环境，如音像资料、直观教具和实物、多媒体软件、广播影视节目、数字学习资源、报刊，以及图书馆、学校教学设施和教学环境；还包括人的资源，如学生、教师和家长的生活经历、情感体验和知识结构等。视听资源也是英语课程资源的重要组成部分，新版课程标准提及的“音像资料”“多媒体软件”“广播影视节目”等都属于视听资源的范畴。随着信息技术的不断发展，视听资源以其直观性、趣味性、易存储、易传播等特点，弥补了传统单纯文字资源的不足。合理选择和利用视听资源有利于激发学生的学习兴趣，提升学生的思维，开阔学生的眼界。

二、视听资源使用的现状

随着课程改革的不断深入，教师逐步意识到视听资源在英语教学中的作用不容小觑，但在日常教学中，教师在视听资源的选择和使用上仍存在以下几个方面的问题。

1. 教师对教材中的视听资源利用不足

现行的英语教材中蕴含丰富的视听资源，如图片、照片、图表、课件、配套音频、配套视频等。遗憾的是，教师在进行教学设计时，未能充分利用教材中的视听资源。例如，对语篇中的插图未予以重视，视其为只具备装饰功能的配图；认为课时有限，不在课堂上播放教材的配套视频。追根溯源，是因为教师未能深入研读教材，对视听资源的功能及作用认识不足，没有将视听资源的利用与学生核心素养的培育建立关联。

2. 教师对视听资源的活动设计不合理

视听资源能够为学习活动创设情境、提供背景知识，是达成教学目标的重要保障，也是激发学生学习兴趣和提升学生学习能力的重要载体。部分教师在进行视听资源的活动设计时，忽略了活动与目标之间的关联，没有明确使用视听资源的目的。例如，在使用人教版的教材配套视频时，有的教师将视频逐句播放，要求学生翻译。这样的活动设计看似细致到位，实则反映出教师对视听资源能解决学生的何种学习问题、培养何种技能、形成何种意识或认知、产生何种情感态度价值观等，均缺乏思考和认识。

3. 教师在补充课外视听资源时随意性较大

教材中的视听资源有时不能满足教师的“教”和学生的“学”，教师会自行借助互联网等媒介搜索、补充视听资源。在选择视听资源时，教师最关注的是与主题的相关性，例如，教材单元的主题是“端午节”，教师可能会去搜索关于中西方节日的视频作为补充材料，但他们往往会忽略视频的长度和语言的难度，造成部分学生在学习中产生挫败感。同时，教师对如何用好补充的视听资源缺乏思考，未能理清补充的视听资源与教材内容的关系，未能配以科学适切的活动设计，让视听资源的补充流于形式。

4. 教师未能充分利用生成性视听资源

生成性视听资源指的是在课堂教学中，通过积极的师生互动和生生互动，产生的超出教师预设的视听资源，如学生的回答、小组讨论展示、课本剧表演等。此类生成性视听资源具有不确定性，产生的时机和类型往往出乎意料，但它们经常包含学生的典型错误、独到的见解或思维的火花。教师由于不够重视或者缺乏经验，导致生成性视听资源流失，错失了拓展学生思维、培养学生积极情感和凸显学科育人价值的机会。

问题分析

一、视听资源的定义

视听资源，又称视听资料或声像资料，通常以声音、图像等方式记录有知识的载体。程晓堂教授认为，视觉资源是指可以通过人的视觉感知能力获取的信息资源，[①] 那么视听资源就是可以通过人的视觉和听觉感知能力获取的信息资源。

二、视听资源的分类

从呈现形式来看，视听资源一般可以分为三种类型：① 视觉资源，也称无声录像资源，包括图片、幻灯片、投影片、无声影片、无声录像等。② 听觉资源，也称录音资源，包括唱片、录音带等。③ 声像资源，也称音像资源，包括电影、电视节目等。[②]

从产生的时空来分，视听资源可分为预设性视听资源和生成性视听资源。

从来源上分，视听资源又可分为教材视听资源与补充试听资源。教材视听资源一般包括绘图、照片、卡通图、表格、图表、地图、示意图、配套音频、动态视频等。新版课程标准指出，教师不仅要充分利用和有效开发教材资源，还要敢于突破教材的制约，充分挖掘教材以外的资源。因此，当教材的视听资源不足以满足教育教学需求时，教师需要补充额外的视听资源以提高学生的学习积极性，促进学生的认知和理解。

---

① 程晓堂，丛琳. 英语教材编写中图像资源的设计与使用 [J]. 课程 · 教材 · 教法，2020，40（8）：78–85.

② 陈颖. 中学语文教学中视听资源的应用研究 [D]. 广州：广州大学，2020：4.

三、在初中英语教学中使用视听资源的重要性

1. 有利于真实情境的创设

情境是学生完成语言任务的背景，学生以某种角色进入特定的时间与空间，完成规定的语言任务或交际任务，达到操练、巩固、运用所学语言的目的。[①] 学习活动需要情境的辅助，视听资源能创设逼真、形象、具体的情境，让学生在贴近真实生活场景的环境下理解、运用、迁移所学，建立新知与旧知间的关联，全面提升语言能力。

2. 有利于激发学生的学习动力

视听资源有利于教师设计多感官参与的语言实践活动，视觉资源能够直观地呈现生活场景，增强代入感，而听觉资源能够渲染气氛、调动情感。如果教师能在选择使用视听资源时，充分考虑学生的年龄特点、认知水平、学习基础和学习能力，就能让学生置身于丰富有趣的情境中，激发学习兴趣和探究欲望，增强学习动力，感受英语的魅力。

3. 有利于学生文化意识的培养

视听资源中含有大量的文化元素，视频资源中人物的表情、手势、画面的色彩、配乐，音频资源中说话人的语气、语调、停顿等，都会形成直观的文化冲击，激活学生对中外文化差异的意识，让学生在真实情境中，对比不同的价值观、思维方式和社会习俗，感受语言和文化，积累文化背景知识，发展跨文化交际能力。

4. 有利于提升学生的学习效果

心理学研究证明，人通过听觉获取的信息只能记住 15%，3 天后的遗忘率为 80%；通过视觉获取的信息可记住 25%，3 天后的遗忘率为 50%；通过视觉与听觉结合获取的信息可记住 64% 以上，3 天后的遗忘率为 18%。由此可见，通过视觉和听觉的结合来获取信息，可以大大促进记忆效果。视听资源调动多感官、呈现多模态的特性使得学生的英语学习效率和学习效果大幅提升。

问题解决

一、基于多元视角，合理使用教材视听资源

面对教材中类型多样的视听资源，教师要深入研读教材，结合学生的学情和学习需求，从不同角度思考如何合理使用这些资源，充分发挥视听资源辅助教学的优势，激发学生的学习兴趣，丰富学生的学习经历。一般而言，教师可以使用问题导向，从单元视角、功能视角和二次开发视角来使用教材视听资源。

---

① 上海市教育委员会教学研究室 . 初中英语单元教学设计指南 [M]. 北京：人民教育出版社，2018：49.

1. 单元视角

从单元视角出发，教师可以思考：视听资源在课时内怎么用？在单元内怎么用？在模块内怎么用？

例如，《英语（牛津上海版）》8 年级第二学期第 3 单元 Water 中的写作板块，以流程图来呈现事情发展的先后顺序。作为视听资源的一种，流程图能将信息转换得更加直观和简洁。在整个单元中，除了写作板块，教师还可以将流程图用于阅读和听力板块。在流程图这一视听资源的协助下，学生能够更好地把握语篇脉络，实现思维可视化；同时，在单元中多次使用流程图，也让学生进一步熟悉这一工具的使用方法和场景，形成学习策略。

2. 功能视角

从功能视角出发，教师可以思考：视听资源的类型是什么？可以用于活动、作业还是评价？它的具体功能是什么？

例如，《英语（牛津上海版）》6 年级第一学期第 3 模块 Using English 板块，其内容为使用蜘蛛图建立词汇网。蜘蛛图属于视听资源中的图表资源，能培养学生的自主学习能力。教师可将这一视听资源用于作业设计，要求学生选择模块中的一个主题，使用蜘蛛图进行主题词汇梳理，再进行小组交流互评，对自己的词汇网络做补充和优化。这样的设计充分发挥了蜘蛛图这一视听资源的工具性，为学生的学习提供了支架。

3. 二次开发视角

从二次开发视角出发，教师可以思考：视听资源在教材中同主题的语篇或单元中能否使用？怎么用？是否能用来教别的？教什么？怎么教？

例如，在《英语（牛津上海版）》6 年级第一学期第 10 单元 Healthy Eating 中有一张食物金字塔图片，是典型的视觉资源。《英语（牛津上海版）》7 年级第一学期第 8 单元的主题同为“健康生活”。教师在进行 7 年级的教学设计时，可以在单元导入时呈现 6 年级学过的食物金字塔图片，先带领学生回顾怎样的饮食才是健康的饮食，再引发学生思考：有健康的饮食就能称得上是健康的孩子吗？以此激活学生思维，开展深入的主题意义探究。同一张图片在不同年级的同主题单元中使用，充分体现了用旧知引新知，符合学生的认知规律，有助于增强学生的学习信心，提升学生的学习效率。

二、利用教材视听资源，发展学生核心素养

教材中的视听资源与语篇主题高度相关，不仅有助于教师创设主题情境、搭建学习支架，促进学生理解语篇，还有助于学生在学习理解、应用实践和迁移创新的各类活动中探究主题意义，发展语言能力，提升思维品质，培育文化意识，提高学习能力。

在日常教学中，教师要充分重视教材视听资源，领会教材编写者的意图，明晰教材视听资源与单元主题、语篇之间的关联，并根据学情和实际教学需要，用好教材视听资源，发展学生的核心素养。

【案例 1】利用教材图表图示，促进合作探究（教学片段）

教学材料：《英语（人教版）》8 年级上册第 2 单元 How often do you exercise? 第 5 课时 Section B Reading：What do No.5 High School students do in their free time?

（一）教学目标

以小组合作形式对同学的课余活动情况开展调查，运用目标语言（How often）收集数据，利用教材图表、图示展示调查结果，并针对调查结果发表个人观点，提出改进建议。

（二）活动设计

小组合作探究组内同学的课余生活，并进行小组汇报。

Step 1. 六人一组进行组内分工，以清单（图 5-5-1）中的课余活动项目为调查内容，以组内同学为调查对象，利用表格（表 5-5-1）记录数据。

Rank these activities according to how often you think your classmates do them (1=most often, 6=least often).

☐ watch TV ☐ go to the movies ☐ play computer games
☐ exercise or play sports ☐ use the Internet ☐ go camping in the country

图 5-5-1　课余活动项目清单

表 5-5-1　课余活动情况调查表

How often do you ...?	Names of classmates
1–3 times a week	
4–6 times a week	
every day	

Step 2. 参照教材中的饼图，依据调查数据完成饼图。

Step 3. 基于调查数据与饼图，开展组内讨论，对调查结果进行分析，并对组内同学的课余活动情况进行评价或提出建议。

Step 4. 全班同学交流、分享小组合作探究结果。

【设计说明】这一活动旨在引导学生迁移和运用课堂所学，在真实情境中开展合作探究。利用图表工具调查身边同学的课余活动方式及频率，并分析调查结果，得出结论与建议。此活动涉及教材中三类图表、图示：清单、表格、饼图。充分利用教材中的图表、图示不仅能推进学生思维由具体到抽象的发展，亦能激发学生的探究欲望，在合作中发现问题、解决问题。

（案例提供：吴佳雯，上海市沙田学校）

【案例 2】利用视频资源，提升文化自信（教学片段）

教学材料：《英语（人教版）》9 年级全一册第 9 单元 I like music that I can dance to. Section B 2a–2e 阅读 Sad but beautiful 第 4 课时

（一）教学目标

通过阅读课文 Sad but Beautiful，了解二胡名曲《二泉映月》及其创作者阿炳的悲惨经历，并观看教材配套视频 Moon Reflected on Second Spring，进一步了解二胡民乐文化，坚定文化自信。

（二）活动设计

活动 1：观看视频前半段，回答问题。

Question 1: How do you feel about the music?

Question 2: What instrument is playing here?

Question 3: What song is it and which musician wrote it?

【设计说明】这一读前活动旨在通过播放视频片段，创设文化语境；通过问题链帮助学生对中国民族器乐二胡、《二泉映月》及其创作者阿炳进行初步了解，学习中国民乐知识，感受中国民乐魅力，也为后续读中理解文本活动和读后讨论中国民乐活动做铺垫。

活动 2：观看视频后半段，讨论二胡现状。

Question 1: Besides what's mentioned about *erhu* in the passage, what's new in the video?

Question 2: Why is *erhu* still popular among people?

【设计说明】这一读中活动旨在借助视频片段，补充文化背景知识，帮助学生进一步了解二胡，对二胡的现状进行思考，坚定文化自信。

活动 3：在音乐文化交流周上，作为二胡宣讲员，为外国留学生介绍二胡。

Step 1. 小组活动。三人一组，明确分工，分别从中国民族器乐二胡、二胡经典作品《二泉映月》及其创作者阿炳、二胡发展现状，向外国留学生介绍二胡。

Step 2. 酝酿准备。结合课文、视频及背景知识，准备发言内容。

Step 3. 交流展示。以小组为单位，组员根据分工依次向外国留学生介绍二胡。

【设计说明】这一读后活动创设情境，让学生在真实的语境中介绍二胡，旨在培养发展学生的跨文化沟通与交流的能力，并加深对中华文化的理解与认同，提升文化自信。

（案例提供：夏榕，同济大学第二附属中学）

【案例 3】利用教材音频，提升语言能力（教学片段）

教学材料：《英语（牛津上海版）》9 年级第一学期第 3 单元 Pets

Speaking：Complaining and responding to complaints

（一）教学目标

获取对话中的主要话题信息和细节信息，提高语言技能；掌握投诉及回应投诉的句型及词汇表达，积累语言知识；意识到投诉和回应投诉时语言和语气的适切性，关注语用功能。

（二）活动设计

活动 1：听音频，获取对话主要内容并验证听前预测。

Question 1: What is the relationship between the two speakers?

Question 2: Why does the lady come to the supermarket?

Question 3: Will the complaint be solved?

【设计说明】这一活动旨在引导学生通过听音频，确定说话者的身份和交流目的，训练获取对话大意的语言技能。

活动 2：听音频，获取对话细节信息，回答相关问题。

Question 1: Why does the lady want to complain about the peppers?

Question 2: How does the shop assistant deal with the complaint?

Question 3: Why does the shop assistant ask the lady to wait?

【设计说明】这一活动旨在通过回答“为何投诉”和“如何处理投诉”等问题，提升学生获取音频关键信息的能力。借助问题链的引导，学生可以掌握投诉和处理投诉的关键句型及其语用情境。

活动 3：听音频，评价说话人态度并找出依据。

Question 1: What do you think of the customer and the shop assistant?

Question 2: Why do you think so? Can you offer some proofs?

【设计说明】这一活动旨在提升学生通过关注音频中说话者语音、语调的变化，判断其情感态度的理解性技能，同时也引导学生关注说话者在特定语境下使用的习惯用语和礼貌用语，增强文化意识。

（案例提供：章斯奕，上海师范大学附属第二实验学校）

三、基于单元大观念，选择课外视听资源

英语学科的大观念是指向学科本体的语言大观念和具有跨学科特点的主题大观念。语言大观念是关于语言知识与技能、学习策略与方法的概念建构；主题大观念则以多语篇为依托、以单元主题为驱动，引导学生围绕主题深挖文化知识背后的价值导向，以及从跨文化的视角观察和认识世界，作出正确的价值判断。① 基于单元大观念选择课外视听资源，能提升视听资源与单元主题的契合度，加强视听资源与单元语篇之间的关联，以达到补充教学内容、丰富学生学习经历、深化主题意义探究的目的。

1. 选择课外视听资源的原则

新版课程标准指出：在开发素材性英语课程资源时，要注意选用具有正确育人导向的，真实、完整、多样的英语材料。因此，教师要勇于突破教材的制约，基于单元

① 王蔷，孙万磊，赵连杰，等. 大观念对英语学科落实育人导向课程目标的意义与价值 [J]. 教学月刊・中学版（外语教学），2022（4）：3–14.

大观念，以思想性、针对性、真实性、多样性和适切性为原则，选择课外视听资源。

（1）坚持育人导向，体现思想性。

立德树人是英语教学的根本任务。面对铺天盖地的视听资源，教师要严把意识形态，在单元大观念的引领下，选用具有正确育人导向的视听资源，让学生在听、读、看的过程中，涵养家国情怀、树立国家意识、增强文化自信，逐步形成积极、健康的情感态度以及正确的世界观、人生观和价值观。

（2）呼应单元主题，体现针对性。

教师在充分研读单元内容的基础上，提炼单元大观念，继而选择与单元大观念匹配的、为教学目标服务的视听资源。视听资源的选择可以从纵向和横向两个角度着手，横向上基于单元语言大观念，以巩固主题表达结构图式为目的来选择视听资源，使学生将所学的学习策略应用于同一类型资源的学习中，实现单元结构化知识的迁移；纵向上基于主题大观念，以加深对主题意义的理解为目的选择视听资源，为学生提供深化主题意义理解所需的不同视角与背景知识，帮助学生建构主题意义。

（3）补充文化知识，体现真实性。

选择视听资源时要考虑单元主题大观念中的文化元素，选择蕴含丰富文化知识、提供地道表达的视听资源，帮助学生了解中外文化知识、生活习俗、思维方式等。通过开展针对视听资源的学习活动，学生可以直观、动态地感受英语文化，从而加深对单元主题意义的理解，形成单元大观念。

（4）丰富语篇类型，体现多样性。

作为英语课程内容的六要素之一，语篇承载表达主题的语言知识和文化知识，为学生提供多样化的文本素材。语篇可分为文字、音频、视频、数码等模态，因此选择不同种类的多模态视听资源，能使学生获得多感官的语言输入，丰富学生的语言学习经历，形成对单元大观念更全面、多层次、多视角的理解。

（5）控制难度长度，体现适切性。

初中阶段的学生正处于生理和心理的转型期，选择的课外视听资源要符合学生的语言能力和认知水平。教师需严格控制视听资源的难度，避免学生出现挫败感，也要避免资源过于冗长，让学生失去继续观看的耐心。教师可对视听资源做一定程度的修改，将其难度和长度控制在学生可接受的范围。

2. 选择课外视听资源的路径

新版课程标准在课程实施的教学建议部分强调：要加强单元教学的整体性。教师要深入研读语篇，凝练育人价值，形成单元大观念，确定单元教学目标，组织单元教学内容，引导学生在学习过程中逐步建构对单元主题的认知，发展能力，形成素养。课外视听资源作为教学内容的补充和学习活动的辅助，也应当紧紧围绕单元大观念，成为单元教学目标达成的有力保障。

参考上海市教育委员会教学研究室编制的《初中英语单元教学设计指南》中单元资源的设计流程，可将选择课外视听资源的步骤归纳如图 5-5-2 所示。

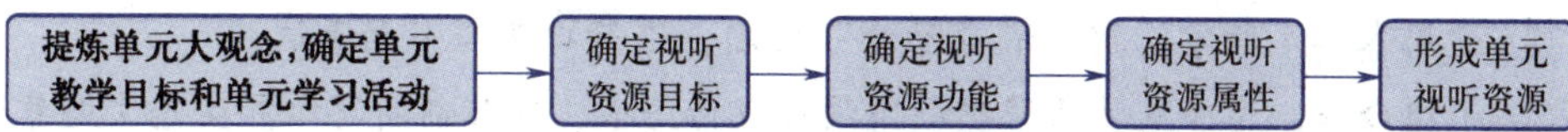

图 5-5-2　选择课外视听资源的步骤

第一，“提炼单元大观念，确定单元教学目标和单元学习活动”是选择课外视听资源的前提和起点。在深入研读单元教材，提炼单元大观念后，明确学生学习完这个单元后能做什么，以什么样的活动形式来达成单元教学目标。

第二，“确定视听资源目标”是指基于单元教学目标和单元学习活动，确定补充视听资源的目的。

第三，“确定视听资源功能”是指基于视听资源目标，明确这一视听资源能在单元学习活动开展时起到怎样的教学辅助。视听资源的功能一般包括：补充背景知识、创设情境、拓展话题内容、提供学习支架等。

第四，“确定视听资源属性”是指明确单元学习过程中学生使用的视听资源应包含的核心要素。核心要素包括：视听资源的类型（图片、音频、视频等）、视听资源的获取渠道（书籍、网络等）、视听资源的使用形式（个人、小组、全班）等。

第五，“形成单元视听资源”是指收集、整理单元视听资源，并对这些资源进行反思和调整。

【案例 4】单元视听资源设计

教学材料：《英语（外研版）》8 年级上册第 6 模块 Animals in danger

以本单元学习活动“为濒危动物社团设计海报”为例。

（一）提炼单元大观念，确定单元教学目标和单元学习活动

在研读单元教材的基础上，提炼单元各语篇子主题和小观念，如表 5-5-2 所示。

表 5-5-2　单元各语篇子主题和小观念

语篇所在课时	语篇类型	语篇子主题	语篇小观念
Unit 1　It allows people to get closer to them	对话	动物园中的濒危动物	树立拯救濒危野生动物，保护大自然的认识
Unit 2　The WWF is working hard to save them all	说明文	拯救濒危动物组织	公益组织的建立有助于保护濒危野生动物
Unit 3　Language in use	信件	与参观动物园相关的经历	动物可以与人类和谐共生
	说明文	濒危动物蓝鲸与双峰驼	了解更多濒危野生动物的现状

根据单元内各语篇的小观念，将本单元大观念设定为“了解濒危动物现状，加入保护濒危动物行列”。由此确定单元教学目标如下：

① 听、读、看与“濒危动物”相关的多模态语篇，理解语篇内容，获取相关信息。

② 识记、梳理与“濒危动物”话题相关的词汇，并在语境中运用。

③ 运用本单元所学，就“濒危动物”话题，进行口头与书面表达。

④ 小组合作，为濒危动物保护社团设计宣传海报，提升创新思维和生态文明意识。

（二）确定视听资源目标

1. 分析单元学习活动资源需求

为达成“在小组活动中，为濒危动物保护社团设计宣传海报”这一目标，学生需开展“为濒危动物保护社团设计宣传海报”的学习活动。完成本学习活动，学生需要了解更多濒危野生动物的生存现状，知晓宣传海报需包含的元素，因此还需要给学生提供与“濒危动物”相关的视听资源以及与“保护濒危动物”相关的海报范例。

2. 确定资源目标

与“濒危动物”相关的视听资源可以为海报提供内容支撑和美工辅助；与“保护濒危动物”相关的海报资源可以为学生的海报设计提供结构示范。

（三）确定资源功能

与“保护濒危动物”相关的海报资源可用于活动导入环节，与“濒危动物”相关的图片、视频等资源可用于小组讨论环节，两个资源设计分别为学生“设计濒危动物保护社团海报”提供学习支架和背景知识。

（四）确定资源属性

1. 确定资源类型

为达成“在小组活动中，为濒危动物保护社团设计宣传海报”的单元教学目标，活动资源的呈现类型为图片、视频或音频。

2. 获取并开发资源

根据本活动对应的教学目标“为濒危动物保护社团设计宣传海报”，从网络上寻找适合学生英语水平的与“濒危动物”相关的视听资源；在与“保护动物”相关的网站上寻找宣传海报的视听资源。

3. 确定资源环境及使用方式

与“濒危动物”相关的视听资源和与“保护濒危动物”相关的海报资源都可以在教室使用，无需网络；与“濒危动物”相关的视听资源可供小组成员合作使用。

4. 检核单个视听资源的设计

以有关“濒危动物”的视听资源为例，列出单个视听资源属性表（表 5–5–3）。

表 5–5–3　单个视听资源属性表

资源名称	有关“濒危动物”的视频资源
资源目标	为濒危动物保护社团宣传海报提供内容
对应的单元教学目标	在小组活动中，为濒危动物保护社团设计宣传海报，提升创新思维和生态文明意识
辅助的单元学习活动	为濒危动物保护社团设计宣传海报

资源功能	☐ 创设情境 ☑ 补充背景知识 ☐ 提供学习支架 ☑ 拓展话题 ☐ 其他 ________
资源类型	☐ 文本 ☐ 图片 ☐ 音频 ☑ 视频 ☐ 其他
资源环境	场所：教室
使用形式	☐ 个人 ☐ 结对 ☐ 小组 ☑ 全班

（五）形成单元视听资源

1. 填写单元视听资源统计表（表 5–5–4）

表 5–5–4 单元视听资源统计表

单元名称	Animals in danger		
教学活动环节	对应资源	资源类型	使用形式
完成以“濒危动物保护”为主题的对话	动物园卡通动漫图片	图片	全班
梳理濒危动物保护的具体方法	世界自然基金会介绍视频	视频	全班
	Wildlife in Decline according to WWF report	音频	全班
为濒危动物保护社团设计宣传海报	SPCA 宣传海报	图片	全班
	Green the Earth	视频	全班
	They will disappear	视频	小组
	濒危野生动物照片	图片	小组

2. 反思、调整单元资源

本单元共有视听资源 7 条，分别对应 3 个教学活动。资源包含图片、音频和视频多种类型，为学生语言能力的发展提供了载体。资源内容聚焦本单元的主题意义，激发了学生对濒危动物问题的情感共鸣，促进了单元育人目标的落实。资源的使用关注了学生自主学习能力的培养，为学生自主检索、选择课外视听资源提供了范例。

（案例提供：张致劼，华东师范大学第四附属中学）

四、利用课外视听资源，引导学生善学乐学

新版课程标准指出：英语教学不仅要重视“学什么”，更要关注学生是否“喜欢

学”，以及是否知道“如何学”。教师要突破教材限制，合理选择和利用课外视听资源，用多模态的视听资源，设计多感官参与的语言实践活动，让学生在丰富有趣的情境中，围绕主题意义，通过感知、模仿、观察、思考、展示等活动，感受英语学习的乐趣。

【案例 5】利用课外视听资源，激发学生学习兴趣（教学片段）

教学材料：《英语（外研版）》8 年级上册第 7 模块第 2 单元 She was thinking about her cat 读写第 1 课时

（一）教学目标

借助视频画面，梳理故事情节并简要复述；通过为视频片段重新配音，深化对故事人物的理解，增强多感官的学习体验。

（二）活动设计

活动 1：借助视频画面截图（图 5–5–3），梳理故事情节。

图 5–5–3 《爱丽丝梦游仙境》视频截图组图 1

Step 1. 阅读文本，梳理故事情节，判断图片组中缺失哪些主要情节画面。

Step 2. 再读文本，针对主要情节记录关键信息（人物、地点、事件），借助视频画面（图 5–5–4）和关键信息，复述故事主要内容。

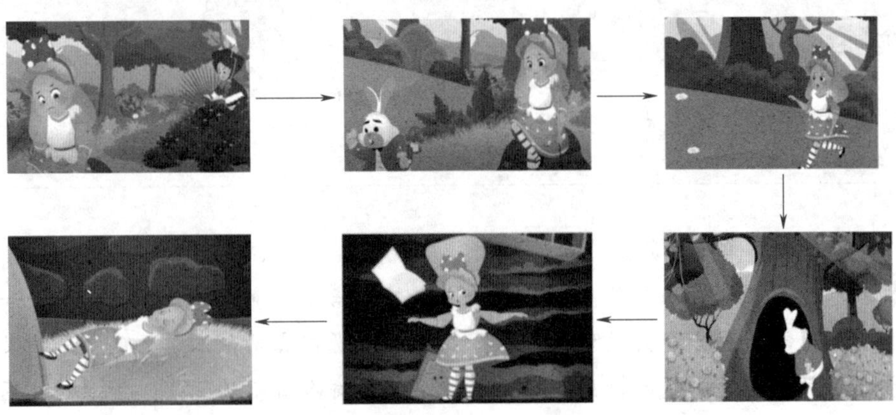

图 5–5–4 《爱丽丝梦游仙境》视频截图组图 2

【设计说明】该活动旨在借助视频画面信息，激发学生阅读兴趣，促进学生对故事情节的理解和把握，为学生复述故事提供脚手架。

活动 2：借助视频画面，为故事人物添加独白或对话。

Step 1. 学生借助视频画面截图，结合文本内容，发挥合理想象，为故事中的人物添加独白或对话，体现人物当下的感受，如图 5-5-5 所示。

图 5-5-5 添加思想框后的视频截图示例

Step 2. 学生组内分享，讨论独白或对话是否合理，相互借鉴并改进作品。

【设计说明】该活动旨在引导学生关注故事中人物的语言和心理描写，通过为人物添加独白和对话，进一步促进学生对故事的理解，同时，激发学生的学习热情和表达欲望。

活动 3：小组合作，为视频片段配音。

Step 1. 观看动画视频相应片段，关注故事讲述者的语言风格和角色的语言特色。

Step 2. 小组合作，根据活动 1 和活动 2 的成果为动画视频重新配音。

【设计说明】通过播放动画视频片段，让学生有更加丰富、立体的学习体验；引导学生关注视频中讲述者和角色的语言特点，激发学生模仿和表达的欲望。让学生通过小组合作的方式，为视频片段重新配音，激发学生的学习兴趣，促进学生积极参与课堂活动，合作完成学习任务。

（案例提供：岳晓云，上海师范大学附属第二实验学校）

教学建议

第一，利用学生生成性视听资源，发挥学生在评价中的主体作用。

新版课程标准指出：注重开发和利用学生资源。学生资源包括每个学生的生活经历、学习体验，以及他们丰富的思想和情感。学生的生成性视听资源是超出教师预期的、个性化的，也可能是蕴含典型错误的，教师要抓住这可遇而不可求的教育教学契机，充分利用学生生成性视听资源内涵的丰富性，在课堂上，通过自评、互评等评价方式，借助评价清单、自评表等评价工具；在课后，运用语音、弹幕、群组等新兴评价媒介，发挥学生在评价中的主体作用，鼓励和允许学生从不同的角度发表他们的观点，必要时予以引导，切实培养学生的批判性思维。

第二，注重视听资源的日常收集、整理和更新，为教学服务。

以教研组为单位，根据新版课程标准中三大主题范畴下的若干主题群进行分类，日常收集与主题契合的视听资源，形成校级视听资源库。以备课组为单位，在集体备课时从资源库中选取与单元主题契合、难度与所教年级的学生认知匹配的视听资源，形成单元视听资源包；若没有合适的，则由备课组自行检索收集，作为校级视听资源库的更新和补充。教师在使用资源库的视听资源后，要针对资源本身以及活动设计作及时反思，对这一视听资源进行评价，并提出教学活动建议，供组内教师参考。

关键问题 5-5 解决方案实践分享

参考文献

[1] 中华人民共和国教育部．义务教育英语课程标准：2022 年版 [M]. 北京：北京师范大学出版社，2022.

[2] 梅德明，王蔷．义务教育英语课程标准（2022 年版）解读 [M]. 北京：北京师范大学出版社，2022.

[3] 梅德明，王蔷．普通高中英语课程标准（2017 年版 2020 年修订）解读 [M]. 北京：高等教育出版社，2020.

[4] 王蔷．新版课程标准解析与教学指导 2022 年版：初中英语 [M]. 北京：北京师范大学出版社，2022.

[5] 赵尚华．初中英语教学关键问题指导 [M]. 北京：高等教育出版社，2015.

[6] 赵尚华．初中英语课堂教学关键问题研究 [M]. 上海：上海教育出版社，2020.

[7] 上海市教育委员会教学研究室．初中英语单元教学设计指南 [M]. 北京：人民教育出版社，2018.

[8] 程晓堂．改什么？如何教？怎样考？义务教育英语课程标准（2022 年版）解析 [M]. 北京：外语教学与研究出版社，2022.

[9] 程晓堂．义务教育课程标准（2022 年版）课例式解读初中英语 [M]. 北京：教育科学出版社，2022.

[10] 程晓堂．核心素养下的英语教学理念与实践 [M]. 南宁：广西教育出版社，2022.

[11] 王瑛．初中英语学习活动设计、实施与评价 [M]. 上海：华东师范大学出版社，2021.

[12] 黄碧华．英语课堂有效互动之道 [M]. 福州：福建教育出版社，2018.

[13] 黄远振．英语阅读教学与思维发展 [M]. 南宁：广西教育出版社，2019.

[14] 张育青，程娟．中学英语口语教学策略与方法 [M]. 上海：上海交通大学出版社，2022.

[15] 薛桂兰．中学英语综合实践活动课程开发与实践 [M]. 北京：北京教育出版社，2020.

[16] 夏雪梅．项目化学习的实施：学习素养视角下的中国建构 [M]. 北京：教育科学出版社，2020.

[17] 夏雪梅．项目化学习设计：学习素养视角下的国际与本土实践 [M]. 北京：教育科学出版社，2018.

[18] 张悦颖，夏雪梅．跨学科的项目化学习："4+1" 课程实践手册 [M]. 2 版．北

京：教育科学出版社，2021.

[19] 浙江省教育厅教研室．重新定义学习：项目化学习 15 例 [M]. 北京：教育科学出版社，2020.

[20] 苏西·博斯，约翰·拉尔默．项目式教学：为学生创造沉浸式学习体验 [M]. 周华杰，陆颖，唐玥，译．北京：中国人民大学出版社，2020.

[21] 王月芬．重构作业：课程视域下的单元作业 [M]. 北京：教育科学出版社，2021.

[22] 上海市教育委员会教学研究室．初中作业设计与实施指导手册 [M]. 上海：华东师范大学出版社，2019.

[23] 上海市教育委员会教学研究室．上海初中英语高质量校本作业体系设计与实施指南，2022.

[24] 教育部基础教育司义务教育高质量基础性作业体系建设项目组．学科作业体系设计指引 [M]. 北京：教育科学出版社，2022.

[25] 刘道义，何安平．英语教学资源的开发、利用与评价 [M]. 南宁：广西教育出版社，2021.

[26] 林崇德．对教育与发展的几点思考——学习党的二十大精神 [J]. 心理与行为研究，2022, 20 (6): 721-723.

[27] 赵尚华．初中英语作业设计的七个建议 [J]. 基础教育课程，2022 (14): 58-64.

[28] 吴正洋，汤庸，刘海．个性化学习推荐研究综述 [J]. 计算机科学与探索，2022, 16 (1): 21-40.

[29] 周琴，文欣月．从自适应到智适应：人工智能时代个性化学习新路径 [J]. 现代教育管理，2020 (9): 89-96.

[30] 韩雪童．大数据时代个性化学习的技术曲解、本源廓清与突围路径 [J]. 电化教育研究，2022, 43(6): 25-31.

读者意见反馈

为收集对教材的意见建议，进一步完善教材编写并做好服务工作，读者可将对本教材的意见建议通过如下渠道反馈至我社。

咨询电话 400-810-0598

反馈邮箱 gjdzfwb@pub.hep.cn

通信地址 北京市朝阳区惠新东街 4 号富盛大厦 1 座　高等教育出版社总编辑办公室

邮政编码 100029